1417년, 근대의 탄생

1417년, 근대의 탄생

르네상스와 한 책 사냥꾼 이야기

스티븐 그린블랫

이혜원 옮김

까치

THE SWERVE : How the World Became Modern

by Stephen Greenblatt

Copyright © 2011 by Stephen Greenblatt
Korean Translation Copyright © Kachi Publishing Co., 2013
All rights reserved.
This edition published in agreement with the author, c/o BAROR INTER-
NATIONAL, INC., Armonk, New York, U.S.A. through Danny Hong
Agency, Seoul, Korea.

역자 이혜원(李惠園)
서울대학교 경제학부를 졸업했고, 현재 학업을 위해서 미국에 체류하고
있다. 옮긴 책으로는 『카스트라토의 역사』가 있다.

편집, 교정 _ 권은희(權멘휴)

1417년, 근대의 탄생 : 르네상스와 한 책 사냥꾼 이야기

저자 / 스티븐 그린블랫
역자 / 이혜원
발행처 / 까치글방
발행인 / 박후영
주소 / 서울시 용산구 서빙고로 67, 파크타워 103동 1003호
전화 / 02 · 735 · 8998, 736 · 7768
팩시밀리 / 02 · 723 · 4591
홈페이지 / www.kachibooks.co.kr
전자우편 / kachibooks@gmail.com
등록번호 / 1-528
등록일 / 1977. 8. 5
초판 1쇄 발행일 / 2013. 5. 15
    10쇄 발행일 / 2024. 2. 28

값 / 뒤표지에 쓰여 있음

ISBN 978-89-7291-541-6 03900

이 도서의 국립중앙도서관 출판시도서목록(CIP)은 서지정보유통지원시스템 홈페이지
(http://seoji.nl.go.kr)와 국가자료공동목록시스템(http://www.nl.go.kr/kolisnet)에서 이용하
실 수 있습니다. (CIP 제어번호: CIP2013005251)

차례

서문

학창 시절, 나는 학년 말이면 여름 한 철 읽을 만한 것을 찾으러 예일 대학교 협동조합 상점에 가곤 했다. 주머니 사정은 썩 좋지 않았지만, 조합에서 운영하는 서점은 잘 안 팔리는 책들을 말도 안 되는 싼 값에 내놓았다. 나는 상자 속에 무더기로 뒤섞여 쌓여 있는 이런 책들을 별 생각 없이 훑어보면서 내 흥미를 끌 만한 뭔가가 나타나기를 기다리곤 했다. 그러던 어느 날, 정말로 기묘한 페이퍼백 표지가 내 시선을 끌었다. 그것은 초현실주의 화가 막스 에른스트의 작품 일부로, 지면 위로 아득히 떠 있는 초승달 아래 몸통은 없이 다리 두 쌍만이 천상의 성행위를 연상시키는 형태로 붙어 있는 그림이었다. 그 책은 루크레티우스가 2,000여 년 전에 쓴 『사물의 본성에 관하여(De rerum natura)』를 산문으로 바꿔 번역한 영어판(On the Nature of Things)이었다. 책값은 10센트에 불과했고, 나는 기꺼이 지갑을 열었다. 고백하건대, 물질계에 대한 고대의 설명에 대한 호기심 못지않게 표지에 끌렸던 것이 사실이다.

고대의 자연과학이 여름방학 독서로 특별히 끌리는 주제는 아니었지만, 그해 여름 어느 날 나는 느긋하게 책을 뽑아들고 읽기 시작했다. 곧, 어째서 그 책이 그처럼 에로틱한 표지를 가지게 되었는지 알 수 있었다. 루크레티우스는 사랑의 여신인 베누스에 대한 열렬한 찬가로 『사물의 본성에 관하여』의 서두를 열었다. 봄이 되어 베누스가 나타나자, 구름은 흩어지며 하늘은 빛에 잠기고 온 세상이 성적 욕망으로 가득 차올랐다.

여신이여, 먼저 당신의 강한 창에 심장을 관통당한 하늘의 새들이 당신이 오심을 알립니다. 다음으로 온갖 야생 짐승과 소 떼가 풍요로운 초원을 기운차게 뛰어오르고 급류를 헤엄쳐 건넙니다. 분명 그들 모두는 당신의 매력에 사로잡혀 당신의 뒤를 열렬히 따릅니다. 그러면 당신은 바다, 산, 강물의 급류, 덤불숲에 사는 모든 살아 있는 심장마다 유혹하고픈 사랑을 불어넣으시니, 자손을 낳고자 하는 뜨거운 욕망을 심어주십니다.[1]

이 강렬한 도입부에 당황한 나는 계속해서 베누스의 무릎 위에서 잠든 마르스의 환상까지 읽어 내려갔다. "결코 아물지 않는 사랑의 상처에 완전히 지쳐 쓰러져 그 아름다운 목을 굽히고 당신을 바라보니." 이는 곧 평화를 위한 기도요, 철학자 에피쿠로스의 지혜에 대한 경의이자, 미신적 공포에 대한 결연한 비난이었다. 그러나 철학적 기본 원칙에 대한 기나긴 설명이 시작되는 부분에 이르자, 나는 이 책에 더 이상 흥미를 느끼기는 힘들 것이라고 생각했다. 이 책은 반드시 읽어야만 하는 과제가 아니었고 그저 순수한 재미를 위해서 택한 것이었다. 나는 이만하면 벌써 10센트의 가치는 충분히 뽑았다고 생각했다. 그런데 뜻밖에도 나는 여전히 이 책이 놀랄 만큼 재미있었다.

그때 나를 감동시킨 것은 루크레티우스의 절묘한 언어가 아니었다. 후에 라틴어 6보격(hexameter) 형태의 원전『사물의 본성에 관하여』를 힘겹게 읽으면서 나는 비로소 루크레티우스가 구사하는 운문체 언어의 풍부한 질감을 느낄 수 있었다. 그의 언어에 배어 있는 미묘한 리듬감과 교묘하고 적확한 표현이 빚어내는 날카로운 이미지의 향연은 대단히 매력적이었다. 그러나 내가 그 여름에 처음 읽었던『사물의 본성에 관하여』는 마틴 퍼거슨 스미스가 섬세하게 가다듬은 산문 형식의 영어판이었다. 명쾌하고 간결했으나 그다지 인상적이지는 않았다. 그럼에도 거기에는 내 마음을 사로잡는 특별한 것, 200페이지도 넘는 종이에 빽빽하게 들어찬 문장 속에서 생생하게 살아 움직이는 특별한 무엇인가가 있었다. 나는 직업상 언제나 사람들에게 문장을 읽을 때에는 언어적 표층에 충분한 주의를 기울일 것을 요구한다. 우리가 시에서 느끼는 쾌락과 흥미는 많은 부분 그러한 세심한 주의에 달려 있다. 그러나 예술작품의 강렬함을 경험하는 것은, 훌륭한 번역은 물론이고, 설령 평범한 번역이라고 해도 충분히 가능하다. 실상 글을 읽고 쓸 줄 아는 대다수의 사람들이 결국 『창세기』나 『일리아드』, 『햄릿』을 번역본으로 접한다. 분명히 작품을 본래의 언어로 읽는 것이 더 바람직하겠지만, 그렇다고 원어로 읽지 않으면 진정으로 읽었다고 할 수 없다고 우긴다면, 이는 잘못된 주장이다.

아무튼 나는 평범한 산문 번역본 『사물의 본성에 관하여』가 내 심금을 깊게 울렸노라고 고백하는 바이다. 내가 느낀 작품의 힘은 어느 정도 개인사와도 관련이 있다. 본디 예술은 개인의 정서에 자리한 특정한 균열을 파고드는 법이다. 『사물의 본성에 관하여』의 핵심은 죽음의 공포에 대한 심오하면서도 치유적인 명상이었다. 나는 유년기 내내 죽음에 대한 공포에 시달렸다. 그리고 나를 무척 괴롭혔던 공포는 나 자신의 죽음에 대한 공포가 아니었다. 나는 보통의 아이들처럼 죽음이라는 끝을 절대로 상상해본 적이 없는 건강하고 평범한 유년기를 보냈다. 나를 괴롭힌 것은 어머니가 품고 있던 죽음에 대한 공포였다. 어머니는 자신이 젊은 나이에 죽을 운명이라는 절대적인 확신을 가지고 있었다.

어머니는 죽음 후의 세계를 두려워했던 것이 아니다. 대부분의 다른 유대인처럼 어머니도 사후세계에 대해서 모호한 인상을 가졌을 뿐, 사실 거의 관심도 없었다. 어머니가 두려워한 것은 죽음 그 자체—단순히 존재하기를 멈춘다는 것—였다. 내가 기억하는 가장 어린 시절부터 이미 어머니는 자신이 갑자기 죽음을 맞으리라는 망상에 사로잡혀 있었다. 특히 헤어짐의 순간에는 계속해서 자신의 공포를 되뇌곤 했다. 덕분에 내 삶은 과장되고 장황한 이별의 기억으로 가득하다. 주말에 어머니가 아버지와 함께 보스턴에서 뉴욕으로 향할 때도, 내가 방학을 맞아 여름 캠프를 떠날 때도 극적인 이별 장면이 어김없이 연출되었다. 어머니가 유독 힘드실 때는 심지어 내가 학교에 가려고 집을 나서는 것뿐인데도 나를 꼭 붙잡고 자신이 얼마나 연약하며 이렇게 헤어지고 나서 다시는 못 볼 수도 있다며 좀처럼 나를 놓아주지 않았다. 함께 길을 걷다가도 어머니는 종종 당장 쓰러지기라도 할 것처럼 갑자기 멈춰서곤 했다. 때로는 목 주변에서 뛰는 혈관을 보여주며, 심장이 얼마나 위험스럽게 고동치고 있는지 내 손을 직접 끌어다가 확인시켜주었다.

내 기억에 따르면, 어머니가 이런 공포를 겉으로 드러내기 시작한 것은 30대 후반이 틀림없지만, 그 공포는 이미 오래 전에 시작된 것 같다. 내가 태어나기 10여 년 전에, 어머니의 여동생이 겨우 열여섯 살의 어린 나이에 패혈성 인두염으로 세상을 떠났다. 페니실린이 보급되기 전에는 이런 죽음이 흔한 일이었을 텐데도, 어머니에게는 여전히 아물지 않은 상처로 남아 있었다. 어머니는 자주 여동생의 죽음에 대해서 이야기하면서 조용히 눈물을 흘렸으며, 어린 여동생이 생사의 고비를 넘나드는 투병 과정 중에 쓴 가슴 아픈 편지들을 내게 몇 번이고 읽게 했다.

어머니의 '심장'—어머니 자신은 물론이고 주변 사람들까지 움찔하게 하는 격렬한 박동—이 일종의 삶의 전략이라는 것을 나는 일찍이 깨달았다. 그것은 죽은 여동생과 동일시되면서, 그 이른 죽음을 애도하는 상징이었다. 또한 "너 때문에 내가 얼마나 속상한지 아니" 하는 분노의 표현이면서 아울러 "그래도 내가 이렇게 여전히 너를 소중하게 생각하는 것을 보렴. 내 심장이 부서질 것 같은데도 말이야'라는 사랑의 표현이기도 했다. 이 모두는 어머니가 그토록 두려워하는 자신의 소멸에 대한 연기(演技)요, 리허설이었다. 그리고 무엇보다도 이런 행위는 주변의 관심과 사랑을 구하는 방법이었다. 그러나 내가 이렇게 어머니를 이해했다고 해서 어머니의 행동이 내 어린 시절에 끼친 영향이 극적으로 줄어들지는 않았다. 나는 어머니를 사랑했고 어머니를 잃는 것이 두려웠다. 내게는 어머니의 심리전략이나 위험한 증상을 해소할 수 있는 힘이 전혀 없었다(아마 어머니도 마찬가지였을 것이다). 그리고 어린아이에 불과했던 나는 닥쳐올 죽음에 대한 지겹게 반복되는 이야기나 이별의 순간마다 연출되는 결연한 분위기가 얼마나 이상한 것인지 알 수가 없었다. 내가 내 아이를 키우기 시작하면서부터 어머니가 품고 있던 강박관념이 얼마나 끔찍한 것이었는지를 비로소 깨닫게 되었다. 죽음에 대한 강박관념 때문에 자식을 사랑하는 부모가—어머니는 나를 사랑하셨다—이토록 무거운 마음의 짐을 자식에게 지우게 되는 것이다. 나는 어머니가 곧 돌아가실지도 모른다는 어두운 확신을 날마다 되새기며 어린 시절을 보냈다.

결과적으로 말해서, 어머니는 90번째 생일을 한 달 앞둘 때까지 살았다. 내가 『사물의 본성에 관하여』를 처음 접했을 때 어머니는 아직 50대였다. 그때 어머니의 죽음에 대한 나의 공포는 어머니가 죽음에 대한 망상적 공포 때문에 당신의 삶의 많은 부분을 망쳐왔고, 또 자식인 나의 삶에도 어두운 그늘을 드리웠다는 고통스러운 자각과 뒤엉켜 있었다. 그런 내 눈앞에 루크레티우스의 글은 무서울 정도로 명료하게 호소해왔다. "죽음은 우리에게 아무것도 아니다." 루크레티우스에 따르면, 이 땅에 머무는 시간을 죽음에 대한 공포에 사로잡힌 채 보내는 것은 그야말로 명청한 짓이었다. 그것은 인생을 즐기지 못한 채 불완전하게 끝내는 확실한 방법이었다. 루크레티우스는 내가 아직까지도 끝내 속마음만으로도 받아들이지 못한 무시무시한 생각을 단호하게 표명한다. 이런 죽음에의 공포를 다른 이들에게까지 전염시키는 것은 간교하고 잔인한 짓이라는 것이다.

나의 경우에는 바로 이런 점이 루크레티우스의 시에 단숨에 사로잡히게 된 직접적인 원인이었다. 그러나 그 힘은 나의 독특한 개인사에서 비롯된 것만은 아니었다. 나에게는 『사물의 본성에 관하여』가 놀랄 만큼 설득력 있게 사물의 본성을 설명해주었다. 물론 사물을 과학적으로 설명해보려는 고대의 시도는 오늘날의 관점에서 보면 어처구니없는 내용이 많다. 하지만 달리 무엇을 기대할 수 있겠는가? 지금으로부터 2,000년 후에 보면, 현재 우리의 지식은 과연 얼마나 정확할 것인가? 루크레티우스는 태양이 지구 주위를 돈다고 믿었으며, 태양의 크기나 온도가 우리의 지각 범위를 크게 벗어날 리가 없다고 주장했다. 또한 그는 벌레는 축축한 흙에서 저절로 발생한다고 생각했으며, 번개는 두꺼운 구름층 사이에서 빠져나온 불씨라고 설명했고, 지구를 어마어마한 다산 끝에 기진맥진한 폐경기 여성에 비유했다. 그러나 이런 터무니없는 설명 너머에 있는 시의 핵심에는 만물을 바라보는 근대적 관점의 기본 원칙이 존재한다.

루크레티우스는 우주는 우주 공간을 무작위하게 움직이는 무수한 원자들로 구성되어 있다고 주장한다. 이런 원자들은 햇빛 아래에서 떠다니는 먼지처럼 충돌하고, 서로 들러붙고, 복잡한 구조를 이루기도 하며 다시 부분으로 깨지기도 하면서 생성과 파괴의 부단한 과정을 끊임없이 되풀이한다. 이 과정에서 벗어날 수 있는 출구는 없다. 당신이 밤하늘을 올려다보며 그 무수한 별들의 아름다움에 경탄하고 형언할 수 없는 감동을 느낄 때, 당신은 신들의 작품을 보고 있거나 잠시 머무는 이 덧없는 세계와는 동떨어진 다른 반짝이는 세상을 보고 있는 것이 아니다. 당신이 보고 있는 것은 당신 자신도 그 일부이며 당신을 구성하고 있는 것과 꼭 같은 원소들로 만들어진 물질계(material world)이다. 여기에는 종합적인 계획도, 신성한 조물주도, 지적인 설계도 존재하지 않는다. 우리가 속한 종을 포함한 사물은 유구한 시간의 흐름 속에서 진화해온 것이다. 살아 있는 유기체의 경우에는 자연선택의 법칙을 따르지만, 기본적으로 진화는 무작위적이다. 다시 말해서, 일정 기간만이라도 우연히 살아남아 번식하는 데에 성공한 종은 버티고 그렇지 못한 종은 금세 사라지게 된다. 그러나 그 어떤 것도—종(種)으로서의 우리 인간, 우리가 살고 있는 이 행성, 그 위로 매일 타오르는 태양도—영원히 지속되는 것은 없다. 영원불멸한 것은 오직 원자뿐이다.

루크레티우스는 다음과 같이 주장한다. 이와 같은 방식으로 이루어진 우주에서 지구와 그 거주민이 우주의 중심을 점하고 있다고 믿을 아무런 이유가 없으며, 마찬가지로 인간을 다른 동물들과 구별할 이유가 전혀 없다. 인간이 신에게 뇌물을 바치거나 신의 비위를 맞추는 것도 불가능하고 종교적 광신이 들어설 여지도 없다. 금욕적인 자기 부인은 불필요하고, 전지전능한 힘이나 완벽한 구원에 대한 환상은 근거가 없다. 정복욕이나 자기 과시욕도 불합리하다. 그 어떤 것도 자연에 맞서 이길 수 없으며 생성과 파괴, 그리고 재생으로 이어지는 끝없는 순환으로부터 벗어날 수 없다. 안전에 대한 거짓 환상을 팔거나 죽음에 대한 비논리적인 공포를 선동하는 자들에게 분노하는 한편, 루크레티우스는 일종의 해방감과 함께 이전에는 너무나 위협적으로 보였던 것을 직시할 수 있는 힘을 사람들에게 제공했다. 루크레티우스는 인류가 할 수 있고 해야 하는 일은 죽음을 극복하고 우리 자신도 살면서 마주치는 모든 것들도 덧없는 것임을 인정하면서 세상의 아름다움과 즐거움을 누리는 것이라고 썼다.

나는 루크레티우스의 시에 진실로 경탄했다. 그리고 지금도 이와 같은 통찰이 2,000년도 더 된 작품 속에 명료하게 기술되어 있는 것에 여전히 경탄한다. 이 작품과 현대 사이에는 어떤 직접적인 연관도 없다. 사실, 직접적인 연결이 쉽게 잘 보이는 경우는 없다. 수많은 것들이 잊히고 사라지고 부활했으며, 묵살, 왜곡, 부정, 변형을 겪었고, 또다시 기억에서 사라졌다. 그럼에도 결정적인 연결은 존재한다. 내가 나 자신의 고유한 것이라고 여겨오던 세계관의 배후에는 고대의 시가 자리하고 있었다. 그러나 이미 한번 망각되었으며, 명백히 돌이킬 수 없는 망각의 세계로 사라질 운명이었던 그 시는 결국 후에 재발견되었다.

루크레티우스의 시가 유래한 철학적 전통은 신이나 국가에 대한 숭배와는 병립하기가 매우 어렵다. 그러니 고대 지중해 세계의 관용적인 문화적 분위기 속에서도 일부 사람들은 이 철학을 불미스러운 사상으로 간주했다는 사실은 별로 놀랍지 않다. 이 전통의 신봉자들은 때때로 미치광이 취급을 받았고, 불경하다거나 심지어 그저 아둔하다는 이유로 배척되었다. 기독교의 성장과 함께 이들 문헌은 가차 없는 공격을 받고 희화화되었으며 끝내는 불살라졌다. 그러나 이들에게 가장 파괴적으로 작용했던 것은 무시되는 것, 그리하여 최종적으로 망각되는 것이었다. 놀라운 사실은 이 사라져가던 철학 사상을 명료하게 표현한 위대한 작품 하나가 끝내 살아남는 데 성공했다는 것이다. 그리고 그 시의 부활이 바로 이 책의 주제이다. 약간의 자투리 글모음과 여기저기 흩어져 있는 간접적인 인용문을 제외하면, 풍성했던 한 철학 전통에서 살아남은 모든 것이 이 한 권의 저작에 담겨 있다. 이 저작이 우연한 화재와 약탈, 이단이라고 판단된 사상들의 마지막 흔적까지 모조리 말살시키려는 결정 속에 결국 파괴되고 말았다면, 근대화는 완전히 다르게 진행되었을 수도 있다.

원래 이 시의 운명은 이 시에 영감을 준 다른 고대 걸작들과 함께 끝내 그리고 영원히 사라지는 것이어야 했다. 이 시가 사라지지 않고 수백 년간 죽은 듯이 잠복해 있다가 마침내 자신이 담고 있던 체제전복적인 주장을 다시 세계에 퍼뜨리기 시작한 것은 가히 기적이라고 할 수 있다. 그러나 정작 문제의 작가는 기적을 믿지 않았다. 루크레티우스는 그 어떤 것도 자연의 법칙을 거스를 수는 없다고 생각했다. 대신에 그는 자신이 "일탈(swerve)"―루크레티우스가 사용한 중요한 용어로서 라틴어로는 'clinamen'―이라고 부른 뜻밖의 방향으로 예측이 불가능하게 전개되는 사물의 움직임은 긍정했다. 그의 시의 부활도 바로 그런 의미의 일탈이었다. 루크레티우스의 시와 그 시가 담고 있는 철학은 정해진 직행 궤도―이 경우에 종착지는 망각이었다―에서 예기치 않게 벗어났다.

1,000년의 세월이 흐른 뒤 이 시가 다시 세상에 돌아왔을 때, 우주가 무한한 진공(眞空, void) 속에 존재하는 원자들의 충돌로 형성되었다는 작품의 내용은 터무니없게 들렸다. 그러나 처음에는 불경하고 실없는 소리로만 들렸던 주장이 이제는 현대의 세계 전체에 대한 합리적인 이해의 기초가 되었다. 중요한 것은 근대성(modernity)을 규정하는 주요 요소가 고대성(antiquity) 속에서 발견된다는 지극히 놀라운 인식 내용만이 아니다. 비록 오늘날 교육과정에서 대부분 퇴출당한 그리스, 로마의 고전이 근대적 의식을 사실상 규정지었다는 사실은 재차 상기해볼 가치가 있지만 말이다. 아마도 더욱 놀라운 것은 『사물의 본성에 관하여』에 설명되어 있는 그 과학적인 세계관―무한한 우주에서 무작위로 움직이는 원자들에 기초한 그 세계관―의 근원일 것이다. 책장을 넘길 때마다 고개를 끄덕이게 만드는 그 세계관은 시인의 세상을 향한 경외감으로 고취되어 있다. 그 경외감은 신이나 악마, 또는 사후세계에 대한 환상에 근거한 것이 아니었다. 루크레티우스의 경외감은 우리 인간이 별, 바다, 그 밖의 모든 사물과 같은 물질로 이루어졌다는 인식에서부터 솟구쳐나온 것이었다. 그리고 이런 인식이야말로 루크레티우스가 생각하는 바람직한 인생살이 방법의 토대였다.

고대 이후, 미와 쾌락의 향유에 관한 루크레티우스의 생각을 가장 잘 체현하고 그것을 정당하고 가치 있는 인간이 탐구할 목표로까지 밀고 나간 문화가 르네상스 시대의 문화라는 것은 결코 나 혼자만의 주장은 아닐 것이다. 그리고 이런 생각이 적용된 탐구 대상은 예술 분야에 국한 되지 않았다. 루크레티우스의 생각은 궁정 신하들의 복장과 에티켓, 교회 의례에서 쓰이는 언어는 물론, 일상용품의 디자인과 장식에도 영향을 끼쳤다. 과학과 기술 분야에 대한 레오나르도 다 빈치의 과학기술 연구, 갈릴레오의 생생한 천문학 대화, 프랜시스 베이컨의 야심찬 연구 계획, 리처드 후커의 신학 이론에도 그 영향은 스며들어 있다. 이것은 사실상 시대적 반영이었다. 따라서 예술적 야심과도 무관해 보이는 작품—마키아벨리의 정치학적 전략 분석, 월터 롤리의 기아나 탐험기, 로버트 버턴의 정신질환에 대한 백과사전식 기술—조차 쾌락을 극대화하는 형식으로 작성되었다. 그러나 미의 추구라는 이상을 가장 빼어나게 형상화한 것은 회화, 조각, 음악, 건축, 문학 등의 르네상스 예술작품이었다.

　　예나 지금이나 나는 셰익스피어에게 각별한 애정을 가지고 있다. 그러나 나는 셰익스피어의 업적 또한 더 커다란 문화적 운동의 한 화려한 단면에 지나지 않는다고 생각한다. 알베르티, 미켈란젤로, 라파엘로, 아리오스토, 몽테뉴, 세르반테스를 포함한 일련의 작가와 예술가들이 함께한 이 문화적 운동에는 다수의 관점이 서로 복잡하게 얽혀 있었고 종종 모순을 일으키기도 했지만, 모두 생명을 긍정적으로 찬미했다는 일관된 공통점이 있다. 이러한 생명에 대한 긍정은 심지어 언뜻 보면 죽음이 승리를 거둔 것처럼 보이는 많은 르네상스 시대의 예술작품에서도 엿보인다. 이런 의미에서 『로미오와 줄리엣(Romeo and Juliet)』의 후반부에 등장하는 무덤은 이 연인들을 삼켜버린다기보다는 사랑이라는 이름의 미래로 인도하는 것처럼 보인다. 400여 년이 지난 지금도 이 연극을 보려고 모여든 홀린 관객들 앞에서 줄리엣은 결과적으로 자신의 소원을 이룬다.

> 죽고 나면 밤은 로미오를 데려갈 것이고 세상에서 그를 도려내어 작은
>   별들 사이에 심으리니
> 그러면 그로 인해 하늘의 얼굴은 더욱더 아름다워지고
> 밤이면 모든 세계는 사랑에 빠지리라.(III. ii. 22-24)

이처럼 삶 못지않게 죽음까지 받아들이는, 창조뿐만 아니라 해체까지 수용한다는 비교적 폭넓은 미와 쾌락의 향수(享受)는 몽테뉴의 모든 움직이는 물질에 대한 쉼 없는 고찰, 세르반테스가 쓴 미친 기사의 이야기, 미켈란젤로의 벗겨진 피부에 대한 묘사, 레오나르도가 스케치한 소용돌이, 카라바조가 세밀하게 묘사한 그리스도 발치의 더러운 흙더미 등에서 특징적으로 드러난다.

이것이 르네상스 시대였다. 수백 년 동안이나 호기심, 욕망, 물질계에 대한 지속적인 탐구심, 육체적 요구의 주위를 둘러치고 있던 제약의 벽을 뚫고 뭔가가 치밀어올랐다. 사실, 이 시대에 일어난 문화적 전환은 정의하기 어렵기로 악명이 높으며 그 전환의 의의는 줄곧 열띤 논쟁의 대상이 되었다. 그러나 시에나에서 두초가 그린 "마에스타(Maestà)"(1310년경)에 등장하는 왕좌 위의 성모 마리아를 보고, 피렌체로 자리를 옮겨 결코 우연이라고 할 수 없는 경로를 통해서 『사물의 본성에 관하여』의 영향을 받은 보티첼리의 작품 "봄(Primavera)"(1482년경)을 보게 되면, 그 전환을 충분히 쉽게 직관적으로 느낄 수 있다. 두초의 장엄한 제단화 "마에스타"의 주요 패널에는 묵직한 장의(長衣)를 입은 성모자가 진지하게 상념에 빠진 채로 엄숙히 중앙을 차지하고 있고 이를 천사, 성인, 순교자 무리가 시선을 모아 찬미하는 장면이 그려져 있다. 반면 "봄"은 신록의 숲을 배경

으로 봄을 알리는 고대 신들이 함께 모습을 드러낸다. 이들은 모두 하나로 어우러져 리드미컬한 몸짓으로 루크레티우스의 시가 환기시킨 것처럼 자연스러운 번식의 계절이 다시 찾아왔음을 알리는 데에 여념이 없다. "봄이 오니, 날개 달린 전령들이 앞서 나와 베누스의 입장을 알리고, 어머니 플로라는 열심히 제피로스의 발꿈치를 따라와 그들의 앞길에 빼어난 색과 향을 풍성하게 흩뿌린다."[2] 이교 신들과 거기에 결부된 풍부한 의미들에 대한 관심이 강렬하고 깊이 있는 지적 탐구로 되살아난 것만이 이와 같은 문화적 전환의 실마리였던 것은 아니다. 세계는 동적인 것이라는 전체적인 관점도 이러한 전환의 열쇠였다. 세계는 무상함, 관능적인 에너지, 그리고 끊임없는 변화에 의해서 하찮아지기보다는 오히려 더 아름다워졌다.

세계를 인식하고 살아가는 방법의 전환은 예술작품 속에 가장 명료하게 드러나지만, 미학에만 한정되어 나타난 것은 아니었다. 코페르니쿠스, 베살리우스, 조르다노 브루노, 윌리엄 하비, 홉스와 스피노자의 지적인 대담성도 이런 변화 속에서 설명할 수 있다. 이와 같은 전환은 하루아침에 갑자기 이루어진 것도 아니고 역사상 유일무이하게 일어난 것도 아니었다. 이로써 인간은 그동안 그들을 사로잡고 있던 천사와 악마, 비물질적인 원인으로부터 서서히 벗어나서 이 세계에 실재하는 것들에 집중하게 되었다. 또한 인간이 사물과 똑같은 물질로 만들어져 있으며 인간 또한 자연질서의 일부임을 이해하게 되었다. 신만의 것으로 엄중히 지켜온 비밀을 침해할지도 모른다는 공포 없이 마음껏 실험을 하게 되었으며, 권위에 의문을 품고 당연하게 수용해온 교의(敎義)에 과감하게 이의를 제기했다. 쾌락을 추구하는 것은 죄가 아니었고 고통은 회피하는 것이 마땅했다. 우리가 살고 있는 세계 외에 다른 세계가 존재할 수 있다고 상상했으며 태양은 이 무한히 넓은 우주에 존재하는 단 하나의 별이라는 생각에 의혹을 품었다. 사후의 보상이나 처벌에 대한 약속과는 무관하게 도덕적인 삶을 영위하는 것이 가능해졌고, 두려움에 떨지 않고 영혼의 죽음에 대해서 명상에 잠겼다. 한마디로 말해서, 시인 오든의 시처럼 이제는 소멸해버릴 세계만으로 충분해진 것이다. 물론, 이를 받아들이는 것이 결코 쉽지는 않았지만 어쨌든 가능해진 것이다.

르네상스의 탄생과 오늘날 우리가 살아가는 세계를 형성해온 힘의 해방을 단 하나의 원인을 들어 설명할 수는 없다. 그러나 나는 이 책에서 많이 알려져 있지 않지만, 르네상스를 특징적으로 보여줄 수 있는 한 이야기를 소개하려고 한다. 바로 포조 브라촐리니라는 인물이『사물의 본성에 관하여』를 재발견하게 되는 이야기이다. 그 재발견을 둘러싼 이야기는 우리가 근대적 삶과 사상의 근원에 대한 문화적 전환을 가리키기 위해서 흔히 사용하는 용어인 '르네상스(renaissance)', 즉 고대의 재생(再生, rebirth)과 진실로 잘 들어맞는다. 물론, 한 편의 시가 그 자체로서 모든 지적, 도덕적, 사회적 전환을 가져왔다고는 말할 수 없을 것이다. 그 어떤 작품도 그럴 수는 없다. 하물며 수세기 동안이나 위험을 무릅쓰지 않고는 공공연히 자유롭게 입에 올릴 수도 없던 책이라면 더욱 그럴 것이다. 하지만 이 특정한 한 권의 고대 서적이 갑자기 사람들의 품으로 돌아옴으로써 분명히 어떤 변화가 일어난 것은 사실이다.

이것은 세계가 어떻게 새로운 방향으로 일탈하게 되었는지에 관한 이야기이다. 변화를 일으킨 것은 혁명도, 성문 앞의 무자비한 침입군도, 미지의 대륙에의 상륙도 아니었다. 이런 장엄한 사건들의 경우, 역사학자와 예술가들은 대중의 상상력을 자극하는 쉽게 기억할 수 있을 만한 이미지를 제공해왔다. 바스티유 감옥의 함락, 로마 약탈, 그리고 배에서 내린 헐벗은 에스파냐인 선원들이 신세계에 깃발을 꽂는 장면 등이 그러하다. 그러나 이와 같은 세계사적 변화의 상징적인 장면들은 현혹적인 이미지에 불과할 수도 있다. 함락 당시 바스티유에는 수감된 죄수가 거의 없었다. 알라리크(서고트족의 족장으로 로마 황제가 자신의 요구조건을 거부하자, 410년 당시 세계 최고의 도시였던 로마로 쳐들어가 3일간 약탈을 자행했다. 로마를 급습할 능력은 있었으나 점령하여 자신의 땅으로 지킬 능력은 없었다/역주)의 군대는 약탈 후에 제국의 수도에서 재빨리 철수했다. 아메리카 대륙에 진실로 치명적이었던 행위는 에스파냐인이 그곳을 자기 땅이라고 선언하며 깃발을 펼쳐들었던 것이 아니라, 호기심에 찬 원주민들에게 둘러싸인 채 한 에스파냐인 선원이 콧물을 흘리고 기침을 해댄 것이었다. 이런 경우에도 최소한 생생한 상징적인 장면들을 떠올릴 수 있다. 그러나 이 책이 다루는 획기적인 변화—그 변화가 우리 생활 전반에 끼친 영향에도 불구하고—는 쉽사리 그런 극적인 이미지와 연결되지 않는다.

지금으로부터 약 600년 전에 문제의 변화가 일어났을 때, 결정적인 순간은 한 외딴 장소의 벽 뒤에 처박혀 가만히 숨죽인 채 거의 눈에 띄지도 않게 지나갔다. 어떤 영웅적인 행위도, 이 위대한 변화의 현장을 후세에 증언해줄 영민한 관찰자도 없었다. 천지개벽할 변화의 순간이면 으레 나타나는 기적도 일어나지 않았다. 어느 날, 상냥하지만 약삭빠르고 기민해 보이는 인상의 한 30대 후반의 덩치가 작은 사내가 한 도서관의 서가를 둘러보았다. 그는 그곳에서 매우 오래된 필사본 하나를 발견하고 꺼내들었다. 책을 살펴보고 그는 매우 흥분해서 다른 사람에게 그 책을 필사하도록 지시했다. 이것이 전부였다. 그러나 이것으로 충분했다.

물론, 필사본을 발견한 당사자는 그 작품의 함의를 충분히 이해하거나, 수세기에 걸쳐 파급될 작품의 영향력을 제대로 예상하지 못했을 것이다. 만약 그가 자신이 촉발시킬 힘의 실체에 대해서 뭔가 알았더라면, 어쩌면 잠들어 있던 어둠에서 그 책을 끄집어내는 것을 재고했을 수도 있다. 지금 그가 손에 들고 있는 필사본은 오랜 세월 손에서 손을 거치며 공들여 필사된 것이었으나, 오랫동안 세상에 널리 유통되지 못했고, 아마도 그것을 필사했던 고독한 영혼들조차도 그 내용을 제대로 이해하지 못했을 것이다. 실제로 많은 세대를 거치는 동안에도, 이 책은 전혀 관심의 대상이 되지 못했다. 4세기-9세기 사이에 이 책은 문법적, 어원학적 예문의 목록 속에 짤막하게 인용되었는데, 이를테면 정확한 라틴어 용법을 캐낼 채석장 정도로 여겨졌던 셈이다. 7세기에 세비야의 이시도루스가 거대한 백과사전을 편찬하면서 이 책을 기상학 분야의 전거로 활용한 예가 있기는 하다. 또한 고대 문헌에 대한 관심이 폭발적으로 증가했던 샤를마뉴 시대에 잠시 수면 위로 다시 떠올랐고, 이 시기에 학구적인 아일랜드인 수도사 둔갈의 꼼꼼한 손에 의해서 또 하나의 필사본이 만들어졌다. 그러나 이후에는 이런 일시적인 관심의 대상조차 되지 못한 채, 수면 아래로 사라진 듯했다. 활발한 토론의 대상이 되지도, 널리 전파되어 읽히지도 못했던 것이다. 이 책은 그렇게 잠들어 망각된 채 1,000년이 넘는 시간을 보내고서야 비로소 다시 세상의 품으로 돌아오게 되었다.

이런 중대한 귀환을 가능하게 한 당사자인 포조 브라촐리니는 열정적으로 편지를 쓰는 사람이었다.[3] 그는 모국인 이탈리아에 있는 친구에게 이 책의 발견에 대해서도 편지를 보냈지만, 그 편지는 지금은 전해지지 않는다. 그러나 여전히 포조 자신이 쓴 다른 편지들과 그의 친구들의 편지들에 기초해서 이 사건을 재구성하는 것은 가능하다. 오늘날 우리의 관점에서는 이 책의 발견이야말로 포조가 한 가장 위대한 발견으로 보이지만, 그 자신에게는 이것이 유일한 발견도 아니었으며 또한 발견이라는 표현을 쓸 만한 우연한 사건도 아니었다. 포조 브라촐리니는 책 사냥꾼이었다. 그리고 아마도 고대 세계의 유산을 이 잡듯 찾아내어 되살려내는 데에 중독되어 있던 그 시대가 낳은 가장 위대한 책 사냥꾼이었을 것이다.

일반적으로, 사라진 책을 재발견하는 일이 전율을 일으킬 만한 극적인 사건으로 생각되지는 않지만, 그 발견의 순간의 배후에는 한 교황의 체포와 투옥, 이단자들의 화형, 문화 전반에 걸친 고대 이교 문명에 대한 관심의 폭발적 고조가 있었다. 이 책의 발견은 한 뛰어난 책 사냥꾼의 필생의 열정을 충족시킨 것이었다. 그리고 그 책 사냥꾼은 의도하지도 자각하지도 않았지만 이 발견을 통해서 근대의 탄생을 돕는 산파가 되었다.

1
책 사냥꾼

1417년 겨울, 포조 브라촐리니는 독일 남부의 나무가 울창한 언덕과 계곡을 말을 타고 달리고 있었다. 그의 목적지는 오래된 필사본의 보고(寶庫)로 유명한 수도원이었다. 오두막 문 사이로 그를 본 마을 사람들은 그가 낯선 외지인임을 단번에 알아차렸을 것이다. 마른 체구에 말끔하게 면도를 한 그는 만듦새는 훌륭하지만 간소한 차림새로 단순한 튜닉과 망토만을 걸치고 있었을 것이다. 이 남자가 흔한 촌뜨기가 아님은 분명했다.[1] 그러나 이런 시골에서도 때때로 볼 수 있는 여느 도시 사람이나 궁정 사람 같지도 않았고 쩔렁이는 무기와 갑옷으로 무장하지 않은 것으로 보아 분명히 게르만족 기사도 아니었다. 사실 어느 비쩍 마른 촌놈이라도 곤봉으로 힘껏 후려치면 그를 손쉽게 제압했을 것이다. 가난해 보이지는 않았지만, 그렇다고 부나 높은 지위를 드러내는 익숙한 징표도 없었다. 그는 화려한 옷으로 치장하고 향수를 뿌린 긴 가발을 쓴 궁정의 고관대작도 아니었고, 종종 매 따위를 데리고 시골로 사냥을 나오는 귀족도 아니었다. 그리고 옷이나 머리 모양에서 쉽게 알 수 있듯이 그는 분명히 사제나 수도사도 아니었다.

당시 남부 독일은 번영을 누렸다. 풍요로운 전원지대를 유린하고, 번화한 도시를 파괴한 30년전쟁(1618-1648/역주)이라는 대재앙은 아직은 먼

23

미래의 일이었다. 우리 시대에 다시 찾아온 끔찍한 전쟁의 공포(두 차례의
세계대전/역주)가 30년전쟁으로부터 살아남은 것조차 대부분 파괴하고 말
았지만, 이런 험악한 미래가 닥치기 전의 남부 독일은 활력이 넘치는 곳
이었다. 기사, 궁정 신하, 귀족과 함께 많은 재력가들을 실은 마차들이
바퀴자국으로 다져진 길을 따라 바삐 오갔다. 콘스탄츠 부근의 라펜스부
르크는 오래 전부터 린넨 무역이 성행했는데 당시에는 막 종이 생산도
시작했다. 도나우 강 좌안의 울름을 비롯하여 하이덴하임, 알렌, 아름다
운 로텐부르크 오프 데어 타우버와 더욱 빼어난 아름다움으로 명성이
높았던 뷔르츠부르크도 모두 제조업과 상업으로 번영을 누렸다. 이곳에
서 도시의 시민, 양모 중개업자, 가죽 및 피륙 상인, 포도주와 맥주 양조
업자, 다양한 업종의 장인 및 그 도제들과 더불어 외교관, 은행가, 세리
의 모습은 익숙한 광경이었다. 그러나 포조의 모습은 이들 중 어디에도
들어맞지 않았다.

상대적으로 초라한 행색을 한 자들도 있었다. 미숙련 노동자, 떠돌이
땜장이, 칼갈이, 그리고 성격상 계속 돌아다닐 수밖에 없는 행상이 대표
적이었다. 성인(聖人)의 유골이나 예수가 흘린 성스러운 핏방울 같은 유
물이 있는 성지를 찾아다니며 예배를 올리는 순례자 무리도 여기에 속했
다. 이 마을 저 마을을 떠돌아다니는 점쟁이, 잡상인, 곡예사, 무언극 배
우, 저글링 같은 잔재주를 파는 자들도 있었을 것이며, 당연히 도망자,
방랑자, 좀도둑도 있었다. 그리고 납작한 원뿔 모양의 모자를 쓴 유대인
들이 있었다. 이들은 모욕과 증오의 대상으로서 보다 쉽게 식별하기 위
해서 기독교 당국이 강제로 착용시킨 노란색 배지 때문에 금방 알아볼
수 있었다. 그러나 포조는 이들 중 누구와도 비슷하지 않았다.

포조와 마주친 사람 누구에게나 그는 실로 아리송한 인물이었을 것이
다. 당시에는 일반적으로 자신의 신분이나 위계적인 사회조직에서의 위

치를 염색장이의 손에 남아 있는 지워지지 않는 얼룩처럼 누구나 쉽게 알아볼 수 있도록 드러냈다. 그러나 포조의 겉모습에서는 좀처럼 그런 얼룩을 읽어낼 수가 없었다. 가문과 직업이라는 구조의 바깥에 있는 이처럼 고립된 개인이라는 존재는 당시에는 좀처럼 이해하기 힘든 것이었다. 당시는 자신이 누구인지보다, 자신이 어디에 속해 있는지 혹은 자신이 누구에게 속해 있는지가 훨씬 더 중요한 시기였다. 18세기에 영국의 시인 알렉산더 포프가 여왕의 작은 퍼그 종 애완견을 조롱할 목적으로 쓴 짧은 2행 연구시(聯句詩)는 포조가 살던 세계에도 그대로 적용될 수 있었다.

　나는 큐에 사는 전하의 개이오만,
　말해보시오, 나리, 당신은 뉘댁 개시오?

　가족과 친족관계, 길드와 조합. 이것들이 당시 개인의 정체성을 규정 짓는 구성요소였다. 당시 사회는 독자성과 자립심을 높이 사지 않았으며, 사실 거의 고려조차 하지 않았다. 한 인간의 정체성은 누구에게나 자명하고 널리 받아들여지는 명령과 복종의 연결 고리 안에서 결정되었다.
　이 연결 고리를 끊고 나오려는 시도는 한마디로 어리석은 짓이었다. 무례한 행동—마땅히 예를 갖춰야 할 사람 앞에서 허리를 숙이지 않는 다든지 무릎을 꿇지 않는 것, 혹은 모자를 벗지 않는 것과 같은 행동—은 코가 잘리거나 목이 부러지는 결과로 이어질 수도 있었다. 그렇다면 당시 사회는 사람들이 어떻게 행동하기를 바랐을까? 교회든, 재판소든, 과두정체 도시의 지배가문이든 간에 그들이 명확하게 규정한 어떤 일관성 있는 행동양식이 있는 것은 아니었다. 이런 상황에서 최선은 그저 겸허하게 운명이 자신에게 부과한 정체성을 받아들이는 것이었다. 농사꾼은 오직 쟁기질 하는 법만 알면 족했고 방직공은 베 짜는 법, 수도사는 기도하는 법만 알면 그만이었다. 물론 이런 타고난 운명보다 형편이 다소 호전되거나 악화되는 일이 절대적으로 불가능하지는 않았다. 포조가 살던 사회는 드문 기술을 가진 자는 사회적으로 인정하고 상당한 범위로 그 능력에 대한 보상도 해주었다. 그러나 딱히 뭐라고 규정하기 힘든 개성이나 다재다능함, 또는 남다른 호기심을 가졌다는 이유로 귀하게 대접받는 일은 결코 없었다. 심지어 교회는 호기심을 치명적인 악으로 단죄했다.[2] 호기심의 유혹에 넘어가는 것은 영원한 지옥살이의 위험을 감수해야 하는 일이었다.

그렇다면 이 포조라는 남자는 대체 누구일까? 왜 그는 다른 선량한 사람들처럼 누구나 자신의 정체를 알아볼 수 있도록 등에 떡 써 붙이고 다니지 않았을까? 그는 지위나 직업을 짐작할 수 있게 해줄 그 무엇도 지니지 않았다. 그에게서는 지체 높은 이들 특유의 자신감이 느껴졌으나, 그렇다고 그 자신이 대단히 중요한 인물처럼 보이지는 않았다. 누구나 그런 중요한 인물이 어떤 모습인지는 알았다. 그런 인물이라면 항상 한 무리의 가신과 무장 경호원, 제복을 갖춰 입은 하인을 대동하고 움직이기 마련이었다. 그러나 이 수수한 차림의 이방인은 오직 한 명의 동행인이 있을 뿐이었다. 여관에 도착하자 조수 내지 하인으로 보이는 동행인이 필요한 모든 주문을 했다. 그의 주인이 입을 열자, 그가 독일어를 거의 또는 전혀 하지 못하며 이탈리아어를 모국어로 쓰는 사람임이 드러났다.

만약 캐묻기 좋아하는 사람이 포조가 무슨 일을 하는 사람인지 꼬치꼬치 물어보았다고 해도, 아마 포조의 정체를 둘러싼 미스터리는 오히려 깊어지기만 했을 것이다. 문맹률이 매우 높았던 시대에 책에 관심이 있다는 것 자체가 이미 별난 일이었다. 더구나 포조가 각별한 관심을 두고 있는 책이 그중에서도 더욱 별스러운 책이었다면, 이 괴상한 열정을 어떻게 제대로 설명할 수 있었을까? 포조가 찾고 있는 책은 성무일과서(聖

務日課書)나 미사 전서, 찬송가책처럼 매우 아름답고 정교한 채색 삽화와 고급스러운 양장 덕분에 문맹자에게조차 그 가치가 확연히 드러나는 책이 아니었다. 보석을 박아넣거나 표지 테두리를 금으로 장식한 이런 책들은 특별히 제작한 상자에 자물쇠를 채워 보관하거나 성서대(聖書臺)나 서가에 사슬로 연결해서 손버릇이 나쁜 독자가 감히 훔쳐가지 못하게 했다. 그러나 포조가 끌린 책은 이런 한눈에 봐도 귀해 보이는 책이 아니었다. 그는 전문 엘리트에게는 필독서인 법학, 의학, 신학 관련 장서에도 끌리지 않았다. 이런 책들은 독서를 할 만한 지적 수준이 되지 않는 자들에게도 매우 인상적이었으며 또 위협적이었다. 이런 전문 엘리트의 책이 부리는 사회적 마법은 대체로 소송, 삶의 고통스러운 종창, 마술이나 이단으로 고발당하는 것과 같이 살면서 겪게 되는 유쾌하지 않은 사건들과 관련이 있었다. 보통 사람들도 이런 종류의 책이 날카로운 이빨이나 발톱을 숨기고 있다는 것을 알고 있었기 때문에 왜 똑똑한 사람들이 법학, 의학, 신학과 관련된 책을 귀하게 여기고 구하러 다니는지 이해할 수 있었다. 그러나 당황스럽게도 포조는 이런 책에도 관심이 없었다.

이 낯선 이방인의 최종 목적지는 수도원이었지만, 그는 사제도 신학자도 종교재판관도 아니었고, 기도서를 찾고 있는 것도 아니었다. 포조의 목표물은 수도원이 보관하고 있는 오래된 필사본이었다. 이런 필사본의 상당수는 곰팡내가 풀풀 나고 벌레가 갉아먹은 상태였으며, 최고 수준의 교육을 받은 독자도 이해하기 힘든 어려운 내용을 담고 있었다. 만약 필사본의 양피지가 여전히 좋은 상태를 유지하고 있다면, 그 자체가 현물로서 일정한 가치가 있을 것이다. 조심스럽게 표면의 글씨를 칼로 긁어내고 활석 가루로 문질러 광택을 내면, 다시 글자를 쓸 수 있다. 그러나 포조는 양피지 판매업자가 아니었고 오히려 그렇게 오래된 필사본의 글자를 긁어내는 자들을 혐오했다. 그는 그 오래된 양피지 위에 쓰여 있는 내용을 보고 싶어했고, 설령 글씨가 알아보기 힘들고 내용이 어렵더라도 전혀 상관하지 않았다. 특히 그는 10세기, 혹은 그 이전에 작성된 족히 400-500년은 된 필사본에 관심이 많았다.

설령 포조가 여행의 목적을 애써 설명했다고 해도, 아마 당시 독일을 통틀어서 한 줌도 안 되는 사람들을 제외하고는 모두가 이 일을 괴상하기 짝이 없다고 생각했을 것이다. 게다가 사실대로 포조가 400-500년 전에 쓰인 것에는 전혀 관심이 없다고 설명했다면, 더욱더 괴상해 보였을 것이다. 포조는 그 시대를 경멸했고 미신과 무지에 빠진 개수대 같은 기간이었다고 생각했다. 그가 정말로 찾고자 했던 것은 그 낡은 양피지에 뭔가를 기록한 그 시대 자체와는 무관한 기록이었다. 그는 가능한 한 그 필사본을 작성한 형편없는 필사가의 정신세계에 오염되지 않은 기록을 원했다. 포조는 자신이 찾아낸 필사본이 최대한 충실하고 정확하게 더 오래된 다른 필사본을 베낀 것이기를 바랐고, 또 그 필사본은 마찬가지로 더 오래된 양피지의 내용을 최대한 충실하고 정확하게 옮긴 것이기를 바랐다. 필사가 자체는 포조와 같은 책 사냥꾼에게는 책의 내용에 영향을 미치지 않는 한 무관한 존재였다. 기적에 가까운 행운이 거듭된다면 먼지 속에 오랫동안 묻혀 있던 귀한 원고가 누군가의 손에 의해서 필사되고, 또 그 필사본이 다른 누군가의 손을 거쳐 필사되는 식으로 필사가 계속 진행되었다. 그리하여 마침내 포조가 흥미로운 사냥감의 존재를 포착하면, 책 사냥꾼의 심장은 빠르게 고동치기 시작했다. 이 사냥감의 자취를 되짚어가는 길은 그를 로마로 이끌 것이다. 그 로마는 교황청의 부패와 각종 음모, 정치적 쇠락, 그리고 주기적으로 찾아오는 선(腺)페스트에 시름하던 동시대의 로마가 아니었다. 그것은 아직 광장과 원로원이 당당하게 서 있던 시절의 로마였다. 항상 포조의 마음에 잃어버린 세계에 대한 경탄과 열망을 불어넣던 보석같이 아름다운 라틴어가 넘실대던 고대의 로마였다.

1417년 남부 독일에 발을 내딛고 사는 사람들에게 이런 고대의 영화가 무슨 의미가 있었을까? 미신을 잘 믿는 사람은 포조의 설명을 듣고도 그의 관심사를 특이한 마술이나 책으로 점을 치는 것과 같은 일이라고 오해했을 수도 있다. 조금 더 교양 있는 사람은 일종의 심리학적 중독인 서적광(書籍狂)이라고 판단했을 것이다. 신앙심이 깊은 사람이라면 어쩌다가 이런 선량한 영혼이 구세주가 암흑 속에 갇혀 있는 이교도들에게 구원을 약속하기도 전의 시대에 이렇게 매혹되었는지 애석해했을 것이다. 그리고 이들 모두가 아마도 이런 당연한 질문을 떠올렸을 것이다. 도대체 누구 밑에서 일하는 사람일까?

포조 자신도 이 질문에 답하기가 쉽지는 않았을 것이다. 최근까지 그는 로마 교회의 수장인 교황을 섬겨왔다. 그는 이른바 스크립토르(scriptor), 숙련된 문서작성자이자 필사가로 일하며 교황청의 관료 정치에서 필요로 하는 온갖 공식 문서를 작성했으며, 업무에서 보여준 노련함과 명민함 덕분에 마침내 교황의 비서라는 모두가 탐내는 자리에까지 올라갔다. 포조는 최고 권력자인 교황의 측근에서 그의 지시를 받아적고 결정을 기록했으며 우아한 라틴어로 광범위한 지역으로 보내는 외교 서신을 작성했다. 이런 공적인 궁정 생활에서 절대적인 지배자와 늘 얼굴을 맞대는 밀접한 관계는 중요한 자산이었다. 실제로 포조는 중요한 인물이었다. 포조는 교황과 서로 귓속말을 주고받는 사이였으며 교황의 미소와 미간의 찌푸림의 의미를 간파할 수 있었다. 그리고 '비서(secretarius)'라는 말이 의미하듯이 포조는 교황의 비밀에 접근할 수 있었다. 그리고 이 교황에게는 엄청나게 많은 비밀이 있었다.

그러나 포조가 고대 필사본을 찾아 남부 독일을 내달리고 있던 그때, 그는 더 이상 교황의 비서가 아니었다. 그가 교황의 심기를 거슬러서 자리에서 내쫓겼거나 섬기던 교황이 세상을 떠났기 때문이 아니었다. 다만, 모든 것이 바뀌었을 뿐이다. 한때 독실한 신자들을(그리고 믿음이 부족한 자들도) 떨게 했던 교황은 1417년 겨울에는 신성 로마 제국의 하이델베르크 감옥에 갇혀 있었다. 교황은 이제 지위, 이름, 권력, 그리고 품위까지 잃은 채 공식석상에서 굴욕을 당했으며, 자신의 교회에 속한 군주들로부터도 비난을 받았다. '신성하며 무오류(無誤謬)의' 콘스탄츠 공의회(公議會)는 교황이 자신의 '혐오스럽고 부적절한 삶'으로 인해서 교회와 기독교 전체에 스캔들을 일으켰으므로 더 이상 그는 교황이라는 고귀한 자리에 맞지 않다고 선언했다.[3] 이에 따라서 공의회는 교황에 대한 모든 충성과 복종의 의무에서 신자들을 해방시켰다. 실제로 이제는 그를 교황이라고 부르거나 그의 명에 따르는 것이 금지되었다. 교회의 기나긴 역사 속에는 이미 상당한 추문이 있었지만, 이런 일은 일찍이 일어난 적이 없었다. 한마디로 이는 전무후무한 사건이었다.

폐위된 교황은 그 자리에 없었지만, 폐위 시까지 교황의 비서였던 포조는 리가의 대주교가 금세공인에게 교황의 인장을 넘겨주며 교황의 문장과 함께 그것을 파괴하도록 엄숙히 지시하는 현장에 있었을 것이다. 교황청에서 일하던 교황의 수하들은 공식적으로 모두 해고되었고 포조가 그 운영에 중요한 역할을 해왔던 교황의 연락 업무도 공식적으로 종료되었다. 요한네스 23세라고 불린 교황은 더 이상 존재하지 않았으며, 한때 그 칭호를 사용했던 남자는 다시 자신의 세례명, 발다사레 코사로 돌아갔다. 포조는 이제 섬기는 주인을 잃어버린 것이다.

15세기 초, 유럽에서 주인을 잃는 것은 대부분의 사람들에게 반갑지 않은, 심지어 위험한 일이기도 했다. 시골에서나 도시에서나 소속이 없는 떠돌이는 의심의 눈초리를 받았다. 부랑자는 채찍질을 당하고 낙인이 찍혔다. 치안이 좋지 않던 당시에 보호자 없이 외진 골목을 다니는 것은 대단히 위험한 일이었다. 물론, 포조는 전혀 부랑자처럼 보이지 않았다. 그는 세련되고 뛰어난 실력을 갖춘 인물이었으며 오랫동안 거대한 권력의 중심부에 있었다. 바티칸이나 산탄젤로 성의 무장경비는 단 한마디 질문도 던지지 않고 그에게 문을 열어주었을 것이며, 교황청에 청탁할 일이 있는 추종자들도 그의 눈에 들려고 노력했을 것이다. 포조는 절대적인 지배자와 직접적으로 연결되어 있었다. 그의 주인은 부유하고 교활했으며 거대한 영지를 다스리는 인물이었다. 또한 자신을 서양 기독교 세계의 정신적 영도자라고 칭하는 교황이기도 했다. 공적 업무가 집행되는 교황청은 물론이고 교황이 머무는 교황궁의 사적인 공간에서도 비서인 포조는 낯익은 얼굴이었다. 그는 그곳에서 보석으로 치장한 추기경들과 농담을 주고받고 각지에서 온 대사들과 잡담을 나누며 수정이나 금으로 만든 잔으로 고급 포도주를 마셨다. 피렌체에서는 도시의 지배조직인 시뇨리아(Signoria)의 유력인사들과 친분을 쌓았다. 이밖에도 포조에게는 저명한 친구들이 많았다.

그러나 지금 포조는 로마나 피렌체가 아니라 독일에 있었다. 그가 콘스탄츠까지 수행했던 교황은 지금은 감옥에 있었다. 요한네스 23세의 정적이 승리를 거두었고 이제 세상은 그들의 지배하에 들어갔다. 지난날 포조에게 활짝 열려 있던 문들은 이제 굳게 닫혔다. 청탁─자신이나 혹은 친척에게 특별한 시혜나 판결, 혹은 돈이 될 만한 자리를 얻는 것이 목적이었다─을 위해서 포조의 주인인 교황에게 아부하는 하나의 수단으로 포조에게도 아부를 하던 추종자들도 어느새 등을 돌렸다. 포조의 수입은 갑작스럽게 끊겼다.

그동안 포조의 수입은 상당했다. 스크립토르에게는 고정된 급료는 없었지만, 문서 작성과 이른바 '은공(恩功)'이라는 특혜를 취득한 것에 대해서는 수고료를 청구할 수 있었다. '은공'이란 다양한 문제들에 대한 법적 특혜를 의미하는데, 전문적인 조정이나 예외적인 사항에 대해서 교황이 구두나 서면으로 승인하는 것이었다. 물론, 교황의 신뢰를 받는 측근은 비공식적으로 얻게 되는 수입도 많았다. 15세기 중반, 교황의 비서는 1년에 250-300플로린 정도를 벌었으며, 수완이 좋으면 이보다 훨씬 더 많이 벌 수도 있었다. 포조의 동료로 12년간 교황청에서 일한 뒤에 퇴직한 트레비존드의 조르조는 로마의 은행들에만 4,000플로린이 넘는 예금이 있었으며 부동산에도 상당한 투자를 했다.[4]

포조는 친구들에게 보낸 편지에서 자신이 평생 동안 야망에 불타지도 탐욕적이지도 않았다고 주장했다. 실제로 그는 탐욕을 인간이 저지르는 죄악 중에서 가장 혐오스러운 것으로 공격하는 유명한 에세이를 남기기도 했다. 그는 탐욕스럽고 위선적인 수도사, 부도덕한 군주, 욕심 많은 상인을 맹비난했다. 물론, 포조의 말을 액면 그대로 받아들이는 것은 어리석은 일이다. 교황청 복귀에 간신히 성공한 이후의 그의 경력의 후반을 살펴보면, 포조가 자신의 자리를 이용해서 상당한 부를 축적했다는 충분한 증거를 발견할 수 있다. 1450년대에 포조는 궁궐 같은 대저택과 함께 교외에도 땅을 가지고 있었다. 몇 개의 농장과 각지에 흩어진 19개의 토지에 덧붙여 피렌체에도 집이 2채 있었고 은행과 사업체에 막대한 돈도 넣어두고 있었다.[5]

그러나 이러한 성공은 수십 년 뒤 미래의 일이었다. 1427년에 세리가 작성한 카타스토(catasto)라는 공식적인 부동산 등기대장을 보면, 당시 포조의 자산 상황이 그다지 좋지 않았음을 확인할 수 있다. 그리고 이로부터 10년 전, 요한네스 23세가 자리에서 쫓겨나고 포조가 막 실직했을 당시에는 아마 이보다도 형편이 더 어려웠을 것이다. 실제로 후에 그가 재산을 모으는 데에 욕심을 부린 것은 오랫동안 지속된 궁핍한 시절에 대한 반작용일지도 모른다. 그는 지금 어떤 지위도, 보장된 수입도, 마땅히 기댈 곳도 없는 상태로 낯선 땅에 혼자 있었다. 1417년 겨울, 남부 독일의 시골길을 달리고 있을 당시, 포조는 자신의 다음 수입이 어디에서 나올지 거의, 아니 전혀 알 수 없었다.

이런 상황에서 포조가 재빨리 새로운 일자리를 구하거나 이탈리아로 다급히 돌아가려고 하지 않았다는 사실은 굉장히 놀라운 일이었다.[6] 대신에 포조가 내린 결정은 책 사냥을 떠나는 것이었다.

2
발견의 순간

이탈리아인들은 100여 년간 책 사냥에 몰두해왔다. 그 시작은 시인이자 학자인 페트라르카가 흩어져 있던 고대 로마의 역사가 리비우스의 기념 비적인 저작 『로마 건국사(*Ab Urbe Condita*)』를 발견하여 집대성하고, 키케로, 프로페르티우스 등 잊혔던 고대의 걸작을 찾아내어 명성을 얻은 1330년경의 일이었다.[1] 페트라르카가 거둔 성공은 수세기 동안 누구에게 도 읽히지 않은 채 묻혀 있는 잃어버린 고전들을 찾아내도록 사람들을 고무시켰다. 이런 열정으로 재발견된 고전들은 필사, 편집, 주해 과정을 거쳐 활발히 교환되기 시작했다. 이를 통해서 발견자들은 명예를 얻었으 며, 이른바 '인문학(studia humanitatis, study of the humanities)'이라고 알 려진 학문의 토대가 마련되었다.

인문학 연구에 헌신하는 사람들은 곧 '인문주의자(humanist)'라는 이름 을 얻게 되었다. 그들은 잔존하는 고대 로마의 고전들을 세심히 파고들면 서 한때는 유명했던 많은 책들의 전체 또는 일부가 유실되었음을 알게 되었다. 포조와 다른 동료 인문주의자들이 열심히 읽었던 책의 저자들은 종종 과장된 찬사나 통렬한 비판과 함께 이런 사라진 책들을 감질나게 인용하곤 했다. 이를테면, 로마의 수사학자 퀸틸리아누스는 베르길리우 스나 오비디우스를 논하면서 "마케르와 루크레티우스는 분명히 읽을 만한 가치가 있다"라고 평했다.[2] 그러면서 그가 높게 평가하는 바로 아타키누스, 코르넬리우스 세베루스, 살레이우스 바수스, 가이우스 라비리우스, 알비노바누스 페도, 마르쿠스 푸리우스 비바쿨루스, 루키우스 아키우스, 마르쿠스 파쿠비우스의 저작에 대한 평을 이어간다. 인문주의자들은 그들이 읽어보지 못한 저자들의 작품 중 상당수는 이미 영원히 사라졌을 가능성도 있음을 깨달았다. 결국 루크레티우스를 제외하면, 위에 언급된 작가들의 작품은 역사의 뒤안길로 영영 사라지고 말았다. 그러나 당시의 인문주의자들은 이들 중 일부가, 아니 어쩌면 상당히 많은 수가 이탈리아나 알프스 너머 어딘가 어두운 구석에 처박힌 채로 아직 남아 있을 것이라고 기대했다. 실제로 페트라르카는 키케로의 『아르키아스를 위하여(Pro Archia)』의 필사본을 벨기에의 리에주에서 발견했으며, 프로페르티우스의 필사본은 파리에서 발견했다.

포조와 동료 인문주의자들의 중요한 책 사냥터는 유서 깊은 수도원의 도서관이었다. 수도원이 책 사냥꾼들의 주목을 받은 데에는 그만 한 이유가 있었다. 오랜 세월, 수도원은 실질적으로 책에 관심을 가진 유일한 기관이었다. 안정과 번영을 누리던 시절의 로마 제국도 최소한 우리 기준에서 볼 때는 일반 시민의 문맹률은 상당히 높았다.[3] 제국이 비틀거리기 시작하자 도시는 황폐해지고 무역도 쇠퇴했다. 점점 불안해진 군중은 야만족의 군대가 출몰하는 지평선을 살피기에 바빴고, 이윽고 로마의 초등, 고등 교육체계 전체가 무너지기 시작했다. 처음에는 축소된 상태로나마 유지되었으나, 결국은 전면적인 교육체계 전체의 붕괴로 이어졌다. 학교와 도서관, 아카데미가 문을 닫았고, 전문 문법학자나 수사학 선생은 더 이상 일거리를 찾을 수 없었다. 책의 운명보다 걱정스러운 훨씬 더 중요한 일이 많아졌던 것이다.

그러나 모든 수도사들은 글을 읽을 줄 알아야 했다. 수도사가 글을 읽을 줄 알아야 한다는 요구사항은 수도원 역사 초기에 이미 형성된 것으로, 글을 모르는 기사(騎士) 출신의 군주가 지배하는 세계에서 수도사가 글을 읽을 줄 안다는 것은 헤아릴 수 없는 중요성을 가지고 있었다. 다음은 4세기 후반 이집트 출신의 성 파코미우스에 의해서 이집트와 중동 각지에 설립된 수도원의 회칙이다. 수도원에 입회하고자 하는 후보자는 수도원의 선배 수도사들 앞에서 다음과 같은 과정을 거치게 된다.

그들은 그에게 20편의 시편이나 「사도 서간」 중 2편, 혹은 『성서』의 다른 부분을 건넨다. 만약 그가 글을 모르면 그는 즉시 정해진 바에 따라서 첫 번째, 세 번째, 여섯 번째 시간에 그를 가르치도록 지명된 자에게로 보내진다. 그는 그를 선생으로 모시고 매우 감사한 마음으로 세심한 가르침을 받게 될 것이다. 그는 음절의 구성요소, 동사와 명사를 배워야 하며, 설령 그 자신이 원하지 않더라도 반드시 읽어야만 할 것이다.[4] (회칙 139)

"반드시 읽어야만 할 것이다." 수세기의 혼란의 시대 동안 고대 사상이 일궈낸 업적들을 구한 것은 바로 이 같은 "강제"였다.

사실 수도원 회칙 중에서 가장 영향력 있는 회칙인 6세기에 작성된 성 베네딕투스의 수도원 회칙에는 이처럼 수도사가 글을 읽을 줄 알아야 한다고 명시적으로 요구하는 내용은 없다. 그러나 성 베네딕투스는 그의 표현을 그대로 쓰면, "기도와 같은 독서"를 육체노동과 마찬가지로 일과에 포함시킴으로써 사실상 같은 내용을 지시했다. 그는 "나태는 영혼의 적"이라고 쓰면서, 독서로 채워야 할 시간을 확실히 일과에 정해두었다. 정해진 시간에 더해 다른 시간에도 책을 읽으려면 수도사는 허가를 받아야 했으며 이런 자발적인 독서는 엄격한 침묵 속에서 이루어져야 했다(고대와 마찬가지로 성 베네딕투스의 시대에도 독서할 때에는 일반적으로 소리를 내서 책을 읽었다). 그러나 일과에 따라 정해진 독서시간은 자발성이 적용될 수 있는 계제가 아니었다.

수도사들은 이처럼 개인의 의향과는 상관없이 누구나 책을 읽어야만 했고, 회칙은 독서가 제대로 진행되도록 꼼꼼한 감독을 요구했다.

첫째, 형제들이 독서를 하는 동안 반드시 지정된 한두 명의 상급자가 반드시 수도원을 순찰해야 한다. 그들의 임무는 지나치게 아케디오수스(acediosus)하여 시간을 낭비하거나 독서를 게을리 하고 한가한 잡담에 빠져 있는 형제가 없는지를 살피는 것이다. 그런 형제는 스스로에게 해를 끼치고 있을 뿐만 아니라 다른 이들의 정신까지 흩뜨린다.[5](49 : 17-18)

'아케디오수스'는 때로 '무기력한'으로 번역되는데, 수도원 사회에서는 이를 일종의 질병으로 간주했다. 일찍이 4세기 후반, 사막의 수도사라는 별칭을 가진 요한네스 23세 카시아누스는 아케디아(acedia : 무기력증)를 앓는 수도사를 정확히 진단했다. 아케디아의 마수에 사로잡힌 수도사는 독서를 힘들어하거나 아예 하지 못한다. 그는 책에 집중하지 못하고 괜한 뜬소문에 마음을 쓰며 좌불안석할 것이다. 특히 그는 역겹다는 표정으로 주변을 흘끔거리면서 동료 수도사들을 쏘아볼 것이다. 그는 여기보다 더 좋은 곳이 어딘가에는 있을 것이며, 자신이 인생을 낭비하고 있다고 생각할 것이다. 매사 김이 빠지고 맥이 풀린 채, 목이 졸리는 것 같은 느낌일 것이다.

그는 초조하게 이쪽저쪽을 둘러보며 형제들 중 그 누구도 자신을 보러

오지 않는다면서 한숨을 짓는다. 그는 방 안팎을 들락날락거리며 마치 태양이 너무 더디게 움직이는 것은 아니냐는 듯한 표정으로 자꾸 하늘만 멍하니 쳐다본다. 어떤 설명할 수 없는 정신적 혼돈이 그를 사악한 어둠처럼 사로잡는다.[6]

수도원에는 오늘날 임상에서 우울증이라고 진단하는 이런 상태에 빠져든 수도사들이 분명히 많았을 것이다.

카시아누스는 이 질병을 "백주의 악마"라고 불렀고, 베네딕투스 수도회도 특히 독서시간에 기승을 부리는 이 질병을 경계하여 증상이 뚜렷한 감염자를 찾기 위해서 세심하게 감시할 것을 명했다.

이는 신께서 금지하신 것이니, 적발된 수도사는 두 번까지는 그 잘못에 대한 꾸지람을 받음으로써 행동을 고쳐야 한다. 그러나 그 후에도 행동이 나아지지 않으면 그는 다른 이들이 두려움에 감히 같은 잘못을 범하지 않도록 회칙에 따라 처벌을 받을 것이다.[7]

지정된 시간에 책을 읽지 않는 것은—그 사유가 산만함, 지루함, 혹은 절망, 무엇이든지 간에—먼저 공개적인 비판을 통해서 교정을 시도했다. 그러나 이후에도 책을 읽지 않는다면 그때는 체벌로 다스렸다. 정신적 고통의 증상은 육체적 고통으로 제거되었다. 그리하여 적절한 징계를 받은 수도사는 다시 "기도와 같은 독서"를 할 수 있는 상태로 돌아갔다. 최소한 원론적으로는 그러했다.

베네딕투스 회칙에는 개인 독서시간 외에도 강제적인 독서시간이 더 있었다. 일주일씩 교대를 원칙으로 매주 한 명의 수도사가 지정되어 식사시간마다 식당에서 큰 소리로 책을 읽었다. 성 베네딕투스는 이런 임무에 자부심을 느끼는 수도사도 있다는 것을 알고 있었고, 그러한 자부심이 잘못된 방향으로 나가는 것을 막으려고 최선을 다해 주의를 기울였다. "새로 책을 읽는 당번이 된 수도사는 형제들에게 그를 위해서 기도해주기를 요청하라. 그리하여 그가 기고만장해지지 않게 막아주시기를 신께 구하라."[8] 또한 성 베네딕투스는 독서시간을 잡담시간으로 여기는 수도사도 있을 것임을 알고 이런 수도사들을 위해서도 상세한 방책을 세워두었다. "완벽한 정숙을 지켜라. 어떤 말소리도, 어떤 속삭임도 들려서는 안 된다. 오직 읽는 자의 목소리만 울려퍼지게 하라."[9] 그러나 성 베네딕투스가 무엇보다도 주의를 기울였던 것은 독서로 인해서 어떤 토론이나 논쟁도 벌어지지 않도록 하는 것이었다. "그 누구도 읽는 내용은 물론, 그 밖의 무엇에 대해서도 절대 질문을 던져서는 안 된다. 기회가 생기도록 해서는 안 된다."[10]

일반적으로 매우 명료하게 기술된 회칙의 문장 중에서 "기회가 생기도록 해서는 안 된다"라는 문구는 유독 모호하게 느껴진다. 대체 누구에게 주어지는 혹은 무엇에 관한 기회란 말인가? 현대의 편집자들은 때때로 여기에 "악마에게"라는 문구를 삽입하기도 한다. 어쩌면 회칙에서 암시하는 내용이 실제로 그것일 수도 있다. 하지만 왜 어둠의 제왕이 책의 내용에 질문하는 것에 관심을 보인다는 말인가? 그 이유는 아무리 선의의 질문이라고 해도 질문은 토론을 불러올 가능성이 있으며, 토론이 가능하다는 것은 종교의 교리가 의문과 논란의 대상이 될 수 있음을 암시하기 때문이다.

성 베네딕투스가 큰 소리로 낭독하는 신성한 문헌들에 대한 논평 자체를 절대적으로 금한 것은 아니었다. 그러나 그는 논평의 근원을 제한하고자 했다. 회칙은 "수도원장은 몇 마디 지도의 말을 덧붙일 수 있다"라고 허락한다.[11] 그러나 수도원장의 말에 대해서도 질문이나 반박을 할 수 없었으므로 사실상 어떠한 논쟁도 원칙적으로 금지되었다. 아일랜드인 수도사 콜룸바누스(그는 성 베네딕투스가 죽은 해에 태어났다)도 영향력 있는 수도원 회칙을 제정했는데, 그가 정한 회칙의 처벌 목록이 명확하게 보여주듯이 활발한 토론은 그 내용이 지적인 것이든 아니든 간에 금지되었다. 감히 동료 수도사에게 "당신의 말은 틀렸소" 같은 말로 반박하는 자에게는 "묵언 수행이나 체벌 50대"라는 무거운 처벌이 내려졌다. 수도사의 정신세계를 에워싼 드높은 벽은 이와 같은 침묵의 강요, 질문과 토론의 금지, 가벼운 체벌 심지어 채찍질을 해서라도 이 모두를 관철시키려는 노력을 통해서 지켜졌다. 그리고 이 모든 노력의 바탕에는 신앙으로 뭉친 수도원이라는 공동체는 서로 반대되는 의견을 자유롭게 말하며 쉼 없이 광범위한 호기심을 키워갔던 고대 그리스나 로마의 철학 아카데미와는 달라야 한다는 확고한 의식이 깔려 있었다.

어쨌거나 수도사는 회칙에 따라 실제로 독서를 했으며 강제된 독서는 결과적으로 이례적인 연쇄작용의 시발점이 되었다. 독서는 자의로 선택할 수 있는 것이 아니었으며 특별히 가치 있게 여겨지거나 권장된 것도 아니었다. 수도원 사회에서 독서는 진지하게 받아들여야 하는 엄숙한 의무였을 뿐이다. 그래도 독서를 하려면 일단 책이 필요했다. 아무리 조심스럽게 다루어도 책은 펼칠 때마다 조금씩 낡게 되었고 결국에는 너덜너덜해졌다. 수도사들은 어쩔 수 없이 책을 새로 사거나 얻거나 해서 계속 책을 구해야만 했다. 그러나 6세기 중엽에 일어난 격렬한 고트 전쟁(Gothic Wars)과 그보다 더 비참했던 전쟁의 후폭풍을 거치면서 책 생산을 담당했던 최후의 공방들도 장사를 접었다. 책 시장도 자취를 감추었다. 그리하여 다시 한번, 수도원은 거의 어쩔 수 없이 이미 소장하고 있는 책을 더욱 주의 깊게 보관하고 책의 소실에 대비하여 수도사들에게 책을 필사하도록 지시하는 회칙이 필요하게 되었다. 그러나 상업적인 책 시장이 사라진 상황에서는 이마저도 쉽지 않았다. 이집트의 파피루스 제조업자들과의 무역은 정치적 혼란 속에 이미 오래 전에 중단되었고 양피지제조업도 고사 상태에 빠져 있었다. 결국 다시 한번 어쩔 수 없이 수도원은 새 회칙을 정해 수도사들에게 양피지를 만드는 힘든 기술을 익히게했고 상태가 좋은 양피지는 복원하여 재사용하도록 가르쳤다. 책의 구비나 저술을 사회의 중심에 놓음으로써 이교도 엘리트들을 모범으로 삼아따르고자 했던 것은 아니었고, 수사학이나 문법을 중요하게 여기지도 않았으며, 배움이나 토론을 높이 사지도 않았다. 그러나 결과적으로 수도사들은 독자이자 사서, 책을 보존하는 사람들이 되었고, 더 나아가서는 서방의 책 생산자가 되었다.

잃어버린 고전의 자취를 찾아헤매는 포조와 그밖의 인문주의자들은 이런 저간의 상황을 알고 있었다. 이탈리아 내의 수도원 도서관 대부분을샅샅이 뒤지고 페트라르카의 예를 따라 프랑스의 수도원까지 훑은 후에이들은 스위스와 독일이라는 거대한 미답지가 남아 있음을 깨달았다. 그러나 이 지역의 수도원의 다수는 교통이 불편한 외딴 지역에 있었다. 이들 수도원의 설립자들은 속세의 유혹과 향락, 각종 위험으로부터 멀어지기 위해서 의도적으로 사람의 발길이 닿기 힘든 곳을 골라 수도원을 세웠다. 그러나 한 열정적인 인문주의자가 이 모든 여행의 불편과 위험을감수하고서 머나먼 수도원에 간신히 도착하는 데에 성공한다고 해도 그것으로 문제가 끝나는 것은 아니었다. 학자들 중에서도 책이 가득한 도서관에서 무엇을 찾아야 하는지 아는 사람, 그리고 자신이 찾아낸 것의가치를 알아볼 수 있을 만큼 실력이 뛰어난 사람은 극히 적었다. 게다가힘들여 수도원에 도착했다고 해도 수도원 도서관에 가서 책을 접하는것은 완전히 또다른 문제였다. 도서관 문을 통과하기 위해서 그는 일단 회의적인 수도원장을 설득해야 했고, 수도원장보다 더 회의적인 까다로운 도서관 사서를 설득해서 자신이 도서관에 들어갈 만한 합당한 이유를 인정받아야 했다. 일반적으로 외부인은 수도원 도서관에 출입할 수 없었다. 페트라르카는 성직자였으므로 최소한 교회라는 거대 공동체의 일원으로서 도서관 출입을 호소해볼 수 있었다. 그러나 대부분의 인문주의자들은 세속인이었으며 그들이 도서관 장서에 대해서 보이는 관심은 즉각적인 의심을 사기 십상이었다.

기를 꺾는 이런 장애물 목록은 아직 끝이 아니었다. 책 사냥꾼이 일단 수도원에 도착하여 굳게 닫힌 문을 어렵게 통과하여 도서관에 들어가는 데에 성공하고 실제로 뭔가 흥미로운 것을 발견했다고 해도 난관은 아직 남아 있었다. 그가 발견한 책 자체에 대해서도 셈을 치러야 했다.

책은 희소하고 귀한 것이었다. 책을 소장하는 것은 수도원의 명성을 높여주는 일이었으므로 수도사들은 이 귀중품이 자신들의 시야에서 벗어나는 것을 허용하지 않았다. 특히 손버릇 나쁜 이탈리아 출신의 인문주의자를 이미 겪어본 경우라면 더더욱 그러했다. 때때로 수도원은 그들의 소중한 책을 안전하게 지키기 위해서 저주의 글을 책에 담기도 했다. 한 필사본에는 다음과 같은 글이 적혀 있다.

소유자로부터 이 책을 도둑질하거나 빌려서 반환하지 않으려고 하는 자에게 고하노니, 그자의 수중에서 책이 독사로 변하여 그를 갈가리 찢게 하라. 그의 몸을 마비시키고 그와 함께하는 모든 자들에게도 파탄을 안겨라. 그가 자비를 크게 부르짖으며 헤어날 수 없는 고통에 신음하게 하라. 그리고 그가 스스로 파멸을 노래할 때까지 그의 고통에 멈춤이 없게 하라. 가책의 증거로서 책벌레가 그의 내장을 파먹게 하리니, 마침내 때가 되어 그가 최후의 형벌을 받을 때가 오면 지옥불로 하여금 그를 영원

히 집어삼키게 하라.[12]

이런 저주를 읽고 나면, 제아무리 손에 거머쥔 필사본이 못 견디게 가지고 싶은 세속적인 무신론자라도 슬그머니 제 망토 속으로 책을 밀어넣기 전에 한번은 멈칫하게 될 것이다.

만약 수도원이 가난하거나 혹은 단순히 부패했다면, 책값으로 약간의 돈을 쥐어주면 가능했을 것이다. 그러나 낯선 이방인의 관심은 불가피하게 책값을 치솟게 만들 것이 분명하다. 잠시 가져가서 책을 살펴본 후에 곧 반환하겠노라고 엄숙히 서약하고 수도원장에게 대여를 청할 수도 있지만, 유별나게 사람을 잘 믿거나 순진한 수도원장이라고 해도 그런 청이 받아들여지는 일은 거의 없었다. 수도원장에게서 강제로 동의를 받아낼 방법이 전혀 없는 상황에서 최종적으로 불가하다는 대답밖에 듣지 못했다면, 이 모든 모험은 수포로 돌아가는 셈이었다. 최후의 수단으로 저주를 무릅쓰고 도둑질을 감행하는 수도 있을 것이다. 하지만 수도원이라는 공동체는 감시의 문화가 지배하는 곳이 아니던가. 낯선 방문객들이 특히 더 주의 깊은 감시의 대상이 되었음은 당연하다. 밤이면 대문은 닫히고 굳게 잠겼으며 수도사들 중 일부는 우람하고 시골 장부처럼 힘이 좋았다. 이들 형제는 수도원의 귀한 재산을 탈취하려는 절도 미수범을 죽기 일보 직전까지 흠씬 패는 것을 전혀 주저하지 않았을 것이다.

그러나 포조는 이 어마어마한 난관들을 헤치고 도전에 성공할 수 있는 독특한 요건을 갖추고 있었다. 그는 오래된 필사본을 능숙하게 해독하는 데에 필요한 특별한 기술들을 습득한 보기 드문 인물이었다. 포조는 우수한 라틴어 학자로서 알쏭달쏭한 어휘, 수사학적 기술, 고전기 라틴어의 문법구조를 예리하게 파헤치고 의미를 파악했다. 그는 다양한 분야의 고대 문헌을 주의 깊게 읽어왔고 탁월한 기억력을 동원하여 사라졌던 특정 저자나 작품의 정체를 밝히는 데에 도움이 될 만한 많은 단서들을 끌어냈다. 포조 자신은 수도사도 사제도 아니었으나, 교황청 사무국과 교황궁에서의 오랜 실무 경험을 통해서 교회 조직에 대한 은밀한 내부지식도 가지고 있었다. 게다가 역대 교황들을 비롯한 다수의 유력 성직자들을 아우르는 개인적인 인맥도 있었다.

이런 높은 연줄조차 자신에게 외딴 수도원의 굳게 닫힌 도서관의 문을 열어주지 않는다고 해도 그에게는 엄청난 비밀병기가 더 있었다. 포조는 대단히 매력적인 인물로서 훌륭한 이야기꾼이자 지저분한 소문을 잔뜩 안고 다니면서 지치지 않고 저속한 농담을 늘어놓을 수 있는 재담꾼이기도 했다. 물론, 포조는 독일인 수도사들과 그들의 모국어인 독일어로 이런 희롱을 주고받을 수는 없었다. 그는 독일어권 도시에 3년이나 체류했지만 자신이 스스로 고백했듯이 독일어를 익히지 않았다. 그처럼 언어를 습득하는 데에 탁월한 재능이 있는 사람이 3년이라는 시간 동안 독일어가 전혀 늘지 않았다면, 이는 자신이 의도했던 것으로 보인다. 독일어는 야만인의 언어이며 자신은 그런 언어를 배우는 데에는 아무런 관심도 없다는 것이다. 콘스탄츠에 머무는 동안, 그는 아마도 라틴어나 이탈리아어를 사용하는 사교계에서만 맴돌았을 것이다.

그러나 독일어를 하지 못하는 것이 여관이나 간이 역참에서나 도로를 이동하는 중에는 여간 성가신 일이 아니었겠지만, 일단 목적지에 도착하면 더 이상 심각한 문제가 아니었을 것이다. 수도원장, 사서, 그 밖의 많은 수도원 공동체의 일원들은 라틴어를 할 줄 알았기 때문이다. 그들이 포조가 수고스럽게 익힌 것과 같은 유려한 고전기 라틴어를 구사했을 가능성은 거의 없지만, 살아남은 당대의 유행 문학작품들로부터 판단하건대 그들의 라틴어 실력은 나쁘지 않았을 것이다. 학문적인 문헌에 요구되는 가장 미묘한 표현에서부터 외설에나 쓰일 가장 저속한 표현에 이르기까지 그들은 생생하고 유창하며 꽤 능수능란하게 라틴어를 구사했다. 만약 도서관 문을 가로막고 있는 자들에게 진지한 도덕성이 잘 먹히겠다고 판단되면, 포조는 인류가 처한 암담한 현실에 대한 웅장한 열변으로 그들에게 강한 인상을 남기려고 했다. 만약 배꼽 잡게 웃기는 편이 그들을 구슬리는 더 좋은 방법이라고 판단되면, 그는 어리석은 촌놈이나 고분고분한 주부, 또는 여자를 밝히는 사제들에 관한 우스꽝스러운 이야기 하나를 골라 그들의 마음을 사로잡으려고 했다.

포조에게는 또 하나의 재능이 있었다. 그것은 그를 책 사냥에 나선 여타 인문주의자들 사이에서 유독 돋보이게 만드는 귀한 재능이었다. 그는 대단히 아름다운 손글씨와 엄청난 집중력, 그리고 놀라운 정확성까지 겸비한 최고 수준의 숙련된 필사가였다.[13] 문서를 작성해주는 컴퓨터 프로그램과 팩시밀리, 복사기를 사용하는 오늘날의 우리로서는 이런 재능의 의미를 제대로 판단하기가 어렵다. 그러나 한때 이러한 능력은 엄청난 가치가 있는 개인적 성취에 속했다. 실제로 포조 자신의 시대에도 완만하게나마 그 중요도가 서서히 줄어들고 있었다. 1430년대에 독일의 사업가 요한네스 구텐베르크가 가동 활자(可動活字, movable type)라는 새로운 발명품을 실험하게 되면서 책의 복제와 전파에 혁명적인 변화가 나타났기 때문이다. 15세기 말이 되자 특히 베네치아의 훌륭한 인쇄업자 알두스 마누티우스는 이후 5세기 동안 겨룰 자가 없는 압도적인 수준의 우아한 활자체와 명확한 해상도로 라틴어 문헌들을 찍어냈다. 그리고 그 활자체는 포조와 동료 인문주의자들의 아름다운 손글씨를 바탕으로 고안되었다. 한 권의 필사본을 만들기 위해서 포조가 일일이 손으로 하던 작업이 이제 곧 한 번에 수백 권씩 기계로 진행될 것이었다.

그러나 이러한 기술적 진보는 아직은 미래의 일이었다. 책을 활자로 인쇄해서 찍어내는 업자들도, 극소수의 사람을 제외하면 읽을 수조차 없는 원고를 정확하고 읽을 만하게 깔끔하게 옮긴 필사본에 의지할 수밖에 없었다. 필사가로서의 포조의 재능은 동시대인들에게 신기에 가깝게 보였는데 그의 작업속도가 정말 빨랐기 때문에 더욱 그러했다. 덕분에 그는 감언이설로 수도원 도서관을 뚫고 들어가 그동안 시야에서 사라졌던 귀중한 필사본들을 재빨리 훑어볼 수 있었을 뿐만 아니라 여차하면 빌릴 수도 있었으며 재빨리 필사한 뒤 이탈리아에 있는 고향에서 애타게 기다리는 다른 인문주의자들에게 그 결과물을 보낼 수도 있었다. 만약 책을 빌리는 것이 불가능한 것으로 밝혀지면—그러니까 사서가 특정 필사본을 빌려주기를 거절한다면—포조는 그 자리에서 바로 필사를 시작할 수도 있었다. 경우에 따라서는 최소한의 요구는 충족시킬 수 있게 개인적으로 훈련시킨 다른 필사가에게 일을 맡길 수도 있었을 것이다.

1417년 당시, 포조는 완벽한 책 사냥꾼의 조건을 거의 모두 갖추고 있었다. 시간, 기술, 열망. 그에게 부족한 것은 오직 돈이었다. 아무리 절약을 한다고 해도 여행에는 많은 돈이 들었다. 말을 빌리는 비용, 강을 건널 때나 유료 도로를 지날 때 내는 통행료, 어려운 길을 통과할 때 안내인에게 지불하는 사례금 등 곳곳에 돈이 필요했다. 게다가 못된 세리나 시골 영주의 가신이 사실상 강탈이나 다름없이 갖가지 이유로 돈을 뜯어가는 일도 있었다. 그리고 당연히 식비와 숙박비, 마구간 사용료도 필요했다. 여기에 그는 추가로 보조 필사가에게도 임금을 지불해야 했고, 필요에 따라서는 자신들의 보물을 빌려주기를 꺼리는 수도원을 꼬드기기 위한 사례금도 준비해야 했다.

설령 포조가 교황청 사무국에서 일하는 동안 모아둔 돈이 있었다고 해도 이 모든 비용을 자비로 조달할 수 있었을 가능성은 별로 없다. 결국 그는 펜의 힘에 의지하여 평소의 습관처럼 친구들에게 편지를 쓸 수밖에 없었을 것이다. 그는 아마도 책 사냥에 대한 열정을 공유하는 고향의 부유한 친구들에게 편지를 써서 그들이 꿈에서나 그리던 절호의 기회를 잡은 자신의 상황에 대해서 설명했을 것이다. 건강 상태는 좋았고 일이나 가족 어디에도 얽매여 있지 않았으며 그 누구에게도 속해 있지 않았으므로 그는 어디든 자신이 가고 싶은 곳을 오갈 수 있는 자유로운 상태였다. 그는 그들 모두에게 정말 가치 있는 잃어버린 보물, 곧 고대의 유물을 찾기 위한 진지한 모험을 시작할 만반의 준비가 되어 있었다.

한 명의 부유한 후원자가 있었는지 아니면 동료 인문주의자들이 집단으로 후원을 했는지는 확실하지 않지만, 1417년 1월, 포조는 이런 후원 덕분에 자신의 발견을 위한 운명의 첫 발걸음을 내딛게 되었다. 그 겨울에 포조가 책 사냥을 목적으로 감행한 여행이 한 번으로 그치지 않은 것을 볼 때, 그 지원은 상당한 수준이었던 것 같다. 첫 여행은 바로 다른 여행으로 이어졌으며 포조는 콘스탄츠로부터 그리 멀지 않은 명망 높은 성 갈렌 수도원으로 향했다. 포조의 성 갈렌 수도원 방문은 벌써 두 번째로 그는 전해에도 두 명의 이탈리아인 동료와 함께 그 수도원을 방문한 바 있었다. 그때 그는 일련의 중요한 발견을 했으나 놓친 것이 있을지도 모른다는 생각에 이전에 동행했던 동료 중 한 명과 함께 다시 찾아가게 되었다.

포조와 그의 동료 바르톨로메오 데 아라가치는 공통점이 많았다. 포조는 아레초 근교 테라누오바라는 작은 도시 출신이었고, 바르톨로메오는 몬테풀치아노의 아름다운 언덕 위에 있는 도시 출신으로, 두 사람 모두 토스카나 지방 사람이었다. 또한 고향을 떠나 로마로 갔고 거기에서 교황청 사무국에 필사가(스크립토르)로 취직했으며,[14] 끔찍했던 요한네스 23세의 재위 기간에 교황의 비서로 일했고, 교황을 수행하여 콘스탄츠에 오게 되었다는 점도 같았다. 결과적으로 두 사람은 섬기던 교황의 몰락을 함께 목도했고, 남아도는 것은 시간뿐인 실업자가 되었다. 그리고 포조와 바르톨로메오는 둘 다 열정적인 인문주의자였으며, 잃어버린 고대의 문헌을 발견하여 읽고 필사하는 데에 자신의 기량을 펼치기를 고대했다.

그들은 가까운 친구였으며 함께 일하고 여행하며 같은 야심을 품었다. 그러나 그들은 또한 발견에 따르게 될 명예를 두고 경쟁하는 관계이기도 했다. "저는 모든 뻐기는 대화, 아첨, 과장을 혐오합니다."[15] 바르톨로메오는 이탈리아에 있는 자신의 중요한 후원자에게 이렇게 썼다. "부디 제가 자만이나 헛된 영광에의 꿈에 빠져 오만해지지 않기를 비나이다." 이 편지는 1417년 1월 19일자로 성 갈렌 수도원에서 쓴 것이었다. 그는 편지에서 자신과 포조가 필사했던 장소를 "감옥"이라고 표현하면서 그 "감옥"에서 자신이 해낸 몇 가지 주목할 만한 발견을 언급한다. 그는 자신이 발견한 모든 책을 일일이 다 묘사하기는 힘들다고 덧붙인다. "하루를 꼬박 써도 발견한 책의 목록을 전부 작성하기가 버겁습니다." 당연히 그는 여행 동료인 포조의 이름은 별로 언급하지 않았다.

문제는 바르톨로메오의 발견이 그렇게 대단한 것이 아니었다는 점이다. 그가 먼지를 털어낸 필사본들 중 하나는 플라비우스 베게티우스 레나투스가 쓴 고대 로마 군대에 관한 글이었다. 그는 이 책을 "군대 막사에서 때때로 참고하거나 더 영광스럽게는 십자군 전쟁에서 사용한다면, 분명 우리 군대에 큰 기여를 하게 될 것"이라고 기록했지만, 사실 그럴 가능성은 거의 없었다. 작은 사전 내지는 단어 목록이라고 할 수 있을 폼페이우스 페스투스의 책도 중요성이 떨어지기는 마찬가지였다. 더욱이 바르톨로메오 자신도 분명히 알고 있었겠지만, 두 책 모두 별로 중요하게 여겨지지 않는 책이었을 뿐만 아니라 무엇보다도 이미 이탈리아에서 구할 수 있는 책이었다. 결국 사실상 발견이라고 할 만한 것은 없었던 셈이다.

1월 말, 기대했던 엄청난 보물찾기에 실패한 데다가 경쟁에 대한 부담 때문인지 두 친구는 갈라서기로 했다. 포조는 북쪽으로 방향을 잡고 길을 떠났음이 확실하다. 아마도 자신이 훈련시키던 독일인 보조 필사가 한 명을 대동했을 것이다. 반면, 바르톨로메오는 이후 여행은 혼자서 할 생각인 것 같았다. 그는 편지를 주고받던 이탈리아의 친구에게 이렇게 썼다. "나는 알프스 깊숙이 있는 다른 은자들의 수도원을 찾아볼 생각이네."[16] 그는 겨울이면 여행의 어려움이 곱절은 심해지는 극히 외진 곳에 있는 수도원들을 방문할 계획을 세웠다. "알프스의 절벽을 지나고 강과 숲을 가로지르는 것 외에는 달리 접근할 방도가 없으니, 여로는 실로 거칠고 평탄하지 못할 것이네." 하지만 그는 스스로에게 상기시켰다. "덕행의 길은 고난과 위험이 가득하도다." 소문에 의하면 이런 외진 곳의 수도원 도서관에 막대한 양의 귀한 고대 필사본이 묻혀 있다고 했다. "나는 이 작고 가여운 몸을 달래어 파묻혀 있는 그것들을 구해내는 일에 착수하도록 노력할 걸세. 얼마나 외진 곳에 있든, 여행이 얼마나 불편하든, 알프스의 추위가 얼마나 심해지든, 결코 주눅 들지 않겠네."

이렇게 자기 앞길에 놓인 곤경을 과장해서 표현하는 주장은 절로 미소를 띠게 만든다. 법률가로 훈련받았던 바르톨로메오는 이 부분을 쓰면서 틀림없이 수사학적인 효과를 계산했을 것이다. 그러나 실제로 그는 성 갈렌 수도원을 떠나고 얼마 되지 않아 병에 걸려 콘스탄츠로 돌아갈 수밖에 없었다. 바르톨로메오가 그곳에서 몸을 추스르는 몇 개월 동안, 북쪽으로 향하던 포조는 경쟁자가 사냥에서 낙오했으며 이제는 사냥터에 자기 혼자뿐이라는 사실을 아마 몰랐을 것이다.

포조는 수도사들을 좋아하지 않았다. 그도 도덕적으로 진실하며 학식이 높은 훌륭한 수도사들을 몇 명 알고 있기는 했다. 그러나 포조가 보기에 대부분의 수도사들은 미신에 사로잡혀 있고 무지할 뿐만 아니라 대책 없이 게으른 쓸모없는 인간들이었다. 그가 보기에 수도원은 세상에 뿌리 내리고 살아가기 힘든 자들을 모아놓은 쓰레기장이나 다름없었다. 귀족은 약골, 사회 부적응자, 혹은 아무 짝에도 쓸모가 없을 것 같은 자식을 수도원에 보내버렸다. 상인은 아둔하거나 무기력한 자식을 그곳에 내다 버렸고, 농부는 자기 힘으로 먹일 수 없는 남아도는 입을 제거하기 위해서 그곳을 이용했다. 강인한 신체의 소유자들은 초창기의 좀더 금욕적이던 시대의 수도사들이 그랬던 것처럼 수도원에 딸린 정원이나 밭에서 최소한 뭔가 생산적인 일을 할 수 있었다. 하지만 포조가 판단하기에는 대부분의 수도사들은 게으름뱅이였다. 수도원의 두꺼운 외벽 뒤에 사는 이 기생충들은 기도말만 웅얼거리며 수도원의 방대한 소유지를 경작한 소작인들로부터 거둬들이는 수입으로 살아갔다. 교회는 유력한 대지주였으며 종종 그 지역의 가장 유력한 귀족보다도 더 부유했다. 그런 까닭에 교회는 세속적인 영역에서도 영향력을 행사하여 소유 토지의 소작 문제나 그 밖의 권리나 특혜에 대해서 강한 목소리를 냈다. 독일 북부 힐데스하임에 주교가 새로 선임되었을 때, 신임 주교는 교구의 도서관을 방문하고 싶다고 요청했다. 그러나 그는 서고 대신 무기고로 안내를 받았는데, 벽에 걸린 창과 전투용 도끼를 보면서 이것이야말로 주교의 권리로 얻은, 그리고 주교로서 당신이 지켜야 할 책이라는 설명을 들었다.[17] 부유한 수도원의 구성원들이 이런 무기를 손에 들어야 할 일은 그렇게 많지 않았을 것이다. 그러나 흐릿한 빛 속에 앉아 가만히 수입을 헤아리고 있노라면, 그들은―그리고 그들의 토지를 경작하는 소작인들도―때로는 야만적인 힘을 써서라도 지켜야 할 것이 있음을 깨달았다.

교황청 사무국에서 일하던 시절, 포조와 그의 동료들은 어리석고 돈에 쉽게 매수되는 수도사들과 그들의 성적(性的) 취향에 대해서 짓궂은 농담을 나누곤 했다. 수도사들의 경건함도 포조에게는 감동을 주지 못했다. "나는 그들이 메뚜기처럼 노래하는 것을 빼고는 대체 뭘 하는지 모르겠다."[18] 그는 말을 이었다. "그리고 자기 폐를 움직이는 단순한 수고에 대해서 그들이 너무 후한 보수를 받고 있다고 평하지 않을 수 없다." 영적(靈的) 수련을 위해서 세워진 수도원 회칙에 따른 힘겨운 생활 역시 밭에서 이루어지는 진짜 힘든 노동과 비교하면 대수롭지 않게 보였다. "그들은 신을 찬미하는 노래를 하기 위해서 밤에도 일어나야 한다는 이유로 자신이 하는 일을 헤라클레스의 고난에 견주어서 과장하곤 한다. 그러나 찬송가 영창을 위해서 일어나 앉는 것이야말로 그들이 얼마나 혜택을 누리고 있는지에 대한 의심의 여지없는 증거이다. 만약 그들이 쟁기질을 하기 위해서 일어나 앉아야만 했다면 대체 어떻게 말할 생각인가? 일반 농부들처럼 헐벗은 옷차림에 맨발인 채로 비바람을 맞으며 밭에 서야 한다면?" 포조에게는 수도사가 하는 수련이라는 것이 몽땅 위선으로만 생각되었다.

그러나 목표로 삼은 수도원에 도착한 후에는 이런 생각은 가슴속에 묻어두었을 것이다. 포조는 수도원 생활을 경멸했겠지만 한편으로는 잘 이해하고 있었다. 그는 수도원의 어디에 가야 자신이 원하는 것을 얻을 수 있으며, 그가 가장 보고 싶어하는 것에 접근하기 위해서는 어떤 말을 해서 환심을 사야 하는지 정확하게 알았다. 무엇보다도 그는 자기가 찾고 있는 것이 어떻게 만들어진 것인지를 잘 알고 있었다. 비록 수도원의 한량들이 하는 짓거리라며 조롱하기는 했지만, 어쨌든 그가 발견하는 것은 몇 세기에 걸쳐 수도원 안에서 조직적으로 이루어진 노고 덕분에 존재하는 것이었다.

베네딕투스 수도회의 회칙은 기도와 독서는 물론 육체노동도 요구했다. 그리고 이 육체노동에는 필사도 포함될 수 있었다. 수도원 회칙을 정한 초기 설립자들은 필사를 그렇게 고귀한 행위로 생각하지 않았다. 잘 알려진 것처럼 고대에 필사는 주로 교육받은 노예들이 담당했다. 따라서 필사란 지루할 뿐만 아니라 본디 굴욕적인 작업이기도 했다. 그러나 바로 그 점이 영혼을 규율하는 금욕이라는 측면에서는 완벽한 조합이었다. 능력 있고 야심 많은 인물인 포조는 이런 영혼의 규율 운운하는 이야기에는 전혀 동조하지 않았다. 그의 영혼은 세상의 영광 속에서 빛나기를 원했을 뿐, 세상의 시선으로부터 움츠러들기를 원하지 않았다. 그가 가진 훌륭한 필사기술은 그에게는 금욕적인 수행이라기보다는 미학적인 도전 과제였으며 또한 개인적인 명성을 가져다주는 것이었다. 그러나 바로 그런 기술의 소유자였기 때문에 그는 단번에 눈앞에 놓인 필사본에 어떤 노력과 재능이 들어갔는지를 알아볼 수 있었다. 경탄하는 경우도, 경멸할 수밖에 없는 경우도 있었을 것이다.

모든 수도사가 힘겨운 농사일에 능숙할 수 없는 것처럼, 모든 수도사가 똑같이 필사에 능숙할 수는 없었다. 수도원의 초창기에는 공동체로서 살아남기 위해서라도 수도사들이 농사에 매달려야 했다. 이미 초기 수도원 회칙에서부터 수도사들이 해야 할 노동의 구분은 가시화되어 있었다. 프랑스의 베네딕투스 수도회의 성 페레올루스(530-581)의 「회칙」에 따르면 "쟁기를 손에 쥐고 땅에 설 수 없는 자는 손가락으로 양피지를 잡고 쓰기라도 해야 할 것이다"(물론, 그 역도 마찬가지였다. 손가락으로 양피지를 붙들고 쓸 수 없는 자는 쟁기라도 잡아야 했다). 드물게 뛰어난 능력—다른 수도사가 쉽게 읽을 수 있도록 아름답고 명료한 손글씨로 정확하게 필사하는 능력—을 갖춘 수도사는 높은 가치를 인정받았다. 게르만족 전통이 있는 지역과 아일랜드에 존재했던 '속죄배상금(Wergeld)'은 죽은 사람의 사회적 지위에 따라서 살인에 대한 배상비용에 차별을 두었는데, 이를 살펴보면 뛰어난 필사가가 어떤 대접을 받았는지 알 수 있다. 평범한 촌부를 죽인 경우 배상금은 200실링으로 책정되었다. 낮은 계급의 성직자는 300실링이었으며, 만약 그가 살해되던 때에 미사를 올리는 중이었다면 400실링으로 올랐다. 그리고 폭력의 행사로 필사가가 살해된 경우, 주교나 수도원장과 같은 배상금이 책정되었다.

생명의 가치가 높게 평가되지 않았던 시대에 필사가에게 이렇게 높은 배상금이 지불된 것은 독서를 명하는 회칙을 지키기 위해서 수도원이 필요한 책을 구하는 것이 얼마나 중요하고 또한 힘든 일이었는지를 보여준다. 사실 중세에 가장 명성이 높은 수도원 도서관도 고대 로마 제국의 도서관이나 당시 바그다드나 카이로에 존재했던 도서관에 비하면 형편없는 수준이었다. 이런 상황을 영원히 바꾸어놓은 활자 인쇄기술이 발명되기 전의 오랜 세월 동안 얼마 되지 않는 수의 책이나마 모을 수 있었던 것은 스크립토리움(scriptorium)이라고 불린 궁극의 시설 덕분이었다. 스크립토리움은 수도사들이 오랜 시간 앉아서 필사를 하던 작업 공간이었다. 아마도 처음에는 수도원에 자리가 생기는 대로 작업 공간을 만들었을 것이다. 설령 한기에 손가락이 곱아드는 곳이더라도 최소한 빛은 잘 드는 곳이었을 것이다. 시간이 흐르자 필사 목적에 맞게 특별히 설계하고 건축한 공간이 생기기 시작했다. 귀중한 책을 수집하려는 욕구가 점점 더 강해지면서 훌륭한 수도원마다 깨끗한 유리창이 갖춰진 방을 준비하고 많게는 30명의 수도사가 한꺼번에 같이 앉아 작업할 수 있는 환경을 조성했다. 그들은 개인 책상에 앉아서 필사를 했고 때로는 그들의 집중을 돕기 위해서 책상 사이에 칸막이까지 설치되었다.

포조와 그밖의 책 사냥꾼들이 그들의 빼어난 유혹기술을 가장 집중적으로 발휘해야 할 사람은 스크립토리움의 책임자인 수도원 도서관 사서였다. 그러나 이 중요한 인물은 각종 아첨을 받는 데에 매우 익숙한 인물이었을 것이다. 그도 그럴 것이 필사에 필요한 모든 도구가 그의 손으로 배분되었기 때문이다. 펜, 잉크, 주머니칼 같은 도구들의 상태가 좋은가 나쁜가는 몇 시간씩 정해진 일과에 따라 작업을 하다 보면 일을 하는 수도사에게 너무나도 명백하게 그 차이가 드러났다. 사서는 마음만 먹으면 최악의 도구로 필사가의 삶을 비참하게 만들 수도 있었고 또 반대로 특별히 가장 좋은 도구를 아끼는 자에게 줄 수도 있었다. 필사에 필요한 도구에는 이외에도 자와 송곳(선을 일정한 간격으로 긋기 위해서 양피지에 작은 구멍을 뚫는 용도였다), 선을 그을 때 사용하는 끝이 뾰족한 금속 펜촉, 베낄 책을 올려놓는 독서대, 책장이 저절로 넘어가는 것을 막기 위한 문진 등이 있었다. 필사본에 채색을 할 때에는 다른 특수한 도구와 재료를 사용했다.

고대의 책은 대부분 두루마리 형태였다. 오늘날에도 유대인은 예배를 드릴 때 고대부터 이어진 두루마리 형태의 『토라(Torah)』를 사용한다. 그러나 4세기경의 기독교인은 새로운 형태인 코덱스(codex)라는 책자 형태로 거의 완전히 돌아서게 되었다. 오늘날 우리에게 친숙한 형태의 책은 바로 이 코덱스에서 비롯된 것이다. 코덱스에는 문헌에 쪽수를 매기고 색인을 달 수 있으며 책장을 넘겨서 원하는 부분까지 쉽게 갈 수 있었으므로 독자가 찾으려고 하는 내용을 전보다 훨씬 더 쉽게 찾을 수 있는 아주 큰 장점이 있다. 우수한 검색 기능을 갖춘 컴퓨터가 발명되기 전까지는 코덱스의 단순하면서도 다양하게 응용할 수 있는 훌륭한 구성방식에 대적할 만한 대안이 없었다. 요즘에 와서야 우리는 마우스를 이용해서 다시 문헌을 '스크롤'(scroll : 두루마리 같이 돌돌 말려 있는 것을 펼치다/역주) 한다는 표현을 쓰기 시작했다.

파피루스는 더 이상 이용할 수 없고, 종이는 아직 일반적으로 널리 쓰이지 않았던 14세기까지의 약 1,000년이 넘는 시간 동안, 책은 동물의 가죽―소, 양, 염소, 때로는 사슴의 가죽도 쓰였다―으로 만들어졌다. 글을 쓰기 위해서는 가죽 표면이 매끈해야 했으므로 수도원 사서가 나눠주는 필사 도구 중에는 양피지에 톡 솟아오른 부분처럼 흠이 있는 부분이나 남아 있는 잔털 같은 것을 문질러 없애기 위한 속돌[輕石]이 포함되었다. 저질 양피지를 받은 필사가에게 이는 별로 유쾌한 작업이 아니었고, 지금도 남아 있는 수도원 필사본의 여백에서 고충을 호소하는 필사가의 외침을 종종 발견할 수 있다. "양피지가 잔털투성이이다." "잉크는 뻑뻑하고 양피지는 질이 나쁘고 문헌은 어려우니……." "자비로운 신이시여 이제 곧 어두워지겠지요." "부디 필사가의 일을 속히 끝나게 하옵소서."[19] 마침내 지친 필사가가 일을 마치면 그는 자신의 이름, 작업 날짜와 장소를 적고 그 아래에 이렇게 썼다. "드디어 모두 다 썼도다. 주여 모쪼록 제게 한 잔의 술을 허락하소서."[20]

최고급 양피지는 송아지 가죽으로 만든 것으로 벨룸(vellum)이라고 불렀다. 이런 최고급 양피지는 필사가의 삶을 훨씬 편하게 해줄 것으로 가히 달콤한 꿈에나 나올 법한 것이었다. 벨룸 중에서도 가장 최상품은 유산되어 자궁에서 그대로 적출된 송아지의 가죽으로 만든 것이었다. 이런 가죽은 놀라울 정도로 희고 부드러우면서도 질겼기 때문에 보석같이 섬세한 미니어처나 때로는 진짜 보석으로 표지를 장식하는 가장 귀한 책의 제작에만 사용했다. 세계 곳곳의 도서관은 700-800년 전에 살았던 필사가들이 남긴 이런 놀라운 작품을 지금도 상당수 보관하고 있다. 그것은 뭔가 아름다운 것을 창조하기 위해서 막대한 시간의 공을 들인 결과로 탄생한 것이었다.

유능한 필사가는 자연채광이 가능한 시간을 최대한 활용하기 위해서 낮 시간의 집단기도를 일정 부분 면제받았다. 화재에 대한 당연한 공포 때문에 촛불 사용은 금지되었고, 따라서 필사가는 밤에는 일하지 않았다. 그러나 태양이 떠 있는 시간 중 꼬박 6시간 정도는 책상 앞에 붙잡혀 있었고, 필사가의 삶은 전적으로 자신이 베끼는 책에 종속되어 있었다. 최소한 소수의 특정 수도원에서는 수도사가 자신이 베끼는 문헌의 내용을 이해하면서 필사를 했을 것이라는 기대가 가능했다. 한 스크립토리움에서는 다음과 같은 헌사를 발견할 수 있다. "주여, 보소서. 이 방을 축복하사 당신의 종이 여기에서 필사하는 모든 것이 그의 지성 안에서 이해되고 그 안에서 깨달음이 있기를 바라나이다."[21] 그러나 그들이 필사하는 책에 실제로 흥미를 느끼는 것(혹은 불쾌함을 느끼는 것)은 전혀 별개의 사항이었다. 물론 필사가 수행의 한 가지 방법—겸허하게 자신의 고역을 받아들이는 행위—이라는 측면에서 보면, 필사하는 책의 내용이 불쾌하거나 그 내용을 이해하지 못하는 편이 더 나을지도 모른다. 책 내용에 대한 호기심이야말로 어떤 경우에라도 피해야 하는 것이었다.

수도원 필사가의 경우처럼 문헌에 완전히 종속되는 것—수도사의 영혼을 완전히 제압하기 위해서 그의 지성과 감수성을 말살시키는 것—은 특유의 강한 호기심에 자기 본위적인 성격의 소유자인 포조의 성향과는 거리가 먼 것이었다. 그러나 그는 고대의 흔적을 가능한 한 정확하게 복원하고자 하는 자신의 바람은 이렇게 문헌에 완전히 종속하는 태도에 크게 기대고 있다는 사실을 알고 있었다. 열정적인 독자의 경우에는 자신이 읽은 내용을 보다 의미가 잘 통하게 하려고 표현을 약간 바꿔서 옮기기 쉽다는 것을 알고 있었기 때문이다. 그러나 그런 변형이 몇 세기에 걸쳐 쌓이게 되면 불가피하게 크나큰 오류가 발생하기 마련이었다. 포조의 입장에서는 필사가가 도저히 내용을 종잡을 수 없는 경우라도 눈에 보이는 그대로 정확하게 베끼도록 강요당한 편이 훨씬 더 나았다.

필사할 때는 일반적으로 필사할 사본의 해당 페이지에 창구멍을 낸 천을 덮어서 필사가가 한 번에 한 행에만 집중할 수 있도록 했다. 필사가가 베끼는 사본에서 실수로 보이는 것을 자기 마음대로 바꿔 필사하는 것은 엄히 금지되었다. 그들은 오직 펜을 잘못 다뤄 생긴 자신의 실수만을 고칠 수 있었다. 수정할 부분이 있으면 먼저 지워야 하는 잉크를 조심스럽게 면도칼로 긁어낸 뒤에 그 자리를 우유, 치즈, 라임의 혼합물을 이용하여 채워넣었다. 이를테면 중세 버전의 수정액인 셈이다. 실수를 했다고 해서 양피지를 버리고 새것으로 다시 시작하는 일은 있을 수 없었다. 설령 양이나 염소의 가죽을 충분히 구할 수 있었다고 해도 그것을 양피지로 만드는 과정은 엄청난 노동을 요하는 일이었다. 양질의 양피지는 대단히 귀했으며 이를 버리는 일은 매우 드물었다. 수도원이 애초에 고대 문헌을 수집하고 그것이 쓰레기가 되도록 내버려두지 않았던 이유들 중 하나도 바로 양피지 자체의 가치였다.

물론, 양피지 때문이 아니라 그 위에 필사된 이교도의 작품 자체를 귀하게 여겼던 수도원장과 사서도 있었을 것이다. 마치 고대 히브리인들이 이집트로부터 부를 훔쳐 달아나는 것을 신에게 허락받았던 것처럼, 고전에 심취한 일부 수도원장이나 사서는 이교도의 책이라는 보물을 훔치거나 빼앗아도 타락하지는 않는다고 믿었다. 그러나 점차 기독교 문헌이 풍성하게 쌓여감에 따라서 이와 같은 주장을 하기가 점점 더 힘들어졌다. 이교도가 남긴 고대 문헌을 필사하려는 수도사의 수도 점점 더 줄어들었다. 그리하여 6-8세기 중반 사이에는 그리스어와 라틴어로 된 고대 문헌에 대한 필사가 실질적으로 중단되었다. 이교 사상을 잊고자 하는 적극적인 공세로 시작된 것—이는 이교 사상에 대한 경건한 공격이었다—이 끝내 실질적인 망각이라는 결과로 나타난 것이다. 고대의 시, 철학 논고, 정치 연설 등 한때는 그렇게나 위협적이면서도 매력적이었던 것들이 이제는 그 누구의 입에도 오르내리지 않을 뿐만 아니라 머릿속에서도 자리를 잃었다. 이제 그들은 아무도 읽지 않는 글자들을 담은 채 꿰매진 낱장의 양피지 뭉치가 되어 벙어리 같은 물건으로 전락하고 말았다.

결국 고대 사상을 담은 책들이 끝까지 살아남은 것은 오직 양피지의 놀라운 내구성 덕분이었다. 그러나 인문주의자 책 사냥꾼이라면 잘 알고 있었던 것처럼 제아무리 강한 소재로 만들어졌다고 해도 반드시 생존이 보장된 것은 아니었다. 수도사들은 종종 칼, 브러시, 헝겊조각을 이용하여 조심스럽게 양피지에 적힌 오래된 글을 지워버렸다.[22] 베르길리우스, 오비디우스, 키케로, 세네카, 루크레티우스의 글이 그렇게 세상에서 사라졌다. 옛글을 지운 자리에 수도사들은 필사하라고 지시받은 것을 다시 옮겨 적었다. 이런 작업은 분명 성가신 일이었을 것이다. 그리고 아주 드물었겠지만, 실제로 자신이 지우고 있는 작품을 좋아하는 필사가가 있었다면, 매우 고통스러운 일이기도 했을 것이다.

만약 원본의 잉크가 좀처럼 잘 지워지지 않았다면, 이런 작업을 거친 후에도 여전히 지우려고 했던 원래 문헌의 내용을 알아볼 수도 있었다. 유일하게 남아 있는 키케로의 『국가론(De re publica)』은 본래 4세기에 필사되었던 것을 지우고 성 아우구스티누스가 남긴 시편에 대한 묵상을 다시 필사한 7세기의 필사본 아래에서 여전히 읽을 수 있다. 우정에 관해서 논한 세네카의 서한을 필사한 단 하나뿐인 사본도 6세기 후반에 필사된 『구약성서』 아래에서 해독되었다. 이처럼 이상하게 글자가 중첩된 상태로 발견된 문헌들을 '다시 긁어낸'이라는 뜻의 그리스어에서 유래한 팔림프세스트(palimpsest)라고 부른다. 고대의 몇몇 주요 작품들은 팔림프세스트의 형태가 아니고서는 알려지지 못했을 것도 있다. 그러나 중세의 그 누구도 수도사에게 필사한 글의 행간에 있는 글을 읽으라고 권장하지는 않았을 것이다.

수도원은 규율이 지배하는 공간이었다. 그러나 스크립토리움은 그중에서도 그곳만의 규율이 더 있었다. 필사하지 않는 자는 절대 스크립토리움에 발을 들여놓을 수 없었다. 또한 스크립토리움 안에서는 절대적으로 침묵을 지켜야 했다. 필사가는 자신이 베낄 책을 고를 수 없었으며, 배정된 작업을 완수하기 위해서 참고하고 싶은 책을 사서에게 요청할 때에도 큰 소리를 내어 스크립토리움의 완벽한 정숙을 깨뜨려서는 안 되었다. 이에 따라 허락이 필요한 여러 요청을 편리하게 하기 위한 정교한 몸짓 언어가 개발되었다. 만약 필사가가 「시편」을 참고하고자 할 경우, 그는 멀리서 책을 의미하는 몸짓—손을 뻗어서 허공에 책장을 넘기는 시늉—을 한 뒤에 마지막으로 손을 머리에 올려서 왕관 모양을 만들었다. 이는 다윗 왕의 시편을 가리키는 약속된 표시였다. 필사가가 이교도 시대의 책을 참고하고 싶다면, 그는 앞서와 마찬가지로 일반적으로 책을 의미하는 몸짓을 한 다음에 개가 벼룩을 잡을 때처럼 귀 뒤를 긁적였다. 만약 그가 교회가 특별히 불온하고 위험하게 생각하는 이교도의 책이 필요하다면, 그는 손가락 두 개를 입에 넣는 시늉을 했다. 마치 구역질을 하는 것처럼.

포조는 속인이었으며 수도원과는 아주 다른 세계에 속해 있었다. 바르톨로메오와 갈라선 이후, 포조가 1417년에 향한 다음 목적지가 정확히 어디였는지는 알려진 바 없다. 자신이 발견한 광맥의 위치를 함구하는 탐광자(探鑛者)처럼 포조도 아마 의도적으로 편지에 행선지를 밝히지 않았을 것이다. 포조가 뭔가 주목할 만한 것이 나타나기를 희망하고 찾아갔을 수도원은 수십 곳이 있지만, 오랫동안 많은 학자들은 가장 가능성이 높은 후보로 베네딕투스회 소속의 풀다 수도원을 꼽아왔다.[23] 이 수도원은 중부 독일의 론 강과 포겔스베르크 산맥 사이의 전략적인 위치에 자리하고 있는데, 여러모로 책 사냥꾼들의 흥미를 불러일으킬 만한 요건을 갖추고 있었다. 풀다 수도원은 매우 오래되었으며 부유했고 한때는 위대한 학문적 전통으로 유명했으나 당시에는 쇠락해가고 있었다.

만약 포조의 행선지가 정말로 풀다 수도원이었다면, 포조도 마냥 자신만만한 태도를 유지할 수는 없었을 것이다. '독일의 사도' 성 보니파키우스의 제자가 8세기에 세운 풀다 수도원은 드물게 독립적인 위상을 가지고 있었다. 이 수도원의 원장은 신성 로마 제국의 영주였으며, 그가 행차할 때에는 무장한 기사들이 신성 로마 제국의 깃발을 들고 그를 호위했고, 황제의 왼편에 앉을 수 있는 특권이 있었다. 상당수의 소속 수도사는 독일의 귀족가문 출신으로 출신에 대한 굉장한 자부심을 가지고 있었다. 비록 풀다 수도원이 한때 누렸던 특권의 일부를 잃었고 얼마 전에는 거대한 영지의 일부를 포기하도록 강요당하기도 했지만, 그곳은 여전히 무시할 수 없는 힘을 가지고 있었다. 보잘것없는 태생에 가진 것도 없는 전 교황의 비서, 그것도 불명예스럽게 퇴위한 교황의 비서인 포조로서는 꺼내 보일 카드가 별로 없었다.

자신을 소개할 짧은 인사말을 속으로 연습하면서 포조는 말에서 내려 나무가 줄지어선 길을 걸어올라 수도원의 하나뿐인 육중한 대문에 다가갔을 것이다. 풀다 수도원의 외관은 요새와 비슷했다. 실제로 지난 세기에도 인접한 도시민들과 격렬한 분쟁을 겪으며 거친 공격을 받은 적도 있었다. 다른 대부분의 수도원과 마찬가지로 수도원 내부는 놀랄 만큼 자급자족적인 환경이 갖추어져 있었다. 그러나 포조가 방문했던 1월에는 수도원의 드넓은 채소밭과 꽃밭은 물론이고 식물원도 모두 겨울잠을 자고 있었을 것이다. 그러나 수도사들은 길고 어두운 몇 개월에 대비하여 이미 저장할 수 있는 것은 모두 세심하게 거둬들인 뒤였다. 특히, 의학적인 효능이 있어 의무실과 공동욕실에서 사용하는 약용식물은 특별히 주의를 기울여 비축했다. 한겨울이었지만, 수도원 창고는 여전히 풍족했고 마구간의 말과 당나귀를 위한 짚과 귀리도 넉넉했다. 포조는 주위를 둘러

보면서 닭장과 양떼로 뒤덮인 마당, 분뇨 냄새와 신선한 우유 냄새가 뒤엉킨 외양간과 대형 돼지우리도 발견했을 것이다. 고향인 토스카나 지방의 올리브와 포도주가 그리웠을 수도 있지만, 포조는 최소한 여기에 있는 동안 굶주리는 일은 없겠다고 생각했을 것이다. 그렇게 방앗간과 착유장, 거대한 대성당과 인접한 회랑, 신참 수행자를 위한 기숙사와 하인들의 숙소를 지나 포조는 자신과 동행한 조수가 묵게 될 순례자용 숙박소에 다다랐을 것이다. 그리고 거기에서 이 작은 왕국의 지배자인 수도원장을 알현하기 위해서 그의 거처로 안내받았을 것이다.

포조가 1417년에 방문한 수도원이 풀다 수도원이었다면, 당시 이 왕국의 지배자는 요한 폰 메를라우였을 것이다. 포조는 그에게 공손히 인사를 올린 후에 짤막하게 자기소개를 하고 저명한 추기경으로부터 받은 추천서를 내놓았을 것이다. 그리고는 아마도 수도원이 보유하고 있는 귀한 성 보니파키우스의 유물을 한번 직접 보면서 성스러운 존재 앞에서 기도를 올리고 싶다고 관심을 표하는 것으로 본격적인 도서관 침투작전을 시작했을 것이다. 결국 그의 성공 여부는 그와 같은 일종의 의식을 잘 치러내는 것에 달려 있었다. 교황청에서 일하는 관료들은 일상적으로 하루의 일과를 기도와 함께 시작하고 끝냈다. 포조가 보낸 편지 어디에서도 그가 어떤 특정 유물이나 성인의 현현(顯現), 연옥에서의 고통을 줄여줄 종교의식에 관심이 있었다는 증거는 없지만, 그는 풀다 수도원이 가장 자랑스러워하는 보물이 무엇인지 잘 알고 있었고 그것에 관심 있는 척하는 것이 일의 성공에 결정적으로 작용할 것으로 생각했다.

이제 방문객은 수도원장의 특별한 호의로 대성당으로 인도받을 것이다. 전에 방문한 적이 없더라도, 포조는 십자형 성당 건물의 익랑(翼廊)을 지나 계단 아래 아치형 천장의 어두운 지하실로 들어서면서 풀다 수도원의 성당에 묘하게 익숙한 느낌을 받았을 것이다. 그도 그럴 것이 그 건물은 4세기에 지은 로마의 성 베드로 대성당을 본떠 지은 것이었다 (오늘날 로마에 있는 거대한 성 베드로 대성당은 포조가 죽고 나서 한참 뒤에 새로 세워진 것이다). 촛불로 밝힌 지하실에는 개종을 위해서 애쓰던 중 754년에 프리스란트(현재의 네덜란드 북부/역주) 사람들에게 무참히 살해당한 성 보니파키우스의 유골이 안치되어 있었다.

그를 안내한 수도원 사람들과 함께 다시 밝은 곳으로 나오자, 포조는 적당한 시점을 골라 그가 이곳에 온 실제 목적을 위해서 대화를 유도했을 것이다. 실마리가 된 것은 풀다 수도원 역사상 가장 유명한 인물 중 한 사람인 라바누스 마우루스에 관한 이야기였을 수도 있다. 그는 822년부터 842년까지 20년간 풀다 수도원의 원장을 지낸 인물로『성서』주해, 교리와 교육 지침서, 학술적인 개론서와 함께 암호문 형태로 쓴 아름답고 환상적인 일련의 시를 남긴 다작의 문필가이기도 했다. 사실 포조는 그가 남긴 작품의 대부분을 바티칸 도서관에서 쉽게 접할 수 있었을 것이다. 그리고 그중에는 라바누스의 작품 중 가장 유명한 거대한 책도 포함되어 있었을 것이다. 그 책은 깜짝 놀랄 만한 박학다식과 엄청난 어리석음을 동시에 보여주는 것으로서 총 22권의 책에 인간이 알고 있는 지식 전부를 망라해보려는 시도의 결과물이었다. 책의 제목은 본디『사물의 본성들에 관하여(De rerum naturis)』였으나, 동시대인들은 그 장대한 야심을 인정하고 원제 대신『우주에 관하여』라는 제목으로 불렀다.

포조와 그의 동료 인문주의자들은 9세기의 수도사가 쓴 작품에서 전형적으로 나타나는 묵중하고 단조로운 문체를 경멸했다. 그러나 포조는 라바누스가 대단히 박식한 인물로서 기독교 문헌뿐만 아니라 이교도가 남긴 고대 문헌에도 관심이 많았으며, 그의 지도 아래 풀다 수도원 학교가 독일에서 가장 중요한 학문의 전당으로 탈바꿈했다는 사실을 잘 알고 있었다. 모든 학교가 그렇듯이 풀다 수도원의 학교에도 책이 필요했고 라바누스는 수도원 도서관을 훌륭하게 가꿔야 할 필요성에 직면했다. 라바누스는 젊은 시절 샤를마뉴 시대의 가장 훌륭한 학자인 앨퀸 밑에서 수학했다.[24] 앨퀸은 중요한 문헌을 얻으려면 어디로 손을 뻗어야 하는지 알고 있었고 그에게서 가르침을 받았던 라바누스는 그가 수집한 중요한 사본을 풀다 수도원으로 가져왔다. 라바누스의 지도에 따라서 풀다 수도원은 도서관의 장서를 필사할 수 있는 필사가 집단을 대규모로 양성했고, 그리하여 그 당시로서는 엄청난 장서라고 말할 수 있을 만한 책을 소장한 도서관을 갖추게 되었다.

포조가 태어나기 약 600년 전인 그때야말로 책 사냥꾼의 관점에서 보면 대단히 운이 좋은 시대였다. 그 시대는 더 오래된 고대와의 연결점이 아직은 살아 있으리라고 기대할 만큼 충분히 먼 과거였으며, 수도원의 진지한 학문적 전통이 그 후의 수세기 동안 점차 쇠락한 것도 오히려 그들의 입장에서는 더 흥분할 만한 잘된 일이었다. 저 선반 위에 무엇이 있는지 누가 알겠는가? 어쩌면 수백 년간 사람의 손길이 닿지 않은, 귀한 필사본이 꽂혀 있을 가능성도 있었다. 로마 제국의 붕괴가 시작될 무렵, 긴 악몽 같은 대혼란과 파괴의 시간을 운 좋게 피한 고대 문헌들이 너덜너덜해진 채로 머나먼 풀다 수도원에서 드디어 휴식을 얻었는지도 모를 일이었다. 라바누스의 수도사들은 이런 이교도 문헌을 필사하며 귀 뒤를 긁적이거나 구역질을 흉내 내는 몸짓을 했을지도 모르지만, 망각의 운명 속으로 사라졌을지도 모를 이들 사본은 이제 소생의 손길을 고대하며 인문주의자들을 기다리고 있었다.

그리고 이것이야말로 포조가 바라는 일이기도 했다. 풀다 수도원이든 어디든 간에 그가 도서관의 주임 사서를 따라 큰 아치형 천장의 방에 들어가 사서의 책상 앞에 서기까지 포조의 심장은 점점 더 빨리 뛰었을 것이다. 그 책상에는 한 권의 책이 사슬로 고정되어 있었는데, 바로 그

도서관의 장서목록이었다. 포조는 장서목록의 책장을 샅샅이 훑어보다가 자기가 보고 싶은 책을 사서에게 알렸다. 물론, 엄격하게 지켜지는 침묵의 규율에 따라서 조용히 손가락으로 제목을 가리켰을 것이다.

신중을 기하기 위해서이기도 했겠지만, 또 순수한 관심 때문에도 포조는 위대한 교부 테르툴리아누스의 잘 알려지지 않은 작품을 가장 먼저 청했을 것이다. 그러나 일단 테르툴리아누스의 책이 포조의 책상 위에 옮겨지고 난 후에는 점점 더 강해지는 흥분 속에서 자신은 물론 다른 동료 인문주의자들도 몰랐던 일련의 고대 로마 작가들의 작품에 빠져들었다. 포조는 자신이 어디에서 그것들을 발견했는지는 밝히지 않았지만, 자신이 무엇을 발견했는지는 공개했다. 사실, 요란할 정도로 떠들어댔다고 말하는 것이 더 정확할 것이다. 모든 책 사냥꾼이 꿈꾸던 일이 그에게 실제로 일어났기 때문이다.

포조는 먼저 1만4,000행에 달하는 로마와 카르타고 사이의 전쟁에 대한 서사시 한 편을 열람했다. 포조는 작가인 실리우스 이탈리쿠스의 이름은 알고 있었을 수도 있다. 비록 그 순간까지는 실리우스의 작품 중 어느 것도 세상에 알려진 적이 없었지만 말이다. 실리우스는 교활한 정치가이자 약삭빠르고 뻔뻔한 연설가로서 재판이라는 쇼에서의 성공을 발판 삼아 칼리굴라, 네로, 도미티아누스로 이어지는 끔찍했던 로마 제국의 한 시대를 풍미한 인물이었다. 소(小) 플리니우스의 세련된 반어적 표현에 따르면, 실리우스는 은퇴 후에 저술활동을 통해서 "자신의 여가를 가히 칭송받을 만하게 이용하여 일찍이 현역 시절에 남겼던 얼룩들을 지웠다."[25] 이제 포조와 그의 동료들은 그 여가의 과실을 맛볼 수 있게 되었다.

포조는 또 마닐리우스라는 이름의 작가가 쓴 한 편의 시를 발견했는데, 포조가 전에는 분명히 몰랐던 작가였다. 그의 이름은 당대에 전해지던 다른 고대 작가들의 작품에 언급된 적이 없었기 때문이다. 그러나 포조는 천문학을 다룬 이 지적인 작품이 그 문체나 작가 자신이 언급한 내용으로부터 미루어보건대, 로마 제정(帝政)이 막 시작될 무렵의 작품으로 아우구스투스와 티베리우스의 치세 중에 작성되었을 것이라고 짐작할 수 있었을 것이다.

포조 앞에는 로마 시대의 유령들이 계속 모습을 드러냈다. 네로의 재위 기간 중에 활동하면서 많은 작가들에 대해서 해설하고 주석을 단 고대 문학 비평가, 호메로스를 모방하여 쓴 지금은 사라진 서사시를 광범위하게 인용한 한 평론가, 피렌체에 있는 포조의 라틴어 중독증 친구들이 보면 흥분을 감추지 못할 철자법에 관한 논문을 쓴 문법학자……. 그러나 한 유령은 발견의 흥분과 함께 금세 우울한 상념을 불러일으켰을 것이다. 그것은 로마 제국 군대의 고위 장교였던 암미아누스 마르켈리누스로서 그때까지 잘 알려지지 않았던 시대의 로마 제국 역사를 다룬 저작의 저자였다. 포조가 필사한 암미아누스의 책은 본디 31권이었지만, 전반부 13권이 빠진 채로 발견되었다는데—이 없어진 13권은 끝내 지금까지 발견되지 않았다—단지 잃어버린 부분이 있다는 사실뿐만 아니라, 제국의 붕괴 전야에 쓰인 책의 내용도 발견의 순수한 기쁨에 우울한 그림자를 드리운 한 이유였다. 명석하고 사려 깊으며 이례적으로 균형 잡힌 시각을 가졌던 역사가로서 암미아누스는 닥쳐오는 제국의 종말을 이미 알고 있었던 것처럼 보였다. 살인적인 세금과 시민 대다수가 겪고 있는 생활고, 거기에 위험한 수준으로 치닫고 있는 군대의 도덕적 해이로 지칠 대로 지친 세상에 대한 묘사는 암미아누스의 사후 약 20년 뒤에 닥칠 고트족의 로마 약탈을 이미 생생하게 예견하게 한다.

포조가 발견한 책들은 가장 사소한 것조차도 사실은 매우 의미심장한 것이었다. 그렇게 오랜 시간을 버티고 살아남았다는 것 자체가 이미 기적이었기 때문이다. 그러나 우리의 관점에서는 포조가 한 다른 발견에 의해서 앞에서 언급한 작품들의 중요성은 곧 퇴색하고 말 것이다. 위에 언급한 책들보다 더 오래된 작품으로 기원전 50년경에 저술되었으며, 티투스 루크레티우스 카루스라는 이름의 시인이자 철학자가 쓴 이 장편시는 『사물의 본성에 관하여(*De rerum natura*)』라는 제목이 붙어 있었다. 우연이라고 하기에는 라바누스 마우루스의 유명한 백과사전 『사물의 본성들에 관하여(*De rerum naturis*)』와 너무나 유사한 제목이다. 그러나 이 중세 수도사의 작품이 따분하고 관습적이었던 것과는 달리 루크레티우스의 작품은 위험할 정도로 급진적이었다.

포조는 루크레티우스라는 이름을 틀림없이 알아보았을 것이다. 루크레티우스는 그가 동료 인문주의자들과 함께 열심히 읽었던 오비디우스, 키케로 등 여러 다른 고대 작가들의 작품에 언급된 이름이었기 때문이다. 그러나 포조나 그의 동료들 중 누구도 실제로 루크레티우스의 작품을 읽어본 적은 없었다.[26] 기껏해야 다른 사람의 작품에 인용된 한두 줄의 토막글이 전부였다. 그래서 그때까지 루크레티우스의 작품은 영원히 사라진 것으로 여겨졌다.

점점 어두워져가는 수도원 도서관에서 수도원장과 사서의 경계심 어린 눈초리를 받으며, 포조는 책의 서두를 읽는 것 이상의 여유는 없었을 수도 있다. 그러나 그 와중에도 포조는 루크레티우스의 라틴어 문장이 기가 막힐 정도로 아름답다는 것만큼은 곧장 알아보았을 것이다. 그는 데리고 온 보조 필사가에게 시를 베끼도록 지시하면서 이 어두운 도서관으로부터 그것을 해방시키기 위한 움직임을 서둘렀다. 다만 분명하지 않은 것은 포조가 그 책을 풀어주는 것이 무슨 의미인지를 스스로 알고 있었는지의 여부이다. 그것은 머지않아 그가 살고 있는 세계 전체를 해체하는 데에 기여하게 될 운명의 책이었다.

3
루크레티우스를 찾아서

포조가 책 사냥에 나서기 약 1,450년 전, 루크레티우스의 동시대인들은 그의 시를 읽고 있었다. 그리고 그 후로도 수백 년에 걸쳐 이 시는 계속 사람들에게 읽혔다.[1] 이탈리아 인문주의자들은 사라진 고대 작품들에 대한 단서를 찾기 위해서 상당한 양의 작품이 살아남은 유명한 작가들의 작품 속에 스치듯이 언급되는 내용도 주의 깊게 살펴보았을 것이다. 포조가 좋아했던 라틴어 작가인 키케로는 루크레티우스의 철학적 원리에는 강하게 반대했으나, 『사물의 본성에 관하여』의 놀랄 만한 힘은 인정했다. 기원전 54년 2월 11일에 그가 동생 퀸투스에게 보낸 편지에는 다음과 같이 적혀 있다. "루크레티우스의 시는 네가 편지에서 언급한 것처럼 빛나는 천재성으로 가득하더구나. 그런데 매우 예술적이기도 하더군."[2] 조금은 어색한 단어인 "그런데"로 연결된 문장은 키케로가 분명히 어떤 흔치 않은 것을 마주하고 놀랐다는 점을 보여준다. 그는 철학적으로나 과학적으로나 "빛나는 천재성"이 이례적인 "시적인 힘"과 결합되어 있는 작품을 마주했던 것이다. 이 둘이 이상적으로 결합된 작품은 예나 지금이나 드물다.

　루크레티우스가 지적인 탁월함과 함께 미적인 완성도까지 갖춘 거의 완벽한 결합을 이루었음을 파악한 사람이 키케로와 그의 아우만은 아니었다. 루크레티우스가 죽었을 때, 열다섯 살이던 베르길리우스 역시 루크레티우스의 매력을 알아보았다. 로마가 낳은 가장 위대한 시인으로 손꼽히는 베르길리우스는 『사물의 본성에 관하여』에 매료되었다. "사물의 원인을 밝히는 데에 성공한 자에게는 축복이 있을진저."[3] 베르길리우스는 『농경시(Georgics)』에서 이렇게 썼다. "그리고 온갖 공포, 무정한 운명, 탐욕스러운 아케론 강의 굉음을 당당히 발 아래에 둔 자에게 축복이 있을진저." 첫 번째 문장이 루크레티우스가 쓴 시의 제목을 미묘하게 가리키고 있다고 가정한다면, 베르길리우스에게 선배 시인 루크레티우스는 일종의 문화 영웅(culture hero)으로, 지옥의 두려운 굉음 앞에서 인간 영혼을 움츠러들게 만드는 미신적인 공포에 대항하여 승리한 인물이었다. 하지만 베르길리우스는 이 영웅의 이름을 작품 속에 명시하지는 않았다.[4] 틀림없이 포조는 『농경시』는 읽었겠지만, 그가 실제로 루크레티우스를 접하기 전에 이런 암시를 주목했을 가능성은 별로 없다. 더구나 포조가 베르길리우스의 위대한 서사시 『아이네이스(Aeneis)』를 잘 알고 있었다면, 더욱 그러하다. 이를테면 『아이네이스』는 『사물의 본성에 관하여』에 대응하여 그 대안이 되려고 일관되게 시도한 노작이었다. 신앙심이 깊었던 베르길리우스와는 달리 루크레티우스는 회의주의자였다. 베르길리우스는 호전적인 애국자였으나, 루크레티우스는 평화주의를 권고했다. 엄숙하게 금욕적인 태도를 견지하는 베르길리우스와 달리 루크레티우스는 쾌락을 추구했다.

아마도 포조를 비롯한 이탈리아 인문주의자들이 주목했던 것은 오비디우스의 말이었을 것이다. "숭고한 루크레티우스의 시는 세계가 멸망하는 그날까지도 결코 사라지지 않을 운명이다."[5] 이것을 읽은 책 사냥꾼이라면 수도원 도서관의 장서목록을 샅샅이 훑지 않을 수 없었으리라.

그런데 더욱 충격적인 것은 결코 사라지지 않을 운명이라던 그 루크레티우스의 작품이 실제로 거의 사라질 뻔했다는 것이다. 그의 시는 실낱같은 명맥을 간신히 유지한 덕에 겨우 살아남을 수 있었다. 작가인 루크레티우스에 대해서도 알려진 것이 사실상 거의 없을 뿐만 아니라 그나마도 불명확하다. 고대 로마의 주요 시인과 철학자 상당수는 생전에 벌써 유명인사인 경우가 많았다. 덕분에 이들에 대한 뜬소문도 많았고, 후대의 열정적인 책 사냥꾼들은 단서를 찾아 그런 뜬소문을 파고들기도 했다. 그러나 루크레티우스에 대해서는 그런 전기적(傳記的)인 흔적도 거의 찾을 수가 없다. 그 시인은 매우 조용하고 자기 이야기를 하지 않는 인물이었음에 틀림없다. 그는 평생을 음지에서 살면서『사물의 본성에 관하여』라는 한 편의 위대한 작품을 제외하면 달리 아무것도 쓰지 않은 것 같다. 그 작품은 난해하고 도발적이었으며, 상당한 양의 단편(斷片)이라도 분산적으로 존재하여 중세까지 확실히 살아남을 수 있을 만큼 대중적인 성공을 거두지 못했다. 루크레티우스의 걸작을 안전하게 손에 쥔 오늘날의 학자들은 이 작품의 존재에 관한 중세 초기의 여러 기록들—여기저기에 흩어져 있는 인용문이나 장서목록의 기재 내용 등—을 확인할 수 있다. 그러나 15세기 초의 책 사냥꾼들은 이런 기록들의 대부분을 볼 수 없었을 것이다. 그들은 막연히 어둠 속을 더듬으며 가느다란 실오라기 같은 단서만을 붙잡은 채 고서의 흔적을 찾아가지만 결국 대부분은 실패하고 말았다. 그리고 이 작품의 저자에 관해서라면, 우리는 600여 년 전의 고전학자, 역사학자, 고고학자들이 찾아낸 것에서 별로 더 밝혀낸 것이 없다.

포조도 알고 있었겠지만, 루크레티우스 집안은 로마의 오래된 명망 있는 씨족이었다. 그러나 해방노예는 흔히 자신을 소유했던 주인의 이름을 따랐으므로, 그 저자가 반드시 귀족이라는 보장은 없다. 그래도『사물의 본성에 관하여』의 저자가 귀족 출신이었을 가능성은 충분히 높아

보인다. 단순한 증거이지만, 저자가 작품 안에서 귀족인 가이우스 멤미우스를 편하고 친밀한 태도로 언급하고 있기 때문이다. 멤미우스 역시 포조가 다양한 분야의 책을 읽으면서 마주쳤을 법한 이름이다. 그는 꽤 성공적으로 경력을 쌓아가던 정치인이었으며, 서정시인인 카툴루스를 포함해서 여러 저명 작가들의 후원자이기도 했다.[6] 또한 (비록 오비디우스에게서 외설적이라는 평을 듣기는 했지만) 그 자신도 시인으로 명성을 얻었다. 그는 연설가이기도 했는데, 키케로가 다소 내키지 않는 말투로 언급한 바에 의하면, "교활하며 책략이 풍부한 유형"이었다고 한다. 그러나 의문은 여전히 남아 있다. 대체 루크레티우스는 누구인가?

포조와 동료들은 이 질문에 대한 답을 거의 전적으로 위대한 교부(敎父) 성 히에로니무스(340?-420?)가 작성한 초기 기독교 연대기에 기댈 수밖에 없었을 것이다. 연대기의 기원전 94년 항목에서 문제의 인물 루크레티우스에 관한 짧막한 언급을 찾을 수 있다. "시인 티투스 루크레티우스 탄생. 그는 사랑의 미약 때문에 정신이 나갔는데, 정신이 오락가락하는 사이에 글을 썼고 일부 작품들은 키케로에 의해서 개작되었다. 자살로 생을 마감했다. 향년 44세." 루크레티우스를 묘사하는 후대의 이미지들은 모두 이 충격적인 연대기 내용의 영향을 받게 되었다.[7] 빅토리아 시대의 시인 테니슨이 유명한 시에서 형상화한 것처럼 루크레티우스는 에로틱한 환상으로 고통 받다가 자살한 미치광이 철학자의 이미지로 굳어지게 되었다.

현대의 고전 연구자들은 루크레티우스에 대한 성 히에로니무스의 기술 내용을 매우 회의적인 시각으로 본다. 연대기는 루크레티우스가 죽은 지 수백 년이 지난 후에 작성되었으며 어쩌면 사실을 기록했다기보다는 지어냈다는 표현이 옳을지도 모른다. 성 히에로니무스는 이교도 철학자들과 관련하여 경고가 될 만한 이야기를 전하는 데에 관심이 많았던 기독교 논객이었다. 그러나 15세기의 선량한 기독교인으로서 감히 성인의 기록에 의심을 품으려는 자는 없었을 것이며, 분명히 포조도 자신이 발견하여 세상의 품으로 돌려보낼 시가 이교도 작가의 광기와 자살로 얼룩진 작품이라고 생각했을 것이다. 그러나 이 인문주의자 책 사냥꾼은 고대 문헌의 발굴에 열광한 세대였다. 설령 그 고대 문헌이 도덕적 혼란과 치명적인 죄의 완벽한 전형이라고 할 만한 사람의 작품이라고 해도 발굴하지 않을 수 없었다. 더욱이 키케로가 루크레티우스의 책들을 개작했다는 사실은 끝내 떨치기 힘들었을 망설임조차 잠재우기에 충분했을 것이다.

4세기에 작성된 성 히에로니무스의 연대기 이후로 1,600년이 넘는 시간이 흘렀지만, 루크레티우스에 대한 전기적인 정보에 더 추가된 것은 없다. 연대기에 언급된 사랑의 미약에 관한 이야기나 그 비극적인 여파에 관해서 이를 확증하거나 반증할 아무런 새로운 증거도 나타나지 않았다. 인간 루크레티우스는 1417년 포조가 그의 시를 발굴했을 때와 마찬가지로 여전히 베일에 싸여 있다.[8] 오비디우스로부터 "숭고한 루크레티우스의 시"라는 절찬을 받았으며 여러 다른 곳에서도 이 시의 영향을 발견할 수 있다는 사실을 감안하면, 저자에 대한 동시대인 및 인접한 후대인의 직접적인 언급이 이처럼 희귀한 것은 수수께끼 같은 일이다. 그러나 포조가 죽고 오랜 시간이 흐른 뒤에 발견된 한 유적지가 그 신비를 푸는 데에 도움을 주었다. 이 고고학적 성과로 우리는 『사물의 본성에 관하여』가 처음 읽혔던 세상에, 그리고 어쩌면 그 시의 저자에게도, 오싹할 만큼 가까이 다가서게 되었다.

이 유적의 발견은 고대에 일어난 한 유명한 천재지변의 결과였다. 79년 8월 24일, 베수비오 화산의 거대한 폭발이 완전히 파괴한 것은 폼페이만이 아니었다. 나폴리 만의 작은 해변 휴양지 헤르쿨라네움도 폼페이와 운명을 같이했다. 부유한 로마인들이 열주(列柱)가 늘어선 우아한 빌라를 짓고 요양하던 이 도시는 콘크리트처럼 단단히 굳어버린 약 20미터나 되는 화산재에 파묻힌 채 사람들의 기억에서 사라졌다. 일꾼들이 우물을 만들려고 땅을 파다가 묻혀 있던 대리석 조각상 몇 개를 발견하면서 다시 세간의 주목을 받게 된 것은 18세기 초의 일이었다. 한 오스트리아 군 장교―당시 나폴리와 그 일대 지역은 오스트리아의 지배하에 있었다―가 일을 넘겨받았고, 굴착 인부들이 두꺼운 화산재 층을 파고 수갱(竪坑)을 만들기 시작했다.

나폴리가 오스트리아의 합스부르크 가(家)에서 프랑스의 부르봉 가로 넘어간 뒤에도 발굴은 계속되었다. 그러나 그것은 고고학적 조사라기보다는 진열장을 깨고 물건을 빼가는 것이나 다름없을 정도로 아주 대충 진행되었다. 10년 넘게 발굴작업을 감독했던 에스파냐 군대의 기술자 로케 호아킨 데 알쿠비에레는 그곳을, 전리품이 이해할 수 없는 이유로 화석화되어 묻혀 있는 쓰레기 하치장 정도로 다루었던 것 같다(한 동시대인은 마구잡이로 발굴된 이곳의 피해 상황을 보고는 깜짝 놀라서 "이자의 고대 유적에 대한 지식 수준은 달이 바다가재에 대해서 아는 정도이다"라고 기록했다[9]). 일꾼들은 조각상, 보석, 희귀한 대리석, 그 밖에 조금이라도 보물처럼 보이는 것들을 찾아서 계속 땅을 파고들어간 뒤, 엄청난 양의 그 발굴품들을 아무렇게나 모아서 그 왕국의 주인에게 모조리 실어 보냈다.

1750년, 현장은 새로운 감독을 맞았고 발굴작업은 전보다는 조금 더 조심스럽게 이루어졌다. 그로부터 3년 뒤, 인부들은 한 빌라의 유적을 굴착하다가 당황스러운 광경을 맞닥뜨렸다. 모자이크로 바닥이 장식된 방 하나에서 셀 수 없이 많은 "손바닥 길이의 반 정도 되는 둥근" 물체가 발견되었다.[10] 그들 중 한 사람이 남긴 기록에 따르면, 그것은 "나무뿌리같이 생긴 것으로 전체가 온통 새까맸는데 한 덩어리처럼 보였다." 처음에 그들은 목탄 저장실이 발견된 것이라고 생각하고 이른 아침 추위를 쫓으려고 일부를 땔감으로 사용했다. 일부는 이 독특하게 생긴 물체들이 직물이나 어망을 말아놓은 것이 불에 탄 것이라고 생각했다. 그때 하나가 우연히 땅에 떨어지면서 펼쳐졌다. 그리고 그 안에서 예상하지 못했던 글자들을 발견하고서야 사람들은 비로소 시커멓게 탄 나무뿌리처럼 보였던 것이 책이라는 사실을 깨달았다. 지금 그들은 개인 도서관의 잔해를 마주한 것이었다.

로마인의 개인 도서관에 쌓여 있던 책들은 대체로 현대의 책에 비해서 크기가 작았으며 거의 대부분이 파피루스로 만든 두루마리 형태였다(시리즈로 된 책의 한 권을 일컬을 때 흔히 쓰이는 '볼륨[volume, 약어 vol.]'은 뭔가 말려 있거나 감겨 있는 것을 뜻하는 라틴어 '볼루멘[volumen]'에서 나왔다). 종이를 뜻하는 영어 단어 '페이퍼(paper)'는 이런 두루마리 형태의 책을 만드는 데에 쓰인 파피루스라는 식물 재료에서 유래한 것이다.[11] 파피루스는 이집트 나일 강 하류의 델타 습지에서 자라는 키가 큰 갈대이다. 파피루스로 종이를 만들기 위해서는 먼저 다 자란 파피루스를 채집해서 줄기를 자른 뒤 속을 열어 안쪽의 섬유를 아주 얇고 가느다란 조각으로 벗겨낸다. 그런 다음 벗겨낸 파피루스 조각을 서로 조금씩 겹치게 나란히 놓아 한 면 크기가 되도록 만들고 그 위에 아래 놓인 것과 직각이 되게 다시 파피루스를 같은 방식으로 깐다. 그런 뒤에 나무망치로 파피루스 표면을 부드럽게 두들겨 파피루스 섬유끼리 서로 잘 들러붙게 하는 천연 수액이 빠져나오게 한다. 이렇게 완성한 낱장을 여러 장 모아 풀칠로 길게 연결하여 두루마리 형태의 책을 만든다(책의 차례가 표시될 첫 번째 장을 그리스어로 프로토콜론[protokolon]이라고 하는데, 이는 문자 그대로 '처음으로 풀칠된'이라는 뜻으로 '초안[草案]'을 의미하는 영어 '프로토콜[protocol]'이 여기에서 유래했다). 이렇게 완성된 두루마리의 한쪽 또는 양쪽 끝에는 나무 소재의 막대를 부착했는데, 막대를 조금 길게 만들어 두루마리 위아래로 튀어나오게 했다. 이렇게 부착된 막대는 두루마리를 조금 더 쉽게 펼칠 수 있게 해주었다. 고대에는 책을 읽는다는 것은 곧 말려 있는 두루마리를 펼치는 것이었다. 로마인들은 이러한 막대를 움빌리쿠스(umbilicus)라고 불렀으며 책을 처음부터 끝까지 읽는 것을 "움빌리쿠스까지 펼친다"라고 말했다.

처음에는 희고 부드러웠던 파피루스도 시간이 지나면서 색이 변하고 바스라지기 시작한다. 결국 영원한 것은 없는 법이다. 그래도 파피루스는 무게가 가볍고 생산이 쉬웠으며 상대적으로 저가였던 데다가 놀랄 만큼 질겼다. 이미 오랜 옛날부터 이집트 소지주들은 파피루스 조각에 지대를 기록해두면 몇 년, 심지어 몇 세대가 지난 뒤에도 그 내용이 확실히 알아볼 수 있는 상태로 남아 있을 것이라고 충분히 확신할 수 있었다. 사제들은 신에게 의식을 올릴 때 사용하는 기도문을 후임자에게 정확한 언어로 물려주고자 할 때 파피루스를 이용했다. 시인들은 예술을 통해서 꿈꾼 상징적인 불멸을 파피루스를 통해서 이루고자 했다. 철학자들도 파피루스를 통해서 아직 태어나지 않은 미래의 추종자들에게도 자신의 생각을 전달할 수 있었다. 앞서 그리스인이 그랬던 것처럼 로마인 역시 파피루스가 당대에 이용 가능한 최고의 필기 재료임을 금세 깨달았다. 기록의 보관, 공식적인 서류, 개인적인 서신, 그리고 책에 이르기까지 증가하는 수요를 충족시키기 위해서 로마는 이집트로부터 파피루스를 대량으로 수입했다. 파피루스 두루마리는 보통 300년은 버텼다.

헤르쿨라네움에서 발굴된 도서관으로 밝혀진 방에는 한때는 상감세공으로 장식한 나무 선반이 줄지어 서 있었다.[12] 중앙에는 받침대 없는 직사각형 모양의 대형 책장이 있었던 흔적도 있다. 살짝 건드리기만 해도 부서질 정도로 심하게 탄화된 유약을 바른 평판의 잔재도 방 안 곳곳에 흩어진 채 발견되었다. 이 평판은 글씨를 썼다 지웠다 할 수 있는 것으로서 책을 읽다가 메모할 것이 있을 때 사용했다(요새 어린이들이 가지고 노는 '요술 칠판' 같은 장난감과 비슷한 것이다). 방 안에서 발견된 파피루스 두루마리는 선반 꼭대기까지 높이 쌓여 있었고, 아마도 조금 더 귀한 것으로 보이는 일부 두루마리는 나무껍질로 외피를 한 번 더 싸고 모서리에는 나무 조각을 덧대어 보관했다. 도서관이 발견된 빌라의 다른 공간 한쪽에서도 화산재 때문에 서로 완전히 들러붙어 한 덩어리로 굳어버린 다른 두루마리 뭉치가 발견되었다. 아마도 이 두루마리 뭉치는 누군가가 급히 한데 모아서 나무 상자 안에 넣으려고 했던 것으로 보이는데, 마치 그 끔찍했던 8월, 일촉즉발의 순간에 특별히 소중한 책 몇 권을 챙겨 이 대재앙으로부터 함께 달아나려고 했던 것만 같다. 미처 무엇인지 알아내기도 전에 망가져버린 수많은 다른 두루마리 책들을 돌이킬 수 없이 상실하게 되었지만, 그래도 이곳에서 최종적으로 약 1,100개 정도의 파피루스 두루마리를 찾아냈다.

　오늘날 파피루스의 집이라고 알려지게 된 이곳에서 나온 두루마리의 대다수는 낙하하는 잔해와 무거운 진흙의 영향으로 압착되었다. 그리고 어느 것이나 예외 없이 용암과 화산재, 가스에 의해서 탄화되었다. 그러나 두루마리가 탄화되는 바람에 부식이 진행되지 않아 이들이 보존될 수 있었던 것도 사실이었다. 오랜 세월 동안, 이들 두루마리는 결과적으로 밀폐용기 속에 봉인된 것이나 다름없는 상태로 묻혀 있었다(심지어 현재도 발굴이 완료되어 공개된 부분은 빌라의 극히 일부이며 상당 부분은 여전히 미발굴 상태로 남아 있다). 그러나 발굴자들은 실망했다. 숯 덩어리 같은 파피루스 두루마리로부터 거의 아무것도 읽어낼 수가 없었기 때문이다. 아무리 조심스럽게 탄화된 두루마리를 펼치려고 애써도 결국 전부 바스러져 망가질 뿐이었다.

수십 개, 어쩌면 수백 개의 두루마리가 이 와중에 그렇게 부서져 사라졌을 것이다. 그래도 두루마리의 가장 안쪽 중심 부분에는 뭔가 읽을 만한 것이 남아 있는 경우가 꽤 많았다. 그렇게 2년을 별 소득 없이 수많은 두루마리를 망가뜨리며 애쓴 끝에, 로마의 바티칸 도서관에서 일하던 박학한 나폴리 출신 신부 안토니오 피아조가 불려왔다. 그는 뭔가 판독할 수 있는 것이 나타날 때까지 단순히 두루마리의 탄화된 바깥쪽 층을 벗겨내는 기존의 주된 작업방식에 이의를 제기했다. 그는 섬세하게 천천히 탄화된 파피루스 두루마리를 펼칠 수 있는 독특한 장치를 발명했고 이 장치 덕분에 두루마리에서 살려낼 수 있는 부분이 전에는 상상도 할 수 없을 수준으로 크게 늘었다.

이렇게 해서 살려낸 파피루스 조각은 조심스럽게 펴서 가늘고 긴 종이 위에 풀로 붙였다. 마침내 연구자들은 이 어렵게 살려낸 파편들을 통해서 빌라의 도서관이 (최소한 그들이 발굴한 도서관의 해당 부분은) 특정 주제의 책만을 모아놓았다는 사실을 알게 되었다. 파편의 상당수는 필로데모스라는 이름의 철학자가 쓴 그리스어 문헌이었다. 소포클레스나 베르길리우스 같은 유명 작가의 사라진 작품을 발견할 수 있기를 기대했던 연구자들은 또 한번 실망했다. 그러나 도저히 불가능할 것만 같던 망각의 세계로부터의 귀환에 성공한 그 파편들은 몇 세기 전에 포조가 한 발견과 중요한 관련이 있는 것들이었다. 기원전 75-40년에 걸쳐 로마에서 학생들을 가르쳤던 필로데모스는 루크레티우스와 정확히 동시대인으로서, 『사물의 본성에 관하여』로 가장 완벽하게 대표되는 에피쿠로스 철학의 추종자였다.

어째서 별로 중요하지도 않은 그리스 철학자의 작품이 이 우아한 해안가 별장의 도서관에 수집되어 있었을까? 그리고 도대체 어째서 휴양지 별장에 이런 거대한 개인 도서관이 있는 것일까? 수업이나 강연을 한 대가로 먹고 살던 교사 필로데모스가 파피루스의 집이라고 불리는 이 호화로운 빌라의 주인일 리는 없다. 하지만 필로데모스의 작품을 상당수 수집했다는 사실은 그 빌라의 소유주가 어떤 취향의 인물이었으며 루크레티우스의 시를 낳은 시대가 어떤 시대였는지에 대한 단서를 제공한다. 바로 그리스와 로마의 고급문화가 하나로 어우러지는 기나긴 과정이 정점에 다다른 시대의 한 단면을 보여준 것이었다.

그리스와 로마의 문화가 항상 서로 편안하게 어우러졌던 것은 아니었다. 그리스인은 오래 전부터 로마인을 강인하고 절도 있는 민족으로서 뛰어난 생존력과 함께 불타는 정복욕을 가진 자들로 평가했다. 그러나 동시에 그리스인은 로마인을 야만인으로 생각했다. 기껏해야 알렉산드리아의 과학자 에라토스테네스의 온건한 표현처럼 "세련된 야만인" 정도로 생각했을 뿐이다. 대다수의 다른 그리스인이 보기에 로마인은 야만인, 그것도 조악하고 위험한 야만인이었다. 그리스가 아직 독립된 도시국가로 번성하던 시절, 그리스 지식인들은 카르타고인이나 인도인에 관한 것처럼 로마인에 관해서도 특유의 신비로운 구전 설화를 수집했는데, 그들은 로마인의 문화생활에서 별로 주목할 만한 것을 발견할 수가 없었다.

초기 공화국 시절의 로마인은 자신들에 대한 그리스인의 이런 평가에 그런대로 동의했을 것이다. 전통적으로 로마는 시인과 철학자를 경계했다. 로마인은 덕성과 추진력을 갖춘 로마에 자부심을 가졌으며 미사여구와 지적인 사색, 서적 같은 것에 관심을 두지 않았다.[13] 그러나 로마 군단이 그리스에 대한 군사적 지배를 착실하게 확립해가는 것과 마찬가지로, 그리스 문화도 착실하게 정복자인 로마인의 마음에 문화적 식민지를 건설해갔다. 로마인은 무력한 그리스 지식인 사회에 회의적이었으며 자신의 실용적인 지식을 자랑스러워했으나, 한편으로는 철학, 과학, 문학 및 각종 예술 분야에서 그리스인이 이룬 업적에 대한 욕구도 점점 커져갔

다. 로마인은 그리스인의 민족성에서 결점이라고 여겨지는 것들을 놀림
감으로 삼곤 했다. 그리스인이 매사 수다스럽고 뭐든지 철학적으로 파고
들며 쓸데없이 멋만 부린다는 것이었다. 그러나 야망에 불타는 로마인은
앞 다투어 자기 아들을 철학 아카데미로 유명한 아테네로 유학을 보냈
고, 필로데모스와 같은 그리스 출신 지식인들은 비싼 값에 로마로 초빙
되어 학생을 가르치게 되었다.

로마 귀족은 헬레니즘 문화에 무절제하게 열광하는 것을 결코 존경받
을 만한 일로 여기지 않았다. 교양 있는 로마인이라면 그리스어에 능통하
거나 그리스 예술을 전문가다운 안목으로 이해하는 것이 그리 대단한
일도 아니라는 듯한 태도를 견지하곤 했다. 그러나 신전을 비롯한 로마의
공공장소를 근사하게 장식했던 것은 실상 그리스 본토와 펠로폰네소스
반도의 점령지로부터 약탈해온 우아한 그리스 조각상들이었다. 전장을
누비는 로마 장군들의 빌라 역시 귀한 그리스 꽃병이나 조각상으로 장식
되었다.

오늘날까지 전해지는 이런 석조나 토기 작품을 통해서 우리는 로마에
침투해 있던 그리스 문명의 이기(利器)를 쉽게 알아볼 수 있다. 그러나
로마에 가장 큰 영향을 끼친 그리스 문명의 이기는 바로 책이었다. 군사
국가답게 로마가 수집한 첫 대량 도서 역시 승전의 대가로 얻은 전리품
이었다. 기원전 167년, 로마 장군 아이밀리우스 파울루스는 알렉산드로
스 대왕과 그의 부왕 필리포스로부터 이어져온 마케도니아 왕국의 운명
에 종지부를 찍었다. 당시 마케도니아의 왕이었던 페르세우스 왕과 그의
세 아들들은 사슬에 묶인 채 개선장군의 마차 뒤에서 로마의 거리를 행
진했다. 패전국에 대한 약탈이 인정되던 전통에 따라서 마케도니아로부
터 실어온 어마어마한 양의 전리품도 뒤를 따랐다. 이들은 모두 로마의
국고를 더욱 풍요롭게 만들 것이었다. 아이밀리우스 파울루스가 자신과

아이들을 위해 개인적으로 챙긴 것은 단 하나, 사로잡은 군주 소유의 도서관 장서였다.[14] 물론 이것은 귀족 출신인 장군이 부유했다는 증거이기도 하지만, 동시에 그리스 책과 그 책에 내재되어 있는 문화의 가치를 보여주는 의미심장한 상징이기도 하다.

다른 사람들도 아이밀리우스의 뒤를 따랐다. 부유한 로마인들 사이에서는 시내 저택과 시골의 빌라 등에 큰 개인 도서관을 세우는 것이 점차 유행처럼 번졌다(초기 로마에는 서점이 없었다. 책은 전리품으로 획득하거나 남부 이탈리아와 시칠리아에 있는 서적상을 통해서 구입할 수 있었다. 이들 지역에는 나폴리, 타렌툼, 시라쿠사 등 그리스인이 건설한 도시가 있었기 때문이다). 문법학자 티란니오는 3만 권에 이르는 책을 소장한 것으로 알려져 있으며, 특히 질병을 막는 주문으로 "아브라카다브라"를 잘 사용했다고 전해지는 내과의 세레누스 삼모니쿠스는 6만 권이 넘는 책을 가지고 있었다고 한다. 로마는 그리스 책 열병에 걸려 있었다.

루크레티우스는 부유한 개인이 책을 수집하는 문화가 있고, 그가 발표한 시를 읽을 만한 독서 인구의 저변이 확대되는 추세의 사회에서 살았다. 루크레티우스 사후 10년째인 기원전 40년에는 로마의 첫 공공도서관[15]이 시인 베르길리우스의 친구인 아시니우스 폴리오에 의해서 건립되었다.[16] 공공도서관이라는 발상 자체는 본디 그리스, 소아시아, 이집트 등지에서 공공도서관을 보고 감탄하여 로마에도 이런 시설을 세워야겠다고 결심한 율리우스 카이사르의 것이었던 것으로 보인다. 그러나 카이사르는 그 계획을 실행하기 전에 암살당했고 결국 이를 실행에 옮긴 사람은 폴리오였다. 폴리오는 유능한 군사 지휘관이었는데, 폼페이우스와 카이사르의 싸움에서 승자인 카이사르의 편에, 그리고 브루투스와 마르쿠스 안토니우스의 싸움에서도 승자인 안토니우스의 편에 섰다. 줄을 영리하게 잘 섰던 셈이다(또는 운이 정말 좋았다고 할 수 있다). 그는 문학에도 조예가 깊었다고 한다. 일부만 남아 있는 연설문 몇 개를 제외하면, 그가 쓴 글은 현재 모두 소실된 상태이다. 그러나 친구인 베르길리우스에 따르면, 폴리오는 소포클레스에 비견할 만한 수준의 비극을 썼으며 역사서와 문학 비평도 남겼다고 한다. 그리고 그는 그리스인처럼 친구들을 관객으로 삼아 자신의 글을 암송한 첫 로마인 작가 중의 한 명이었다.

폴리오가 세운 도서관은 아벤티노 언덕에 있었는데, 로마의 전통대로 피정복자의 부로 재원을 조달했다. 이 경우에는 안토니우스에 대항하여 브루투스의 편에 서는 과오를 저지른 아드리아 해 연안의 사람들이 그 몫을 치렀다. 그 후 얼마 지나지 않아 아우구스투스 황제가 두 개의 공공도서관을 추가로 지었고 후대의 많은 황제들이 이 선례를 따랐다(그리하여 4세기 무렵까지 로마에는 총 28개의 공공도서관이 세워졌다). 현재는 그때의 도서관들은 모두 파괴되었지만, 도서관 건물은 우리에게도 매우 친숙한 일반적인 설계에 따라 세워졌다. 도서관은 직사각형이나 반원형의 커다란 열람실 공간을 갖추었으며 지붕에는 원형의 뚫린 공간을 만들어 채광에 신경을 썼다. 이 열람실과 인접한 여러 작은 방들에는 숫자가 매겨진 책장을 놓고 책을 보관했다. 도서관 곳곳은 유명 작가의 흉상이나 실물 크기의 조각상으로 장식했다. 조각상의 모델은 호메로스, 플라톤, 아리스토텔레스, 에피쿠로스 등이었는데, 오늘날에도 그렇듯이 이런 조각상의 주인공들은 교양인이라면 반드시 알아야 할 작가의 본보기로서 경의의 대상이 되었다. 그러나 로마에서는 조각상에 그 이상의 의미가 담겨 있었다. 이런 조각상과 비슷하게 로마인은 전통적으로 자신의 집에 조상의 가면을 보관하고 있었는데 특별히 기념할 만한 행사가 있을 때면 그 가면을 직접 쓰기도 했다. 말하자면 도서관의 조각상 역시 죽은 자의 영혼에 가까이 가고자 하는 표시로서, 책을 통해서 독자가 떠올릴 수 있는 죽은 자의 영혼을 상징하는 것이었다.

고대의 다른 많은 도시들은 공공도서관의 장서들을 자랑스러워했다.[17] 이 책들은 세금으로 구입한 것도 있고, 사회에 공헌하려는 부유한 기부자에게서 받은 것도 있었다. 그리스 도서관과 달리 로마 도서관은 편의시설까지 잘 갖추어져 있었다. 로마 영토 안에 세워진 도서관들은 편안한 의자와 책상을 설치하여 도서관 이용자들이 보다 편안한 자세로 왼손으로 이미 읽은 쪽의 움빌리쿠스를 다시 말면서 천천히 파피루스 두루마리를 펼쳐볼 수 있게 했다.[18] 포조가 발견한 책 중에는 위대한 건축가 비트루비우스의 것도 있었는데, 그는 도서관은 가급적 동향으로 지어야 한다고 조언했다. 동향으로 지어야만 아침 햇살을 충분히 받을 수 있고 파피루스에 해로운 습기도 줄일 수 있기 때문이다. 폼페이를 비롯한 여러 유적의 발굴조사에서는 기부자를 기념하는 명판들과 함께 조각상, 필기용 책상, 파피루스 두루마리 보관용 선반, 번호가 매겨진 책장이 발견되었다. 이런 책장들은 양피지를 묶어 만든 책이나 점차 두루마리의 대체제로 떠오르던 코덱스 형태의 책을 보관하기 위한 용도였다. 또한 도서관 벽 위에 휘갈겨쓴 낙서가 발견되기도 했다. 고대 도서관이 오늘날의 공공도서관과 여러모로 비슷한 모습인 것은 결코 우연이 아니다. 도서관은 공공자산이라는 우리의 인식은 물론, 도서관은 어떤 모습이어야한다는 우리의 관념도 수천 년 전 로마로부터 나온 것이기 때문이다.

갈리아 지방의 론 강 주변의 강둑이든, 시리아 지방의 작은 숲에 둘러싸인 다프네 신전 옆이든, 로도스 섬 근처의 코스 섬이든, 오늘날의 알바니아에 해당하는 디라키움 지역이든 어디든 간에, 로마의 드넓은 영토 안에서 사는 교양인의 집에는 조용히 독서를 하기 위한 공간이 마련되어 있었다.[19] 파피루스 두루마리는 조심스럽게 색인을 달고 (그리스어로 실리보스[Sillybos]라고 부르는 튀어나온 꼬리표가 달린 채로) 딱지를 붙여서 선반 위에 쌓거나 가죽 소재 바구니에 담아 보관했다. 로마인이 사랑했던 훌륭한 공중목욕탕에도 그리스어나 라틴어 작가의 흉상으로 장식된 독서 공간은 빠지지 않고 마련되었다. 이런 세심한 배려를 통해서 교양 있는 로마인이 몸과 마음을 함께 돌볼 수 있도록 했다. 1세기에 이르면 가히 '독서 문화(literary culture)'라고 부를 만한 현상을 보여주는 뚜렷한 증거들이 나타났다. 어느 날 역사학자 타키투스는 콜로세움에서 벌어지는 경기를 관람하러 갔다가 자신의 작품을 읽은 어느 낯선 사람을 만나 문학에 대한 대화를 나누었다.[20] 문화는 이제 더 이상 친구와 지인으로 구성된 친밀한 무리 안에서만 공유되는 것이 아니었다. 타키투스는 그의 '독자'를 광장의 가판대에서 책을 구입하거나 도서관에서 빌려 읽은 불특정인의 형태로 만날 수 있었다. 이처럼 많은 세대에 걸쳐 로마의 엘리트 계층의 일상에 독서에 대한 열정이 광범위하게 뿌리를 내렸기 때문에 휴양지의 별장인 파피루스의 집 같은 곳에도 잘 갖추어진 도서관이 존재할 수 있었던 것이다.

1980년대, 현대의 고고학자들은 파묻혀 있는 빌라에 대한 발굴작업을 본격적으로 재개했다. 그들은 이 빌라의 구조를 연구함으로써 거기에 스며든 당시의 삶 전반을 이해하는 데에 도움을 얻을 수 있을 것이라고 기대했다. 실제로 그 빌라의 설계는 헤르쿨라네움에서 발견된 조각상을 비롯한 여러 보물을 소장하고 있는 캘리포니아 말리부 소재의 게티 박물관 건물을 통해서 생생하게 재현되어 있다. 그 외에도 헤르쿨라네움에서 발굴된 다수의 대리석과 청동 소재의 걸작들—철학자, 웅변가, 시인, 극작가 등 실존인물의 흉상, 남녀 신, 운동 중인 우아한 젊은이, 도약하는 멧돼지, 취하거나 잠든 사티로스, 당황스러우리만큼 외설적인 모습의 염소 신 판의 '현장을 덮친(in flagrante delicto)' 모습 등을 묘사한 작품들—이 현재 국립 나폴리 박물관에 소장되어 있다.

발굴작업의 재개는 수월하게 이루어지지 않았다. 그 지역을 덮고 있던 화산재 토양은 비옥하여 카네이션 재배에 이용되고 있었고, 당연한 일이지만 농장주들은 카네이션 사업을 방해할 발굴작업을 반기지 않았다. 그러나 오랜 교섭 끝에 연구자들은 터널을 파고 작은 곤돌라 같은 탈것을 이용해서 유적지까지 접근할 수 있게 되었다. 연구자들은 곤돌라 모양의 탈것을 이용해서 모든 유적지 내에 뚫린 터널을 안전하게 옮겨 다닐 수 있게 되었다. 다분히 괴상한 연구조건이었지만, 아무튼 학자들은 전보다 더 정확하게 빌라의 배치도를 그리는 데에 성공했다. 아트리움(중정)의 정확한 크기, 열주로 둘러싸인 정사각형 혹은 직사각형 모양의 공간 등 그 밖의 건축물의 위치를 도면화했으며, 거대한 모자이크로 장식된 바닥과 기둥이 이중으로 늘어서 있는 보기 드문 양식 같은 특징이 있는 장소들도 확인할 수 있었다. 약 2,000년 전, 이 저택의 부유한 주인이 교양 있는 친구들과 함께 모여 시간을 보냈을 정원의 위치도 포도나무 싹과 이파리의 흔적으로부터 알아낼 수 있었다.

　물론 오랜 시간이 흐른 지금, 헤르쿨라네움의 열주에 둘러싸인 정원에 모인 사람들이 해가 떠 있는 긴 오후 내내 무슨 이야기를 나누었을지 정확히 아는 것은 불가능하다. 그러나 1980년대의 발굴작업으로 그들의 이야기를 엿듣게 해줄 매혹적인 단서가 추가로 발견되었다. 지상에 나온 연구자들은 이미 18세기의 보물 사냥꾼들에 의해서 발견되어 보관 중이던 검게 변한 파피루스 두루마리를 다시 조사했다. 서로 엉킨 채 딱딱한 덩어리로 변해버린 파피루스 두루마리를 어떻게든 열어보려고 했던 학자들의 초기 시도는 성공적이지 못했다. 파피루스 두루마리들은 쉽게 속내를 드러내지 않았고 결국 200년 넘는 세월 동안 국립 나폴리 도서관에 그대로 소장되어 있었다. 1987년에 톰마소 스트라체가 현대의 새로운 기술을 이용해서 보존 상태가 좋지 않던 2개의 파피루스 문서를 여는 데에 간신히 성공했다. 스트라체는 고대 화산 폭발 이래로 읽힌 바 없는 해당 파피루스 두루마리에서 판독이 가능한 부분을 일본제 종이 위에 올려놓고 현미경으로 사진을 찍어서 내용을 해독했다. 그로부터 2년 뒤, 노르웨이의 저명한 파피루스 학자(파피루스 문서를 해독하는 전문가를 '파피루스 학자'라고 부른다) 크누트 클레브가 다음과 같은 발표를 했다. "헤르쿨라네움에서 225년 전에 발견된 파피루스 문서는 『사물의 본성에 관하여』로 판명되었습니다."[21]

당연한 일이지만, 세상은 대체로 이 발표를 대수롭지 않게 받아들였다. 한마디로 완전히 무시된 것이다. 심지어 고대 문화에 관심을 가진 학자들도 이탈리아어로 출간된 방대한 양의 『헤르쿨라네움 연대기(Cronache Ercolanesi)』 19권 속에 파묻혀 있던 이 발표 내용에 거의 혹은 전혀 주목하지 않았던 것은 이해할 만한 일이었다. 클레브와 그의 동료들이 발견한 것은 겨우 16개의 작은 파피루스 단편들로 고작해야 단어 몇 개의 나열 정도에 불과한 수준의 흔적이었다. 면밀한 분석을 통해서 발견된 단어가 총 6권으로 구성된 『사물의 본성에 관하여』의 제I, III, IV, V권에서 나온 것임을 알아볼 수는 있었으나, 거대한 직소(jigsaw) 퍼즐 위에서 이미 사라진 나머지 조각들을 생각하면 이런 단편 자체는 실질적으로 아무런 의미도 없었다. 다만 발견된 단편들의 범위로 미루어보건대, 파피루스의 집에 『사물의 본성에 관하여』 전권이 실제로 소장되어 있었을 것으로 추측된다. 그리고 이런 추측이야말로 우리를 흥분시키는 것이다.

헤르쿨라네움에서의 발견 덕분에 우리는 포조가 수도원 도서관에서 발견한 이 시가 처음 읽히던 사회적 구성원들의 모습을 엿볼 수 있게 되었다. 미사전서, 고해성사 지도서, 각종 신학 서적이 꽂혀 있는 수도원 도서관에서 루크레티우스의 작품은 묘한 이방인이었다. 마치 머나먼 곳에서 난파되어 낯선 해안까지 떠밀려온 유해 같은 존재였다. 그러나 헤르쿨라네움에서 루크레티우스는 당당한 원주민이었다. 헤르쿨라네움에서 발견된 두루마리들은 빌라의 도서관이 특정 학파의 책들을 집중적으로 수집하고 있었음을 암시한다. 그리고 『사물의 본성에 관하여』는 그 학파의 책들 중에서 가장 뛰어난 생존자라고 할 것이다.

루크레티우스의 시대에 빌라의 주인이 누구였는지 정확히 알려진 바는 없지만, 가장 강력한 후보로 거론되는 사람은 율리우스 카이사르의 장인인 루키우스 칼푸르니우스 피소이다. 이 유력한 정치인은 마케도니아 지방의 총독으로 재직했으며 특히 그리스 철학에 남다른 관심을 가지고 있었다. 정적이었던 키케로는 피소를 "술에 찌들고 고약한 냄새가 나는 그리스어로" 천박한 노랫가락이나 흥얼거리면서 허구한 날 벌거벗은 채 뒹구는 작자로 묘사했지만,[22] 도서관의 소장고로 미루어보면 헤르쿨라네움의 오후를 함께 즐긴 이 집의 주인과 손님들은 훨씬 더 세련된 교양의 소유자였을 것 같다.

피소와 필로데모스는 개인적으로 아는 사이였던 것으로 알려져 있다. 도서관에서 발견된 그을린 책 중 한 권에서 발견된 짧은 시에는 필로데모스가 피소를 자신의 집에 초대하는 내용이 적혀 있다. 이 철학자는 피소를 자신의 검소한 집에 초대하며 에피쿠로스를 기념하는 '20일'을 함께 축하하자고 말한다. '20일'이란 그리스력으로 가멜리온(Gamelion) 달의 20번째 날에 태어난 에피쿠로스를 기념하여 매달 열리는 향연이었다.

내일이면 친구 피소여, 그대의 음악하는 벗들이 그대를 이끌리라.
이 검소한 곳으로 오후 세 시가 되면,
해마다 20일이 되면 그대를 영접하리라.
만약 그대가 그리워하는 것이 젖과
브로미안 포도주라면 내 키오스에서 병째로 준비하리니,

허나 그대는 보게 되리라 충직한 벗들을,

허나 그대는 듣게 되리라 훨씬 달콤한 것들을

파이아키아인의 땅보다도 좋은 것들을.

그리고 만약 그대가 눈을 우리에게 돌린다면, 피소여,

이 검소함 대신에 20일에 우리는 더 풍성하게 즐기리라.[23]

마지막 부분은 부에 대한 호소로 변하는데, 어쩌면 필로데모스 자신도 피소의 으리으리한 빌라에서 철학적 대화와 값비싼 포도주가 있는 오후를 함께 하고 싶다는 소망을 드러낸 것인지도 모른다. 포도덩굴 문양의 격자와 비단으로 만든 천막이 드리우는 그늘 아래에서 긴 의자에 반쯤 기대 누운 손님들에게는 생각할 것이 아주 많았다(이런 자리에는 남성뿐만 아니라 여성도 일부 참여했을 가능성이 충분하다). 벌써 몇 년째, 로마는 정치적, 사회적 불안에 시달리고 있었다. 사나운 내전은 정점에 다다른 상태였고, 폭력의 위험이 이제 한풀 꺾였다고는 해도 평화와 안정에 대한 위협은 여전히 도사리고 있었다. 야심만만한 장군들은 끝없이 자리를 두고 힘을 겨루었으며 불만이 팽배한 군대는 돈과 땅으로 달래주어야만 했다. 지방은 소란스러웠고 이집트에도 문제가 있다는 소문이 곡물 가격을 치솟게 만들었다.

그러나 노예의 시중을 받으며 우아한 빌라의 안락하고 안전한 환경에 있던 빌라의 주인과 손님들은 이런 위험한 현실로부터 비교적 거리를 두는 호사를 누렸다. 최소한 교양 있는 대화를 즐길 수 있을 정도로는 멀찍이 물러날 수 있었다. 가까이 있는 베수비오 화산을 여유롭게 바라보고 있노라면 미래에 대한 불안을 완전히 떨칠 수는 없었겠지만 말이다.[24] 아무튼 그들은 세계에서 가장 강력한 권력의 중심지에 살고 있는 엘리트였으며, 그런 그들이 가장 귀하게 여긴 특권의 하나가 바로 정신

생활의 함양이었다.

공화국 말기의 로마인은 이 특권에 매우 집착했다. 다른 사람이라면 주춤거리고 당황해서 도망치려는 상황에서도 그들은 이 특권에서 손을 놓으려고 하지 않았다. 그들에게 이것은 아직 이 세상이 그리 심각한 상태는 아니며, 최소한 그들의 가장 내적인 삶만큼은 여전히 안전하다는 것을 보여주는 일종의 상징 같은 것이었다. 이를테면 거리에서 들려오는 먼 사이렌 소리에도 벡스타인 피아노 앞에 앉아 베토벤 소나타를 연주하는 남자처럼 말이다. 헤르쿨라네움의 정원에 모인 사람들은 점잖게 앉아 사색적인 대화에 빠져듦으로써 내적인 평안을 구했다.

율리우스 카이사르의 암살로 이어진 혼란기 동안, 철학적 사색이 사회적 불안에 대한 거의 유일한 기댈 만한 안식처였던 것은 아니다. 페르시아, 시리아, 팔레스타인 같은 머나먼 타지에서 발원한 종교가 수도 로마로 스며들기 시작했다. 이런 종교는 특히 로마의 평민층에 강렬한 공포와 기대감을 동시에 불러일으켰다. 지위가 불안하거나 아니면 단순히 호기심이 많은 소수의 엘리트도 동방에서 온 선지자에 대한 이야기에 별다른 경멸감 없이 귀를 기울였을 수도 있다. 그 예언은 보잘것없는 혈통에서 태어난 구세주가 천하게 자란 뒤 끔찍한 고통을 겪었으나 궁극적으로는 승리를 거둔다는 것이었다. 그러나 대부분의 사람들은 이 이야기를 거만하고 완고한 유대인의 한 분파가 지어낸 과열된 환상 정도로 여겼을 것이다.

당시 로마에서 살던 신앙심이 깊은 자들은 이런 새로운 종교보다는 예전부터 비옥한 대지 곳곳에 흩어져 있던 여러 신전이나 사당에 탄원을 올리며 마음의 평온을 구했을 가능성이 훨씬 더 높다. 그들이 살고 있는 세상은 신성의 현현으로 충만한 자연으로서, 높은 산꼭대기, 샘, 지표면 아래의 신비로운 세계에서 뜨거운 연기를 내뿜는 분화구, 가지마다 오색

천이 매달린 나무가 빽빽한 오래된 숲에도 신이 존재하는 세상이었다. 그러나 헤르쿨라네움의 빌라가 이런 강렬한 종교적 삶의 현장과 매우 가까이 있기는 했지만, 빌라의 도서관에 소장된 것과 같은 책을 읽던 세련되고 지적인 취향의 사람들이 종교에서 해결책을 찾으려는 탄원자들의 행렬에 동참했을 것 같지는 않다. 숯검정이 된 채 발견된 파피루스 두루마리가 담고 있는 내용들로 미루어보건대, 빌라에 모인 사람들은 종교 의식보다는 삶의 의미에 대한 의논에 더 관심을 기울였을 것으로 보인다.

고대 그리스인이나 로마인들은 복잡한 문제를 혼자 고민하는 '고독한 천재'를 이상화하지 않았다. 그러나 오늘날 '정신적 삶' 하면 떠오르는 지배적인 이미지는 자신만의 비밀 은거지에 머물면서 모든 것에 근본적인 질문을 던졌던 데카르트나 조용히 렌즈를 갈면서 스스로 질문을 던지고 답을 구했던 파문당한 스피노자의 모습 같은 것이다. 이와 같은 올바른 지식인의 이상형의 변화는 문화적 특권에 일어난 의미심장한 변화에 기초하고 있다. 변화는 기독교의 등장과 함께 시작되었는데, 초기 기독교인은 은둔생활을 하며 의도적으로 이교도가 가치를 두는 것은 무엇이든 거리를 두려고 했다. 사막에서 생활한 성 안토니우스(250-356)나 좁은 기둥에 올라앉아 수도했다는 성 시메온(390-459) 같은 인물이 그 대표적인 예였다. 현대의 연구가 밝혔듯이, 이들이 고립된 생활을 했던 것은 사실이지만 그래도 분명히 이들을 추종하는 무리가 있었고 따라서 이들은 종종 큰 공동체 구성원들에게 중대한 역할을 했다. 그러나 이들이 만든 이미지 혹은 그들 주변에 유행하게 된 이미지는 사회성이 배제된 극단적인 고립의 이미지였다.

한편 고대 그리스, 로마인에게는 이것은 낯선 것이었다. 물론 생각하고 글을 쓰기 위해서는 일반적으로 조용한 환경과 고도의 정신 집중을 요하므로, 그리스, 로마의 시인과 철학자도 주기적으로 시끄러운 세상사로부터 떨어져 혼자만의 시간을 가졌다. 그러나 그들 자신이 지향했던 이미지는 사회적인 것이었다. 시인은 자신을 다른 양치기들에게 노래를 불러주는 또다른 양치기로 묘사했다. 철학자는 스스로를 종종 며칠에 걸쳐 이어지기도 하는 긴 대화를 주고받는 자로 묘사했다. 일상의 산란함으로부터 빠져나오는 것도 완전히 고립된 자기만의 작은 공간으로 물러난다는 의미가 아니라 친구들과 정원에서 조용히 대화를 주고받는 것을 의미했다.

아리스토텔레스의 말처럼 인간은 사회적 동물이다. 인간으로서의 본성을 실현하는 것은 곧 단체생활에의 참여를 의미했다. 교양 있는 로마인이 선택한 활동은 앞선 시대의 그리스인과 마찬가지로 대화였다. 키케로는 한 전형적인 철학 작품의 서두에서 다음과 같이 말한다. 그는 가장 중요한 종교적인 의문들에 대한 대단히 다양한 의견들에 대해 논평하면서 "종종 내 머릿속에 떠오르는 생각이 하나 있었다"라고 썼다.[25]

그러나 유달리 그 생각이 머릿속에 강렬히 떠오른 때가 있었으니 바로 친구 가이우스 코타의 집에서 불멸의 신들을 주제로 매우 면밀하고 진지한 토론이 열렸을 때였다.

마침 축제가 벌어지는 중이었다. 나는 자신의 집으로 와달라는 코타의 긴급한 초대를 받고 참석했다. 나는 코타가 벽감 쪽에 앉은 채로 가이우스 벨레이우스와 토론을 나누고 있는 것을 보았다. 가이우스 벨레이우스는 원로원 의원으로 당대 로마인 중 에피쿠로스 학파의 수장으로 인정받는 자였다. 그들과 함께 퀸투스 루킬리우스 발부스의 모습도 보였는데, 그는 스토아 학파의 학자로서 굉장히 학식이 높아 그 학파를 이끄는 그리스인 주창자들과 같은 반열에 오른 자였다.

키케로는 이 문제에 대한 자신의 생각을 독자들에게 혼자만의 성찰의 결과를 담은 소책자의 형태로 전달하고 싶어하지 않았다. 그는 사회적으로나 지적으로나 동등한 인물들이 서로 대화를 통해서 의견을 교환하는 형식의 글을 쓰고 싶었다. 키케로 자신도 명확한 승자가 없는 이 대화의 한 작은 부분일 뿐이었다.

키케로가 대화체 형식으로 쓴 이 글은 장편이어서 상당히 큰 파피루스 두루마리가 몇 개나 필요했다. 그러나 이 장대한 작품은 이런 대화체 형식의 글이 흔히 그렇듯이 분명한 결론을 내리지 않은 채 끝났다. "여기에서 대화는 끝났고 우리는 헤어졌다. 벨레이우스는 코타의 의견이 진실에 더 가깝다고 생각한 반면, 나는 발부스의 의견이 진실에 보다 근접했다고 느꼈다."[26] 키케로가 이렇게 결론을 확실하게 내리지 않은 것은 지적인 겸손 때문이 아니었다. 사실 키케로는 겸손과는 거리가 먼 인물이었다. 이것은 친구들 사이에서 세련된 진솔함을 나타내는 방법이었다. 즉 이런 토론은 종국적인 결론을 맺기보다 오히려 의견의 교환 자체에 큰 의미가 있다는 것이다. 서로 함께 편안하게 논리적으로 의견을 개진하며, 기지와 진지함이 함께 하는 분위기 속에서 진행하되, 결코 뜬소문이나 중상모략으로 번지지 않으면서 항상 반대의견이 들어설 자리를 남겨두는 것. 즉 가장 중요한 것은 토론 그 자체라는 것이었다. 키케로는 이렇게 썼다. "토론에 참가하는 사람은 다른 사람이 대화에 참여하는 것을 마치 자신의 독점 사업에 발을 들여놓으려는 경쟁자를 대하듯이 가로막아서는 안 된다. 다른 모든 것에서와 마찬가지로, 일반적인 대화에서도 각자가 자기 목소리를 낼 차례를 가지는 것을 불공평하다고 생각해서는 안 될 것이다."[27]

키케로나 다른 사람이 대화체 형식으로 쓴 글은 현장에서 오고간 대화를 그대로 받아 적은 것이 아니다. 글 속의 대화가 실존인물의 실제 생각을 대변하는 것은 사실이지만, 이런 글은 헤르쿨라네움의 빌라 같은 장소에서 벌어졌던 토론 내용을 가다듬은 편집본이라고 할 수 있다. 묻혀 있던 도서관에서 탄화된 채 발견된 여러 책의 주제로 미루어보건대, 이 특정한 장소에서 벌어진 대화는 음악, 회화, 시, 연설기술, 그 밖에 교양 있는 그리스, 로마인이 지속적으로 관심을 가져왔던 여러 주제에 관한 것이었을 것이다. 여기에는 보다 골치 아픈 과학적, 윤리적, 철학적 질문도 포함되어 있었을 것이다. 천둥, 지진, 일식 현상의 원인은 무엇인가? 그것들은 누군가의 주장처럼 신들이 보내는 신호인가 아니면 순수한 자연현상인가? 우리가 살고 있는 이 세계를 어떻게 이해할 것인가? 우리가 삶에서 추구해야 할 목표는 무엇이 되어야 하는가? 권력을 얻고자 전력투구하는 것은 바람직한가? 선과 악을 어떻게 정의할 수 있는가? 우리는 사후에 어떻게 되는가?

　유력인사였던 빌라의 주인과 그의 친구들은 이런 질문들과 씨름하는 데에서 즐거움을 느꼈으며, 지극히 바쁜 삶 속에서도 기꺼이 상당한 시간을 투자해 자신들의 교육 수준, 계급, 지위에 합당한 존재 개념에 대한 가능한 답을 찾고자 애썼다. 이런 사실은 그들이 살던 세계가 정신적으로 혹은 영적으로 이례적인 시대였음을 보여준다. 프랑스 소설가 귀스타브 플로베르는 한 통의 편지에서 그 시대를 이렇게 표현했다. "신들이 존재하기를 멈추고 아직 예수가 오지 않았던 바로 그때, 키케로와 마르쿠스 아우렐리우스의 시대 사이에 인류 역사상 유일한 순간, 인간이 올곧이 홀로 섰던 시절이 있었다." 분명히 누구든지 플로베르의 이런 언급에 이의를 제기할 수 있을 것이다. 최소한, 대다수 로마인에게 신이 존재하기를 멈췄던 적이 없다. 심지어 종종 무신론자로 지목받았던 에피쿠로스 학파도 비록 인간사로부터 멀찍이 떨어져 있기는 했지만 신은 분명 존재한다고 생각했다. 또한 플로베르가 언급한 키케로(기원전 106-43)

부터 마르쿠스 아우렐리우스(기원후 121-180)에 이르는 그 "유일한 순간"이라는 것도 사람에 따라서 더 길거나 짧아질 수 있다. 그러나 핵심적인 의미만큼은 키케로가 남긴 대화체 형식의 글과 헤르쿨라네움 도서관에서 발견된 작품들 속에 또렷하게 남아 있다. 이런 책을 읽던 초기 독자의 다수는 신성한 의지라고 부르는 것에 의해서 만들어지고 강화된 신앙이나 실천을 가지고 있지 않았다. 그들은 이례적으로 신들의(혹은 사제들의) 명령으로부터 자유로운 삶을 영위하고 있었다. 플로베르의 표현처럼, 올곧게 혼자 서서 첨예하게 대립하는 사물의 본성에 대한 관점들과 여러 상충하는 생존전략들 중에서 자신의 의견을 선택하는 기묘한 입장에 놓인 이들이 있었던 것이다.

도서관의 탄화된 단편들은 그 빌라에 머문 사람들이 어떤 선택을 내렸는지를 엿볼 수 있게 해주는 단서이다. 그 단편들은 그들이 무엇을 즐겨 읽었으며, 무엇에 관해서 토론했을지, 그리고 누구를 초청해서 대화를 나누었을지에 대해서 말해준다. 그리고 여기에서 노르웨이의 파피루스 학자가 밝혀낸 작은 파피루스 조각의 내용이 시사하는 바가 매우 크다. 루크레티우스는 필로데모스와 동시대인이었으며 더욱이 필로데모스의 후원자와도 한 시대를 살았다. 어쩌면 그 후원자는 아직 파릇파릇한 분화 전의 화산 경사면에 위치한 자기 집으로 어느 날 오후 친구들을 초대했을 때에 『사물의 본성에 관하여』의 한 대목을 소개했을지도 모른다. 철학에 흥미가 있는 부유한 후원자라면 개인적으로 그 저자를 직접 만나기를 원했을 가능성도 충분하다. 노예 몇 명과 가마를 보내서 루크레티우스를 헤르쿨라네움까지 모셔오도록 하는 것은 큰 문제도 아니었을 것이다. 그렇다고 한다면, 긴 의자에 누운 루크레티우스 자신이 단편으로 발견된 바로 그 책을 손에 들고 작품을 직접 낭송하는 일이 절대 일어나지 않았으리라는 법도 없다.

만약 루크레티우스가 빌라에서 벌어진 대화에 정말 참여했다면 그가 무슨 말을 했을지는 확실하다. 키케로와 달리 루크레티우스는 자신의 결론이 무엇인지 뚜렷하게 피력했을 것이며 회의주의에 물든 태도도 보이지 않았을 것이다. 루크레티우스가 열띤 태도로 내놓는 모든 의문에 대한 답은 빌라의 도서관에도 흉상과 작품이 우아하게 진열되어 있던 한 사람의 사상을 따랐을 것이다. 바로 철학자 에피쿠로스이다.

루크레티우스에 의하면, 무료함에 죽을 것 같아 집을 떠나 들뜬 마음으로 시골 빌라로 피신해도 여전히 영혼이 억눌려 답답함을 느끼는 사람들의 비참한 상황을 해소시켜주는 것은 에피쿠로스의 철학뿐이었다. 실제로 루크레티우스에게 이미 200여 년 전에 세상을 뜬 에피쿠로스야말로 구세주와 다름없었다. 루크레티우스의 표현에 따르면 "인생이 먼지 속을 수치스럽게 기어다니고 미신의 무게에 짓눌려 부스러지고 있을 때" 대단히 용감한 한 남자가 일어나서 "그 모든 것에 담대히 맞서 싸운 최초의 인간이 되었으니,"[28](I.62ff.) 이 영웅은 힘이 아닌 지성으로 이 싸움에서 승리를 거두었다. 전통적으로 강하고 실용적이며 무용(武勇)을 높이 사고 자랑스러워했던 로마의 문화에서 이 그리스인 영웅은 몹시 별난 인물이었다.

『사물의 본성에 관하여』는 이미 수세기 전부터 발생한 사상을 널리 퍼트리려고 한 추종자의 작품이다. 루크레티우스의 철학적 구세주인 에피쿠로스는 에게 해에 있는 사모스 섬에서 기원전 342년 말미에 태어났다.[29] 그의 아버지는 아테네 출신의 가난한 선생으로 식민지 개척자로 그곳에 오게 되었다. 플라톤이나 아리스토텔레스를 포함한 많은 그리스 철학자들은 부유한 가문 출신으로 자신의 유수한 조상을 자랑스러워했으나, 출신이 한미한 에피쿠로스는 분명 그들과 같은 주장을 펼칠 수는 없었다. 사회적으로 우월한 위치에 있던 에피쿠로스의 철학적 적들은 종종 그의 출신을 지적하며 그를 멸시하곤 했다. 그들은 에피쿠로스가 아버지를 도와 푼돈을 벌기 위해서 학교 일을 돕고 어머니와 함께 주술을 외우며 마을을 돌아다닌다며 조롱했다. 또한 그들에 따르면 에피쿠로스의 형제 중 한 명은 포주로 창녀와 함께 산다는 것이었다. 이는 사회적으로 명망 있는 사람들이 기꺼이 어울리려고 할 만한 철학자의 모습은 아니었다.

그러나 루크레티우스를 비롯한 많은 사람들이 기꺼이 에피쿠로스에게 공감했을 뿐만 아니라 그의 현명함과 용기를 칭송하며 거의 신처럼 떠받들었다. 이런 반응이 에피쿠로스의 사회적 배경에서 비롯된 것이 아님은 분명했다. 그들이 높이 산 것은 에피쿠로스 사상이 가지고 있는 호소력이었다. 에피쿠로스 사상의 핵심은 하나의 눈부신 아이디어로 거슬러올라갈 수 있다. 지금껏 존재해온 모든 것과 앞으로 존재할 모든 것은 파괴할 수 없는 입자로 만들어진 것이며, 그것은 더 이상 작아질 수 없을 만큼 작으며 그 수는 상상할 수도 없을 만큼 많다는 것이었다. 그리스인은 이 보이지 않는 입자들을 가리켜 더 이상 나누어 구분할 수 없는 것이라는 의미로 '원자(atom)'라고 불렀다.

기원전 5세기에 압데라의 레우키포스와 그의 수제자 데모크리토스에 의해서 탄생한 원자의 개념은 매력적인 추론에 지나지 않았다. 추론을 실증할 증거를 얻을 길은 요원했고, 그 후로도 거의 2,000년 이상 그럴 것이었다. 다른 철학자들이 이에 대적할 여러 이론들을 내놓았다. 누군가는 우주의 핵심적인 물질은 불, 물, 공기, 흙이며 사물은 이들의 조합으로 이루어진다고 주장했다. 또 어떤 이는 우리가 인간을 구성하고 있는 최소 입자를 인지할 수 있다면, 아주 작은 인간 모양을 하고 있는 입자를 발견하게 될 것이라고 말했다. 그것이 뛰어다니는 말이든, 한 방울의 물이든, 한 줄기 풀잎이든 간에 각각은 우리 눈에 보이는 실제 그것과 닮은 아주 작은 입자들로 구성되어 있다는 것이었다. 또다른 이들은 우주에 존재하는 복잡한 질서는 이를 미리 세워진 계획에 따라서 세심하게 각각의 부분을 배열한 보이지 않는 정신이나 영혼이 존재한다는 증거라고 주장했다. 데모크리토스는 그가 살던 세계의 위대한 지식인들이 골몰했던 문제에 대한 실로 대담한 해답을 제시했다. 데모크리토스가 주장한 원자는 그것이 나름의 크기, 모양, 질량을 가지고 있다는 점을 제외하면 어떤 특징도 없는 것이었다. 무수히 존재하는 이 작은 입자들은 우리가 실제로 보는 물체들의 미니어처 버전이 아니며 오히려 우리는 그 입자들이 무한히 다양한 방식으로 서로 결합한 결과로서 그 형태의 물체를 보는 것이라는 주장이었다.

이 해법의 의미를 간파하는 데는 많은 시간이 필요했다(우리는 여전히 그 의미 전부를 이해하는 데에는 이르지 못했다). 카오스(chaos)의 의미를 제대로 설명하지 못하는 선생들에게 실망한 에피쿠로스는 열두 살의 나이에 스스로 공부를 시작했다. 그에게는 오래된 데모크리토스의 원자 개념이 자신의 의문을 해결하기 위한 가장 유망한 단서로 보였고 이에 초점을 맞추어 그것이 이끄는 바에 따라서 공부를 계속했다. 서른두 살에 마침내 그는 자신의 생각을 하나의 체계를 갖춘 사상으로 정립할 준비를 마쳤고, 그리하여 아테네의 한 정원에서 우주에 관한 포괄적인 설명과 함께 인간의 삶에 대한 철학을 구축했다.

에피쿠로스의 설명에 따르면, 원자들은 부단히 움직이며 서로 충돌하고 특정한 상황에서는 서로 결합하여 더 큰 물체를 이루기도 한다. 관찰할 수 있는 가장 큰 물체는 해와 달인데, 인간이나 물가의 날벌레, 모래알과 마찬가지로 모두 원자로 구성되어 있다. 물질에는 상위 범주도 없으며 원자 간의 위계질서도 존재하지 않는다. 천체(天體)도 우리의 운명을 좌지우지하는 신성한 존재가 아니며 진공(眞空, void)을 가로지르는 그들의 움직임도 신의 지시에 따른 것이 아니다. 천체는 단순히 자연질서의 한 부분이며, 원자로 이루어진 거대한 구조물로서, 천체를 구성하는 원자 역시 세상에 존재하는 모든 것을 지배하고 있는 창조와 파괴의 원리를 따른다. 설령 자연의 질서가 상상할 수 없을 만큼 거대하고 복잡하다고 하더라도 그 기본적인 구성요소와 보편적인 법칙을 어느 정도 이해하는 것은 여전히 가능하다. 실제로 그런 이해야말로 인간의 삶에서 추구할 수 있는 가장 깊은 쾌락의 하나이다.

이런 쾌락이야말로 에피쿠로스 철학이 가진 강력한 영향력을 이해하는 열쇠가 된다.[30] 마치 에피쿠로스에 의해서 데모크리토스의 원자 안에 감춰져 있던 무한한 희열의 봉인이 풀리기라도 한 것 같았다. 사실 우리는 에피쿠로스 철학의 영향을 제대로 음미하기가 상당히 힘들다. 일단, 그 쾌락이라는 것은 너무도 지적인 것이어서 극히 소수의 전문가에게나 호소할 수 있는 성질의 것인 데다가 우리 세대에게는 원자라는 것이 희열보다는 공포(원자폭탄을 의미/역주)와 훨씬 더 가깝게 결부되어 다가오기 때문이다. 그러나 어차피 고대 철학이 대중적으로 뭔가를 호소하려는 것이 아니었음을 감안하면, 에피쿠로스는 극히 일부인 입자물리학자들에게 캐비어 이상의 것을 제공한 셈이었다. 사실 에피쿠로스는 말이 능히 통하는 사이에서나 쓰이는 폐쇄적이고 전문적인 언어를 가급적 피했다. 그는 광범위한 청중을 상대로 이야기할 때는 물론이고 상대를 설득할 때에도 되도록 일상 언어를 사용했다. 에피쿠로스의 계몽활동에는 지속적인 과학적 연구는 필요하지 않았다. 물리적 우주의 실제 법칙을 상세하게 파악할 필요도 없었다. 단지 모든 것에는 당신을 두렵게 만들거나 혹은 당신이 이해할 수 없는 감춰진 자연의 설명이 있다는 것을 받아들이면 그만이었다. 그 감춰진 자연의 설명은 자연스럽게 원자라는 개념으로 이끌어진다. 만약 당신이 이 단순한 존재에 관한 사실을 자신에게 반복해서 말하며 그에 대해 신념을 가지게 된다면 그것만으로도 당신의 삶은 바뀔 것이다. 그러니까 말해보자. 이 세상에는 원자와 진공이 있을 뿐이다. 원자와 진공, 오직 원자와 진공. 그 밖에는 아무것도 없다. 당신은 이제 더 이상 큰 천둥소리를 듣고도 유피테르의 진노를 두려워하지 않게 될 것이고, 독감이 퍼질 때마다 누군가가 아폴론을 화나게 한 것이 아닐까 의심하지 않게 될 것이다. 오랜 세월이 지난 후에 햄릿이 "죽음 후에 있는 것은 두렵나니/경계가 알려지지 않은 발견되지 않은 나라가 있어/어떤 여행자도 돌아온 적이 없노라"라고 표현한 끔찍한 고통으로부터 해방될 것이다.

상당수 현대인에게 무덤 너머의 영역에서 기다리고 있는 무시무시한 형벌에 대한 공포는 더 이상 삶을 무겁게 짓누르는 고통이 아니다. 그러나 에피쿠로스가 살던 고대의 아테네나 루크레티우스가 살던 고대 로마에서 그 고통은 실재하는 것이었으며, 포조가 살던 시대의 기독교 세계에서도 마찬가지였다. 포조도 분명히 교회의 문 상단부나 안쪽 벽에 공들여 새기거나 그린 사후세계의 공포를 묘사한 이미지들을 익히 보았을 것이다. 그러한 무시무시한 그림들은 기독교로 개종하기 전에 이교 전통의 상상에 의해서 만들어진 사후세계를 본보기로 제작되었다. 물론 이교도든 기독교도든 간에 모든 사람이 그런 사후세계에 대한 설명을 믿었던 것은 아니다. 키케로가 쓴 대화문에 등장하는 한 인물은 이렇게 묻는다. 머리가 셋 달린 무시무시한 개가 지키고 선 피할 수 없는 사후세계, 검은 강 너머 끔찍한 형벌이 기다리고 있는 무시무시한 그곳을 생각하면 겁나지 않는가? 다른 등장인물은 이렇게 답한다. "당신은 내가 그런 이야기를 믿을 만큼 미쳤다고 생각하는 것이오?"[31] 죽음에의 공포는 시시포스나 탄탈로스의 운명 같은 것이 아니다. 무서운 옛날이야기 같은 소리를

"두려워하다니 그런 어리석은 할멈 같은 자도 있는가?" 그러나 그 어리석은 할멈 같은 공포는 고통과 소멸의 끔찍함에서 비롯된 것이다. 키케로는 어째서 에피쿠로스주의자들은 그들의 사상을 이 모든 끔찍한 공포에 대한 해결책을 제공하고 있다고 생각하는지 이해하기 어렵다고 썼다.[32] 모든 것이 완전히 그리고 영원히 소멸한다는 것, 육신뿐만 아니라 영혼도 그 소멸에서 자유롭지 않다는 것은 이 모든 고통에 대한 충분한 위안이 되기 힘들기 때문이다.

에피쿠로스의 추종자들은 스승의 말년을 상기함으로써 그 물음에 답했다. 에피쿠로스는 극심한 고통을 수반한 방광 폐색으로 삶을 마감했는데 고통 속에서도 그가 인생에서 경험한 모든 쾌락을 되새기면서 마음의 평안을 유지했다고 한다. 이것이 누구나 쉽게 따라할 수 있는 본보기인지는 의문이다. 셰익스피어의 한 인물의 말처럼 "누군들 불을 손에 쥐고 있을 수 있겠는가?/눈 덮인 카프카스 산맥을 떠올림으로써?" 그러나 데메롤이나 모르핀 같은 마취제가 없던 세상에서 죽음의 고통을 다스리는 데에 더 효과적인 대안을 찾아내기도 쉽지는 않다. 더욱이 이 그리스 철학자가 도움을 주고자 했던 것은 죽음에 관한 것이 아니라 삶에 관한 것이었다. 에피쿠로스는 가르쳤다. 미신으로부터 해방되면 자유롭게 쾌락을 추구할 수 있다고.

에피쿠로스의 적들은 그가 쾌락의 추구를 긍정한다는 점에 주목하여 그의 방탕함에 대한 악의적인 이야기를 꾸며내어 퍼뜨렸다. 추종자들 중에는 남성뿐만 아니라, 이례적으로 여성도 있었던 점도 나쁜 쪽으로 크게 부풀려졌다. 또한 에피쿠로스는 "과식 때문에 매일 두 차례씩 토했다"고 했으며, 그가 먹고 마시는 데에 재산을 낭비했다고 기록했다.[33] 사실 이 철학자는 남달리 검소하고 단출한 삶을 살았던 것으로 보인다. 그가 친구에게 보낸 편지에는 다음과 같은 내용이 발견된다. "내게 치즈 한 꾸러미만 보내주게. 언젠가 내킬 때 내 그것으로 성찬을 베풀어볼 생각이네." 에피쿠로스의 호화로운 식탁에 대해서 전해지는 이야기들은 이것뿐이다. 에피쿠로스는 추종자들에게도 마찬가지로 검약을 위해서 노력할 것을 촉구했다. 에피쿠로스의 정원으로 들어가는 문 위에는 다음과 같은 문구가 아로새겨져 있었다. "이곳에서는 쾌락이야말로 최고의 선이다." 이 문구는 찾아온 이방인에게 그곳에 오래 머물기를 청한다. 실제로 이것은 포조와 그의 인문주의자 동료들이 잘 알고 있었으며 경탄해 마지 않았던 유명한 철학자 세네카의 편지글에 실제로 인용된 바 있다. 그러나 세네카에 따르면, 그곳을 방문했던 여행자들은 보리죽과 물뿐인 지극히 소박한 식사를 대접받았다고 한다.[34] "쾌락이야말로 최고의 선이라고 했을 때" 에피쿠로스는 살아남은 얼마 되지 않는 편지글 중 하나에서 이렇게 언급한다. "우리가 의미하는 것은 방탕하고 감각적인 쾌락을 추구하자는 것이 아니라네."[35] "생각 없이 흥청망청 술판을 벌이면서……육욕적인 사랑에 탐닉하고……산해진미로 풍성한 호화로운 식탁을 즐기는 것" 같은 욕망을 채우려는 과열된 시도는 쾌락을 지속시키는 열쇠인 마음의 평화로 이어지지 않는다는 것이다.

"남자들은 도통 이해할 수 없는 욕망 때문에 너무나 끔찍한 악덕으로 고통 받고 있다."[36] 헤르쿨라네움에서 발견된 책 중 하나에서 신봉자인 필로데모스는 이렇게 썼다. 그러면서 "그들은 정작 가장 필수적인 욕망들은 마치 본성에서 벗어나기라도 한 것처럼 무시하곤 한다." 쾌락으로 이끄는 가장 필수적인 이 욕구들은 대체 무엇인가? 필로데모스는 계속한다. "신중하고 공정하고 정의롭게 살지 않고는, 용감하고 온화하고 관대하게 살지 않고는, 벗을 사귀고 인류를 사랑하지 않고는" 쾌락을 누리며 산다는 것은 불가능하다고.

이것이야말로 에피쿠로스의 정통 추종자의 목소리이다. 근대에 와서야 화산재로 검게 변해버린 파피루스 두루마리에서 되살려낸 진짜 목소리인 것이다. 그러나 이 목소리는 세상이 '에피쿠로스주의'라는 이름에서 일반적으로 기대하는 익숙한 목소리와는 다르다. 셰익스피어와 동시대인인 벤 존슨은 오랜 세월 동안 에피쿠로스 철학의 정신이 일반적으로 어떻게 인식되고 있었는지를 완벽히 그려내 보인다. "나는 우리 집 침대를 속을 모두 채우지 않고 공기로 부풀릴 생각이다."[37](침대 매트리스를 짚 같은 것으로 채우지 않고 공기로 채우겠다는 것이다. 이미 15세기 초에 유럽에서 공기를 주입하는 방식의 매트리스를 만든 예가 있다/역주) 그 인물은 이렇게 말한다. "새 털로 속을 채워도 너무 딱딱해서 말이야."

> 내 고기는 모두 인도산 조개에 담겨져 나오리니
> 마노로 만든 그릇에는 금을 박아넣고
> 에메랄드, 사파이어, 히아신스, 루비로 장식하리…….
> 내 시종도 꿩고기를 먹고 알이 꽉 찬 연어를 먹으니
> 붉은도요새와 검은도요새 고기, 칠성장어를 들리라.
> 나로 말할 것 같으면, 샐러드 대신에 요리된 돌잉어 수염과
> 기름 친 버섯, 그리고 통통하고 기름진 살점을 먹으리니
> 갓 잡은 살찐 새끼 밴 암퇘지의 것으로
> 훌륭한 톡 쏘는 소스를 뿌려 먹으리라.
> 그리고 나서 나는 내 요리사에게 말하리라.
> "여기 금이 있으니 가서 기사가 되어라."

존슨이 쾌락을 좇는 이 미치광이 인물에게 붙여준 이름은 에피큐어 맘몬 경(Sir Epicure Mammon)이었다.

아무리 쾌락이 가장 절제되고 사려 깊은 언어로 정의되었다고 하더라

도 삶의 궁극적인 목적이 쾌락이라는 에피쿠로스 학파의 철학적인 주장은 충격을 던져주었다. 여타 이교도나 그들의 대척점에 있던 유대인은 물론이고 후일의 기독교인 모두 에피쿠로스의 사상에 충격을 받았다. 쾌락이 최고의 선이라고? 신과 조상들에 대한 경배는 어쩌고? 가족과 도시, 나아가서는 국가에 대한 봉사는? 성실하게 법과 명령을 따르는 것은? 덕이나 신을 따르는 것은? 에피쿠로스의 사상에 대립하는 주장들은 하나같이 금욕적인 자기부정, 자기희생, 심지어 자기혐오의 형태를 수반했다. 그리고 이 가운데 그 어느 것도 쾌락의 추구를 최고의 선으로 보는 에피쿠로스 사상과는 양립할 수 없었다. 에피쿠로스가 직접 자신의 사상을 가르쳤던 때로부터 2,000년의 세월이 흐른 후에도 그의 사상이 던진 충격은 여전히 강렬하게 남아 존슨의 작품과 같은 졸렬한 모조품 안에서 비틀린 에너지를 발산하며 살아남았다.

이런 모조품의 뒤에는 반쯤 숨겨진 공포가 자리한다. 쾌락을 극대화하고 고통을 피하는 것이 사실은 호소력 있는 목표이며 충분히 인간의 삶을 합리적으로 조직하는 원칙으로 성립될지도 모른다는 두려움을 드러내고 있는 것이다. 만약 에피쿠로스의 사상이 사람들을 설득하는 데에 성공한다면, 사회를 지탱하는 희생, 야망, 사회적 지위, 규율, 신성함 등으로 대표되는 유서 깊은 다른 원칙들 전체가 그 원칙들이 봉사해온 사회기관들과 함께 거센 도전을 받게 될 것이다. 쾌락의 추구라는 에피쿠로스 사상의 핵심을 괴이하고 관능적인 방종으로 몰고 갔던 것은―성, 권력, 돈, 때로는 (존슨의 예에서처럼) 얼토당토않게 값비싼 음식을 즐기는 사치스러운 미식 같은 것에만 목을 맨다고 묘사되었던 것은―바로 그런 도전을 막기 위함이었다.

역사 속의 진짜 에피쿠로스는 아테네에 있는 그의 외딴 정원에서 치즈, 빵, 물로 식사를 해결하며 조용한 삶을 살았다. 사실 에피쿠로스에 대해서 뭔가 정당하게 비난할 만한 것이 있다면, 오히려 그의 삶이 '지나치게' 조용했다는 것이다. 그는 자신의 추종자들에게 아테네의 정세에 깊이 적극적으로 관여하지 말라고 조언했다. "어떤 사람들은 명예를 얻거나 이름을 널리 알리고자 애쓴다."[38] 에피쿠로스는 썼다. "그런 행동을 통해서 그들은 다른 인간들로부터 자신의 안정을 지킬 수 있을 것이라고 생각한다." 만약 안정이라는 것이 정말로 명예와 명성으로부터 오는 것이라면 명예와 명성을 좇는 자야말로 '타고난 선'을 구하는 중이라고 할 것이다. 그러나 대부분의 경우에 그렇듯이 명예는 불안정이 고조되는 속에서 오며, 그렇다면 명예를 얻는 것은 실상 추구할 만한 가치가 없는 것이다. 에피쿠로스 사상을 비판하는 자들은 한 도시를 위대하게 만드는 것들, 즉 끝없는 노력과 위험을 무릅쓰고자 하는 결의의 대부분이 이런 관점하에서는 정당화되기 힘들다고 주장했다.

햇빛에 물든 헤르쿨라네움의 정원에 모인 사람들 사이에서도 에피쿠로스 학파의 정적이고 수동적인 태도에 대한 비판은 분명히 존재했을 것이다. 파피루스의 집을 찾은 손님들은 아마도 당시 서방의 가장 위대한 도시의 중심부에서 명예를 좇고 명성을 누리는 자들로서 그 사회에서 각자의 몫을 하고 있는 인물들이었을 것이다. 그러나 율리우스 카이사르의 장인인 피소가 정말 그 빌라의 주인이라고 가정한다면, 피소와 초대받은 손님들 중 일부가 에피쿠로스 사상에 특별히 끌렸던 것 또한 사실일 것이다. 에피쿠로스 사상이 그들의 고단한 삶에 대안을 제시해주었기 때문이다. 로마의 적들은 로마 군단의 힘 앞에 하나하나 무너져가고 있었지만, 예언자의 힘을 빌리지 않고도 공화국의 미래를 암시하는 불길한 징조를 알아볼 수 있었다. 그리고 누구보다도 안전한 위치에 있던 자들도 에피쿠로스의 유명한 경구 중 하나인 다음의 문장은 부정하기가 힘들었을 것이다. "다른 모든 것에 대해서는 안정을 얻을 수도 있다. 그러나 죽음에 관한 한 우리 인간이라는 존재는 모두 벽이 없는 도시에서 살고 있다."[39] 에피쿠로스의 추종자인 루크레티우스가 쓴 비길 데 없이 아름다운 시에 따르면, 여기에서 중요한 점은 이 두려운 죽음에 맞서 더 높은 벽을 쌓아보려는 불안하고 저주받은 시도를 그만두는 것이었다. 벽을 쌓는 대신에 우리는 쾌락이라는 밭을 일구어야 한다.

4
시간의 이빨

고대 그리스, 로마 시대에 만들어진 책들 중에서 현재까지 전해지는 것은 극히 드물다. 헤르쿨라네움의 빌라 도서관에서 숯덩이가 된 채 발견된 파피루스 두루마리들과 고대 이집트 옥시린쿠스의 폐허 둔덕에서 발굴한 관에서 나온 파피루스 파편들이 지금까지 실물로 전해지는 고대 책의 전부이다. 현재 우리가 접하고 있는 고대 그리스, 로마 시대의 문헌은 모두 원본이 저술된 시대와 장소, 문화와는 동떨어진 후대에 만들어진 사본이다. 그리고 이 사본들은 고대 세계에서 가장 유명한 작가의 작품조차도 극히 일부만을 보여주고 있을 뿐이다. 아이스킬로스는 80-90편에 달하는 희곡을 썼으며 소포클레스도 약 120편의 희곡을 썼지만 살아남은 것은 각각 7편씩뿐이다. 사정이 조금 나은 에우리피데스와 아리스토파네스의 경우에도 에우리피데스가 92편의 작품 중에서 18편, 아리스토파네스가 43편 중에서 11편이 전해지고 있다.

이런 경우는 대단히 성공적인 예에 속한다. 고대에 유명했던 많은 다른 작가들의 작품은 사실상 작품 세계 전체가 흔적도 없이 사라지고 말았다. 실로 많은 고대의 과학자, 역사가, 수학자, 철학자, 정치인이 다양한 주제에 관해서 연구 성과—삼각법(trigonometry)의 발명, 위도(緯度)와 경도(經度)를 참고하여 위치를 계산하는 방법, 혹은 정치권력에 대한 이성적인 분석—를 남겼으나 그들의 저작은 소실되고 말았다. 일례로 정력적인 학자인 알렉산드리아의 디디모스는 3,500권이 넘는 책을 써서 '청동 엉덩이'(문자 그대로 하면 '놋쇠로 된 장을 가진 자')라는 별명을 얻었는데, 단편으로 남아 있는 소수의 책을 제외한 나머지는 전부 사라졌다.[1] 5세기 말, 스토바이우스라는 이름의 한 야심만만한 문헌 편집자가 고대 최고의 작가들이 남긴 산문과 시의 선집을 편찬했는데, 이 선집에 인용되어 있는 1,430개의 글 중에서 1,115개가 지금은 사라진 작품에서 나온 것이다.[2]

이렇게 책의 소실이 일반적인 상황에서, 원자론이라는 뛰어난 개념을 창안한 레우키포스와 데모크리토스의 작품도 예외는 아니었다. 이 둘의 작품은 단 하나의 예외도 없이 모두 사라졌으며 그들의 지적인 계승자라고 할 수 있는 에피쿠로스의 작품도 대부분 소실의 운명을 피하지 못했다. 사실 에피쿠로스는 엄청나게 많은 글을 썼다.[3] 에피쿠로스는 그의 주요 철학적 경쟁자였던 스토아 학파의 크리시포스와 서로의 사상에 대해서 편지를 주고받았는데, 그 양이 책으로 1,000권 이상의 분량이었다고 전해진다. 비록 그 수가 과장되었거나 수필이나 편지에 불과한 것까지 책으로 헤아렸다고 해도 에피쿠로스가 남긴 글의 양이 어마어마했다는 것은 확실하다. 그러나 그의 저작은 현재는 존재하지 않는다. 고대의 철학사가 디오게네스 라에르티오스가 인용한 3통의 편지와 40개의 금언 목록을 제외하면, 에피쿠로스의 저술은 거의 아무것도 살아남지 못했다. 19세기 이후로 진행되어온 근현대의 연구도 여기에 약간의 조각을 덧붙인 수준에 그치고 있다. 이 새롭게 덧붙여진 글의 일부는 헤르쿨라네움에서 발견한 시커먼 파피루스 두루마리로부터 살려낸 것이다. 또다른 일부는 터키 남서부 험준한 산악지대의 오이노안다 마을의 허물어진 고대 집 벽에서 발견되었다.[4] 학자들은 무너진 벽 조각을 수고스럽게 모아서 복원한 끝에, 2세기 초반 에피쿠로스의 철학을 삶의 기조로 삼았던 한 노인이 자기 집 벽에 새긴 "쾌락의 충만을 경배하는 아름다운 찬가"를 확인할 수 있었다. 그러나 나머지 그 많던 책들은 모두 어디로 사라졌다는 말인가?

그 많던 책들이 물리적으로 세상에서 사라진 것은 대부분 기후와 해충 탓이었다. 파피루스와 양피지가 놀랄 만큼 생명이 길기는 하지만(현대의 값싼 종이나 전산화된 데이터에 비하면 훨씬 더 길다) 화재나 홍수 같은 참화를 무사히 피할 수 있었다고 해도, 결국 수백 년의 시간이 흐르면서 상태는 악화되었다. 잉크는 검댕(등잔의 탄 심지에서 구했다)에 물과 수지를 혼합해서 만들었다. 이렇게 만든 잉크는 값이 쌌고 알아보기도 쉬웠으나 결정적으로 수용성이었다(글을 쓰다가 틀린 필사가는 물에 적신 스펀지로 쓴 것을 지울 수 있었다). 포도주를 엎지른다든지 소나기라도 흠뻑 맞게 되면 책에서 글자가 사라졌다. 그러나 책이 마주하는 흔한 위협은 이것뿐만이 아니었다. 두루마리를 펼치고 다시 말기를 반복하는 것, 코덱스의 경우에는 책장을 샅샅이 훑으며 읽는 것, 책을 만지거나 떨어뜨리는 것, 책에 대고 기침을 한다거나 촛불에 그을리는 것, 그리고 그냥 거듭해서 읽고 또 읽는 것 모두가 결국 책을 망가뜨리는 과정이었다.

그렇다고 책을 지나칠 정도로 사람들의 손이 닿지 않게 격리시키는 것도 해결책이 되지 못했다. 지적인 허기로부터 책을 구하려는 이런 노력은 책을 문자 그대로 진짜 생리적 허기의 제물로 바치고 말았다. 일찍이 아리스토텔레스는 천, 양털 이불, 크림치즈 등에서 발견할 수 있는 작은 동물들의 존재를 알고 있었다. 아리스토텔레스는 이렇게 기록했다. "이들은 책에서도 발견된다. 일부는 옷에서 발견하는 것과 유사하게 생겼고, 또 일부는 꼬리 없는 전갈같이 생겼는데, 크기가 매우 작다." 그로부터 거의 2,000년 후에 과학자 로버트 훅도 현미경이라는 획기적인 새로운 발명품으로 이런 생물체를 관찰하는 데에 성공했다. 그의 저서 『마이크로그라피아(*Micrographia*)』(1655)에서는 흥미진진한 관찰기록을 찾을 수 있다.

> 내가 책이나 종이 사이에서 매우 익숙하게 보았던 희고 은빛으로 반짝이는 작은 애벌레 혹은 좀벌레처럼 생긴 것이 책장과 겉표지에 난 구멍 사이를 파고들며 종이를 갉아먹을 것이다. 머리는 크고 뭉툭하며 몸은 머리에서 꼬리 쪽으로 갈수록 가늘어지고 점점 작아져서 전체적으로는 꼭 당근 같은 모양이다.……끄트머리로 갈수록 가늘어지는 두 개의 길고 곧은 촉각(觸角)이 앞쪽에 달려 있는데 신기하게도 그 끝에는 고리 또는 혹이 달린 것처럼 보인다.……뒤쪽에는 세 개의 꼬리가 있는데 각각의 꼬리는 머리에 있는 두 개의 긴 촉각을 닮았다. 다리에는 비늘과 털이 있다. 이 동물은 아마도 종이와 책의 겉표지를 먹으며 살 것인데 실제로 그들 주변으로 몇 개의 작은 둥근 구멍이 뚫려 있다.[5]

아마도 현대의 일반 독자에게 훅이 "시간의 이빨 중 하나"라고 부른 책벌레는 더 이상 친숙한 존재가 아닐 것이다. 그러나 예전 사람들은 책벌레를 매우 잘 알고 있었다. 추방당한 로마의 시인 오비디우스는 그의 심장을 "끝없이 갉아먹는 슬픔"이 꼭 책을 갉아먹는 책벌레와 같다고 비유했다.[6] "마치 가만히 놓인 책이 벌레의 이빨에 야금야금 먹히는 것과 같다." 오비디우스와 동시대를 산 호라티우스는 자신이 남긴 작품들이 결국은 "파괴자 벌레들의 먹잇감"이 되고 말 것이라고 두려워했다.[7] 그리스 시인 에베노스는 책벌레를 인간 문화에 대한 상징적인 적으로 묘사했다. "책장에서 먹는 즐거움을 찾는 미식가여, 무사(mousa)의 가장 통렬한 적이여, 몸을 숨긴 파괴자여. 학식을 도적질해서 먹고 사는 까만 책벌레, 너는 어찌하여 신성한 문자 사이에 숨은 채 배움의 즐거움을 시기하는가?"[8] 책벌레로 인한 피해를 막기 위해서 책장에 삼나무 기름을 바르는 등의 방법이 시도되었으며 이는 실제로 효과가 있었다. 그러나 사람들은 벌레에게 먹혀 세상에서 사라지지 않도록 책을 보존하는 최선의 방법은 단순히 책을 계속 읽는 것뿐임을 깨닫게 되었다. 읽고 또 읽다가 책이 닳으면 더 많은 사본을 만드는 것 이상의 방법은 없었던 것이다.

고대의 책 시장은 전적으로 필사에 의해서 이루어졌으나 그 산업이 어떤 식으로 굴러갔는지에 대해서는 남아 있는 자료가 거의 없다. 그리스를 포함한 헬레니즘 세계의 다른 도시처럼 아테네에도 필사가가 존재했다. 그러나 필사가들이 어떤 특수한 학교 같은 곳에서 훈련을 받았는지, 혹은 숙련된 필사가 밑에서 도제로 일을 배웠는지, 그도 아니면 단순히 스스로 기술을 익히면 필사가로 일을 시작할 수 있었는지에 대해서는 알려진 바가 없다. 글씨가 유려한 필사가라면 그에 대한 특별한 보상을 받았을 것이다. 필사가 중 일부는 자신이 베낀 글의 행 수를 계산해서 그에 따라 돈을 받았을 것이다(남아 있는 필사본의 일부에는 원고의 말미에 총 행 수가 기록되어 있다). 그러나 어느 경우라도 보수가 필사가에게 직접 지불되었을 가능성은 없다. 그리스의 필사가들은 거의 예외 없이 노예였으며, 발행자가 그들을 소유하거나 대여해주었기 때문이다(한 부유한 로마 시민의 재산목록을 보면, 이집트에 있는 부동산과 함께 노예 59명, 공증인 5명, 비서 겸 조수 2명, 요리사 1명, 이발사 1명, 그리고 필사가 1명과 책 수리공 1명이 기록되어 있다).[9] 그러나 이들 필사가의 일반적인 작업방식이 대규모로 한 공간에 모여 받아쓰는 식이었는지 아니면 각자 모범 사본을 보면서 개별적으로 베끼는 식이었는지에 대해서는 역시 알려진 바가 없다. 만약 작품의 원저자가 살아 있는 경우에는 그가 완성된 사본의 교정과 수정에 참여했는지에 대해서도 마찬가지로 알지 못한다.

로마의 책 산업에 대해서는 조금 더 알려져 있다. 로마에서는 리브라이(libraii)라는 복제 기술자와 스크리바이(scribae)라는 필사가로 분화가 일어났다. 리브라이는 일반적으로 노예나 고용된 일꾼으로 책 판매상에 속해 있었다. 책 판매상은 기둥에 광고를 붙이고 로마 광장에 있는 가게에서 이들이 만든 책을 팔았다. 이에 반해서 스크리바이는 자유시민 신분으로서, 공문서 보관계, 정부 관료, 혹은 개인 비서로 일했다(일례로 율리우스 카이사르는 그의 지시를 받아 적으며 따라다니는 7명의 개인 필사가가 있었다). 부유한 로마인들은 친구들에게서 빌려온 책을 필사하기 위해서 개인 사서와 서기를 고용하는 일이 흔했다(혹은 노예로서 소유하기도 했다). 키케로는 에페소스 출신 알렉산드로스가 쓴 운문체 지리에 관한 책을 친구 아티쿠스에게서 빌린 후에 이렇게 썼다. "책을 받았네. 그는 시인으로서는 형편없고 아무것도 모르는군. 그래도 쓸모가 없진 않네. 지금 필사 중이니, 끝난 뒤에 돌려줌세."[10]

책이 팔려도 저자는 아무런 수입도 얻지 못했다. 책을 쓴 데에 대한 보상은 저자가 작품을 헌정한 부유한 후원자로부터 나왔다(오늘날의 시각에서는 이상해 보이는 이런 방식은 어째서 그 당시의 책에서 발견되는 헌사가 과도한 아첨으로 도배되어 있는지를 설명하는 데에 도움을 준다. 그러나 이런 방식은 놀랄 만큼 상당히 안정적이었으며 18세기 들어 저작권 개념이 생기기 전까지 유지되었다). 출판업자들은 키케로의 예에서 본 것처럼 친구들 사이에 사적으로 필사되는 책들과 경쟁을 해야 했겠지만, 그래도 책을 제작, 판매하는 사업은 꽤 이윤이 남는 것이었음에 틀림없다.[11] 실제로 로마뿐만 아니라 브린디시, 카르타고, 리옹, 랭스 등 제국 안의 다른 여러 도시들에도 서점이 존재했다.

엄청나게 많은 사람들—기록에 따르면 남성뿐만 아니라 여성들도 복제 기술자로 일했다고 한다[12]—이 평생 책상 위로 몸을 구부린 채, 잉크통과 자, 갈라진 딱딱한 갈대 펜에 둘러싸여 책에 대한 수요를 만족시키다가 세상을 떴을 것이다. 15세기의 가동 활자 인쇄법의 발명은 책 생산의 규모를 기하급수적으로 확장시켰다.[13] 그러나 고대에도 책은 그리 희귀한 상품은 아니었다. 잘 훈련된 노예가 방을 가득 채운 숙련된 필사가들에게 큰 소리로 원고를 읽어주면, 그들의 손에서 많은 수의 사본이 한꺼번에 생산되었다.[14] 이런 방식으로 수백 년의 세월 동안 수만 권의 책이 제작되고 또 수십만 권의 사본이 만들어져 세상으로 팔려나갔다.

상당히 오랫동안 고대 세계의 주된 문화적 고민거리 중 하나는 이 끝없이 쏟아지는 엄청난 양의 책을 어떻게 처리할 것인가 하는 문제였다. 이 수많은 책을 대체 어디에 보관할 것인가? 쌓여 있는 책들의 무게로 신음하는 선반 위에 어떻게 이것들을 체계적으로 정리할 것인가? 어떻게 하면 이 수많은 지식을 머릿속에 담을 수 있을 것인가? 이렇게 많은 책들이 오가는 상황에서 이것들이 언젠가는 소실될지도 모른다는 데까지는 미처 생각이 미치지 못했을 것이다.

번창하던 책 산업이 느닷없이 덜컥 종말을 맞은 것은 아니었다. 이는 오랜 시간에 걸쳐 책 산업을 거대한 종말로 이끈 힘이 축적된 결과였다. 결국 한때는 견고해 보였던 것이 사실은 약한 것으로 드러났으며, 영원할 것만 같던 것도 순간의 일이었을 뿐임이 밝혀졌다.

필사가 집단이 이와 같은 변화를 가장 먼저 눈치챘을 것이다. 그들은 점점 일거리를 구하기가 힘들어졌을 것이다. 필사작업의 대부분이 중단되었다. 간신히 화재를 피한 책들은 구멍 난 썩은 지붕 사이로 한 방울씩 똑똑 떨어지는 빗방울에 조금씩 글자가 지워졌다. 그리고 남겨진 책들에는 벌레들이 "시간의 이빨"로 조용히 제 할 일을 했다. 그러나 벌레들은 이 거대한 소멸의 물결 속에서 가장 하찮은 일꾼이었을 뿐이다. 책 선반을 통째로 부수면서 한순간에 수많은 책을 한 줌의 먼지와 재로 만든 많은 사건들이 일어났다. 이런 상황에서 포조와 동료 책 사냥꾼들이 뭔가 하나라도 찾아낸다면 이는 정말 행운이었다.

사라진 어마어마한 양의 책이 겪어야 했던 운명을 보여주는 단적인 예는 고대에 존재한 최대 규모의 도서관의 운명에서 볼 수 있다. 그 도서관은 이탈리아 본토가 아닌 이집트의 수도이자 동지중해 상업의 중심지였던 알렉산드리아에 있었다. 이 번화한 도시는 인상적인 극장과 홍등가를 포함해 관광객을 끌어들일 만한 요소들을 두루 갖추고 있었다. 그러나 당시 여행객은 항상 도시 중심에 위치한 한 보기 드문 건물을 특별히 주목했을 것이다.[15] 박물관(알렉산드리아의 '박물관[museum]'은 유물의 수집과 전시가 아니라 그 어원이 가리키는 것처럼 무사[mousa] 여신들이 상징하는 각 학문과 예술 분야를 연구하는 것이 주목적인 연구기관이면서 도서관이었다/역주)으로 알려진 이 호화로운 건축물에는 엄청난 비용을 들여 수집한 그리스어, 라틴어, 바빌로니아어, 이집트어, 유대어 등 각종 문화권의 귀한 유산이 연구를 위해서 세심하게 보관되어 있었다. 알렉산드리아를 지배했던 프톨레마이오스 왕조는 기원전 300년 무렵부터 과학자와 시인을 비롯한 각 분야의 선도적인 학자들을 그 도시로 끌어들이려는 탁월한 계획을 세웠다. 도시로 초빙된 학자들은 이 도서관과 종신계약을 맺었는데 상당한 양의 보수와 함께 면세 혜택과 공짜 숙식을 제공받았다. 게다가 그들은 도서관이 소장하고 있는 자료에 거의 무제한으로 접근할 수 있었다.

이런 풍성한 후원을 받은 학자들은 고도의 지적 수준을 확립시켰다. 유클리드가 이곳에서 기하학을 발달시켰고, 아르키메데스는 원주율(π)의 값을 놀라울 정도로 정확하게 추정했으며 또한 미적분학의 토대를 마련했다. 에라토스테네스는 지구가 둥글다는 가정하에 오차 범위 1퍼센트 미만으로 정확하게 지구 둘레의 길이를 계산했고, 갈레노스는 의약 분야에 혁명을 불러일으켰다. 알렉산드리아에서 활동했던 천문학자들은 태양을 중심으로 한 우주관을 발달시켰으며, 기하학자들은 1년의 길이를 365와 1/4일로 추론해서 4년에 한 번씩 '윤일(閏日)'을 추가할 것을 제안했다. 지리학자들도 에스파냐에서 서쪽으로 항해해서 인도에 다다르는 것이 가능하다는 사실을 예측했으며 기술자들은 수력학과 공기 역학을 연구했다. 해부학자들의 연구는 뇌와 신경체계가 하나로 이어진 기관임을 처음으로 명확하게 이해했으며, 심장의 기능과 소화체계를 연구했고 영양 섭취에 관한 실험을 했다. 이들은 경이적인 업적을 달성했다.

알렉산드리아 도서관은 특정한 교조나 학파와 관련이 없었다. 인류의 지적 호기심이 미치는 모든 것이 연구 대상이 되었다. 이곳은 지구적인 규모의 세계 시민주의의 표상이자 전 세계의 축적된 지식을 모으고 그것을 더 완벽하게 발전시키고자 하는 의지의 표현이었다.[16] 그리고 막대한 양의 책을 모으는 데에 그치지 않고 축적된 지식의 결정판을 입수 또는 확립하기 위해서 엄청난 노력을 기울였다. 알렉산드리아 학자들은 문헌의 정확성에 집착하는 것으로 유명했다. 수백 년 동안 주로 노예들에 의해서 수차례의 필사작업이 이루어짐으로써 불가피하게 생길 수밖에 없는 여러 오류나 왜곡을 어떻게 하면 바로잡을 수 있을까? 많은 헌신적인 학자들이 제대로 된 원본을 추적하기 위해서 여러 필사본들을 꼼꼼하게 비교 분석하고 수고스럽게 주석을 다는 연구기법을 발달시켰다. 또한 그들은 그리스어로 소통할 수 있는 세계 너머에 있는 지식에도 접근하기 위해서 노력했다. 이런 노력의 일환으로 알렉산드리아의 지배자 프톨레마이오스 필라델포스는 엄청난 돈을 들여 학자 약 70명에게 히브리어 『성서』를 그리스어로 번역하게 하는 야심 찬 계획을 지시했다. 그 결과로 『70인역 성서』—일명 '셉투아진트(Septuagint)'로 알려진 『성서』로서 라틴어로 숫자 70을 의미하는 단어에서 유래했다 ─라는 이름으로 알려진 그리스어 『구약성서』가 탄생했다. 실제로 초기 기독교인이 『구약성서』라고 불렀던 것은 바로 이 『70인역 성서』로서, 많은 초기 기독교인이 주로 이를 통해서 『성서』를 접했다.

전성기에 알렉산드리아 도서관은 최소 50만 권의 파피루스 두루마리를 소장하고 있었다. 두루마리들은 체계적으로 분류, 보관되었는데 알파벳순으로 정렬하여 표찰을 붙였다. 이 같은 정렬방식도 도서관의 첫 관장이었던 호메로스 연구자 제노도토스가 개발한 것으로 보인다. 도서관은 넘쳐나는 장서를 보관할 공간을 확보하기 위해서 당시 건축학의 기적으로 칭송받았던 세라페움으로 시설을 확장했다. 세라피스 신을 위한 신전으로 세워진 세라페움은 우아한 열주가 있는 중정과 강당이 있었고, "거의 살아 숨 쉬는 듯한 조각상들"과 많은 다른 귀중한 예술작품으로 장식되어 있었다. 포조가 재발견한 4세기의 역사가 암미아누스 마르켈리누스의 말에 따르면, 세라페움은 로마의 원로원 건물에 버금가는 장대한 고대 건물이었다.[17]

이 도서관을 파괴한 세력은 1417년에 재발견된 루크레티우스의 필사본이 어째서 수천 권의 책을 통해서 열띤 토론의 대상이 된 에피쿠로스학파의 사상을 전하는 거의 유일한 생존자가 되었는지와 연관이 있다. 이곳에 가해진 최초의 일격은 전쟁의 결과였다.[18] 율리우스 카이사르가 알렉산드리아의 지배권을 유지하려고 애쓰던 기원전 48년, 항구 주변 창고에 보관되어 있던 도서관의 두루마리 일부가 사고로 불타고 말았다. 그러나 군사적인 행동보다 도서관에 더 위협적이었던 것은 그 시설이 여러 남녀 신의 조각상과 그들을 숭배하는 제단을 비롯한 다양한 이교도 관련 용품을 갖춘 사원의 복합건물이라는 사실이었다. '뮤지엄(museum)'이라는 표현이 암시하는 것처럼 박물관은 인간의 창조력에 의한 성취를 상징하는 9명의 무사(mousa) 여신들에게 헌정된 일종의 신전이었다. 도서관의 부수적인 수집품이 소장되어 있는 세라페움에는 유명한 그리스인 조각가 브리악시스의 작품인 거대한 세라피스 신의 조각상이 우뚝 서 있었다. 상아와 금으로 만들어진 이 걸작은 로마의 유피테르 숭배 문화가 이집트의 오시리스, 아피스 숭배 문화와 교배하여 탄생한 세라피스 신의 모습을 형상화한 것이었다.

알렉산드리아에서 살고 있던 다수의 유대인과 기독교인들은 이런 다신교 분위기를 몹시 못마땅하게 여겼다. 그들은 다른 신도 존재한다는 사실은 의심하지 않았으나, 그런 신들은 하나같이 악마이며 쉽게 나락으로 빠지고 마는 인류를 유일무이한 우주의 진리로부터 유혹하여 타락시키는 사악한 존재라고 생각했다. 산처럼 쌓여 있는 파피루스 두루마리에 기록되어 있는 다른 종교의 온갖 계시와 기도는 모두 거짓말이었다. 구원으로 가는 길은 오직 『성서』에만 있다고 믿었다. 특히 기독교인은 (유대인과 이교도가 쓰는 것과 같은) 구식의 두루마리 형태가 아니라 작은 크기로 만들 수 있으며 읽기도 들고 다니기도 더 편한 코덱스라는 새로운 형태를 선택했다.

다신교 신앙 아래에서 수백 년간 지속된 종교적 공존—그동안 로마에서는 세 가지 신앙(다신교 전통, 기독교, 유대교/역주)이 통합의지에서 비롯된 관용과 경쟁의식이 뒤섞인 분위기에서 나란히 존재해왔다—이 끝을 맞이하고 있었다. 4세기 초, 콘스탄티누스 황제는 기독교를 로마의 공식적인 국교로 삼기 위한 일들을 시작했다.[19] 391년, 열정적인 후계자 테오도시우스 황제가 공공장소에서의 종교 제의를 금지하고 주요 신앙 시설의 폐쇄를 명하는 포고를 내렸다. 국가가 이교 숭상 철폐에 나선 것이다.

알렉산드리아에서 기독교 공동체의 정신적인 지도자 역할을 했던 사람은 테오필로스 주교였다. 복수심에 차 있던 그는 이교 숭배 철폐를 명한 포고에 주목했다. 그는 망설임 없이 광신적인 기독교 열성분자들에 대한 고삐를 풀었다. 흥분한 기독교 열성분자들은 이교도들을 괴롭히면서 거리를 휩쓸고 다녔다. 당연히 이교도들은 충격과 불안감에 휩싸였으며 대립하는 두 공동체 사이에는 긴장감이 고조되었다. 남은 것은 이들이 충돌할 적당한 핑곗거리였고 그것은 머지않아 닥쳐왔다. 한 대성당을 보수하던 중 일꾼들이 이교 숭상에 쓰이던 물건이 여전히 보관되어 있는 지하 성소를 찾아낸 것이었다(오늘날에도 로마에서는 이러한 지하 성소를 발견할 수 있는데, 예를 들어 성 클레멘트 대성당 아래에는 태양신 미트라의 신전이 남아 있다). 이교도의 '신비로운' 상징물을 공공의 조롱거리로 삼을 수 있는 기회라고 본 테오필로스는 이교 숭상에 쓰이던 각종 물품을 들고 거리를 행진하도록 명했다.

신앙심 깊은 이교도들은 분노로 들끓어 일어났다. 이를 본 당시의 기독교인은 비꼬는 투로 이렇게 말했다. "마치 독이 든 술이라도 들이켠 것 같았다."[20] 분노한 이교도들은 기독교인들에게 폭력을 행사했고 분이 풀린 뒤에야 세라페움 안으로 철수하여 문을 닫아걸었다. 이에 마찬가지로 극도로 흥분한 기독교인 무리는 도끼와 망치로 무장한 채 신전으로 쳐들어갔고 이들은 방어하는 이교도들을 압도했다. 대리석, 상아, 금으로 만들어진 유명한 세라피스 신의 조각상이 이 난리 속에 파괴되었다. 성난 기독교인들은 조각상을 여러 조각으로 부순 뒤 도시의 곳곳으로 가져가서 완전히 파괴했는데 머리와 다리를 뗀 몸통 부분은 극장으로 끌고 가서 공개적으로 불태웠다. 테오필로스는 이교도 신전 구역을 수도 사들로 하여금 장악하게 하고 아름다운 신전 건물들을 교회로 바꾸었다. 세라피스 신의 조각상이 있던 자리는 승리한 기독교인들이 자랑스럽게 모셔온 엘리야와 세례 요한의 유해가 담긴 성유물함이 차지하게 되었다.

세라페움의 함락 이후, 이교도 시인 팔라다스는 당시의 참담한 기분을 다음과 같이 표현했다.

우리는 죽지 않고 살아 있노라, 비록 살아 있는 것은 겉모습뿐이나,
재앙으로 굴러떨어진 우리 헬레니즘인이여,
삶이 꿈과 같도다, 우리는 비록 살아 있으나
우리가 지켜온 삶의 방식은 이제 죽고 사라졌는가?[21]

팔라다스가 잘 이해하고 있듯이, 세라페움의 파괴는 단지 이교 문명의 상징을 하나 잃었다는 표면적인 사실이 전부가 아니었다. 이런 폭력 시위에 도서관이 무사했는지에 대해서는 알려진 바가 없다. 그러나 도서관, 박물관, 학교 같은 시설은 폭력 앞에 취약한 법이다. 이런 시설은 거친 공격 속에서 오래 살아남기가 힘들다. 하나의 삶의 방식이 죽어가고 있었다.

몇 년 후, 테오필로스의 조카이자 기독교 주교로서 그의 후계자인 키릴로스는 공격의 범위를 확장했다. 기독교인의 신성한 분노가 지목한 다음 대상은 유대인이었다. 소규모의 충돌이 극장, 도로, 교회와 유대교 예배당 앞에서 발생했다. 유대인은 기독교인을 조롱하며 돌을 던졌고, 기독교인은 유대인 가정과 상점을 습격하고 약탈했다. 사막에서 당도한 500명에 이르는 수도사들은 더욱 과격해진 기독교인 폭도 무리에 합류했다. 키릴로스는 이들을 등에 업고 알렉산드리아 정부에 도시에서 유대인 집단을 몰아낼 것을 요구했다. 당시 알렉산드리아 총독으로, 온건한 기독교인이던 오레스테스는 이를 거부했는데, 이교도 엘리트층은 이 결정을 지지했다. 이 엘리트층의 대표 격이었던 히파티아는 큰 영향력을 가진 명망 있는 인사로서 뛰어난 학식을 갖춘 인물이었다.

수학자였던 히파티아의 아버지는 알렉산드리아 박물관의 유명한 상

주 학자 중 한 사람이었다. 히파티아는 인구에 회자될 정도로 아름다운 젊은 여성이었는데, 천문학, 음악, 수학, 철학 분야에서 놀라운 학문적 성취를 거둠으로써 유명해졌다. 그녀의 지도를 받으며 플라톤과 아리스토텔레스의 작품을 공부하고자 먼 지역에서부터 학생들이 찾아왔다. 학자로서 그녀의 권위는 절대적이어서 다른 철학자들은 종종 편지를 써서 그녀의 승인을 구하곤 했다. 한 사람은 히파티아에게 쓴 편지에서 다음과 같이 말했다. "만약 당신이 내가 이 책을 내는 것이 좋겠다고 판단한다면, 나는 그것을 모든 연설가와 철학자에게 바칠 생각입니다."[22] 편지의 내용은 다음과 같이 이어졌다. 그러나 만약 "그것이 당신이 보기에 그럴 만한 가치가 없다면 철저하게 깊은 어둠으로 덮으리니. 인류는 절대 그것의 존재를 알지 못할 것입니다."

전통적으로 철학자가 즐겨 입었던 트리본(tribon)이라는 망토로 몸을 감싼 채 마차를 타고 도시를 돌아다니는 히파티아는 분명 알렉산드리아에서 가장 눈에 띄는 명사 중의 한 사람이었다. 그녀는 격리된 삶을 살았던 대다수의 고대 여성과는 여러모로 달랐다. 한 동시대인은 히파티아를 이렇게 묘사했다. "세련되고 교양 있는 내면에서부터 우러나온 침착하고 편안한 태도로 그녀는 드물지 않게 행정관들과 함께 대중 앞에 모습을 드러냈다."[23] 그러나 그녀가 지배계급의 엘리트층에 쉽게 접근할 수 있었다는 것이 곧 그녀가 끊임없이 정치에 간섭했다는 의미는 아니었다. 일찍이 이교 신앙의 신상(神像)이 기독교인의 공격을 받았을 때, 히파티아와 그녀의 지지자들은 이 일에 거리를 두고 관심을 보이지 않았다. 아마도 그들은 생명도 없는 조각상 몇 개를 부수는 것으로는 진정 중요한 본질에는 아무런 해도 끼칠 수 없다고 생각했는지도 모른다. 그러나 유대인들에 대한 폭력 시위를 보면서 광신적인 불길이 저절로 가라앉지 않으리라는 사실을 확실히 깨달았음에 틀림없다.

이처럼 알렉산드리아에서 유대인 집단의 추방을 거부한 오레스테스의 결정을 지지한 것이 다음에 히파티아에게 일어난 일을 설명하는 데에 도움을 줄 수 있을지도 모르겠다. 히파티아가 천문학, 수학, 철학에 조예가 깊다는 사실에 사악한 소문이 덧입혀졌다.[24] 당시 여성이 이런 학문을 연구하고 성과를 얻는 것은 몹시 드문 일로 거의 이상하게 여겨질 만한 것이었고, 곧 그녀가 마녀임에 틀림없고 흑마술을 구사한다는 소문이 돌기 시작했다. 415년 3월, 키릴로스의 심복에게 충동질 당한 흥분한 군중이 폭도로 돌변했다. 그들은 집으로 돌아가던 히파티아를 마차에서 끌어내서 한때는 황제의 신전이었던 한 교회로 끌고 갔다(이 장소가 선택된 것은 결코 우연이 아니었다. 이것은 이교 신앙에서 진실한 신앙으로의 전환을 암시한다). 거기에서 폭도들은 그녀의 옷을 벗긴 뒤 깨진 도기 조각으로 살갗을 벗겨냈다. 그녀의 시체는 도시의 성벽 밖으로 옮겨진 뒤 태워졌다. 그들의 영웅인 키릴로스는 훗날 성인(聖人)으로 추대되었다.

히파티아의 죽음은 한 뛰어난 인물의 죽음 이상의 의미를 가지고 있다. 그것은 오랜 시간이 흐른 뒤에 포조가 발견한 문헌의 바탕에 깔려 있던 지적 전통 전체에 대한 인상적인 조종(弔鐘)이었다.[25] 모든 문헌, 모든 학문, 모든 사상을 집대성하겠다는 꿈을 담았던 알렉산드리아 도서관은 더 이상 보호를 받는 시민사회의 중심지가 아니었다. 그 후로 오랫동안 도서관이 사실상 입에 오르내리지 않는 세월이 계속되었다. 도서관이 소장하고 있던 위대한 고전 문화의 유산도 실질적으로 흔적도 없이 사라지게 되었다. 한순간 감쪽같이 사라진 것은 아니었다. 만약 그렇게 중대한 파괴행위가 있었다면, 분명히 어딘가에는 기록이 되었을 것이다. 누군가 '그래서 그 많은 책들이 대체 다 어디로 갔다는 말이오?' 하고 묻는다면, 빠른 속도로 이들을 집어삼켰을 전란의 화마와 오랜 시간에 걸쳐 천천히 비밀스럽게 움직였을 책벌레들만을 탓할 수는 없다. 대답은 적어도 상징적인 의미에서는 히파티아의 운명과 같았다.

고대에 존재했던 다른 도서관들의 운명도 이보다 나을 것이 없었다. 4세기 초에 이루어진 조사에 따르면, 당시 로마에는 28개의 공공도서관이 있었다. 여기에 집계되지 않은 귀족의 개인 도서관도 있었을 것이다. 4세기 말이 가까워지자, 역사가 암미아누스 마르켈리누스는 진지한 독서가 로마인의 관심사 밖으로 밀려나고 있다며 걱정을 늘어놓았다. 암미아누스가 탄식했던 현상은 야만족의 급습이나 기독교 극단주의에 대한 것이 아니었다. 그 현상의 배경에는 틀림없이 그런 야만족이나 기독교의 영향도 깔려 있었을 것이나 정작 그가 주목했던 것은 다른 것이었다. 그는 제국이 천천히 붕괴되어감에 따라서 문화적 중심의 상실과 시시한 것들에 열광하는 문화 수준의 하락을 목격했다. "철학자의 자리에 가수가 불려가고, 연설자의 자리는 무대연출 선생이 차지한다. 도서관은 영원히 폐쇄되어 무덤처럼 되어가고, 사람들은 수압 오르간이나 마차만큼 큰 리라 따위나 만드는 데 열을 올린다."[26] 그가 신랄하게 덧붙인 바에 의하면, 사람들은 붐비는 도로 위에서도 미친 듯이 빠른 속도로 마차를 몰곤 했다.

서로마 제국의 최후는 길고 천천히 고통스럽게 찾아왔다. 마지막 황제 로물루스 아우구스툴루스가 조용히 퇴위한 476년, 제국은 마침내 붕괴했다. 속주들을 차례로 탈취한 게르만족에게는 글을 읽고 쓰는 전통이 없었다. 공공건물과 귀족의 빌라를 차지한 야만인들이 학문과 지식을 배척하며 잔혹하게 대했을 것 같지는 않지만, 그렇다고 이들이 물질적 자취를 보존하는 데에 관심을 기울였을 리도 없다. 빌라의 옛 소유주들은 노예 신분으로 전락하여 머나먼 농장으로 보내졌을 것이고, 그런 상황에서 그들이 짐을 꾸리며 책을 우선순위에 두지는 않았을 것이다. 더욱이 정복자들은 대부분 기독교인이었으므로 혹여 그중에 글을 아는 자가 있다고 해도 굳이 이교도가 남긴 고대 문헌에까지 신경 쓸 이유는 없었다. 전쟁과 신앙이라는 이름으로 가해진 폭력에 비하면, 베수비오 화산은 고대 유산에 훨씬 더 자비로웠던 셈이다.

그러나 엘리트층의 정신생활을 형성해온 우수한 문화적 전통은 심지어 그것을 파묻는 데에 앞장선 사람들 안에서도 쉽게 사라지지 않는다. 우리에게 루크레티우스가 미치광이가 되어 자살했다는 이야기를 전해준 학자이자 성인인 히에로니무스도 384년에 자신을 괴롭힌 내적 갈등을 편지에 썼다. 그의 회상에 따르면, 10년 전 그는 속세와 연을 끊기로 결심하고 로마에서 예루살렘으로 길을 떠나려던 참이었다. 그러나 그는 차마 소중한 고전의 장서들은 버릴 수가 없었다. 신체를 단련하고 영혼을 구원하는 일을 결심했던 그도 고질이 된 지적 쾌락을 단념할 수가 없었던 것이다. "다음에 키케로를 읽기 위해서라면 나는 기꺼이 금식도 할 수 있네. 수많은 밤을 철야기도를 올리며 지새우고, 과거의 죄를 떠올리며 내 심장 가장 깊은 곳에서부터 쓰디쓴 눈물을 흘리며 회개한 후에도 나는 돌아서서 또다시 플라우투스를 집어든다네."[27] 히에로니무스도 키케로가 이교도이며 종교를 비롯한 모든 독단적인 주장에 대해서 철저히 회의주의적인 태도를 견지했다는 사실을 잘 알고 있었다. 그러나 키케로의 우아한 산문에는 도저히 떨칠 수 없는 매력이 있었다. 플라우투스는 키케로보다 더 나빴다. 플라우투스의 희극은 포주, 창녀, 아첨꾼 등으로 넘쳐났지만 그가 그려내는 인물의 익살 넘치는 기지는 정말로 유쾌했다. 그러나 유쾌해도 독을 품고 있는 것이었다. 히에로니무스가 문학의 즐거움으로부터 『성서』로 몸을 돌릴 때마다 이 신성한 문헌은 한없이 투박하고 조악하게 보였다. 라틴어의 우아함과 아름다움을 진심으로 사랑했던 히에로니무스는 히브리어를 배우는 일이 거의 문자 그대로 정말 역겹게 느껴질 정도로 내키지 않았다. 411년에 히에로니무스는 이렇게 썼다. "퀸틸리아누스의 현명한 교훈, 키케로의 다채롭고 유창한 연설, 프론토의 장중한 문체, 플리니우스의 유려함으로부터 나는 이 쇳소리 나고 바람이 빠진 것 같은 히브리어로 돌아섰네."[28]

히에로니무스의 기록에 따르면, 그를 구원한 것은 악몽이었다. 중병에 걸려 의식이 혼미했던 그는 어느 날 자신이 신이 주재하는 재판장에 끌려가 있는 환상을 보았다. 자신이 누구인지 아뢰라는 말을 듣고 그는 자신이 기독교인이라고 답했다. 그러나 심판자는 엄숙히 말했다. "거짓말을 하는구나. 너는 키케로교인이지 기독교인이 아니다(Ciceronianus es, non Christianus)."[29] 이 끔찍한 말이 의미하는 것은 그가 영원한 지옥살이에 처해질 수도 있다는 것이었다. 그러나 자비로운 신께서는 히에로니무스에게 단지 채찍질만을 명하셨다. 죄인은 "두번 다시 이교도 작가의 작품을 읽는다면 극심한 고통이 닥칠 것임을 명심하면서" 용서를 받았다. 잠에서 깨어난 그는 자신의 어깨가 검푸르게 멍들어 있는 것을 발견했다.

히에로니무스는 베들레헴으로 자리를 옮겨 정착했는데 그곳에 두 개의 수도원을 세웠다. 하나는 자신과 동료 남성 수도사를 위해서였고, 다른 하나는 그를 따라다니는 신앙심 깊은 여성들을 위해서였다. 그는 베들레헴에서 36년을 살면서 열심히 공부하고 열정적으로 신학 논쟁에 참여했다. 무엇보다도 그는 히브리어로 된 『구약성서』를 라틴어로 번역하고 기존 『신약성서』의 라틴어 번역본을 개정하는 일에 매진했다. 그의 노력은 '불가타(Vulgate) 성서'라는 이름으로 알려진 훌륭한 라틴어판 『성서』를 탄생시켰는데, 이는 16세기에 가톨릭 교회로부터 히브리어 원본 『성서』보다도 "더욱 정통"이라는 인정을 받았다.

히에로니무스의 악몽이 암시하듯이, 그의 독실한 신앙에도 파괴적인 요소가 있었다. 말하자면, 독실한 신앙심이라는 관점에서 보면, 그가 이교 문학에서 느끼는 강렬한 쾌락이 그를 파괴하고 있었다. 이것은 단지 그가 기독교 문헌에 더 많은 시간을 투자하면 되는 성격의 문제가 아니었다. 스스로를 파괴하지 않기 위해서는 이교 문헌을 완전히 포기해야만 했다. "오, 주여! 만약 제가 두번 다시 세속적인 책을 소유하거나 그런 책을 읽는다면, 저는 그로써 당신을 부인하는 것이옵니다."[30] 그는 엄숙한 맹세로 자신을 신께 묶었다. 이로써 그는 자신이 사랑했던 이교도 저자들을 포기하는 개인적인 결단을 내렸다. 결과적으로 그는 영혼을 구원하기 위해서 이 위험한 중독 상태에서 자신을 구해냈던 것이다. 그러나 이런 결단을 내릴 필요가 있는 중독 상태에 빠져 있던 것은 히에로니무스 혼자만이 아니었다. 다른 많은 사람들도 히에로니무스를 유혹했던 이교도 작가들에 사로잡혀 있었다.[31] 히에로니무스는 이들도 자신과 같은 희생을 하고 같은 길을 걷도록 설득해야만 했다. 그는 한 제자에게 이렇게 썼다. "호라티우스가 시편을 읽는 데 무슨 도움이 되겠으며, 베르길리우스가 복음서를 이해하는 것과 무슨 상관이 있겠는가? 키케로를 읽는다고 바울을 알게 되겠는가?"[32]

몇 세대에 걸쳐 학식 있는 기독교인은 이교도가 남긴 고전 작품들에 의해서 형성된 가치관이 지배하는 문화의 영향 아래에 있었다. 기독교 자체가 이교 전통에서 자유롭지 않았다. 플라톤 사상은 기독교에서 영혼의 모델을 제공했다. 아리스토텔레스 사상에서는 시동자(始動子, Prime Mover : 무에서 유가 어떻게 나오는지를 설명하기 위한 개념으로 다른 어떤 원인 없이 자족적으로 존재하는 최초의 원인을 의미/역주) 개념을 빌려왔고, 스토아 학파는 신의 섭리를 설명하는 데에 사용했다. 기독교인이 고대 문헌과의 결별을 무슨 모범 사례처럼 반복한 데에는 이유가 있었다. 이야기를 반복함으로써 그들은 꿈에서 연기하는 것처럼 자신은 물론 선대부터 줄곧 보살핌을 받아온 비옥한 문화적 토양을 포기했음을 보여주었다. 그리고 정신을 차리고 보니 정말로 그 토양을 버렸다는 것을 깨닫게 되었다.

대중소설에 등장하는 기사들의 이야기는 거의 언제나 비슷했다. 그들은 본래 화려한 인물이었으나 자신들의 지위를 나타내는 최대의 상징—내밀하게 엘리트 교육을 받을 수 있는 기회—을 사랑하는 종교를 위해서 기꺼이 내던졌다. 문법과 수사학에 매달리고 걸작 문학작품과 신화에 푹 빠져 살던 이들이 이 모든 것을 결연히 떨치며 금욕할 것을 선언했다. 6세기에 들어서자 기독교인은 이런 식으로 배움을 전적으로 포기한 자들을 조심스럽게 영웅으로 칭송했다. 그러나 그때에도 약간의 망설임이나 타협의 흔적이 발견된다. 다음은 교황 그레고리우스 1세가 성 베네딕투스를 언급하며 그를 찬양한 내용이다.

그는 노르차 지역의 명망 있는 부모 밑에서 태어났다. 그의 부모는 그를 로마로 보내 교양 교육을 받게 했다. 그러나 그곳에서 그는 많은 동료 학생들이 악의 나락으로 떨어지는 것을 보았고 이에 그가 막 발을 들여놓은 세계를 멀리하기로 결심했다. 자신도 학문에서 지식을 얻는다면, 결국 그 역시 훗날 육체는 물론 정신까지 끔찍한 혼돈 속에 빠지고 말 것임을 염려했기 때문이다. 오직 신만을 즐겁게 하리라는 소망을 안고 그는 학업을 중단하고, 가정과 유산을 포기하고 종교적인 삶을 시작하기로 결심했다. 그는 자신의 무지를 충분히 자각하면서 한 걸음을 내디뎠다. 교육을 받지 않는다고 해도 그에게는 지혜가 있었다.[33]

보통 이런 포기의 순간에 당사자의 마음을 스쳐지나간 것은 비웃음을 살지도 모른다는 공포였다. 두려운 것은 박해가 아니라—당시 로마 제국은 이미 기독교를 국교로 선언한 상태였다—비웃음이었다. 사나운 사자 앞에 던져지는 운명보다는 당연히 낫겠지만, 고대 세계에서 조롱은 대단히 위력적인 것이었다. 교양 있는 이교도가 조롱거리로 삼은 것은 기독교인이 사용하는 언어—야만적이고 이질적인 히브리어나 아람어 (Aramaic language)에 기초해서 쓰인 그리스어 복음서의 조악함—만이 아니었다. 스스로를 승자로 여기며 오만하게 굴면서도 또 한편으로는 굴욕과 고통을 신성시하며 이를 찬양하는 기독교인의 태도 역시 조롱의 대상이 되었다.

기독교는 그 지위를 완벽하게 확립했을 때, 교회는 이러한 적대적인 조롱을 나타내는 표현의 대부분을 없애는 데에 성공했다. 그러나 기독교 옹호자들의 인용문이나 요약문에 실려 있는 내용을 통해서 오늘날에도 여전히 그 흔적을 확인할 수 있다. 이런 모욕의 일부는 기독교에 맹렬히 반대하는 적들 사이에서는 공통적으로 발견된다. 예수는 간통으로 태어났으며, 그의 아버지는 누구인지도 모를 잡놈이다. 예수가 신성한 존엄한 존재라는 일체의 주장은 그의 빈곤한 삶과 수치스러운 종말이 보여주듯이 명백히 말도 안 된다는 것이다. 그러나 이 팔레스타인에서 온 구세주에 대해서 에피쿠로스 학파가 던진 조롱과 그에 대한 특정한 이의 내용은 결과적으로 초기 기독교인이 에피쿠로스 사상 전체를 완전히 사장시키게 만드는 배경을 제공했다. 플라톤과 아리스토텔레스는 비록 이교도였지만 영혼의 불멸을 믿었으며, 그들의 사상은 승리한 기독교에 궁극적으로 영합될 수 있었다.[34] 그러나 에피쿠로스 사상은 그렇지 않았다.

에피쿠로스는 신의 존재를 부정하지 않았다. 오히려 신성(神性)이라는 개념이 매우 이치에 맞는다고 생각했다. 다만 에피쿠로스는 신이 이 우주의 창조자도 파괴자도 아니며 아마 자신의 쾌락 외에는 아무것도 신경 쓰지 않을 것이라고 생각했다. 신은 자신 외의 다른 존재들이 무엇을 하는지에 아무런 관심도 없으며 우리의 기도나 제의에도 귀를 기울이지 않는다는 것이다. 에피쿠로스주의자들은 성육신(成肉身, Incarnation : 신이 인간의 모습으로 나타난 것/역주) 등의 개념은 정말 말도 안 되는 생각이라며 실소를 터뜨렸을 것이다. 왜 인간은 자신이 벌, 코끼리, 개미 혹은 세상에 존재하는 그 어떤 종보다 더 우월하다고 생각하는가? 지금이나 앞으로 닥칠 억겁의 세월 동안 신이 다른 종의 형태가 아닌 인간의 모습을 취해야만 하는 무슨 특별한 이유라도 있단 말인가? 그리고 많고 많은 인간들 중에서 왜 하필 유대인의 형상을 취한다는 말인가? 게다가 신의 '섭리'라니! 합리적인 성인이라면 경험이나 관찰과 모순되는 그 같은 유치한 생각을 대체 어떻게 믿을 수 있겠는가? 기독교인은 우물 안에 옹기종기 모여 앉은 개구리 떼 같았다. 그들은 소리 높여 개골개골 울어댄다. "세계는 우리를 위해서 창조되었다!"

당연히 이런 조롱을 받은 기독교인은 이를 되갚아주려고 애썼다. 어느 이교도는 기독교가 "병든 상상력의 산물"로서 "시인의 환상이 빚어낸 헛된 옛날이야기"에 불과하다고 평했다.[35] 그러나 기독교의 성육신 개념이나 육신의 부활 같은 교리가 말도 안 된다고 주장하는 너희 이교도가 믿는다는 종교는 과연 말이 되는가?

불카누스는 다리를 절고 몸이 불구이다. 아폴로는 아무리 시간이 흘러도 수염이 나지 않는다.……넵투누스는 바다 빛깔의 푸른색 눈을 가지고 있으며, 미네르바는 고양이와 같은 회색 눈을 가지고 있다. 유노는 황소 같은 눈을 가지고 있고……야누스는 얼굴이 두 개여서 뒤로도 걸을 수 있다. 디아나는 사냥을 위해서 때때로 짧은 치마를 입는데, 에페소스에서 그녀는 많은 젖가슴과 젖꼭지를 가진 모습으로 형상화되곤 한다.

물론 이런 식의 '너도 똑같아' 전략에는 어딘가 불편한 구석이 있다.

한 쪽 주장이 다른 쪽과 마찬가지로 우스꽝스럽다고 해서 그것이 다른 쪽 주장의 정당성을 보장하는 것은 아니기 때문이다.

게다가 기독교인은 많은 이교도가 그들의 신화를 곧이곧대로 믿지 않는다는 것을 이미 잘 알고 있었다. 또한 이교도 중 일부—특히 에피쿠로스 학파가 가장 두드러졌다—는 실질적으로 모든 종교적 체계 및 종교적 약속 자체에 문제를 제기하기도 했다. 이 신앙의 적들은 육신의 부활이라는 교리를 특히나 우스꽝스럽게 여겼다. 그들이 신봉하는 원자론이라는 과학적 논리에 모순될 뿐만 아니라, 그들의 감각적 경험 증거와도 모순되기 때문이다. 썩어가는 시체는 육신의 소멸을 증명하는 역겨운 물증이었다.

초기 기독교 사회의 교부인 테르툴리아누스는 겉으로 보이는 것과는 달리 모든 것은 사후에 부활한다고 강력하게 주장했다. 사체를 이루는 부분부분이 모두 부활한다는 것이었다. 그는 이를 의심하는 자들이 자신의 주장에 어떤 반응을 보일지 잘 알고 있었다.

> 음식 걱정을 안 해도 되는 마당에 손이며 발 같은 온갖 신체 부위들이 그 자체로 무슨 소용이 있겠는가? 콩팥이 무슨 소용이며……성교, 수태, 양육 같은 것이 모두 끝난 참에 남자나 여자나 생식기가 있다고 한들 무슨 쓸모가 있겠으며, 태아가 머무는 장소나 유모 가슴의 젖줄기 같은 것이 다 무슨 소용이 있겠는가? 한마디로 말해서 육신이 대관절 무슨 소용이 있겠는가? 당최 더 이상 할 것이 없는데?[36]

테르툴리아누스는 이렇게 썼다. "저들은 죽음 뒤에는 아무것도 없다면서 우리를 비웃곤 한다." 그러나 마지막에 웃는 자들은 저들이 아니다. "마침내 때가 와서 저들이 잔인하게 불태워지는 그날이 되면 그때는 내가 저들을 향해 웃어주리라." 최후의 심판의 날에는 한 사람씩 천상의 재판정에 불려나가는데, 그는 자신의 몸 일부나 그림자, 혹은 어떤 상징적인 증표가 아니라 그 자신 전체로서, 그러니까 그가 지상에서 살았던 그 모습 그대로 서게 될 것이다. 지상에서의 기능은 이미 영원히 멈춰버렸다고 해도 이빨이며 장, 생식기 등 어느 하나도 빠짐없이 모두 재판정에 서리라는 것이다. "그렇다!" 테르툴리아누스는 이교도들을 향해 외친다. "우리 역시 한때는 이런 말을 듣고 웃었다. 우리도 너희 중에서 나왔으니까. 기독교인은 태어나는 것이 아니라 만들어지는 것이다!"[37]

　일부 비판론자들은 깔보는 듯한 미소를 지으면서 기독교의 사고방식의 종교적 환영의 많은 특징적인 부분들이 사실은 고대 이교 전통의 신화에서 훔쳐온 것이라고 지적했다. 영혼이 재판정에서 심판을 받는다든지, 지하세계 감옥에서 처벌에 쓰이는 불길, 독실한 영혼들을 위한 신성하리만큼 아름다운 낙원 같은 이미지 등이 그러하다. 그러나 기독교도는 다른 고대 이교 신앙이야말로 진실된 기독교의 신비가 왜곡되어 나타난 반영일 뿐이라고 주장했다. 이런 논쟁을 야기하는 전략은 궁극적으로 성공을 거두었다. 그 결과, 우리는 오늘날에도 여전히 '이교도(pagan)'라는 단어를 오래된 다신교 전통을 고수하는 사람들을 가리키는 말로 사용하고 있다. 유피테르, 미네르바, 마르스를 믿었던 사람들은 자신을 이교도라고 생각한 적이 없었다. '이교도'라는 단어는 4세기 후반에 나온 것으로 어원적으로는 '농민(peasant)'과 관계가 있다. 이는 모욕적인 표현으로, 촌스러운 무지에 대한 조롱이었으나 그 방향이 결정적으로 뒤집혔음을 보여준다.

　기독교가 다른 종교를 차용했다는 비판은 기독교 교리의 부조리함을 지적하는 공격보다 대처하기 쉬운 편이었다. 육신의 부활을 믿었던 피타고라스 학파의 경우, 전반적으로 기독교와 비슷한 의견을 가지고 있었으나, 다만 약간의 수정이 필요할 뿐이었다. 그러나 부활이라는 개념 자체가 우리가 알고 있는 물질계에 대한 모든 사항과 터무니없이 모순된다고 주장하는 에피쿠로스 학파의 경우는 그리 간단하게 수정할 수 있는 대상이 아니었다. 전자와는 어떻게든 이야기를 나누며 다퉈볼 수라도 있었지만, 후자에 대해서는 그저 침묵을 지키는 것이 최선이었다.

테르툴리아누스를 비롯한 일부 초기 기독교인들은 에피쿠로스 사상에 실로 존경할 만한 부분—우정을 높이 사고 자선과 관용을 존중하며 세속적인 야망을 멀리 하는 것 같은—이 있음을 인정했다.[38] 그러나 4세기 초에 이르자 에피쿠로스 사상에 대한 기독교의 태도는 보다 분명해졌다. 즉 이 원자론자들은 사라져야 한다는 것이었다. 게다가 에피쿠로스 학파의 신봉자들은 기독교 공동체 밖에서도 상당한 적대감을 불러일으키고 있었다. '배교자'라는 별칭으로 알려진 율리아누스 황제(331?-363)가 급격하게 세력을 키우고 있는 기독교에 대항하여 다신교를 부활시키려고 했는데, 이를 위해서 이교 사제들이 마땅히 읽어야 할 중요한 작품 목록을 작성했다. 그러나 그는 이 목록에서 명백히 제외시켜야 하는 몇 개의 작품을 언급하며 "에피쿠로스 학파의 가르침은 받아들이지 마라"라고 명했다.[39] 유대인도 유대의 전통을 버린 자들을 가리켜 아피코로스(apikoros), 즉 에피쿠로스 학파라고 불렀다.[40]

기독교는 특별히 에피쿠로스 사상을 사악한 위협으로 생각했다. 테르툴리아누스는 영혼이 사멸한다는 에피쿠로스의 주장을 받아들인다면, 기독교적 이념의 기본 구조가 붕괴되고 말 것이라고 주장했다.[41] 에피쿠로스에 따르면, 인간의 고통에는 항상 끝이 있다. "그[에피쿠로스]는 만약 고통이 작은 것이라면 당신은 그것을 가볍게 여기면 되고, 만약 고통이 극심한 것이더라도 결코 영원히 지속되지는 않을 것이라고 말한다." 그러나 테르툴리아누스는 기독교인이 된다는 것은 곧 고난과 고통의 영원한 지속을 믿는 것이라고 맞섰다. 다른 한 기독교 교부는 이렇게 썼다. "에피쿠로스는 종교를 완전히 파괴한다." 신의 섭리가 없어지면, "세상은 혼란과 무질서에 빠지고 말 것이다."[42]

기독교의 논객들은 에피쿠로스와 그 신봉자들에 대항하여 조롱의 방향을 바꿀 수 있는 길을 찾아야 했다. 이 경우에 이교 신들의 희화화는 쓸모가 없었다. 그들은 신에게 희생 제의를 바치는 신앙을 철저하게 배척하고 모든 고대 신화를 부정해왔기 때문이다. 결국 이 사상의 창시자인 에피쿠로스에 대한 이야기를 재정립하는 수밖에 없었다. 그는 더 이상 합리적인 쾌락을 추구하며 절제하는 삶을 사는 사도의 모습이 아니라 시끌벅적하고 자제라고는 모르는 팔스타프(셰익스피어의 희곡에 등장하는 풍자적인 성격의 인물로 허풍이 심하고 방탕하다/역주) 같은 인물이어야만 했다. 그렇게 해서 에피쿠로스는 멍청이에 먹보, 미치광이가 되었다. 그리고 그의 로마인 수제자 루크레티우스의 운명 역시 그와 크게 다르지 않았다.

그러나 에피쿠로스와 루크레티우스가 멍청하고 수퇘지처럼 방탕한 데다가 제정신이 아니며 결정적으로 자살로 생을 마감했다는 이야기를 반복하는 것만으로는 그들의 명성을 온전히 더럽히기에 충분하지 않았다. 작품을 읽지 못하게 억압하고, 관심을 보이는 사람들을 모욕하며, 사본이 제작될 가능성을 차단하는 것으로도 충분하지 않았다. 세계가 오직 원자와 진공(void)으로 구성되어 있다는 이론보다 더 문제가 되었던 것은 그 사상의 핵심을 이루는 윤리적 가치관이었다. 즉 최고의 선은 쾌락의 추구와 고통의 경감에 있다는 것, 바로 그것이 주된 문제였다. 기독교인은 지극히 건전하고 자연스러운 것—지각능력이 있는 생명체라면 당연한, 쾌락을 추구하고 고통을 경감하려는 일반적인 충동—을 진리의 적인 것처럼 보이게 만드는 어려운 작업을 실행해야만 했다.

이 거대한 계획을 실행하는 데에는 수세기에 걸친 시간이 필요했다.

그리고 끝내 결코 완벽하게 성공하지는 못했다. 대략 3세기 후반에서 4세기 초엽에 그려진 이 장대한 계획의 밑그림은 이교도에서 기독교인으로 전향한 북아프리카 출신, 락탄티우스의 작품에서 확인할 수 있다. 그는 기독교를 로마 제국의 국교로 선포한 콘스탄티누스 황제의 아들을 가르치는 가정교사였다. 그는 에피쿠로스 학파에 반론을 제기하는 일련의 작품을 남겼다. 그는 에피쿠로스 학파가 상당한 추종세력을 거느리고 있다는 것을 인정하면서 이는 "그 사상이 진실을 품고 있어서가 아니라 단지 쾌락의 추구라는 매혹적인 명목으로 여러 사람들을 끌어들이기 때문이다"라고 썼다.[43] 기독교인은 그러한 유혹을 거부하고 쾌락은 곧 악덕의 다른 이름임을 깨달아야 했다.

　락탄티우스는 단지 기독교인이 인간적 쾌락을 추구하려는 유혹에 끌려가는 것을 막는 데에서 그치지 않고 신에 대한 에피쿠로스 학파의 생각이 잘못되었다고 주장하는 데에까지 나아갔다. 그러니까 신은 에피쿠로스 학파의 설명처럼 신성한 쾌락의 굴레 안에만 머물며 인간의 운명에는 무관심한 존재가 아니라는 것이다. 락탄티우스는 313년에 쓴 유명한 글을 통해서 신이 인간을 사랑하시며 그 사랑은 마치 탕아를 사랑하는 아버지의 사랑 같은 것이라고 주장했다. 그리고 인간에 대한 신의 사랑을 보여주는 표시는 바로 신의 분노였다. 그리고 신께서는 인간에게 깊은 관심을 가지고 계시니—그리고 그것은 그의 사랑을 특징적으로 보여주는 징표이기도 했다—지엄하고 가차 없는 폭력으로 부단히 인간을 벌하기를 원하셨다.

　쾌락의 추구에 대한 혐오와 신의 정당한 분노의 현현. 이로써 에피쿠로스 사상에 대한 조종이 울렸다. 이후로 기독교 세계에서 에피쿠로스 학파는 '미치광이'로 낙인찍혔다. 루크레티우스는 사람들에게 끓어오르는 성적 욕망을 충족시키라고 격려했다. "감미로운 쾌락에 빠져듦으로써 고통을 줄일 수 있다.”(4.177) 반면, 기독교는 그레고리우스 1세가 재차 표명한 이야기가 명시하듯이, 전혀 다른 방향을 제시했다. 경건한 성 베네딕투스는 언젠가 한번 본 적이 있는 여성을 생각하다가 미처 자신이 무슨 짓을 하고 있는지 자각하기도 전에 먼저 욕정이 꿈틀댐을 느꼈다.

> 그는 자기 옆에서 빽빽한 쐐기풀과 가시가 무성한 들장미로 뒤덮인 땅을 발견했다. 그는 옷을 옆에 벗어두고 그 날카로운 가시와 몸을 찌르는 쐐기풀에 몸을 던졌다. 전신이 고통으로 신음하며 피로 뒤덮일 때까지 몸을 굴렸다. 그러나 일단 그가 고통을 통해서 쾌락에의 욕구를 극복하자 피가 흐르는 찢긴 피부가 몸속에 있던 유혹의 독극물을 빨아 뱉어냈다. 머지않아 그의 전신을 불길처럼 뒤덮은 육신의 고통이 그의 심장 속에 있던 악의 불길도 잠재웠다. 이처럼 두 불길을 교환함으로써 그는 마침내 죄에 대해서 승리를 거둘 수 있었다.[44]

6세기 초의 성인에게 유효했던 방법은 수도원의 회칙에서 명확히 드러나듯이 다른 이들에게도 유효했다. 서구 역사에 나타난 엄청난 문화적 전환의 하나는 바로 이것, 고통에의 추구가 쾌락에의 추구를 누르고 승리한 것이다.

고통을 주는 형벌은 루크레티우스의 세계에서도 결코 낯선 것이 아니었다.[45] 로마인은 그 분야의 전문가라고 할 수 있었다. 로마는 엄청난 돈을 들여 콜로세움 같은 거대한 원형투기장을 세우고 그곳에서 폭력의 현장을 대중에게 구경거리로 제공했다. 게다가 로마인이 부상, 고통, 죽음을 만끽한 곳은 콜로세움만이 아니었다. 고대 신화에 기초한 희곡과 시 역시 종종 피에 물들어 있었으며 회화와 조각도 마찬가지였다. 말하자면 폭력은 일상의 한 부분이었다.[46] 노예를 부리는 자들과 학교 선생들에게 매질은 흔한 일이었고, 채찍질은 대개 로마식 처형의 서곡이었다. 『복음서』에 묘사된 것처럼 예수가 십자가에 못 박히기 전에 기둥에 묶여 채찍질을 당한 것도 이런 맥락에서였다.

그러나 경건한 기독교인이 자신을 채찍질하면서 그것이 구원으로 가는 초석이 되기를 바랐던 것과는 달리, 이교도들은 고통을 그런 긍정적인 가치로 받아들이지 않았다. 앞에서 제시한 많은 예들에서 보이듯이, 고통은 악에 대해서, 그러니까 규칙 위반자나 범죄자, 포로, 악당 같은 자들에게 내려지는 것이었다. 고통이 존엄하게 여겨진 유일한 범주는 군인이었다. 로마인은 용감한 군인이 자발적으로 고통을 감내하는 것은 높이 샀지만, 이는 수백 개에 달하는 수녀원과 수도원에서와 같이 황홀감 속에서 고통을 참는 것과는 완전히 성질이 달랐다. 로마인들의 이야기 속에 등장하는 영웅들은 양심상 피할 수 없거나 적에게 자신의 용맹성을 증명하기 위해서 필요하다고 생각되면 기꺼이 고통을 참아냈다. 이런 영웅적인 의무감의 범위에서가 아니라 특별한 철학적 단련으로서 고통을 감내하는 경우도 있었다. 예를 들면 고대 현인들은 신장 결석같이 도저히 피할 수 없는 고통을 평정 속에서 받아들였다. 그러나 미천한 직공에서부터 가장 고고한 철학자에 이르기까지 쾌락의 추구는 누구에게나 자연스러운 것이었다.

이교 시대의 로마에서 쾌락의 추구가 가장 방종한 형태로 표출된 곳은 가장 방종한 형태의 고통에 의한 형벌과 인내가 필요한 검투사들의 경기장이었다. 루크레티우스가 로마인의 쾌락의 원칙을 가장 도덕적이고 순수한 형태로 제공했다면, 기독교는 로마인의 고통의 원칙을 가장 도덕적이고 순수한 형태로 제공했다고 말할 수 있다. 초기 기독교인은 구세주의 고통, 인류의 죄악, 공명정대하신 성부(聖父)의 진노를 곱씹으면서 쾌락을 추구하려는 일체의 시도를 명백히 부조리하고 위험한 것으로 여겼다. 기껏해야 쾌락은 사소한 여흥에 불과했으며 최악의 경우 악마가 놓은 덫이었다. 중세의 예술작품에서는 옷 아래로 파충류의 발톱을 숨기고 있는 매혹적인 여인의 모습을 종종 발견할 수 있는데, 이를테면 쾌락은 그런 여인이었다. 진실로 모방할 가치가 있는 유일한 삶인 예수의 일생은 쾌락에 대한 증언이 아니었다. 예수의 삶은 필멸의 존재에 수반되는 피할 수 없는 슬픔과 고통에 대한 충분한 증언이었다. 초기 기독교 시대에 예수를 묘사한 그림을 보면, 공통적으로 예수는 항상 근심에 잠긴 엄숙한 모습으로 묘사되었다. 「루가의 복음서」를 읽은 독실한 기독교인이라면 예수가 울었다고 언급된 부분은 있어도 웃음을 터뜨리거나 미소를 지었다고 묘사한 글귀는 단 한 군데도 찾을 수 없다는 것을 알고 있었다. 당연히 예수가 쾌락을 추구했다는 언급도 찾을 수 없었다.

5, 6세기의 기독교인은 여러 가지로 울 일이 많았다. 도시들은 붕괴했고, 벌판은 죽어가는 군인들의 피로 물들었으며, 강도질과 강간이 횡행했다. 마치 이전의 역사적 경험으로부터는 아무것도 배우지 못한 것처럼 인간이 몇 세대 동안이나 이렇게 끔찍한 행동으로 세상을 파국으로 몰아가는지에 대한 어떤 설명이 필요했다. 기독교 신학은 이런 사태의 기저에 무엇이 있는지에 대한 깊고 근본적인 답을 제시했다. 이 모든 재앙은 한 개인이나 기관의 이런저런 흠 때문이 아니었다. 이 모두는 인간이 원래 태어날 때부터 부패했기 때문에 벌어지는 일이었다. 인간은 아담과 이브의 원죄를 물려받은 후손으로서 그들에게 가해지는 모든 끔찍한 재앙을 받아 마땅했다. 그들은 죗값을 치러야만 했다. 엄청난 양의 끝없는 고통은 그들이 치러야 할 당연한 몫이었다. 그리고 극소수의 사람만이 이런 고통을 통해서 구원으로 가는 좁은 문을 찾을 수 있었다.

공포와 희망, 여기에 강렬한 열정의 폭발적인 결합으로 불붙은 열성적인 초기 기독교 신자는 이런 교리를 믿고 따랐다. 그들은 모든 인류가 고통을 적극적으로 택하고 받아들여야 한다고 생각했다. 그렇게 함으로써 신이 정의롭고 확고하게 요구하는 진노의 대가를 제대로 지불할 수 있으리라고 생각했던 것이다. 고통을 받아들이는 초기 기독교인의 자세에는 분명히 전통적인 로마 문화에서 칭송되었던 군인다운 강인함이 있었다. 그러나 예외가 없지는 않았지만 그 강인함의 지향점은 고통에서 자유롭고자 하는 스토아적인 무심(無心)의 경지와는 전혀 다른 것이었다. 오히려 정반대였다.[47] 기독교인이 고통의 체험을 통해서 지향한 것은 배고픔, 갈증, 외로움 그 자체를 온 감각을 최대로 곤두세워 생생히 경험하는 것이었다. 따라서 가시투성이 나뭇가지로 스스로를 매질하거나 모난 돌로 제 몸을 내리칠 때, 고통을 참으며 비명을 삼키려는 노력 따위는 하지 않았다. 고통에 찬 비명 또한 죄의 대가의 일부였다. 그 비명이 신이 보기에 만족스럽다면, 비로소 이 속죄의 행위를 통해서 아담과 이브가 잃어버린 행복을 사후세계에서 구할 수 있을 것이었다.

600년에 이탈리아와 갈리아 지방에는 300개가 넘는 수도원과 수녀원이 있었다.[48] 이들의 다수는 여전히 소규모여서 요새화된 저택에 부속 건축물이 딸린 정도였다. 이들 수도원과 수녀원은 정신적인 근거와 조직으로서의 일관성을 갖추어 운영되었으며 이는 불안정한 세계에서 소속 구성원에게 안정감을 주었다. 이런 수도원의 거주자들은 삶의 방식을 바꿔야만 하며, 그들 자신과 다른 이들의 죄를 속죄해야 한다고 생각했으며, 일상의 쾌락에 등을 돌림으로써 영원한 축복을 구하고자 했던 이들이었다. 시간이 흐르면서 조금 덜 열성적인 영혼들도 이곳으로 흘러들기 시작했다. 사실상 부모나 후견인에 의해서 교회에 맡겨진 경우였다.

자신을 낮춤으로써 구원을 얻을 수 있다고 믿은 이런 수도원, 수녀원 생활에서 규율을 어긴 공동체의 일원에게 체벌이 일상적이었다는 사실은 놀라울 것도 없다. 회초리(virgarum verbera), 직접적인 체벌(corporale

supplicium), 주먹질(ictus), 곤봉질(vapulatio), 채찍질(disciplina), 매질
(flagellatio : 끝에 여러 가닥의 사슬이 달린 채찍을 사용하는 일종의 채찍질/역주)
등이 바로 그런 체벌의 예였다. 이와 같은 체벌은 이교 사회에서는 사회
적으로 열등한 자에게만 가해지던 수치였다. 그러나 이곳에서 체벌은 계
급과는 무관한 민주적인 것이었다. 이런 경우에 일반적으로 죄를 지은
쪽은 직접 체벌에 쓰일 회초리 등을 준비했다. 그리고 땅에 꿇어앉아 '메
아 쿨파(Mea culpa, 제가 잘못했습니다)'라고 되뇌며 수도원장이나 수녀
원장이 만족할 때까지 계속 체벌을 받아야 했다.

　'회초리에 입을 맞춘다'는 표현에서 문자 그대로 드러나듯이 체벌을
받은 자는 그것을 긍정적으로 받아들여야 했다.[49] 이와 같은 주장에는
쾌락의 추구와 고통의 회피라는 에피쿠로스 사상의 핵심을 짓밟으려는
기독교인의 의도가 담겨 있다. 더욱이 고통의 체험은 체벌로서만 의미가
있는 것이 아니라 경건한 모방으로서도 의미를 가졌다. 기독교 은둔자들
은 고행을 통해서 예수가 몸소 견뎌야 했던 고통을 묵상하며 자신의 몸
으로 같은 고통을 체험했다. 이런 자기 고행은 고귀하지만 한편으로는
기묘한 것으로서 대중의 주의를 끌기에 충분했고, 일찍이 고대 말부터
그 사례가 보고되었다. 그러나 자발적으로 매질을 가하는 것이 주요 금
욕적 고행수단으로 교회에서 공인된 것은 11세기의 일로 수도원 개혁자
로 유명한 이탈리아의 베네딕투스 수도회 소속 페트루스 다미아니에 의
해서였다.

　고통의 추구가 쾌락의 추구와의 싸움에서 마침내 승리하기까지는
1,000년의 시간이 걸렸다. "우리 구세주께서 채찍질을 견뎌내시지 않았
던가?" 다미아니는 채찍질의 수행에 의문을 제기하는 비판론자들에게
이렇게 되물었다. 사도들을 비롯한 수많은 성인과 순교자들도 매질을 당
하지 않았던가? 그들의 발자취를 따르고, 구세주를 닮고 싶다면 그들이

겪은 고통을 우리도 몸소 겪는 것 그 이상의 방법이 있겠는가? 물론, 다미아니도 이런 영광스러운 선구자들의 경우에는 채찍질을 가한 것이 그 자신이 아니라 다른 누군가였음을 인정했다. 그러나 기독교가 승리를 거둔 세계에서는 우리 스스로가 채찍질을 가해야만 했다. 그러지 않고서 그저 막연히 그리스도를 닮고자 하는 모든 꿈과 교리는 헛될 뿐이었다. 다미아니의 자취를 따른 많은 문헌들 중 하나는 다음과 같이 설명한다. "육신은 꼭 나무토막 같아져야 할 것이니, 몸을 때리고 채찍질하라. 지팡이를 휘두르고 매질을 가하며 단련하라. 육신은 고통을 당하고 굶주림을 겪어야 하리니, 그런 다음에야 육신은 영혼에게 굴복하고 완벽한 형상을 갖출 것이다."[50] 이와 같은 영적 목표 앞에는 적정선이라는 것이 있을 수 없었고 자제심이라든가 거리낌 같은 감정이 설 자리가 없었다. 다른 이들 앞에서 벌거벗은 모습을 드러내도 수치스럽지 않았으며, 떨거나 비명을 지르거나 우는 모습을 들켜도 전혀 부끄럽지 않았다.

14세기로 접어들 무렵의 인물인 카테리나 폰 게베르스바일러라는 이름의 수녀는 유년기부터 수녀원에서 살았는데, 콜마르에 있던 도미니크 수도회 수녀들의 생활을 다음과 같이 기록했다.

재림절부터 사순절이 끝날 때까지 자매들은 매일 성무일도 제1시 후에 대강당이나 목적에 따라 자신에게 배정된 곳으로 간다. 그곳에서 그들은 각종 매질에 쓰이는 도구를 이용해서 피가 흘러내릴 때까지 격렬하게 자신의 몸을 학대하며 때린다. 그리하여 채찍을 내리치는 소리가 수녀원 전체에 울려퍼지고 그 어떤 선율보다도 더 달콤하게 주의 귀에까지 닿게 한다.[51]

이것은 단순히 가학피학성 망상으로 치부할 것이 아니었다. 실제로 이런 고통의 광란이 중세 후기 유럽에서 광범위하게 벌어졌다는 어마어마한 양의 증거가 있다. 성 베네딕투스가 자발적으로 따가운 쐐기풀 위에서 구르며 행했던 고행은 이제 이렇게 의례화되어 그의 후계자들에 의해서 계속되었다. 이런 고행은 뚜렷한 신성의 상징으로 여기저기에 거듭 언급되었다. 성녀 테레사는 "점차 쇠약해졌음에도 불구하고 가장 고통스러운 채찍으로 자신을 내리쳤고 새로 돋은 뾰족한 쐐기풀에 몸을 비볐으며 심지어 벌거벗은 채로 가시덤불에서 구르기도 했다." 아시시의 성녀 클라라는 "42년 동안 그녀의 육신을 감싸고 있는 창백한 외피에 채찍질을 해왔는데, 그녀의 상처에서는 교회 전체를 가득 채우는 천상의 향기가 뿜어져나왔다." 성 도미니쿠스는 밤마다 3개의 철제 사슬이 끝에 달린 채찍으로 몸을 때려 상처를 덧냈다. 로욜라의 성 이그나티우스는 "고통이 뼈가 아니라 살갗에 직접적으로 느껴지도록" 상대적으로 가느다란 끈으로 만든 채찍을 사용할 것을 권했다. 예수의 이름을 가슴팍에 새긴 하인리히 조이제는 못이 잔뜩 박힌 철제 십자가를 등에 누른 채로 피가 솟구칠 때까지 자신에게 채찍질을 가했다. 조이제와 동시대인으로 취리히에 있던 와(Oye)의 엘스베스는 너무나 열정적으로 자신에게 채찍질을 가한 나머지 예배당에 있던 다른 사람들에게까지 피가 튈 정도였다고 한다.

영적 지도자들의 열정적인 신념과 압도적인 위엄 앞에서 속세의 대중은 일반적인 자기 보호와 쾌락의 추구라는 본능적 행동을 지켜낼 수가 없었다. 일찍이 믿음과 고행은 천박한 것들, 그러니까 일상적 필요로 가득 찬 '이 세상 것들'로부터 멀어진 종교 지도자들의 전유물이었다. 그러나 이제는 종교적 수련이 속세의 주류 사회에까지 파고들기 시작했다. 사회 전체에 채찍질이 만연했고 집단 히스테리 증상이 주기적으로 나타났다. 결과적으로 한때는 과격한 반체제 문화(counterculture)였던 것이 이제는 모든 기독교인의 핵심적인 가치로 성공적으로 자리잡게 되었다.

물론, 사람들은 여전히 쾌락을 추구했다. 태고부터 살아온 아담은 그리 쉽게 죽지 않았다. 농부들의 오두막에서도, 권력자들의 연회장에서도, 시골길에서도, 고위 성직자의 궁에서도, 그리고 수도원의 높은 벽 너머에서도, 사람들은 여전히 술잔을 기울이고 과식을 했으며 시끌벅적한 웃음소리와 함께 즐거운 춤판을 벌였다. 그리고 여전히 수많은 남녀가 서로를 탐하며 몸을 섞었다. 그러나 도덕적으로 권위를 가진 그 누구도 감히 이런 쾌락을 공공연히 긍정하지 못했다. 그들이 침묵을 지킨 것은 소심하거나 뭔가를 두려워했기 때문이 아니었다. 쾌락의 추구는 최소한 그것 때문만은 아니었다. 쾌락의 추구 자체가 이미 철학적으로 지지나 옹호의 여지가 전혀 남아 있지 않은 상태였다. 에피쿠로스는 죽어서 땅에 묻힌 지 오래였고 그의 작품은 대부분 파괴되었다. 4세기의 성 히에로니무스가 짤막하게 루크레티우스가 자살했다고 언급한 후로, 에피쿠로스의 로마인 수제자도 더 이상 공격받지 않았다. 한마디로 그는 사람들의 기억에서 사라졌다.

이 수제자의 유명한 시가 남아 있었던 것은 행운이었다. 쾌락을 추구하는 에피쿠로스 사상을 매장한 장본인이라고 할 수 있는 수도원에 『사물의 본성에 관하여』의 사본 한 권이 흘러든 것은 우연이었다. 그리고 9세기의 어느 날, 썩어 문드러질 운명을 기다리고 있던 그 사본을 한 수도사가 스크립토리움에서 베끼기 시작한 것도 정말 우연이었다. 그리고 그 필사본이 약 500년이라는 시간을 견뎌 화재와 홍수, 무시무시한 시간의 이빨을 견디고 마침내 1417년, 자신을 자랑스럽게 포기우스 플로렌티누스라고 칭하는 피렌체의 인문주의자 포조의 손에 떨어지게 된 것도 정말이지 대단한 우연이었다.

5
탄생과 재생

15세기 여명기까지만 해도, 피렌체에는 오늘날과 같이 그 도시를 우아하게 장식하고 있는 인상적인 건축물들의 대부분이 아직 존재하지 않았다. 이후에 지어진 이 건축물들은 고대의 꿈을 장대한 규모로 찬찬히 떠올리게 한다. 브루넬레스키가 디자인한, 도시의 거대한 대성당 두오모의 장엄한 둥근 지붕—고대 로마 이후 처음으로 만들어진 돔으로서 오늘날에도 여전히 도시의 스카이라인을 그리는 주요 건물로 당당히 자리를 지키고 있다—이나 고아원 건물의 우아한 아치형 로지아(loggia), 고대부터 내려온 원칙에 따라서 주의 깊게 설계된 기타 건축물들도 아직 존재하지 않았다. 대성당의 세례당도 기베르티가 고전 시대의 작품을 모방하여 만든 유명한 문이 달리기 전이었으며, 산타 마리아 노벨라 성당의 정면도 레온 바티스타 알베르티가 만든 조화롭고 우아하며 대칭적인 장식이 아직 갖춰지지 않은 상태였다. 미켈로치가 디자인한 아름답고 근엄한 인상의 산마르코 수도원도 아직 그 위용을 드러내기 전이었으며, 메디치(Medici), 피티(Pitti), 루첼리(Rucelli) 등 피렌체의 최상류 가문도 고전적 질서와 비례를 뚜렷하게 강조하는 기둥, 아치, 기둥머리 조각으로 장식한 훌륭한 궁을 짓기 전이었다.

피렌체는 성벽으로 둘러싸인 중세 도시 특유의 모습을 한 폐쇄적이고 어두운 도시였다. 인구밀도가 높은 도시의 중심지역은 높은 탑과 요새화된 석재 건물로 빼곡하게 들어차 있었고, 복잡하게 꼬인 좁은 길과 골목은 앞으로 삐죽 튀어나와 있는 건물 위층과 지붕 덮인 발코니 때문에 한층 더 어두컴컴했다. 심지어 아르노 강 위에 놓인 오래된 다리—폰토베키오(Ponto Vecchio : 단어 자체가 이탈리아어로 '오래된, 혹은 낡은 다리'라는 뜻이다/역주)—위에는 상점들이 서로 너무나 다닥다닥 붙어 있어서 아무리 둘러봐도 도무지 빈 공간을 찾을 수 없을 정도였다. 공중에서 당시 피렌체를 내려다보았다면 분명 탁 트인 공간이 많이 있었을 것이다. 그러나 그런 공간은 경쟁관계에 있던 여러 교파들이 세운 거대한 수도원의 벽으로 둘러싸인 안뜰이 대부분이었다. 도미니크 수도회의 산타 마리아 노벨라 수도원, 프란체스코 수도회의 산타 크로체 수도원, 아우구스티누스 은수자회의 산토 스피리토 수도원, 카르멜 수도회의 산타 마리아 델 카르미네 수녀원 등이다. 그러나 세속적인 공공장소로서 탁 트인 곳은 거의 없었다고 해도 과언이 아니다.

1390년대 말 청년 포조 브라촐리니가 발을 들여놓은 곳은 바로 이 어두침침하고 좁은 혼잡한 도시, 선 페스트의 어두운 그림자가 주기적으로 덮쳐오던 중세의 피렌체였다. 그는 1380년, 피렌체의 지배 아래에 있는 테라누오바라는 잘 알려지지 않은 벽지에서 태어났다.[1] 후에 포조와 극렬히 대립했던 토마소 모로니는 포조가 땅이나 파먹던 비천한 농부의 사생아라고 주장했으나 이는 그다지 신빙성이 없다. 출신을 의심하며 헐뜯는 것은 술독에 빠져 사는 싸움꾼의 일상적인 욕지거리처럼 포조 같은 르네상스 시대의 인문주의자들 사이에서는 상대를 욕보이고자 할 때 흔히 쓰는 방법이었다. 그러나 실제로 농장에서 일을 했든 하지 않았든 간에 시골에서 자란 그는 토스카나 지방의 농장 생활에 친숙했을 것이다. 어쨌든 포조 스스로 자신이 대대로 걸출한 인물을 배출한 유서 깊은 혈통 출신이라고 주장하기는 힘들었다. 그리고 바로 그런 이유 때문에, 포조는 사회에 자리를 잡자 350년이나 되었다고 주장하는 가짜 문장(紋章)을 사들여야만 했는지도 모른다.

보다 그럴듯한 이야기는 언제부터인가 포조 자신이 퍼뜨리기 시작한 것으로 보이는데 그의 아버지 구초가 공증인으로 일했다는 것이었다. 다만 당시 납세 기록에는 스페티알레(spetiale), 즉 약제상으로 기재되어 있다. 아마 둘 다였을 수도 있다. 공증인이라는 직업 자체가 대단히 품위 있는 일로 여겨졌던 것은 아니지만, 계약에 의해서 굴러가고 특히 소송이 잦았던 문화였던 만큼 그 수는 대단히 많았다. 피렌체에서 공증인으로 일했던 라포 마체이는 팔에 서류 뭉치를 하나씩 끼워든 채 시청으로 몰려가는 600-700명에 달하는 공증인들의 모습을 전한다. "서류 뭉치 하나가 족히 『성서』두께의 절반은 되었다."[2] 공증인은 법률 지식을 바탕으로 해당 지역의 규제 내용을 정하고 마을의 선거를 시행하며 각종 항의서를 작성하는 일을 했다. 도시의 정의를 지켜야 할 관료들은 종종 맡은 바 일을 어떻게 처리해야 할지를 모르는 경우가 많았다. 그럴 때면 공증인들이 나서서 무슨 말을 해야 하며 어떤 문서가 필요한지를 속삭여주고 필요한 문서도 작성하곤 했다. 한마디로 그들은 주위에 두면 요긴한 존재였다.

포조의 가족과 공증인이라는 직업 사이에 확실한 연결점이 하나 있기는 했다. 포조의 외조부인 미카엘레 프루티는 분명히 공증인이었다. 포조가 태어나기 훨씬 전인 1343년, 그의 외조부 미카엘레 프루티가 공증인 명부에 놀랍도록 아름다운 서명을 남겼다는 사실은 언급할 만한 가치가 있다. 손글씨는 외손자의 삶에서 기묘한 형태로 중요한 역할을 하게 된다. 포조의 손글씨는 루크레티우스의 시를 재발견하게 되기까지 계속되는 그의 인생 역정에서 실로 결정적인 역할을 했다.

구초 브라촐리니와 그의 아내 야코바 사이에서는 두 딸(그중 한 아이는 매우 어린 나이에 죽었다)과 포조, 그리고 훗날 포조를 분통터지게 만들 남동생이 태어났다. 구초의 납세 내역으로 판단하건대, 포조의 유년기까지는 집안이 상당히 유복했던 것 같다. 그러나 포조가 여덟 살이 된 1388년, 상황이 급격히 악화되었다. 구초는 집과 다른 재산을 처분하고 빚쟁이들로부터 도망쳐서 가족과 함께 아레초 근교로 이사를 가야 했다. 토마소 모로니에 따르면, 포조는 이때 어린 나이에 루카루스라는 사람의 농장으로 보내져 일을 해야 했다고 한다. 또한 포조는 그곳 농장에서 주인을 속이고 물건을 빼돌리다가 잡혔는데, 본디 책형(磔刑)을 선고받아 마땅한 일이었으나 그가 아직 어렸기 때문에 간신히 용서받을 수 있었다고 전한다. 다시 한번 말하지만 이런 중상모략에 가까운 이야기들은 진지하게 받아들일 만한 것이 못 된다. 이것은 서로 못 잡아먹어 안달인 학자들이 상대에게 가졌던 증오심을 보여주는 증거일 뿐이다. 포조가 아레초에서 보낸 유년기는 누군가의 밭을 일구며 간신히 처벌을 피하는 그런 생활이 아니라 얌전히 학교에 다니며 라틴어의 기본을 익히고 손글씨를 연마하는 시간이었음이 분명하다. 그러나 포조 스스로 훗날 증언했듯이 그 시절의 그는 가진 것이 거의 없었다. 피렌체에 도착했을 당시, 그의 주머니에 들어 있던 것은 동전 5개가 전부였다(cum quinque solidis).

이 가난한 청년이 피렌체에 당도한 것은 1390년대의 어느 시점으로 아직 스무 살도 되기 전이었다. 이 청년의 손에는 아레초에서 수학했던 학교의 선생이 써준 추천장이 쥐어져 있었을 것이다. 또한 그는 볼로냐에서 짧은 시간 머물며 약간의 법률 지식도 익혔을 것이다. 얼마 지나지 않아 그는 앞날을 대비할 줄 모르는 아버지를 비롯한 나머지 가족들과 재회했고 최종적으로는 그들 모두 피렌체로 옮겨오게 되었다. 그러나 그가 시뇨리아 광장에 처음 발을 내디뎠을 때, 그리고 처음으로 대성당 옆에 있는 조토의 아름다운 종탑을 올려다보았을 때, 포조는 혈혈단신이었으며 철저히 무명인이었다.

5만여 명의 사람들로 복작대던 당시 피렌체는 소수의 유력한 상인이나 귀족가문이 정치적, 사회적, 상업적 생활 전반을 지배하고 있었다. 그리고 이들 알비치(Albizzi), 스트로치(Strozzi), 페루치(Peruzzi), 카포니(Capponi), 피티(Pitti), 부온델몬티(Buondelmonti) 등의 소수 가문들은 스스로의 존재감과 중요성을 눈에 띄는 지출을 통해서 드러냈다. "돈을 버는 것보다 돈을 쓰는 것이 훨씬 더 달콤하다."[3] 대대로 양모 염색업과 은행업으로 부를 쌓은 조반니 루첼라이는 이렇게 썼다. "돈을 쓰는 것이야말로 깊은 만족감을 준다." 부자들은 많은 수의 고객, 토지 관리인, 회계사, 성직자, 비서, 사자(使者), 가정교사, 음악가, 예술가, 하인, 노예들에 둘러싸여 있었다. 1348년의 흑사병 발발 이후로 노동력이 크게 부족해지자 노예시장이 엄청나게 커졌고, 이에 따라서 이슬람권 에스파냐와 아프리카에서뿐만 아니라 발칸 반도, 콘스탄티노플, 흑해 연안지역으로부터도 노예들이 팔려왔다.[4] 이런 노예무역은 노예가 기독교인이 아니라는 가정하에 허락되었으며 포조도 분명히 북아프리카, 키프로스, 타타르, 그리스, 러시아, 그루지야 등지에서 끌려온 많은 수의 노예들을 보았을 것이다.

피렌체는 과두제를 채택했으며, 부유하고 훌륭한 가문 출신의 소수 인물로 구성된 집단이 중요한 역할을 했다. 일반적으로 부는 보통 은행업과 토지 소유로부터 나왔는데, 피렌체는 직물업으로 유명한 도시였던 만큼 천을 짜고 손질하는 산업에서도 거부(巨富)가 탄생했다. 직물업은 국제적인 안목, 강한 정신력, 보기 드문 세심한 주의력을 요하는 일이었다. 이 시기에 활약한 피렌체 근교 프라토 출신의 프란체스코 디 마르코 다티

니―초기 자본가 집단에서 최고라고 말할 정도의 수준은 아니었다―라
는 이름의 대상인의 문서가 현존한다. 그 문서에는 약 15만 통의 편지와
함께 500권의 회계장부 내지는 거래내역서, 300장의 조합계약증서와
400장의 보험증서, 수천 장의 선적증서, 추천서, 교환증서와 수표가 들어
있다. 다티니의 거래내역서 첫 장에는 다음과 같은 말이 적혀 있다. "신과
이윤의 이름으로."[5]

실제로 피렌체에서 신은 복잡한 도로변에 서로 다닥다닥 붙어 있는
놀랍도록 많은 수의 성당에서 섬김을 받고 있었다. 이 도시에서 신은 어
마어마한 수의 사람들을 끌어들이는 길고 열정적인 설교, 방랑 수도사의
장광설, 일상적인 기도와 맹세, 헌금, 그리고 그 내용이 공적인 것인지
사적인 것인지의 여부와 상관없이 종교적 공포가 서려 있는 거의 모든
종류의 글은 물론 일반적인 대화에 이르기까지 여러 가지 형태로 섬김을
받았다. 주기적으로 몰아쳤던 대중적인 신앙 정화운동도 신을 섬기는 한
가지 형태였다.

한편 이윤을 지탱한 것은 활황을 이룬 국제적인 직물업이었다.[6] 직물
업에는 다수의 숙련 노동자들이 필요했다. 도시의 가장 우수한 숙련 노
동자 중 일부가 유력한 길드(동업조합)를 조직해서 그들의 이익을 지켰
다. 그러나 다른 미숙련 노동자들은 얼마 안 되는 푼돈만을 받으며 근근
이 살아갔다. 포조가 태어나기 2년 전인 1378년, 포풀로 미누토(populo
minuto)라고 불리던 미숙련 노동자들이 비참한 상황을 더 이상 참지 못
하고 부글대던 분노를 터뜨려 대규모 유혈시위가 벌어진 적이 있었다.
직공으로 이루어진 이 폭도들은 거리를 쓸고 다니며 이렇게 외쳤다. "민
중이여 영원하라, 수공업자여 영원하라!" 이들은 잠시나마 도시를 지배
하던 유력 가문들을 타도하고 민주정부를 세웠다. 그러나 구질서는 빠르
게 회복되었고 이와 함께 도시는 다시 길드와 유력 가문의 힘으로 유지

되는 체제로 돌아갔다.

치옴피(Ciompi)라고 불리던 노동계급의 혁명이 실패로 돌아간 이후 다시 권력을 잡은 피렌체 과두정은 이후 40년 넘게 견고하게 권력을 유지했다. 포조가 출세해보겠다고 결심하며 발을 들여놓은 도시는 바로 이들이 지배하고 있었고, 그가 이 도시에 관해서 가지고 있는 모든 지식과 경험 역시 이 시기에 형성된 것이었다. 포조는 사회적 벽이 존재하는 보수적인 세계로 뚫고 들어갈 수 있는 길을 찾아야만 했다. 운 좋게도 포조는 타고난 능력과 훈련을 통해서 그처럼 보잘것없는 출신과 재산으로도 그것을 가능하게 해줄 몇 안 되는 재능 중 하나를 가지고 있었다. 견고하게 닫혀 있는 피렌체 사회의 문을 열어줄 첫 열쇠는 현대의 관점에서 보면, 거의 쓸모가 없는 것이었다. 바로 앞에서 이야기한 그의 아름다운 손글씨였다.

포조의 손글씨는 고딕체라는 이름으로 알려진 복잡하게 꼬이고 각이 진 글씨체와는 매우 달랐다. 글자의 짜임이 더 성기고 쉽게 알아볼 수 있는 글씨체에 대한 요구는 이미 페트라르카(1304-1374)의 시대부터 존재했다. 페트라르카는 당시에 대부분의 원고에 쓰이던 글씨체가 종종 그 내용을 알아보기 어렵게 만든다고 불평했다. 그는 "그런 글씨체들은 읽기 위한 것이 아니라 마치 다른 목적을 위해서 디자인된 것 같다"라고 썼다.[7] 이런 불편함에 맞서 맞물려 쓰던 각각의 글자가 조금씩 서로 떨어지면서 단어와 단어 사이의 공간도 조금 더 벌어졌고, 행간(行間)도 넓어졌으며, 암호 같던 약어를 풀어써서 전보다 내용을 더 쉽게 알아볼 수 있게 되었다. 마치 꽉 막혀 있던 공간에 창문을 열고 숨통을 틔워준 것과 같은 효과였다.

포조가 몇몇 다른 사람들과 협업해서 완성시킨 글씨체들은 지금도 놀라운 성과로 남아 있다. 그들은 9세기 샤를마뉴의 궁정에서 필사에 혁신을 가져왔던 카롤링거 왕조풍의 필기체를 변형시켜서 새로운 글씨체를 만들었다. 그들은 필사할 때나 편지를 쓸 때 이 글씨체를 사용했는데 이 것이야말로 훗날 이탤릭체 및 '로만체'라고 불리는 활자 서체의 토대가 되었다. 말하자면 그들은 오늘날에도 여전히 가장 명확하고 단순하면서 우아하다고 여겨지는 글씨체의 개발자였던 셈이다. 당시 사람들이 손글 씨로 쓴 원고를 직접 보지 않고서는 이 글씨체가 끼친 영향을 제대로 깨닫기는 쉽지 않다. 예를 들면 피렌체의 라우렌치아나 도서관에 소장되 어 있는 필사본들을 살펴보자. 벨룸으로 만든 이 책들은 말끔하게 제본 되어 있는데, 500년이 넘는 세월이 지난 후에도 여전히 크림 색을 유지 하고 있다. 그리고 그 지면 하나하나를 글씨의 모양과 크기가 너무도 일 정하고 정교해서 사람의 손으로 쓴 것이 아니라 마법을 부린 것이 아닌 가 싶을 정도로 완벽하게 아름다운 손글씨가 채우고 있다. 모서리마다 뚫어놓은 조그만 구멍은 글을 쓰는 동안 지면이 흔들리지 않도록 고정시 킨 흔적으로서, 일정한 행간을 유지하기 위해서 거의 눈에 띄지 않게 장 마다 26개씩의 줄을 미리 그어놓았다. 그러나 이런 보조수단을 동원했다 고 해도 어떻게 그토록 깔끔하고 우아한 필사작업이 가능했는지를 온전 히 설명하기란 불가능하다.

600년의 시간이 흐른 뒤에도 여전히 높은 가독성을 자랑하며 감탄의 대상이 될 만한 글씨체를 개발한 것은 결코 작은 업적이라고 할 수 없다. 그러나 포조에 의한 이 글씨체의 발전에는 글씨체 디자인 분야에서 그가 거둔 이례적인 기술적 성취 이상의 의미가 있다. 새로운 글씨체는 피렌 체를 비롯한 이탈리아 전역을 뒤흔든 강력한 문화적 흐름에 대한 창의적 반응의 하나였다. 개발자인 포조 자신도 새로운 글씨체에 대한 시대적 요구가 고대를 탐구함으로써 뭔가 새로운 것을 창조하려는 훨씬 더 큰 계획의 한 부분이라는 사실을 이해하고 있었던 것으로 보인다. 그러나 이처럼 옛것을 탐구하는 것을 하나의 '계획'이라고 말하는 것은 자칫 이를 지나치게 일상적이고 친숙하게 들리게 만들 수도 있다. 실상 이것은 일종의 열광적인 붐이었다. 이 현상은 포조가 태어나기 한 세대 이전 사람인 페트라르카에게서 그 기원을 찾을 수 있는 것으로서, 고대 로마의 문화유산을 발굴하고자 하는 노력이 하나의 집단적 강박으로 나아간 것이었다.

현대 학자들의 연구를 통해서 그동안 이런 강박의 크기나 범위가 상당히 부풀려져 있었음을 보여주는 많은 새로운 사실들이 밝혀졌다. 페트라르카의 찬미자들은 완전히 망각된 고대의 역사에 그들의 영웅이 멋지게 새 생명을 불어넣은 것처럼 주장해왔지만, 페트라르카의 의견이 생각처럼 그렇게 참신한 것은 아니었다는 사실은 증명이 가능하다. 15세기의 르네상스 시대 전에도 고대에 대한 관심이 강렬히 되살아난 순간들이 있었다. 일례로 9세기경 위대한 카롤링거 왕조 시대에도 이미 한 차례 르네상스 열풍이 불었다. 게다가 고대의 지적인 유산을 존속시킨 것은 이렇게 고대에 대한 관심이 유행처럼 되살아났던 단편적 순간들의 힘만이 아니었다. 중세에 작성된 각종 개론서도 '위대한 영웅 페트라르카'라는 망상에 사로잡힌 자들이 믿었던 것보다는 고대 사상의 보전에 훨씬 더 많은 기여를 했다. 중세 최성기의 스콜라 철학자들은 뛰어난 아랍인 주석자 아베로에스의 눈을 통해서 아리스토텔레스의 저작을 읽고 우주에 대한 세련되고 매우 논리적인 체계를 구축했다. 고전 라틴어 연구에 대한 페트라르카의 예술적 기여—그의 꿈은 고대인의 발자취를 따르는 것이었다—역시 지나친 칭송을 받아왔다. 실상 고전 라틴어 연구에 대한 진지한 관심도 페트라르카가 태어나기 70여 년 전에 이미 시작되었음을 보여주는 증거들이 존재한다. 페트라르카와 그 추종자들이 스스로 자신들의 학문적 접근의 참신성에 대해서 내리는 평가의 대부분은 편향

되어 있으며 자화자찬하는 과장이 섞여 있다.

그러나 페트라르카와 그의 동시대인들이 스스로의 경험에 대해서 생색이라도 내듯이 또렷하게 표현했다는 이유만으로 그가 일으킨 문화운동의 의미를 무너진 신화 정도로 취급할 수는 없다. 실제로 최소한 그들 자신에게만큼은 고대 문화의 자취를 찾아나선 탐구의 길이 이미 여러 사람들이 수고스럽게 잘 다져놓은 길이라는 사실을 알아보기가 힘들었을 것이다. 탐구욕에 불타는 내면세계에서도, 현실세계—가로질러야 할 험준한 산과 샅샅이 훑어보아야 할 수도원 도서관들, 파헤쳐야 할 폐허더미 등—에서도 그들은 스스로를 대담한 모험가로 여겼으리라. 이 과업의 절박함은 이 일에 매달리는 사람들 스스로가 머나먼 과거의 언어나 유무형의 문화적 업적을 복원하고 모방하고자 하는 그들의 노력에는 명백하고 필연적인 것은 하나도 없다는 것을 근본적으로 인식하고 있다는 점에 있었다. 이처럼 과거의 것을 굳이 복원하고 모방하려고 노력하는 것은 이상한 일이었다. 지난 수백 년간 말없이 부서지고 망가진 고대의 잔해 위에서 그럭저럭 쾌적하게 생활해온 사람들의 평범하고 친숙한 일상을 생각하면, 더욱더 이상한 일이었다.

그러한 유적은 이탈리아와 유럽 전역 어디에서나 쉽게 볼 수 있었다. 1,000년 넘는 시간이 지난 뒤에도 고대에 만들어진 많은 다리와 도로는 여전히 사용 중이었고, 폐허로 변한 목욕탕과 시장 건물의 부서진 벽이나 아치, 신전의 기둥도 교회 건물의 재료로 재활용되었다. 고대 글귀가 새겨진 돌도 새로운 건물을 짓는 데에 사용되었으며, 손상된 조각상이나 깨진 꽃병 등의 운명도 다르지 않았다. 그러나 이러한 흔적을 남긴 위대한 문명은 파괴되고 없었다. 새로 짓는 집의 벽이 되고 만 옛 문명의 유적은 영화롭던 모든 옛것이 이제 지나갔고 또 잊혔다는 것을 상기시키는 증거였으며, 이교 문명에 대한 기독교의 승리를 보여주는 말없는 증언이었다. 이들은 문자 그대로 쓸 만한 귀중한 석재와 금속을 캐내는 채석장 정도가 되고 말았다. 여러 세대를 거치며 이탈리아를 비롯한 여타 유럽 지역에서는 건물을 짓는 것처럼 문자생활에서도 고대의 단편(斷片)들을 재활용하는 효과적인 기술들을 발달시켰다. 이런 기술들은 이교도가 남긴 문화의 유물을 건드리는 데에서 오는 불안함을 에둘러 갈 수 있게 해주었다. 돌이든 언어든, 이 유물은 그 자체로 즉시 유용했으며 위협이 되지도 않았다. 이미 1,000년 넘게 깔고 살아온 이 잔해 더미에서 무엇을 더 바란단 말인가?

이 잔해 더미가 가진 원래의 독립적인 의미를 강조하는 것은 공연한 말썽과 도덕상의 혼란을 초래할 수 있었다. 고대 문물에 대한 열정은 호기심 하나만으로는 정당화될 수 없었다. 실상 그 호기심 자체가 오랫동안 치명적인 죄로 엄히 단죄되었다.[8] 이교 신앙은 널리 악마 숭배와 동일시되었으며, 악마 숭배라는 공포 때문이 아니라고 해도 기독교는 고대 그리스, 로마의 문화적 업적을 어디까지나 인간의 왕국, 그러니까 속세를 본질적으로 드러내는 것이라고 강조했다. 기독교인에게 진정 중요한 것은 그에 대응하는 기독교 왕국, 즉 초월적이고 영원한 신의 왕국이었다.

페트라르카는 평생 동안 열성적으로 진지하게 영적 성찰을 했던 독실한 기독교인이었다.[9] 그러나 한편으로는 끝없는 여행, 외교, 자아성찰, 그리고 강박적인 집필이라는 복잡한 인생을 사는 속에서 스스로도 결코 완벽하게 헤아릴 수 없었던 고대 이교 세계의 매력에 사로잡히기도 했다. 비록 그가 삶의 많은 시간을 상대적으로 고독하게 지내기는 했지만, 그는 자신을 사로잡은 이 또 하나의 세계를 자기 안에만 묻어두지 않았다. 그는 파괴적인 무관심 속에 부서지고 사라져가는 고대 이교 문명이 남긴 문물의 표현력과 아름다움, 도전정신을 거의 선교사 같은 열정으로 되살리고자 했다.

재능 있는 학자인 페트라르카는 사람들의 기억에서 사라진 고대 문헌을 찾기 시작했다. 이런 일을 페트라르카가 처음 시작한 것은 아니었지만 이것을 다른 어떤 보물찾기보다 우위에 두면서 거의 관능적인 절박함과 쾌락을 동반한 일로까지 새롭게 탄생시킨 사람은 바로 그였다.

금, 은, 보석, 자줏빛 의상, 대리석으로 지은 집, 잘 손질된 부지들, 경건한 회화, 성장(盛裝)한 말들. 이런 것들은 변덕스러우며 피상적인 쾌락을 줄 뿐이다. 반면에 책은 우리의 뼛속 깊숙이 골수에까지 기쁨을 준다. 책은 우리에게 말하고, 우리와 더불어 생각을 나누며, 생생하고 강렬한 친밀감으로 우리에게 다가온다.[10]

페트라르카는 많은 사람들과 편지를 주고받았으며, 이들은 서로 거대한 연결망을 구축하고 있었다. 그는 자신이 발견한 고대 라틴어 문헌을 베끼고 비교하고 수정하면서 이 연결망 안의 사람들과 찾아낸 책을 공유했다. 페트라르카는 종종 한밤중에도 일어나 책상에 앉아서 미치광이 같은 에너지로 편지를 쓰곤 했다. 때때로 그는 자신이 발견한 고대 문헌의 저자들에게도 실제로 편지를 주고받으며 친밀하게 생각을 공유하는 다른 살아 있는 친구나 가족, 기타 지인들에게처럼 편지를 썼다. 키케로가 그의 부유한 친구 아티쿠스에게 보낸 사적인 편지들을 다수 발견했을 때, 페트라르카는 이 솔직한 편지들에 그대로 드러나 있는 키케로의 자기중심적인 성향과 넘치는 야망, 채 억누르지 못한 분개의 감정을 보고 가차 없이 키케로를 다그치고자 펜을 들었다. 페트라르카는 키케로가 본래의 고고한 삶의 원칙을 지키지 못했노라고 꾸짖었다.

페트라르카는 자신이 살아야만 하는 현재라는 시대를 한없이 혐오했다.[11] 그는 자신이 거칠고 무지하며 인간의 기억에서 곧 사라지고 말 하찮고 추한 시대를 살고 있다고 탄식했다. 그러나 그가 내뱉은 모욕적인 언사는 오히려 그의 카리스마와 명성을 드높이는 것처럼 보였다. 그의 명성은 꾸준히 높아졌고 더불어 과거에 대한 그의 집착이 가진 문화적인 중요성도 점점 인정받게 되었다. 그리고 페트라르카의 집착은 후대에 부분적으로 관습화 과정을 거치면서 강력한 새로운 교육 커리큘럼으로 자리를 잡게 되었다. 이른바 '인문학(studia humanitatis)', 즉 그리스어와 라틴어와 이들 언어로 된 문헌의 습득을 강조하고 수사학에 초점을 맞춘 학문이 탄생한 것이다. 그러나 페트라르카가 그 탄생에 이바지했으며 가까운 친구 및 제자들—특히 조반니 보카치오(1313-1374)와 콜루치오 살루타티(1331-1406)—에게 전한 인문주의라는 것은 그렇게 엄밀하게 학문적인 성격의 것만은 아니었다.

초기의 인문주의자들은 자신들이 신기원을 이루는 운동에 관여하고 있음을 느꼈고, 여기에 자부심과 함께 경이로움, 그리고 두려움이 뒤섞인 감정을 가지고 있었다. 이 운동의 일정 부분은 지금껏 살아 있다고 생각했던 것이 실제로는 죽었다는 사실을 인지하는 것이기도 했다. 지난 몇 세기 동안, 군주와 고위 성직자는 자신들이 고대 세계의 살아 있는 전통을 잇고 있다고 주장하면서, 고대의 상징이나 언어를 어떤 형태로든 도용해왔다. 그러나 페트라르카와 그의 추종자들은 이런 손쉬운 도용은 속임수에 불과하다고 주장했다. 자신을 '신성(神聖) 로마 제국 황제'라고 칭한 지배자가 왕좌에 앉아 있었던 아헨에는 결코 실제 로마 제국이 존재하지 않았다. 키케로와 베르길리우스의 세계로 정의할 수 있던 시대의 모든 제도와 사상은 산산조각나고 말았다. 600-700년 전의 철학자와 신학자들이 써온 라틴어는 한때는 굉장히 우아하고 아름다웠던 것을 잘못 만들어진 거울에 비춘 것처럼 흉하게 왜곡되었다. 이제는 틀린 것을 맞는 척 가장하지 말고 고대와 현재 사이에 연속성은 없다는 것을 인정해야 했다. 우리의 발아래 놓인 것은 오래 전에 파묻혀 이제는 모두 분해되어버린 시체뿐이었다.

그러나 이와 같은 사실을 인정하는 것은 앞으로 더 나아가기 위해서 필요한 첫 걸음이었다. 사라진 것이 무엇인지를 인정하고 그 비극적인 손실을 애도하고 나자, 죽음의 저편에 누워 있는 것들로 가기 위한 길을 모색하는 일이 가능해졌다. 즉 부활을 꿈꾸게 된 것이다. 그리고 이 '부활'은 모든 선량한 기독교인—성직자였으며 진실로 독실한 기독교인인 페트라르카를 포함한—에게 매우 친숙한 개념이었다. 다만 이 경우에 부활은 내세가 아니라 이 세계에서 이루어졌으며, 부활의 대상 역시 근본적으로 문화적이며 세속적인 것이었다.

포조가 로마에 도착한 것은 페트라르카가 죽은 지 25년이 지난 시점이었다. 그때는 이미 이 운동의 열기가 사그라지던 중이었다. 창조적인 대범함은 점차 과거를 골동품처럼 여기며 수집하려는 열망에 밀려 갈 길을 잃었다. 고대라는 과거는 모든 것을 통제하고 바로잡으며 관리하려는 욕구에 의해서 박제되고 있었다. 포조와 그의 동시대인은 라틴어 문법에서 자그마한 실수도 저지르지 않으려고 애쓰며, 다른 이들의 실수를 꼬투리 잡는 데에만 매달리고 있었다. 그러나 고대 그리스, 로마 문화를 부활시키려고 하는 열망 속에 맴도는 위화감은 포조의 손글씨에 서린 독특한 영향을 설명하는 데에 도움이 된다. 포조가 만든 글씨체는 고대 로마인의 글씨체를 그대로 재현한 것이 아니다. 고대 로마인의 손글씨를 직접 확인할 수 있는 자료는 이미 오래 전에 사라졌고, 남아 있는 것이라고는 석재에 새겨진 유려한 대문자 몇 개와 드문드문 발견되는 거친 낙서뿐이었다. 포조의 글씨체는 아름다움에 관한 다른 양식에 대한 깊은 열망을 담고 있는 그래픽 표현이자, 잃어버리고 말았던 귀중한 뭔가의 부활을 알리는 문화적 형태였다. 사실 포조의 글씨체는 카롤링거 왕조

시대에 활동한 어느 필사가의 필사본의 글씨체를 바탕으로 한 것이다. 그러나 포조와 그의 동시대인은 자신들의 글씨체를 카롤링거 왕조의 궁정에서 사용된 글씨체와 동일시하지 않았다. 그들은 이 글씨체를 레테라 안티카(lettera antica), 즉 고대의 글씨체라고 불렀다. 그들이 꿈꾼 것은 샤를마뉴의 개인교사 앨퀸이 아니라 키케로와 베르길리우스였다.

젊은 시절의 포조는 돈을 벌기 위해서 아마도 굉장히 많은 수의 책과 문서를 필사했을 것이다. 아름다운 손글씨와 필사기술─그는 이미 생전에 이 두 가지로 유명해졌다─은 그가 필사를 처음 시작했을 때부터 필요한 교육을 받기 위한 수강료를 댈 수 있을 만큼 꽤나 놀라운 수준이었음에 틀림없다. 포조의 라틴어는 이미 상당한 수준이었으나, 그는 라벤나에서 온 재능 있는 학자 조반니 말파기노 아래에서 이를 더 갈고닦았다. 조반니 말파기노는 정서가 불안하고 싸움을 일삼는 자였으나, 젊은 시절에는 페트라르카의 비서이자 대필 조수로 일한 바 있었다. 그는 베네치아, 파도바, 피렌체를 비롯한 각지에서 키케로와 로마 시대의 시에 대해서 강의하는 것으로 생계를 꾸렸다. 필사를 해서 벌어들인 포조의 수입은 공증인이 되기 위해서 필요한 훈련을 받는 데에도 쓰였다. 공증인이 되는 것은 변호사가 되는 것보다 교육과정이 간단하여 더 싸게 먹히고 빨리 끝낼 수 있는 장점이 있었다.[12]

스물두 살의 나이에 포조는 시험장에 섰다. 그가 선 시험장은 대학이 아니라 변호사와 공증인들의 활동무대였다. 빈곤한 유년기가 제공한 변덕스러운 운명으로부터 살아남아 그는 이제 직업인으로서 경력을 쌓아가게 될 것이었다. 포조의 손으로 작성된 첫 번째 공증 서류는 격분한 빚쟁이들을 피해 피렌체에서 리미니로 도주한 자신의 아버지를 위한 추천서였다. 포조가 이 문서를 작성하면서 무슨 생각을 했는지에 대해서는 전혀 알려진 바가 없다. 어쩌면 이미 그때, 포조에게는 추천서의 내용보다도 그 추천서에 날인한 사람의 이름이 더 중요했을지도 모른다. 그의 이름은 콜루치오 살루타티, 바로 피렌체 공화국의 총리였다.

피렌체 공화국의 총리직은 사실상 국가의 외교 업무를 다루는 위원회의 종신 위원장이라고 할 수 있었다. 이탈리아 중부에 상당한 면적의 영토를 지배하고 있는 독립국가로서, 피렌체는 이탈리아 반도의 다른 강력한 국가들을 상대로 끝없이 치열한 체스 게임을 벌이고 있었다. 주요 상대는 북쪽의 베네치아와 밀라노, 남쪽의 나폴리, 그리고 내부 분열로 인해서 약해지기는 했지만 여전히 부유하고 위험하며 간섭을 일삼는 로마의 교황령이었다. 이들 경쟁자들은 자신이 위협을 받는 것 같으면 끼어들 기회를 환영하는 대륙의 지배자들에게 자금이나 파병 같은 지원을 요청하는 위험천만한 일도 기꺼이 벌일 준비가 되어 있었다. 이 게임판에 올라선 노름꾼들은 하나같이 야심만만하고 교활했으며 믿을 수 없는 무자비한 자들이었고 항시 무장 태세를 갖추고 있었다. 교회와의 관계까지 포괄한 외교 업무의 총괄자로서 피렌체의 총리의 업무는 중요했다. 도시의 복지문제뿐만 아니라 프랑스, 신성 로마 제국, 에스파냐 등으로부터 쏟아지는 위협에 맞서 피렌체가 생존할 수 있는지의 여부가 그에게 달려 있었기 때문이다.

1390년대 말, 포조가 도착한 피렌체는 바로 이런 도시였다. 그때 하찮은 말단 공증인에서부터 경력을 쌓기 시작한 살루타티는 벌써 이 총리직을 약 25년간 지키고 있었다. 각종 음모를 꾸미고, 용병을 고용하거나 내치며, 외교사절이 수행할 지시사항을 명확히 작성하고, 협정을 맺고, 적들의 책략을 간파하고, 동맹을 구축하거나 선전포고를 하는, 이 모두가 그의 머리에서 나왔다. 이 도시를 가장 사랑하는 시민에서부터 가장 치명적인 적들까지 누구나 이 유능한 피렌체 총리가 법적인 지식과 정치적 교활함, 외교적인 능숙함과 함께 사람의 심리를 꿰뚫어보는 힘, 대중과의 관계를 설정하는 재능과 더불어, 이례적인 문재(文才)까지 가지고 있다는 것을 알고 있었다.

살루타티는 페트라르카와 서신을 교환했으며, 그 역시 페트라르카와 마찬가지로 파묻혀 있는 사라진 과거에서 응축된 힘을 느꼈고, 고대 문화의 흔적을 찾기 위한 학문적인 연구를 했다. 페트라르카와 마찬가지로 매우 독실한 기독교인이었던 살루타티는 최소한 문체라는 측면에서는 6세기의 카시오도루스로부터 13세기의 단테에 이르는 시기에 쓰인 것은 읽을 만한 가치가 거의 없다는 데에 페트라르카와 의견이 일치했다. 베르길리우스와 키케로의 문체를 모범으로 삼고 그들을 닮고자 애썼던 것도 페트라르카와 마찬가지였다. "나는 내 자신이 싫다네(Ego michi non placeo)." 비록 살루타티는 스스로 자신은 페트라르카와 달리 글쓰기에 천부적인 재능이 없다며 이렇게 유감을 표했지만, 살루타티의 산문은 동시대인의 경탄을 사기에 충분했다.

무엇보다도 살루타티는 과거의 부활이 골동품 애호 그 이상이 되어야 한다는 신념을 페트라르카와 공유했다. 자신의 글을 고대에 누군가가 이미 쓴 글과 똑같게 만들려는 것은 실현 가능한 일도 아니고, 설령 가능하다고 해도 그런 단순 복제가 고대 문헌을 읽는 최종 목적이 되어서는 안 된다는 것이었다. "나는 나 자신의 문체는 바로 나 자신의 것인 편이 훨씬 더 낫다고 생각하네."[13] 페트라르카는 썼다. "문체는 마치 몸에 걸치는 옷과 같은 것이어서 내 글에는 내 마음에 맞는 자신의 문체가 낫다네. 비록 내 문체가 다듬어지지 않고 거칠다고 해도 말일세. 위대한 천재들의 문체가 훨씬 더 우아하고 더 야심 차며 더 아름답게 장식되어 있어도 내 지성의 초라한 생김에는 맞지 않아 계속 손가락 사이로 빠져나갈 뿐이네." 이런 겸손의 표현은 속이 빤히 들여다보이는 과장이기는 하지만 한편으로는 진실한 소망을 담고 있기도 하다. 과거의 거장들 뒤로 자신을 숨기고 감추는 것이 아니라 그런 거장으로부터 자신을 찾고자 하는, 새로운 고유한 목소리를 만들고자 하는 염원이 담겨 있는 것이다. 페트라르카는 보카치오에게 다음과 같이 썼다. "고대 저자들은 내 안에 완전히 자리잡아 기억 속에 굳건히 뿌리를 내렸다네. 그들은 이미 골수에까지 녹아들어 이제는 내 정신세계와 하나가 되어 있어. 그러니 설령 내 여생 동안 두번 다시 그들을 읽지 못한다고 해도 그들은 내 영혼 속 깊은 곳에 뿌리내린 채 영원히 나와 함께할 것이네."[14] 살루타티 또한 같은 마음이었다. "나는 항상 믿고 있다네. 고대의 모방은 단순히 고대를 재현하기 위해서가 아니라 뭔가 새로운 것을 만들기 위한 것이어야 한다고 말이네……."[15]

페트라르카와 살루타티는 모두 인문주의의 가치는 단순히 쓸 만한 괜찮은 고대 양식의 모방이 아니라고 주장했다. 인문주의의 가치를 증명하기 위해서는 그 전체 목표가 보다 더 큰 윤리적 목적에 봉사해야 한다는 것이었다.[16] 그리고 이를 위해서는 현재를 왕성하고 정력적으로 살아야 했다. 그러나 이 지점에서부터 스승인 페트라르카와 추종자인 살루타티 사이에 차이가 나타난다. 망명 중에 태어난 페트라르카는 끝내 고향이라고 부를 만한 곳을 찾지 못하고 여러 왕궁과 도시, 교황령과 시골 요양지를 전전하며 떠돌이 신세를 면치 못했다. 그는 안정적인 자리를 잡지 못한 데에서 오는 절망과 세상으로부터 은거하고픈 갈망을 동시에 느끼며 갈팡질팡했다. 반면에 자신이 사는 피렌체를 열렬히 사랑했던 살루타티는 보다 뚜렷한 목표가 있었다. 그는 이 도시국가를 위해서 뭔가 새로운 것을 창출하고 싶어했다.[17]

요새화된 탑과 벽으로 둘러싸인 수도원 등이 세워진 비좁은 피렌체 도심에는 공화국의 정치적 심장인 팔라초 델라 시뇨리아(시뇨리아 광장을 마주 보고 서 있는 일명, 베키오 궁[Palazzo Vecchio], 즉 '오래된 궁'/역주)가 있었다. 살루타티에게 그곳은 도시국가 피렌체의 영광이 머무는 장소였다.[18] 피렌체가 다른 국가의 영향력 아래 있지 않고, 교황령에도 속하지 않으며, 왕이나 독재자, 혹은 고위 성직자가 아니라 시민인 그들 자신으로 구성된 집단에 의해서 다스려지는 독립적인 도시국가라는 사실이야말로 살루타티에게는 세상 그 무엇보다도 중요한 것이었다. 그가 피렌체의 지배자인 시민을 대신해서 쓴 편지나 공문, 의정서, 성명서 등은 모두 읽는 이의 마음을 흔드는 것으로서 실로 이탈리아 전역에서 널리 읽히고 배포되었다. 살루타티의 글은 고대 수사학이 아직 살아 있으며 그것이 효과적으로 정치적인 감정과 오래된 꿈을 다시 일깨웠음을 보여주었다. 탁월한 외교관이자 정치가로서, 살루타티는 단번에 간파하기 힘든 다양한 의견을 가지고 있었다. 그러나 1376년 2월 13일에 안코나로 보낸 편지는 그의 심중을 헤아리는 데에 도움이 된다. 당시 교황은 피렌체와 마찬가지로 독립한 도시국가인 안코나를 자신의 세력권 안에 두려는 야욕을 드러내고 있었다. 살루타티는 편지글을 통해서 안코나 시민에게 이런 교황의 야욕에 맞서 봉기하라고 독려했다. "노예 신분의 어둠 속에서 이렇게 당하고만 있을 작정입니까? 오, 선량한 안코나인이여, 자유라는 것이 얼마나 달콤한 것인지 정녕 생각하지 않으시는 것입니까? 우리 조상들은, 그러니까 우리 이탈리아인 모두는……자유를 지키기 위해서 500년 동안이나 싸웠습니다."[19] 살루타티가 봉기를 선동한 것은 물론 피렌체에 전략적으로 이득이 되기 때문이었다. 그러나 영혼의 자유를 호소하는 그의 목소리를 마냥 냉소적으로 생각할 것만은 아니었다. 살루타티는 피렌체를 고대 로마의 위대함의 기초가 된 공화주의의 계승자라고 진심으로 믿었던 것으로 보인다. 로마는 더 이상 인간이 자유롭고 존엄했던 그 위대했던 과거의 로마가 아니었다. 음험한 성직자들의 음모가 들끓고 폐허로 변해버린 더러운 로마의 거리는 이미 오래 전에 품위를 잃었다. 살루타티가 보기에 로마의 위대함은 피렌체에 살아 있었다. 그리고 자신이 야말로 그런 피렌체를 대표하는 목소리였다.

그러나 살루타티는 자신이 영원히 이 도시를 대표하는 목소리일 수는 없다는 사실을 잘 알고 있었다. 어느덧 70대의 노인이 된 그는 총리직 수행에 따른 종교적 가책과 여전히 그가 사랑하는 도시에 닥쳐오는 수많은 위협에 대한 걱정 때문에 괴로워하고 있었다. 그는 자신이 비호하는 재능 있는 젊은이들에게 기대를 걸었다. 포조 또한 그 젊은이들 중의 하나였다. 살루타티가 언젠가 이들 중 누군가가 자신의 일을 물려받기를 바라면서 훈련시킨 포조를 비롯한 여러 젊은이들을 어떤 경로로 알게 되었는지는 정확히 알려진 바가 없다. 그들 중에서 가장 전도유망했던 젊은이는 아레초 출신의 레오나르도 브루니였다. 포조보다 열 살 연상인 브루니도 출신은 포조와 마찬가지로 보잘것없었다. 그는 본래 법을 공부할 생각이었으나, 특히 살루타티 주변에 모여든 다른 재능 있는 동년배들과 마찬가지로 공부를 거듭하면서 고전에 대한 열정에 사로잡혔다. 브루니가 고전 연구에 몰입하게 된 결정적인 계기는 고대 그리스어를 공부하게 된 것이었다. 1397년에 살루타티는 저명한 비잔틴 제국 출신 학자 마누엘 크리솔로라스를 피렌체에 초청하여 머물게 하면서, 이제는 거의 완전히 잊히다시피 한 언어인 고대 그리스어 강의를 부탁했다. 훗날 브루니는 다음과 같이 회상했다. "크리솔로라스의 도착과 함께 나는 잠시 멈춰서서 어느 쪽 길을 택할지 결정을 내려야만 했다. 법 공부에서 발을 떼는 것은 잘못이라고 생각했지만 그래도 그리스 문헌을 배울 수 있는 절호의 기회를 발로 걷어차는 것은 범죄나 다름없어 보였다."[20] 결국 그는 이 범죄의 유혹에 저항할 수 없었다. "마침내 나는 굴복하고 크리솔로라스에게 나를 열정적으로 바쳤다. 이후 깨어 있는 낮 시간 동안 그에게서 배운 것은 내가 잠든 밤 시간에도 내 영혼을 점령하고 놓아주지 않았다."

살루타티가 양성하는 젊은이 무리 사이에서는 이 위대한 인물에게 인정을 받으려는 각종 책략이 횡행했다. 어쩌면 무일푼에 지방 출신의 아웃사이더로서 가진 것이라고는 오직 자신의 날카로운 지성밖에 없는 브루니야말로 포조가 그들 중에서 가장 자신과 비슷하다고 여겼을 법한 인물이었다. 브루니는 매사 진지하고 성실하며 야심이 가득한 인물이었다. 실제로 포조는 훗날 피렌체의 유능한 총리로 국가를 위해서 최선을 다했으며 다른 여러 작품들과 함께 피렌체의 위대한 역사를 다룬 최초의 책을 쓴 브루니를 높이 샀다. 그러나 젊은 포조가 이 무리 중에서 가장 깊은 연대감을 나눈 벗은 브루니가 아니라 다른 사람이었다. 그의 이름은 니콜로 니콜리, 논쟁을 즐기며 극도로 예민하고 섬세한 탐미주의자였다.

　　포조보다 약 열여섯 살 연상인 니콜리는 피렌체에서 가장 부유한 가문 출신이었다. 그의 아버지는 양모직 제조와 대부업, 곡물 선물 및 기타 여러 사업을 통해서 거대한 부를 축적했다. 1390년대의 납세 기록을 보면, 니콜로 니콜리와 그의 다섯 형제가 브란카치나 피티 같은 유력 가문들이 살던 지역 내 대부분의 거주민보다 더 부유했다는 것을 알 수 있다(현대의 관광객은 니콜리가 죽고 약 20년 후에 지어진 피티 궁의 위엄을 떠올리면서 니콜리 가문의 부의 규모를 가늠할 수 있다).

　　그러나 포조가 니콜리를 알게 되었을 무렵에는 이미 니콜리와 그 형제들의 재산은 점점 줄어들고 있었다. 그들은 여전히 매우 부유했지만 형제들은 서로 신랄하게 싸우느라고 재산을 제대로 관리하지 못했다. 이곳 피렌체에서 축적한 재산을 보호하고 증식하기 위해서는 정치적 게임에 능숙해야 했으나, 그럴 마음이 없었는지 아니면 그럴 능력이 없었는지 니콜리 가문은 전체적으로 정치적 게임에 두각을 나타내지 않았다. 사실 피렌체에서는 오직 적극적으로 도시에서 정치력을 행사하는 자들만이, 그리고 이윤을 지키기 위해서 날카로운 감시의 눈길을 거두지 않는 자들만이 가까스로 망하지 않고 살아남을 수 있었다. 종종 보복성으로 가해지던 세금은 이런 노력이 보이지 않는 취약한 재산에 책정되었다. 역사가 구이차르디니가 100여 년 뒤에 기막히게 평했듯이 당시 피렌체에서 세금은 곧 단검과 같은 것이었다.[21]

니콜로 니콜리는 가문의 부를 지키는 데에 도움이 될 수도 있었을 시민으로서 해야 할 일보다는 그를 지배하는 다른 열정에 모든 것을 쏟아부었다. 양모 거래업과 상품 투기는 그의 관심사가 아니었다. 공화국의 행정부 격인 시뇨리아에 소속되어 일하는 것에도, 12인 위원회나 16인으로 구성된 표준 민병대 의장단 등의 중요 위원회의 일원이 되는 것에도 그는 관심이 없었다. 니콜리는 그의 인문주의자 스승인 살루타티나 친구들 이상으로 고대 로마의 유산에 빠져 있었으며, 사실 그 외의 무엇에도 관심을 가지지 않았다. 그는 아마도 젊은 시절에 직업을 가지지 않고 공화국에서 어떤 직책도 맡지 않겠다고 결심했던 것 같다. 보다 정확히 말하자면, 자신의 물려받은 재산을 고대의 유령을 소환하는 데에 쓰면서 아름답고 충만한 인생을 살기로 결심했던 것 같다.

니콜리가 살던 시대의 피렌체에서 가족은 사회적, 경제적, 심리적으로 중심이 되는 기관이었다. 교회라는 특수한 세계에 입문할 것을 결심하지 않은 다음에야—특히 유산이 있는 경우라면 더더욱—결혼하여 아이를 낳고 가족의 부를 증대시키라는 거대한 압박을 받기 마련이었다. "결혼은 모든 종류의 쾌락과 기쁨을 넘치게 가져다준다."[22] 니콜리보다 조금 늦게 태어난 동시대인 레온 바티스타 알베르티는 당대에 널리 받아들여진 결혼에 대한 가치관을 다음과 같이 요약했다.

만약 친밀함이 선의를 더 북돋운다면, 아내 이상으로 가깝고 계속해서 친숙성을 유지할 수 있는 사람은 없을 것이다. 만약 친밀한 연대감과 합심하고자 하는 의지가 당신의 기분과 욕망을 솔직히 드러내며 대화하는 것을 통해서 얻어진다면, 아내라는 영원한 동반자 이상으로 대화를 통해서 자신을 완전히 드러내고 완벽히 소통할 수 있는 기회를 가질 수 있는 사람은 없다. 무엇보다도, 만약 고결한 동맹이 친선으로 이어진다면 그 어떤 관계도 신성한 결혼이라는 서약보다 당신의 존중심을 요구하지는 않을 것이다. 이 모두를 결혼이 우리에게 주는 모든 쾌락과 유용함의 순간마다 되새기라. 마음을 가득 채우는 감사의 마음을 재확인하게 되리라.

이와 같은 묘사가 지나치게 장밋빛으로 물들어 있다고 생각하는 사람들을 위해서는 끔찍한 경고가 덧붙여졌다. 당대에 가장 인기 있는 설교자였던 성 베르나르디누스에 따르면, 아내가 없는 남자들은 비통하기 짝이 없는 존재이다.

만약 그가 부유해서 뭘 좀 가지고 있다고 해도 제비와 쥐가 먹어치우면 그만이다.……그의 침대가 어떤 꼴일지 아는가? 그는 시궁창 같은 곳에 몸을 누이리니, 침대에 침대보를 한 번 깔면 그것으로 끝, 다시 벗겨내는 일 따위는 하지 않는다. 방바닥은 멜론 껍질과 먹다 버린 뼈다귀, 샐러드 이파리로 뒤덮여 있다.……나무 쟁반도 한 번 쓱 훔칠 뿐이다. 개가 와서 그릇을 핥으면 그것으로 닦은 셈 친다. 이렇게 사는 것이 어떤 것이냐고? 들짐승이나 마찬가지지.[23]

니콜리는 장밋빛 유혹에도 끔찍한 경고에도 굴하지 않았다. 그는 독신으로 남는 쪽을 선택했다. 다시 말해서, 어떤 여성도 연구로부터 그의 마음을 빼앗지 못했다. 분명히 '연구'라는 단어는 이 상황—그는 매우 학구적인 교양인이었다—에 완벽하게 어울리는 말이기는 하다. 그러나

이 '연구'라는 단어만으로는 니콜리가 일찍이 마음을 굳히고 꾸준히 외곬으로 추구했던 삶의 방식의 핵심을 제대로 설명하기에 충분하지 않다. 일단, 니콜리는 자신이 관심을 가지지 않는 나머지에 대해서는 무관심했다. 행복을 추구하기 위해서 일반적으로 필요한 다른 것에는 거의 신경을 쓰지 않았다. 일찍이 니콜리의 전기를 쓴 베스파시아노는 그것을 다음과 같이 정리했다. "자신의 필요에 관해서라면 그는 가사를 돌봐주는 사람이 있었다."[24]

니콜리는 고대의 유물을 예술품으로서 체계적으로 수집하기 시작한 최초의 유럽인 중 한 명이었다. 피렌체에 있는 니콜리의 집은 그가 수집한 귀중한 고대 예술품으로 가득 차 있었다. 이러한 예술품 수집이 오늘날 부유층에서는 상당히 흔한 일이어서 이것이 한때는 매우 참신한 발상이었다는 사실을 깨닫기가 힘들다. 중세에 로마를 찾아온 순례자들도 오랜 세월 동안 콜로세움이나 이교도들이 남긴 다른 '경이로운' 것들을 멍하니 쳐다보곤 했을 것이다. 그러나 그들에게 진짜로 중요한 장소는 존경받는 기독교 성인이나 순교자들의 성지였고 이런 고대 유적들은 성지로 가는 길목에서 지나치듯 보는 것에 불과했다. 니콜리의 피렌체 자택에 수집되어 있는 고대 예술품들은 이와는 전적으로 다른 충동을 드러내고 있었다. 니콜리에게 고대 예술품을 모으는 것은 기념품을 수집하는 것이 아니라 진정으로 아름다운 것을 애정을 가지고 감상하기 위해서였다.

어느 미친놈이 오래된 두상이나 토르소(torso)를 사려고 기꺼이 지갑을 연다는 소문이 돌자, 반응을 보인 것은 농부들이었다. 예전 같으면 라임 나무를 심기 위해서 밭을 갈다가 대리석 조각이 나오면 태워버리거나 조각이 남아 있는 오래된 돌들을 돼지우리의 토대로 쓰곤 했다. 그러나 이제는 발견한 것을 팔려고 내놓기 시작했다. 그리하여 니콜리의 우아한 내실은 고대 로마인이 사용했던 술잔과 유리 공예품, 메달, 카메오,

그 밖의 다양한 보물들로 가득했다. 그중에서도 조각상은 다른 많은 사람들에게도 수집 욕구를 불러일으켰다.

포조는 부유한 그의 친구처럼 고대 로마 시대에 만들어진 접시에 식사를 할 수는 없었을 것이다.[25] 친구처럼 우연히 눈에 띈 거리의 부랑자목에 걸린 카메오를 보고 덜컥 금화를 꺼내드는 일도 할 수 없었을 것이다. 그러나 그는 니콜리의 수집품 아래에 깔려 있는 순수한 욕망 자체를 공유하고 심화시킬 수 있었다. 포조 역시 니콜리를 둘러싸고 있는 그 아름다운 문물을 만들고 그 문화를 꽃피웠던 세계를 이해하고 있었으며 그 세계로 돌아가는 상상을 했기 때문이다. 두 친구는 공화국 시절과 제국 시절의 로마에서 일어난 역사적 일화들을 함께 공부하고 신이나 영웅의 모습을 한 옛 조각상이 상징하는 종교와 신화를 깊이 고찰해보곤 했다. 또한 폐허가 된 옛 빌라들의 기초(基礎)를 측정해보는가 하면, 고대 도시의 지형과 구조에 대해서 토론했으며, 무엇보다도 그 둘이 몹시 사랑했고 개인적인 일상의 편지글에서는 물론이고 대화에서도 사용했을 라틴어에 대한 서로의 이해를 더욱 풍성하고 세밀하게 다듬기 위해서 애썼다.

이렇게 연마한 라틴어로 쓴 편지글들에 따르면, 니콜리가 땅에서 파낸 고대 조각상보다 더 열광한 것이 있었으니 그것은 바로 책이었다. 동료 인문주의자들이 수도원 도서관을 샅샅이 훑고 다니며 찾는 고대 문헌과 초기 기독교 교부들이 남긴 문헌이 니콜리에게는 세상 그 무엇보다 귀한 보물이었다. 니콜리는 이들 문헌을 소유하고 연구했으며 천천히 시간을 들여 손수 문헌을 필사하기를 좋아했다. 그의 손글씨는 포조의 손글씨보다도 더 아름다웠다. 아마도 포조와 니콜리의 우정은 고대 사상의 형태에 대한 관심 못지않게 글씨의 형태에 대한 관심—니콜리도 포조와 함께 인문주의자들이 사용한 글씨체의 개발에 기여했다—을 통해서 군

건해졌다고 할 수 있다.

　고대 문헌의 필사본은 몹시 비쌌다. 그러나 열정적인 수집가에게는 아무리 비싼 가격도 지나친 것으로 보이지 않았다. 니콜리의 도서관은 이탈리아는 물론이고 이탈리아 밖에서도 인문주의자 사이에서 매우 유명했다. 비록 종종 세상과 단절된 생활을 했고 신경질적이며 자기주장이 지나치게 강한 사람이었지만, 니콜리는 그가 수집한 책에 대해서 이야기를 나누고자 하는 학자라면 늘 너그럽게 환영하며 집에 받아들였다. 1437년, 향년 일흔세 살의 나이로 그가 세상을 떠났을 때, 그는 800권에 달하는 필사본을 소장했는데, 이는 피렌체에서는 견줄 데가 없는 최대, 최고 수준의 소장품이었다.

　살루타티가 피렌체를 위해서 미래를 준비했듯이, 니콜리 역시 자신의 고대 문헌 수집품을 사후에 어떻게 할 것인지에 대한 대비책을 세심히 준비했다. 페트라르카와 보카치오 모두 그들이 공들여 모은 필사본을 한데 모아서 잘 보관하고자 했지만, 그들의 사후에 이 귀한 수집품은 여기저기로 팔려나가 뿔뿔이 흩어졌고 때로는 그저 무관심 속에 방치되었다(페트라르카는 수고스럽게 모은 귀중한 책의 다수를 베네치아로 가져갔다. 그는 이 책들이 알렉산드리아 도서관의 영광을 재현할 새로운 도서관의 핵심 도서가 되기를 기대했다. 그러나 결국 이 책들은 축축한 궁전 창고에 갇힌 채 끝내 먼지가 되어 사라지고 말았다). 니콜리는 평생을 바친 수집품이 그와 같은 운명을 겪기를 바라지 않았다. 그는 유언장을 작성하여 그가 수집한 책들은 반드시 한데 모여 있어야 하며, 팔거나 분산하지 못한다고 명시했다. 또한 그는 도서관 자료에 대한 대출과 반납에 관한 엄격한 규칙을 정했고, 도서관을 세우는 데에 필요한 액수의 돈을 신탁의 형태로 남겨두었으며, 이 신탁 재산을 관리할 이사회를 지정했다. 그리하여 도서관 건물이 건설되었고 니콜리가 수집한 책은 일종의 수도원 도서관 같은 건물에 보관되었다. 그러나 니콜리는 자신의 도서관이 세상으로부터 격리된 채 수도사에게만 열려 있는 실제 수도원 도서관처럼 되는 것을 절대 원하지 않았다. 그는 자신의 도서관에 있는 책들을 성직자뿐만 아니라 교양 있는 시민 모두(omnes cives studiosi)가 이용하게 하라고 특별히 언급했다.[26] 그리하여 로마 시대의 마지막 도서관이 문을 닫고 버려진 지 몇 세기의 시간이 흐른 후에 처음으로 니콜리는 공공도서관이라는 개념을 세계에 다시 돌려주었다.

포조가 처음 니콜리를 만난 1390년대 후반만 해도 이런 인상적인 결과로 이어질 고대 도서의 수집욕은 아직 그 초기 단계에 있었을 것이다. 이 둘은 처음부터 신앙에 관한 문제를 제외하면 모든 면에서 후대의 것보다 고대의 것이 더 우수하다는 데에 뜻을 같이했다. 그러나 이들에게서는 페트라르카와 같은 놀라운 문학적 야심이나 독창성은 좀처럼 발견하기 힘들었다. 살루타티의 인문주의에 불을 지폈던 열렬한 애국심과 자유에 대한 열망도 시들해졌다. 대신에 그들의 마음을 차지한 것은 정신적으로는 앞에서 언급한 가치들에 훨씬 더 못 미치는 것이면서 동시에 조금 더 이루기 힘들고 고된 것이었다. 그들을 지배한 것은 고대의 모방에 대한 맹목적 추종과 그 모방의 정확성에 대한 강한 집착이었다. 어쩌면 이 젊은이 세대에게는 선배 세대와 같은 압도적인 재능이 부족했던 것인지도 모른다. 그러나 살루타티가 키운 이 재능 있는 두 젊은이는 뭔가 진실로 새로운 것을 세상에 내보이겠다는 대담한 욕망을 의도적으로 물리친 것처럼 보였던 것도 사실이다. 그들은 새로운 것을 경멸했으며 오래된 것에 다시 생명을 불어넣는 일만을 꿈꿨다. 정신적으로 편협하고 황폐한 이런 꿈은 결국 실패할 수밖에 없는 운명이었다. 그러나 한편으로는 그 꿈은 놀라운 결과를 낳았다.

젊은 인문주의자 집단의 외부에 있던 사람들에게는 이런 언어와 문화

에 대한 새로운 태도가 불쾌하게 보였을 수도 있다. 한 동시대인은 혐오
감을 감추지 않으며 이렇게 썼다. "무지렁이 패거리에게 글 꽤나 읽는
사람으로 보이려고 그들은 그렇게 광장에서 외치고 다니는 것이다. 고대
에는 이중모음을 그렇게 많이 사용했는데 이제는 고작 두 개밖에 쓰고
있지 않다면서 말이다."[27] 심지어 살루타티도 상당한 이유로 이들을 불편
하게 생각하고 있었다. 포조와 니콜리의 열렬한 고전주의가 살루타티 자
신에게 빚진 부분이 있는 것은 분명한 사실이지만, 살루타티도 잘 이해
하고 있었듯이 그 방법에서는 미묘하게 대립하며 갈라서는 부분이 있었
던 것이다.

　1374년 7월 19일, 페트라르카가 세상을 떠났다. 슬픔에 잠긴 살루타
티는 페트라르카가 키케로보다 위대한 산문가이며, 베르길리우스보다
위대한 시인이라고 선언했다. 1390년대에 이르자 포조와 니콜리에게 이
러한 찬사는 터무니없는 소리였고, 그들은 살루타티에게 이 발언을 철회
하도록 압박을 가했다. 그들이 보기에는 수백 년의 세월이 지나오는 동
안 문체의 완성도에서 그 누구도 위대한 고전기의 작가들을 뛰어넘지
못했다. 한마디로 그런 일은 불가능하다고 주장했다. 그들의 관점에 따
르면, 고대 이래의 인간의 모든 역사는 길고 비극적인 문체의 쇠퇴와 상
실의 역사였다. 무관심해서였는지 혹은 무지해서였는지는 몰라도 아마
양질의 교육을 받았을 중세 작가들조차도 고전기의 라틴어 거장들과 같
이 제대로 된 방법으로 문장을 정확하게 구성하는 법을 잊어버렸던 것이
다. 한때 문장가들이 구사했던 것과 같이 우아하고 정밀하고 적절하게
단어를 구사할 줄도 몰랐다. 더욱이 살아남아 있는 고전 문헌들도 왜곡
된 경우가 많아 설령 누군가 이것을 모범으로 삼아 자신의 글을 가다듬
고자 해도 바른 교본으로 사용할 수 없었다. 니콜리의 주장에 따르면,
중세의 스콜라 철학자들이 인용한 "고대인들"은 "자신이 작자로 되어 있

는 인용문을 읽어도 자신의 것이라고는 생각하지 못했을 것이다. 이미 왜곡된 문헌에 기초하고 있거나 아무런 취향도 감각도 없는 번역을 거쳐서 전해졌기 때문이다."[28]

페트라르카는 고전적 문체를 답습한다고 해서 그 자체로 진실한 문학성이나 도덕적 위대함을 이룰 수는 없다고 거듭 주장했다. 물론 그렇게 말한 페트라르카 자신도 일단 카피톨리노 신전의 계단에 올라서자, 마치 고대의 영혼이 자기 안에서 진실로 다시 태어나기라도 한 것처럼 계관(桂冠) 시인의 영광을 받아들였지만 말이다. 그러나 더 극단적이고 강경한 고전주의를 따르는 젊은 세대의 관점에서 보면, 단테나 페트라르카, 보카치오가 이루었다고 말하는 것들 중에서 진실로 가치가 있다고 할 만한 것은 없었다. 그들보다도 못한 다른 작가들에 관해서는 말할 것도 없었다. "고대의 문학적인 유산이 이처럼 가련한 지경에 처해 있는 한, 어떤 진정한 문화도 존재할 수 없으며 그 어떤 논쟁도 필연적으로 그 근거가 취약할 수밖에 없다."[29]

이것이야말로 틀림없이 니콜리의 관점을 보여주는 발언이지만, 사실 위의 말은 정확하게 말하면, 실제 니콜리가 한 말이 아니라 레오나르도 브루니가 쓴 대화체 글에 나오는 말로, 등장인물인 니콜리가 한 대사이다. 가까운 친구들에게 보낸 편지를 제외하면 니콜리는 실질적으로 아무것도 쓰지 않았다. 그의 가혹할 정도의 신랄함과 엄격하고 타협할 줄 모르는 고전주의에 대한 열정을 생각할 때, 어떻게 아무런 글도 쓰지 않을 수 있었을까? 친구들은 니콜리에게 자신이 쓴 라틴어 글을 보내며 그의 교정을 열렬히 기다리곤 했다. 그의 수정은 항상 가혹하고 엄격하며 결코 어물쩍 넘어가는 법이 없었다. 그러나 니콜리가 가장 대충 넘어갈 수 없었던 사람은 다름 아닌 바로 그 자신이었다.

살루타티가 관찰했듯이, 니콜로 니콜리는 포조에게 '또다른 나'였다.[30]

그러나 포조는 니콜리를 사실상 벙어리로 만들어버린 지나친 자기성찰로 고통 받지 않았다. 그는 오랫동안 직업인으로 일하면서 다양한 주제로 많은 책을 썼다. 위선, 탐욕, 진정한 귀족성, 나이든 남자가 결혼을 해야 하는가, 인생의 성쇠, 인간이라는 존재의 비참함, 피렌체의 역사 등이 그가 다룬 주제였다. "그는 글쓰기에 뛰어난 재능이 있었다."[31] 포조의 동시대인으로 그보다 조금 젊은 베스파시아노 다 비스티치는 포조에 대해서 이렇게 썼다. "그는 심한 욕설 세례를 받기도 했지만 동시에 모두가 그를 두려워했다." 심한 말을 하는 것도 듣는 것도 익숙했을 포조는 그의 옛 스승인 살루타티의 의견을 존중하기 위해서 과거 1,000년의 세월 동안 그 누구도 고대인의 달필을 능가하지 못했으며 견줄 이조차 없다는 자신의 생각을 꺾으려고 하지 않았을 것이다. 포조도 페트라르카가 뭔가 성취한 바가 없지 않다는 것만큼은 기꺼이 인정했다. 단지 포조가 인정할 수 있었던 것은 페트라르카가 "그 자신의 노력과 성실함, 세심한 주의력으로 거의 파괴의 지경으로까지 내몰렸던 인문학 연구에 서광을 비춰주고 뒤따르는 다른 이들에게도 열정적으로 뛰어들 수 있는 길을 닦아준" 최초의 인물이라는 것까지였다.[32]

니콜리가 인생의 다른 모든 것을 제쳐두고 결연히 걸은 길은 바로 페트라르카가 닦아놓은 것이었다. 포조도 순전히 자기 자신만 생각한다면 니콜리의 길에 기꺼이 동참하고자 했을 것이다. 그러나 그는 먹고살려면 달리 뭔가를 해야 했다. 필사가로서 그는 뛰어난 기술을 가지고 있었으나 필사가의 수입은 그가 살고 싶은 대로 살 수 있을 정도의 돈은 되지 못했다. 포조의 고전 라틴어에 대한 이해 정도라면 선생으로서 경력을 쌓는 쪽을 택하는 것도 가능했을 것이나, 그것은 포조가 필요로 하는 편의는 거의 기대하기 힘든 삶이었다. 당시 대학은 대개 건물, 도서관, 재원이 모두 부족한 상태였다. 대학의 구성원인 학자나 선생 중에서도 인문학을 가르치는 경우에는 대개 법학이나 의학 강의보다 훨씬 더 보수가 적었다. 인문학 선생들 대다수는 소수의 인기 있는 작가들에 대해서 강의하며 새로운 후원자를 찾으려고 이 도시 저 도시를 돌아다니는 것이 일상이었다. 선생의 삶이라는 것이 어떤 것인지 익히 알고 있었던 포조는 그런 식으로 살고 싶지는 않았다. 포조는 그보다는 훨씬 더 안정적이고 항구적으로 자리잡기를 원했다.

동시에 포조에게는 살루타티에게서 피어나 브루니를 흔들어놓았던 애국주의적 열정도 부족했다. 포조에게는 도시와 공화주의적인 자유에 대한 열정이 없었다. 또한 그는 사제나 수도사로서 살게끔 이끌 만한 종교적인 열망도 부족했다. 그는 어디까지나 결단코 세속적인 영혼의 소유자로서 그의 욕망은 이 세상에 관한 것이었고, 이 세상에 존재하는 것이었다. 어쨌든 포조는 뭔가 하기는 해야 했다. 그리하여 1403년 가을, 스물세 살의 포조는 살루타티의 추천서로 무장한 채 로마를 향해 길을 떠났다.

6

거짓말 공작소에서

포조처럼 야심만만한 시골 출신 신출내기에게 교황을 중심으로 거대하게 소용돌이치는 로마라는 도시는 일종의 대형 자석처럼 작용했을 것이다. 굳이 교황청이 아니더라도 로마는 기회의 도시였다. 로마의 유력 귀족가문들―특히 눈에 띄는 가문으로는 콜론나(Colonna)와 오르시니(Orsini)가 있었다―은 항상 훌륭한 라틴어 실력과 빼어난 손글씨 재주를 가진 자를 필요로 했다. 게다가 로마에 거주하는 주교와 추기경도 저마다 규모는 조금 작지만 궁정을 가지고 있었고, 그런 곳에는 각종 문서의 초안을 잡고 법적 서류 작성 능력을 갖춘 공증인에 대한 수요가 있었다. 로마에 도착한 포조는 일단 이런 궁정 중의 하나인 바리 추기경의 궁에 자리를 잡았다. 그러나 이 자리는 교황에게 봉사하는 더 높은 목표로 나아가기 위한 길에서 잠시 들른 기착지에 불과했다. 최종 목적지가 교황궁(palatium)이 될지 아니면, 교황청 사무국(curia)이 될지는 확실하지 않았지만, 그해가 가기도 전에 확고한 공화주의자 살루타티가 재임 중인 교황 보니파키우스 9세의 궁에 있는 연줄을 이용해 그의 훌륭한 학생이 자신이 가장 원하는 자리에 오를 수 있도록 손을 써주었기 때문이다. 이로써 포조는 필사가라면 누구나 탐낼 만한 자리인 교황청 필사가로 일할 수 있게 되었다.

교황청 사무국에서 일하는 관료의 대부분은 로마와 그 주변지역 출신이었으며 포조처럼 법 분야에 약간의 지식을 갖춘 경우가 많았다. 필사가들도 매일 일과 전에 미사에 참석해야 하기는 했지만 그들의 지위는 분명히 세속적인 것이었다. 그들이 주로 맡아 처리한 일은 교황청의 행정적인 부분에 관한 것으로서, 이런 일에는 합리성, 계산 능력, 운영관리 수완, 법적인 감각이 필요했다. 교황의 세력권은 드넓은 중부 이탈리아 지역을 포함하여 북으로는 베네치아 공화국의 세력권과 인접한 로마냐 지방에까지 미쳤는데, 교황이 이 지역의 절대적인 지배자였다(혹은 최소한 교황은 그렇다고 주장했다). 교황이 지배하는 도시의 다수는 계속 불안정한 상태였으며, 주변 국가의 대외정책은 교황 자신의 대외정책과 마찬가지로 공격적이고 신뢰할 수 없었으며 탐욕스러웠다. 외부세력들은 항상 호시탐탐 군대를 이끌고 이탈리아 반도를 침략할 야욕을 감추지 않고 있었다. 이런 상황에서 자신의 입지를 지키기 위해서 교황은 가능한 모든 외교적 술수, 자금, 흉포한 군사적 행동을 모두 동원할 필요가 있었다. 그리고 여기에는 거대한 행정기구의 유지와 운영이 필요했다.

물론 교황은 이보다 훨씬 더 거대한 영적 왕국의 절대적인 지배자였다. 최소한 이론상으로 그 왕국은 전 인류를 아우르는 것이었으며, 이 세계는 물론 다음 세계에서의 운명까지도 결정짓는 영향력을 가지고 있었다. 사실 교황이 자신의 영향 아래 있노라고 주장한 사람들 중의 일부는 이런 그의 일방적인 발언에 놀라움을 표하기도 했다. 가령, 15세기 말에 교황이 신대륙 사람들 모두는 에스파냐와 포르투갈 왕에게 속한다고 선언하며 그들에 대한 권리를 두 나라의 왕에게 엄숙히 양도했다는 말을 들은 신대륙 사람들이 그랬다. 유대인이나 동방 정교회 소속 기독교인처럼 완강하게 저항한 사람들도 있었다. 그러나 서방의 대다수 기독교인들은 설령 그들이 로마로부터 머나먼 지역에 살고, 교황의 명을 수행하는 데에 쓰이는 라틴어를 전혀 알지 못하며, 또한 교황의 명예를 더럽히는 어마어마한 도덕적 결함에 대해서 뭔가 들어 알고 있다고 하더라도, 교황이 가진 유일무이한 권위를 믿고 그들에 대한 영향력을 받아들였다. 그들은 교황권이 영혼의 운명에 결정적이라고 주장하면서 이러한 주장을 불과 검으로 관철시켰던 독단적인 종교의 교의의 진의를 밝혀줄 것을 기대했다. 또한 결혼, 결혼의 무효를 비롯한 족히 천여 가지는 될 복잡 미묘한 사회적 관계와 관련된 문제에 대해서 교황의 사면—즉 교회법의 면제—을 구했다. 그 외에도 그들은 다양한 일자리를 얻기 위해서, 고액의 성직록(聖職祿)을 인정받기 위해서 다투었으며, 엄청난 부와 영향력을 가질 수 있는 입법 관직이나 지주, 종교 지도자 자리가 자신의 경쟁자가 아니라 자신에게 베풀어지기를 바랐다. 실제로 15세기 초에 포조가 로마에서 일할 당시, 해결을 구하며 교황청으로 날아드는 편지는 매주 거의 2,000통에 달했다.

　이는 당시 유럽의 어느 법정의 사무량보다도 훨씬 더 많은 양이었고, 이와 같은 업무를 처리하기 위해서는 숙련된 인재가 필요했다. 신학자, 변호사, 공증인, 서기, 비서 등의 특화된 인물들이 로마에서 활동할 수밖에 없는 이유였다. 청원서는 적합한 서식에 따라서 작성되고 제출되어야 했으며, 의사록도 세심하게 작성, 보관되어야 했다. 모든 결정과 판결도 기록된 뒤 필사되어 보관되었다. 칙령, 특허장, 인가증 등 교황청에서 내리는 일련의 교서들은 모두 필사한 뒤 봉인하여 보관했으며 이들을 축약한 문서를 따로 준비하여 배포했다. 로마 주교는 그 지위에 어울리는 거대한 규모의 내무조직을 갖추고, 로마 주교직이 가지는 정치적 의미와 예법상 법도에 맞게 궁정인, 고문, 서기, 하인들로 이루어진 대규모 수행단을 거느렸다. 또한 그는 자신이 가진 사법적 권력에 걸맞은 대규모의 법정과 함께 종교상의 권위에 어울리는 거대한 종교적 관료기구도 갖추고 있었다.

포조가 입문하여 발돋움하고자 하는 세상은 바로 이런 곳이었다. 교황청 사무국의 자리는 교회 계급 안에서 더 높은 자리로 치고 올라가기 위한 초석인 셈이었다. 그러나 교회에서 더 높은 자리에 앉을 희망을 가진 자라면 성직 서품을 받는 것이 일반적이었다. 포조 또한 성직 서품을 받는 것이 부와 권력으로 가는 길임을 알고 있었으며, 미혼이었으므로 그 길에 장애가 될 만한 것도 없었다(정부[情婦]가 있었을 것이고 그 사이에서 사생아도 태어났을 것이나 결코 이런 것이 장애가 되지는 않았다). 그럼에도 포조는 그 길을 선택하지 않았다.

포조는 자신이 성직에 나아갈 만큼 종교적 사명감을 가지고 있지 않다는 것을 잘 알고 있었다.[1] 물론, 당대 많은 사람들이 종교적 사명감이 부족함을 알면서도 성직자의 길을 택했다. 그러나 포조는 종교적 사명감 없이 이 길을 택한 사람들이 영위하는 삶의 방식을 좀처럼 좋아할 수가 없었다. 포조는 니콜리에게 이렇게 썼다. "나는 성직에는 나서지 않겠다고 결심했습니다. 좋은 품성과 훌륭한 성품을 가진 사람이라고 생각했던 이들이 사제의 길을 택한 후에 탐욕스럽고 나태해지며 방탕하게 타락하는 것을 수없이 봐왔기 때문입니다."[2] 포조는 자신도 성직의 길을 걷는다면 이와 같은 타락의 운명을 피할 수 없을 것이라고 생각했다. "최소한 그리 되지는 말아야겠다는 두려움 때문에 내게 남겨진 시간 동안 나는 속인으로서 살고자 합니다." 성직자의 길을 포기하는 것은 이 불안정하기 짝이 없는 세상에서 특별히 편안하며 안정적인 길을 포기한다는 의미였다. 그러나 포조가 보기에 그 안정의 대가는 너무도 비쌌다. "많은 사람들은 사제가 되는 것을 자유를 얻는 길로 생각하는 것 같지만 나는 그럴 수가 없습니다."[3] 그는 니콜리에게 털어놓았다. "오히려 내게는 사제가 되는 것이야말로 가장 엄격하고 억압적인 형태의 봉사로 보입니다."포조가 그 대안으로 내놓은 인생살이의 방안―속인 신분으로 교황청에서 일하는 관료가 되는 것―은 사실 꽤나 부자연스러운 것이었다. 그러나 포조는 성직이라는 신분에 매이지 않음으로써 자신을 충분히 자유롭게 해주었다고 느꼈다. 마치 독립된 자아의 가장 핵심적인 부분만큼은 지켜냈다고 생각한 것 같다.

포조에게는 가능한 모든 면에서 독립이 필요했다. 도덕적인 관점에서 보았을 때, 로마의 교황청 사무국은 위험천만한 곳으로 악명이 높았다. 당대의 라틴어 경구는 그 위험성을 다음과 같이 간결하게 표현한다. "교황청 사무국의 좋은 일꾼은 인간으로서는 가장 사악한 자로다(Curialis bonus, homo sceleratissimus)."[4] 포조가 교황청 사무국의 중심에 깊숙이 발을 들여놓은 시기인 1430년대에 쓰인 한 편의 괴이한 작품은 당시의 교황청 분위기를 매우 생생하게 전해준다. 『로마 교황청의 탁월함과 존엄성에 관하여(De curiae commodis)』라는 제목의 이 작품은 피렌체 출신의 동시대인으로 젊은 인문주의자 라포 다 카스틸리온키오가 쓴 것으로서, 키케로풍의 대화체 형식의 글이다. 당시의 작가들은 글에 대한 완전한 책임을 피하면서 논쟁적이고 어쩌면 위험하기까지 한 의견을 피력하고 싶을 때 이 형식을 애용했다. 라포의 상상 속 대화의 포문을 여는 안젤로―당연히 이 인물은 결단코 글쓴이인 라포 자신이 아니다―라는 인물은 교황청의 도덕적 파탄을 맹렬히 공격하면서 그곳이야말로 "범죄를 비롯해 도덕적으로 비난받아 마땅한 잔혹행위, 사기, 각종 속임수가 덕의 이름으로 횡행하고 거기다 높은 평가를 받는 곳"이라고 말한다.[5] 이 위선에 찬 지저분한 개수대가 신앙을 주장한다는 것은 터무니없는 일이었다. "도대체 교황청보다 더 종교와 동떨어진 곳이 어디에 있겠는가?"[6]

여기에서 글쓴이인 라포 자신이 등장하여 교황청을 옹호한다. 물론 교황청이 청원자 무리를 끌어들이고 있기는 하지만, 우리는 신께서 다수의 군중으로부터 경배받기를 원하신다는 것을 알고 있다. 그러므로 신께서는 값비싼 것으로 치장한 사제들이 연출하는 장엄한 숭배의 광경을 통해서 특별한 섬김을 받아 마땅하다. 또한 일반 대중에게 교황청이야말로 사려 깊게 생각하는 미덕을 깨우치기에 최적의 장소이다. 그도 그럴 것이 교황청에는 전 세계에서 몰려온 온갖 종류의 사람들이 있기 때문이다. 단순히 기이한 옷차림과 독특한 수염, 다양한 발음을 보고 듣는 것만으로도 인간의 관습에 대해서 많은 것을 배울 수 있는 귀중한 수업이 된다. 또한 교황청은 인문주의를 배우는 데에도 최적의 장소이다. "교황의 내적 사무를 처리하는 비서인"(따라서 매우 영향력 있는 인물인) "피렌체 출신의 포조라는 자는 최고 수준의 학식을 갖춘 인물이자 달변가로서, 훌륭한 기지와 세련미를 갖춘 특별한 중요 인사라고 할 수 있다."[7]

물론 라포도 뇌물과 각종 비리로 교황청의 심장부가 오염되어 있음을 인정한다. 그러나 이런 문제는 이 신성한 장소의 명성을 더럽히는 소수의 끔찍한 도둑과 성도착자 때문으로, 교황이 이런 추문을 알아차리면 분명 자신의 집을 청소하고 일신할 것이다. 그러니 결국 항상 마음에 새겨야 할 것은 실제로 무슨 일이 벌어졌는가가 아니라 의도가 무엇이었는가이다.

이런 라포의 주장에 분명히 설득당한 것처럼 보이는 안젤로는 화제를 바꿔 이번에는 교황청에서 일하는 법관들이 얼마나 교활한지를 비난하며 흥분하기 시작한다. 안젤로는 그들이 사람들의 약점과 내적인 비밀을 교묘하게 파고들고 돈이 될 만한 기회라면 물고 늘어진다고 이야기한다. 교황의 문장(紋章)이 들어간 한 줌의 서류 뭉치를 얻기 위해서 지불하는 엄청난 수고비를 고려하면, 그 벌이가 얼마나 짭짤할 것인가! 한마디로 금광이나 다름없는 자리이다. 그러니 청빈한 그리스도의 이미지로 사람들을 감화시키려고 더 이상 억지로 애쓸 필요 따위는 없다. 그런 이미지는 처음부터 뇌물 공여자들이나 믿으면서 자신들에 대한 비방을 피하기 위해서 필요할 뿐이다. 이제 시대가 바뀌었다. 어떤 일을 하든 부는 핵심적 가치로서 인정되며, 누구나 능력만 있다면 기꺼이 추구하라. 사제라도 얼마든지 원하는 만큼 부를 축적해도 된다. 그들은 오직 영혼만 가난하면 되는 것이다. 고위 사제가 막대한 부를 소유하지 않고 실제로 가난하고자 한다면 그것이야말로 일종의 '분별없는' 행동이다.[8]

대화는 이런 식으로 시치미를 떼며 제법 진지하고 열정적으로 전개된다. 교황청은 진지한 연구뿐만 아니라, 노름, 승마, 사냥 같은 가벼운 오락에도 최적의 장소라는 점에서 작품 속의 등장인물들은 뜻을 같이한다. 교황청에서 열린 만찬에 참가했다고 상상해보라. 재치 있는 뜬소문이 넘실대는 가운데, 수염도 나지 않은 젊고 아름다운 소년들이 내오는 환상적인 식음료가 베풀어질 것이다. 만약 가니메데스(유피테르가 반하여 납치했다는 미소년/역주) 취향이 아니라면 베누스 취향을 위해서도 넘치는 쾌락이 준비되어 있었다. 정부, 간음을 일삼는 부인, 고급 창녀들이 교황청 한가운데 자리를 차지하고 있다. 또한 그녀들이 제공하는 기쁨이야말로 인간의 행복을 이루는 중심이기 때문에 이는 실로 적절한 일이기도 하다. 외설적인 노래와 드러난 가슴, 키스와 애무와 함께, 성기 주위를 핥도록 훈련받은 조그만 하얀색 애완용 강아지들이 욕망을 불러일으키기 위해서 준비되어 있다. 그리고 이 모두를 놀라울 만큼 싼 값에 얻을 수 있었다.

이처럼 충격적인 타락과 부에 대한 광적인 추구를 열정적으로 드러내는 것은 이를 교활하게 풍자하려는 의도임에 분명하다. 그러나 『로마 교황청의 탁월함과 존엄성에 관하여』는 매우 색다른 풍자문이라고 할 수 있다. 독자가 경멸감을 느끼게끔 의도적으로 쏟아낸 마구잡이식의 찬사가 실제로 일부 동시대인에게는 꽤나 그럴듯한 이야기로 받아들여졌기 때문만은 아니다.[9] 문제는 이 작품을 썼을 당시, 라포 자신이 교황청에 자리를 얻으려고 무진 애를 쓰고 있었다는 것이다. 물론, 라포 스스로도 이런 자신의 양면성을 깨달았을 것이다. 사람들은 종종 자신이 필사적으로 들어가고자 하는 그 집단에 대해서 경멸을 표현하곤 하지 않는가. 그러나 이렇게 교황청의 악덕을 수집해서 늘어놓는 행위는 단순히 양면적인 태도를 보이는 것 이상의 무엇이 있었다.

작품 속에는 라포가 뜬소문, 외설적인 이야기와 농담, 그리고 교황청에서 일하는 필사가와 비서들의 대화에서 특징적으로 나타나는 거짓말 같은 것을 칭송하는 장면이 나온다. 라포는 사람들이 주고받는 이런 말들이 진실인지 거짓인지는 중요하지 않다고 말한다. 이 모두는 즐기자고 하는 말이고 또 그 나름의 방식으로 유익하기도 하다는 것이다.

> 그 누구도 예외가 될 수 없다. 대상이 되는 사람이 그 자리에 있고 없고는 상관없었다. 장난으로 깔깔거리든, 아니면 조롱할 의도로 비웃든 간에 모두가 고루 공격의 대상이 되었다. 만찬장이나 술집에서의 망신, 뚜쟁이 노릇, 뇌물 공여, 도둑질, 간음, 성적 타락. 온갖 수치스러운 행동들이 만천하에 공개되었다. 이런 망신은 쾌락을 제공하기도 했지만 또한 매우 유익한 것이기도 하다. 이로써 인생의 실체, 인간의 본성이 어떤 것인지 똑똑히 목도하게 되기 때문이다.[10]

라포는 분명히 반어적 표현으로 비꼬는 중이었다. 그러나 동시에 그는 이 반어적 말투를 통해서 자신이 냉소적인 농담을 할 줄 알며 따라서 그가 맹렬히 비난하는 이런 대화 속에 낄 만한 재치가 있음을 보여준다. 말하자면 이 글은 교황청 사람들, 그중에서도 '피렌체 출신의 포조'에게 자신을 드러내는 방법이었다.

라포가 이런 글로 시선을 끌어보려고 했던 1430년대에 포조는 이미 필사가에서 훨씬 더 많은 권력과 수입을 가진 교황의 비서로 승진한 후였다. 교황청에는 항시 100여 명의 필사가들이 있었으나, 교황의 비서는 6명뿐이었다. 교황의 비서는 교황과 직접적으로 대면하여 일했고, 따라서 훨씬 더 큰 영향력을 행사할 수 있었다. 교황의 비서는 여기에서 진지한 조언을 남기고 저기에서 시기적절한 발언을 함으로써 중요한 사건의 결과나 고액 성직록의 배정에 관한 결정에 엄청난 영향력을 미칠 수 있었다.

교황의 비서들 중에서도 세크레타리우스 도메스티쿠스(secretarius domesticus) 또는 세크레투스(secretus)라고 불리는 비서는 특별했다. 교황이 가장 가까이 두고 사적이고 은밀한 일을 부탁하는 세크레투스 자리는 모두가 탐내는 황금 사과 같은 것이었다. 온갖 책략과 술책으로 몇 년을 애쓴 끝에, 포조—오래 전 아레초에서 빚쟁이들을 피해 아버지를 따라 도망쳐야 했던 소년—는 마침내 그 황금 사과를 따는 데에 성공했다. 야심에 부푼 라포나 그밖에 교황청에 취업을 바라는 사람들에게 포조가 '교황의 사람들' 중에서도 가장 중요한 인물임을 알아보는 것은 간단한 일이었다.

그러나 왜 라포는 자신이 일하고 싶은 바로 그 기관의 부패상을 교묘하게 비꼰 그림을 그림으로써 포조의 환심을 살 수 있다고 생각했던 것일까? 포조는 아마도 라포가 이 글을 발표한 1430년대에는 이미 오래 전에 스스로 '부잘레(Bugiale)', 그러니까 '거짓말 공작소'라고 부른 이 기관의 중심부에 자리잡고 있었을 것이다. 교황의 비서들은 교황청의 한 장소에 정기적으로 모여 갖가지 이야기를 나누며 농담도 주고받곤 했다. "그 누구도 예외가 될 수 없다."[11] 라포의 이 말은 실제로 포조가 먼저 썼던 것을 반복한 것이었다. "우리의 반감을 사는 것은 무엇이든지 거리낌 없이 도마 위에 올랐다. 그리고 교황이 우리의 도마 위에 맨 먼저 오르는 경우가 많았다." 이들이 주고받은 잡담은 대체로 사소한 것으로 허위에 중상모략이었으며 음흉하고 종종 외설적이기까지 했다. 따라서 이들 대부분은 입 밖으로 나오기가 무섭게 기억 속에서 사라지고 말 그런 성질의 이야기였다. 그러나 포조는 이런 시시한 잡담의 어느 하나도 절대 잊지 않는 듯했다. 그는 책상에 앉아 자신이 자랑하는 일류 라틴어로 이 거짓말 공작소에서 나눈 대화를 하나하나 기록했고, 그 기록은 『파케티아이(*Facetiae*)』라는 제목의 책으로 태어났다.

수백 년 전의 농담이 계속 그 생명력을 유지하기란 거의 불가능하다. 셰익스피어나 라블레, 세르반테스가 남긴 몇몇 농담이 여전히 우리를 미소 짓게 만드는 것은 거의 기적에 가깝다. 거의 600년의 시간이 흐른 지금, 포조의 『파케티아이』는 그 시대의 분위기를 짐작할 수 있는 하나의 징후 이상의 재미는 주지 못한다. 『파케티아이』라는 이름의 이 유물은 마치 오래 전에 죽은 곤충의 유해처럼 한때 바티칸의 공기 중을 떠다녔던 이야기가 어떤 것이었는지를 말해준다. 일부 농담은 직업과 관련된 불평을 담고 있는데, 비서라는 직업을 가졌다면 언제, 어디에서라도 있었을 법한 종류의 것이었다. 이를테면 상사는 늘 끊임없이 뭔가를 지적하면서 다시 쓰라고 시킨다. 하지만 고친 척하고 똑같은 문서를 내밀어도 상사는 꼼꼼하게 보는 척할 뿐 실은 흘끔 쳐다보고는 결국 "이제 다 좋군. 가져가서 봉인하게……"라고 말한다는 식의 이야기이다.[12] 책의 일부 이야기는 신비로운 자연현상이나 민간에서 일어나는 기적 같은 것을 소재로 삼아 반신반의한 시선을 보여주기도 한다. 소수의 이야기는 교회의 정책을 비꼴 소재로 삼기도 했다. 포조는 모든 종교적 분열을 종식시키겠다는 약속을 자신의 필요에 따라서 편리하게 잊어버리는 교황을 볼로냐에서 온 한 사기꾼에 비유한다. 이 사기꾼은 자기가 하늘을 날 수 있다고 큰소리를 치고 다녔는데, "군중이 몰려들어 그가 나는 것을 보기 위해서 기다리자, 뭔가를 해야 했던 그는 사람들 앞에 나서서 자기 엉덩이를 보여주었다."[13]

그러나 『파케티아이』에 실린 대부분의 농담은 성(性)에 관한 것이다. 이 농담들은 교황청 사람들이 모인 공간이 얼마나 음탕하고 난교가 횡행했는가를 전하는 한편, 이런 생활에 무지한 촌놈들에 대한 내부인들의 경멸감과 함께, 경우에 따라서는 성직자 세계에 대한 뚜렷한 반감을 드러내기도 한다. 한 여자가 남편에게 자신은 성기가 두 개(duos cunnos)라고 고백하는 농담을 예로 들어보자.[14] 그녀는 두 성기 중 앞쪽에 있는 것은 남편과 관계를 맺을 때 쓰는데, 경건한 영혼의 소유자이기 때문에 뒤쪽에 있는 것은 교회와 관계를 맺을 때 쓰려고 한다. 이렇게 성기를 나누어 쓰는 것은 교구의 사제가 오로지 교회에 속한, 교회의 몫에만 관심을 가지기 때문이라는 것이다. 또다른 농담에는 생각이 모자란 사제가 등장한다. 이 사제는 소리 높여 음욕(luxuria)을 비판하면서 남녀가 성적 쾌락을 높이려고 시도하는 갖가지 모습을 설교 시간에 장황하게 묘사했다. 설교를 듣기 위해서 모여 있던 많은 신자들은 내용을 잘 적어두었다가 집에 돌아가 직접 시도해보았다고 한다. 할 말을 잃은 사제들에 관한 농담도 있다. 고해성사 때마다 거의 모든 여성은 결혼생활 내내 정조를 지킨다고 말하는데, 거의 모든 남성은 혼외정사 경험이 있다고 고백하니, 대체 그 남성들과 죄를 저지른 여성들은 누구인지 알 수가 없었기 때문이다. 이밖에도 여자를 밝히는 수도사들, 활기에 넘치는 은둔자들, 돈 냄새를 찾아 코를 킁킁대는 피렌체 상인들, 아프다며 시름거리더니 사랑을 나누자 마법같이 낫는 여인들, 교활한 사기꾼들, 소리만 고래고래 지르는 설교자들, 믿을 수 없는 아내들, 멍청한 남편들이 농담의 소재가 되었다. 그중에는 프란체스코 필렐포라는 이름의 동료 인문주의자에 대한 농담도 있다. 그는 아내가 불륜을 저지르지 못하게 막아주는 마법 반지를 손가락에 끼는 꿈을 꿨는데, 잠에서 깨어보니 자기 손가락을 아내의 질에 넣고 있는 것을 발견했다는 것이다. 또다른 농담에서는 성기를 얼마나 깊숙이 집어넣는지에 따라서 아이를 상인이든, 군인이든, 장군이든 원하는 대로 만들 수 있다고 주장하는 돌팔이 의사가 나온다. 한 멍청한 촌놈이 자식을 군인으로 만들어달라고 흥정하고는 자기 아내를 이 악당의 손에 넘겨주었다. 딴에는 약삭빠르게 행동한다고 생각하면서 그 관계의 현장에 숨어들어 성기가 더 깊숙이 안쪽으로 들어가라고 관계를 맺고 있던 돌팔이 의사의 엉덩이를 철썩 때렸다. 이 촌놈은 승리감에 도취해서 외친다. "이놈은 교황이 될 거다(Per Sancta Dei Evangelia hic erit Papa)!"[15]

『파케티아이』는 엄청난 성공을 거두었다.

당대의 가장 유명한 농담집인 포조의 작품이 교황청을 둘러싼 사회적 분위기를 포착해낸 것이라면, 라포가 도덕적 분개와 냉소주의가 이상한 조화를 이룬 자신의 작품으로 관심을 끌어보려고 했다는 사실은 별로 놀라울 것도 없다(알려진 바에 따르면, 라포는 『로마 교황청의 탁월함과 존엄성에 관하여』를 쓰고 몇 달 지나지 않아 가엾게도 서른셋의 나이로 전염병으로 죽었다). 16세기에 이르자, 종교개혁의 열풍으로 위기감을 느끼게 된 가톨릭 고위층은 내부에서 유행하는 이런 위험한 유머를 근절하려고 노력했다. 보카치오, 에라스무스, 마키아벨리의 책과 함께 포조의 『파케티아이』도 교회가 불태워 없애고자 하는 도서목록에 올라가게 되었다.[16] 그러나 포조의 생시에는 이미 널리 알려진 것을 새삼스럽게 농담의 형태로 드러내는 것은 아직 허용되었으며, 심지어 유행하기까지 했다. 포조는 자신이 직업인으로서 대부분의 시간을 보냈던 조직에 대해서 이렇게까지 쓸 수 있었다. "그곳에는 재능이나 성실이 들어설 자리는 거의 없다. 모든 것은 책략이나 행운을 통해서만 얻을 수 있다. 그리고 돈이야말로 이 세상 모든 것을 좌지우지할 수 있는 힘을 가진 것처럼 보인다."[17]

자신의 재능 하나에 기대어 살아가는 야심만만한 지식인들이었던 교황청의 필사가와 비서들은 상전으로 모시고 있는 저 배부른 고위성직자들보다 자신들이 더 똑똑하고 섬세하며 더 나은 자리를 차지할 만한 가치가 있다고 느꼈다. 예상컨대, 그들의 세계는 분개심이 지배하고 있었을 것이다. 포조는 이렇게 썼다. "우리는 교회의 최고 권위를 손에 쥔 저 부적격자들에게 분개한다. 무지하고 무가치한 자들이 찬양을 받는 동안 정작 진정으로 분별력 있고 배운 자들은 냉대를 당한다."[18]

이 야심만만한 젊은 지식인들의 세계 역시 가혹한 배신과 경쟁, 험담이 지배하는 곳이었다. 앞에서 나온 포조의 혈통을 헐뜯는 이야기는 이들이 서로 못 잡아먹어서 얼마나 안달이었는지를 확인시켜준다. 포조가 그의 적으로 경쟁관계에 있던 인문주의자 필렐포에게 날린 '농담' 역시 마찬가지이다.

평상시처럼 다수의 훌륭한 교양인들로 구성된 교황의 비서 모임이 교황궁에서 열렸다. 이들의 대화는 그 악당, 프란체스코 필렐포의 추잡하고 역겨운 삶에 대한 이야기로 흘러갔다. 그자는 모든 면에서 엄청난 분노를 일으키며 비난을 샀는데, 누군가 그가 출신은 고귀한지 물었다. "그렇고말고요." 필렐포와 동향 출신인 한 사람이 매우 진지한 표정으로 답했다. "고귀한 출신이고말고요. 게다가 그 고귀한 혈통은 한눈에 알아볼 수 있답니다. 그의 아버지는 아침마다 늘 비단옷을 입으시거든요."[19]

행여 독자가 이 재치 있는 농담의 핵심을 놓칠까 염려했던 포조는 다음과 같은 풀이를 덧붙인다(이럴 때면 언제나 맥이 빠진다는 티를 낸다). "이는 필렐포가 사제의 사생아라는 사실을 암시하는 것이다. 일반적으로 사제는 공무를 수행할 때 비단으로 옷을 갖춰 입는다."

오랜 시간이 지난 오늘날의 시점에서 보면, 이런 비방은 어린아이들의 싸움처럼 유치해 보인다. 그러나 이 비방을 주고받은 당사자들은 기꺼이 피를 흘릴 각오도 되어 있는 어른이었고, 때때로 이들의 싸움은 수사적인 차원을 넘어서기도 했다. 1452년, 포조는 마찬가지로 교황의 비서이면서 까다롭기로 유명했던 트라브존 출신의 조르조와 격렬한 논쟁을 벌였다. 논쟁은 고대 문헌의 일부를 누가 더 믿을 만하게 번역했는가에 대해서 이야기를 나누다가 시작되었다. 포조가 경쟁자인 조르조가 거짓말을 하고 있다고 외치자, 조르조는 포조에게 주먹을 날렸다. 그리고 둘은 씩씩거리며 잠시 서로의 책상으로 물러갔다가 이내 싸움을 재개했다. 일흔두 살의 포조는 쉰일곱 살인 조르조에게 달려들어 한손으로는 조르조의 뺨과 입술을 공격하려고 더듬으면서 다른 손으로는 그의 눈을 찌르려고 했다. 싸움이 진정된 후에 조르조는 분이 가시지 않은 채로 포조에게 이 싸움에 관해서 글을 적어 보냈다. 조르조는 자신이 이 싸움에서 가히 타의 모범이 될 만큼 스스로를 자제했노라고 말한다. "물론 나는 내 입에 넣은 당신의 손가락을 확 깨물어버릴 수 있었습니다. 그러나 그렇게 하지 않았습니다. 나는 앉아 있었고 당신은 서 있었으므로 마음만 먹으면 양손으로 고환을 움켜쥐어 당신을 간단히 때려눕힐 수 있었지요. 그러나 나는 그렇게 하지 않았습니다."[20] 이 사건은 그로테스크한 소극(笑劇) 같아 보인다. 실제로 포조의 농담집에는 이 사건과 유사한 내용의 이야기가 실려 있다. 그러나 한 편의 소극 같은 사건이 현실세계에 가져온 결과는 전혀 익살스럽지 않았다. 더 강력한 인맥과 훨씬 더 원만한 대인관계를 맺고 있던 포조는 조르조를 교황청 사무국에서 내쫓았다. 포조는 삶의 막바지를 영광 속에서 마무리했지만, 조르조는 무명의 상태로 분노로 가득 찬 채 가난하게 죽었다.

'교양의 부활'을 다룬 19세기의 유명한 책에서 존 애딩턴 시먼즈는 흡사 검투사처럼 치고받는 인문주의자들 사이의 다툼을 되새기며 이렇게 말한다. "이런 다툼은 이들이 얼마나 학구적인 문제에 열정적이었는지를 보여주는 증거라고 할 수도 있다."[21] 어쩌면 그럴지도 모른다. 아무리 거친 모욕이 오고갔다고 해도, 어쨌거나 문제는 라틴어 문법의 세세한 부분이나 단어 사용의 오류, 번역의 미묘한 차이에 관한 것이었다. 포조는 자신보다 어린 인문주의자 로렌초 발라와 라틴어 문체에 관한 논쟁을 벌이다가 상대를 이단, 도둑놈, 거짓말쟁이, 위조범, 겁쟁이, 술주정뱅이, 성적 변태, 허영심에 빠진 미친놈이라고까지 몰아세웠다. 그러나 이런 비난의 과도함과 신랄함은 대단히 교양 있는 인물들이었던 개별 인문주의자들의 삶 내부에 존재하는 썩어 문드러진 부분을 폭로한다.

비록 그 세계로 들어가기 위해서 문을 두드리고 있는 입장이었지만, 라포는 그 세계 전체가 병들어 있음을 잘 알고 있었고 또 그 현상을 분석도 했던 것으로 보인다. 문제는 까다로운 몇몇 개인 때문에 생긴 것이 아니라 보다 구조적인 것이었다. 교황청은 그 자신의 필요를 만족시키기 위해서 지식인 계급을 탄생시켰다. 이 지식인들은 사회적 기반이 약했으며 모순적인 구석이 있었다. 이들은 고용주를 기쁘게 하기 위해서 헌신했고, 고용주의 후원에 전적으로 의존했으나, 한편으로는 그런 형편에 냉소적이었고 자신들의 처지를 불행하게 생각했다. 냉소주의와 탐욕, 위선이 판을 치고, 전 인류에게 도덕적으로 살라고 설교하지만 정작 본인은 비뚤어진 웃전의 비위를 맞추면서 절대군주가 지배하는 궁에서 유리한 지위를 얻고자 경쟁을 해야 했다. 이런 곳에서 오래 지내다 보면, 건전한 희망과 품위를 갖춘 인간이 되는 것은 불가능했으리라. 중상모략이나 암살 같은 방법을 꾀하는 예를 제한다면, 그들은 무슨 수로 이런 분노의 감정을 잠재울 수 있었을까?

포조는 이 병적인 환경에 빠르게 굴복했고 끝내 여기에서 완전히 벗어나지 못했다. 그가 이 병에 대해서 취한 한 가지 방법은 이를 웃음으로 넘겨보려는 것이었다. 그 웃음은 『파케티아이』에 나오는 것과 같은 거칠고 천박한 성질의 웃음이었다. 이런 웃음을 통해서 포조는 얼마간의 위안을 얻었던 것 같다. 그러나 그것만으로는 충분하지 않았는지 그는 일련의 대화체 형식의 글을 통해서 진지한 도덕주의자의 태도를 취함으로써 이 병을 이겨보려는 다른 시도를 했다. 『탐욕에 관하여(*De avaritia*)』, 『위선자 논박(*Contra Hypocritas*)』, 『고귀함에 관하여(*De nobilitate*)』, 『운명의 성쇠에 관하여(*De varietate fortunae*)』, 『인간 존재의 참혹함에 관하여(*De miseria humanae conditionis*)』 등이 바로 그 결과물이다. 농담들과 도덕론 사이에는 뚜렷한 연결 고리가 발견된다. 다만, 희극적인 농담에서는 희미하게 암시만 된 문제들이 도덕론에서는 보다 깊이 있게 다루어졌다.

예를 들면, 『위선자 논박』에는 성적 유혹을 일삼는 성직자들에 대한 내용이 상당 부분을 차지하고 있다. 그러나 이런 이야기는 어떤 구조적 문제에 대한 보다 넓고 깊이 있는 분석의 일부에 지나지 않는다. 말하자면 성직자, 특히 수도사들이 더 위선적인 행동을 일삼는가 하는 것 같은 문제이다. 포조는 종교적 직무와 사기는 무슨 관계가 있는 것은 아닌가 하고 의문을 제기한다. 이런 의문에 대한 제대로 된 답에는 분명히 성적(性的)인 동기가 담겨 있을 것이다. 그러나 성적 동기만으로 교황청 같은 장소에 들끓는 위선자 무리의 행태를 제대로 설명하기에는 부족했다. 겉으로는 경건함을 뽐내고 금욕적인 생활을 내세우는 창백한 안색으로 유명한 저 수도사들도 마찬가지였다. 그들은 너나 할 것 없이 성직록과 면책특권, 각종 호의와 특혜, 권력을 누릴 수 있는 자리를 얻고자 애쓴다.

게다가 성적 동기만으로는 교황청 외부세계에까지 넘쳐나는 성직자의 옷을 휘감은 더 많은 수의 위선자들의 행태를 설명하기에 턱없이 부족하다. 카리스마 넘치는 설교자들은 낭랑한 목소리로 타오르는 지옥불과 최후의 심판에 대한 끔찍한 위협으로 돈을 척척 벌어들인다. 성 프란체스코의 규율을 엄수한다고 주장하는 프란체스코 수도회의 수도사들은 실상 노상강도나 다름이 없다. 작은 바랑만을 짊어지고 긴 머리와 수염을 휘날리며 신성한 빈곤 속에 사는 것처럼 가장하는 탁발 수도사들도 모두 거짓일 뿐이다. 고해성사 신부들은 세상 사람들의 비밀을 캐고 다니는 자에 지나지 않는다. 어째서 이처럼 독실한 종교인들이 그 모범이 될 만한 태도로 가만히 자기 방에 머물며 금식하고 기도에 헌신하는 삶을 살지 않는 것인가? 왜냐하면 그 눈에 띄는 경건, 겸양, 세속적인 것에 대한 경멸이 실제로는 탐욕, 나태, 야망을 가리기 위한 가면에 지나지 않기 때문이다. 물론, 대화에 참여한 등장인물들도 정말로 선량하고 성실한 수도사들도 있다고 인정한다. 그러나 그런 수도사들은 극히 드물며, 그들조차도 결국에는 그들의 사명 안에 실질적으로 이미 자리잡고 있는 파멸적인 타락의 길로 서서히 빠져들고 말 것이라고 말한다.

포조는 이 대화체 형식의 글에서 '포조'라는 자신의 이름 그대로 등장하여 이렇게 주장한다. 그래도 위선이 최소한 공공연한 형태의 폭력보다는 더 낫다고. 그러나 그의 친구인 수도원장 알리오티는 오히려 위선이 더 나쁘다고 대답한다. 명백히 드러난 강간범이나 살인범의 끔찍함은 누구나 쉽게 알아볼 수 있지만 위선자가 취하는 교활한 속임수로부터 자신을 지키기는 훨씬 더 어렵다는 것이다. 그렇다면 어떻게 그 위선자들을 가려낼 수 있을까? 그들이 흉내내기에 능하다면 진실로 성인과 사기꾼을 가려내는 것은 매우 어려운 일이 될 것이다. 글은 상대가 위선자임을 경고하는 징표들을 나열한다. 당신은 이런 사람을 보면 의심을 품어야 한다.

과도하게 정결한 삶을 사노라고 드러내는 자

맨발로 거리를 거닐며 더러운 얼굴과 누더기 옷을 내보이는 자

대중 앞에서 공공연히 돈에 대한 경멸을 드러내는 자

항상 입에 예수 그리스도의 이름을 달고 다니는 자

선하다고 칭해지기를 원하나 정작 어떤 특별한 선행도 하지 않는 자

자신의 소원을 충족시키고자 여자들을 끌어들이는 자

수도원 밖을 이곳저곳 쏘다니면서 명예와 명성을 구하는 자

금식을 비롯한 각종 금욕적 수행의 현장을 남에게 표내는 자

자신을 위해서 다른 이들을 조종해 뭔가를 얻고자 꼬드기는 자

신뢰로 주어진 것을 받았다고 인정하거나 돌려주기를 거절하는 자[22]

포조에 따르면, 실질적으로 교황청 사무국에 있는 모든 사제와 수도사들은 전부 위선자였다. 그곳에서는 종교가 이루고자 하는 숭고한 목적을 달성하는 것이 불가능하기 때문이었다. 그러니 만약 교황청 사무국에서 혹시라도 특별히 자신을 낮추는 겸손한 자를 마주친다면 주의할지어다. 그자는 흔히 볼 수 있는 위선자가 아니라 가장 악질에 속하는 위선자이다. 대체로 너무 완벽해 보이는 사람들은 경계할 필요가 있다. 기억하라. "선하다는 것은 실로 어려운 일이니(Difficile est bonum esse)."

『위선자 논박』은 마르틴 루터의 자취를 좇아 종교개혁에 앞장선 논객이 남긴 글이 아니라, 종교개혁이 있기 100여 년 전에 로마 가톨릭 성직사회의 중심부에서 숨 쉬며 일하던 교황청 관료, 포조 브라촐리니의 작품이다. 교회는 교리나 그 조직에 대한 도전이라고 인지한 것들에 격한 반응을 보였을 수도 있고 또 실제로 그런 예도 있었지만, 포조의 작품이 보여주듯이 포조 같은 속인을 포함한 내부에서 나온 극히 날카로운 비판을 기꺼이 참아낼 줄도 알았음을 보여준다. 또한 『위선자 논박』은 내부

에서 나온 포조와 교황청 사무국의 인문주의자 동료 집단이 외설적인 웃음이나 폭력적인 주먹질보다 나은 방법으로 그들의 분노와 혐오감을 쏟아내려고 애썼다는 것을 보여준다.

이처럼 비판정신이 살아 있는 글들 중에서 가장 훌륭하고 파급력이 컸던 작품은 포조의 맹렬한 적인 로렌초 발라의 작품이다. 발라는 자신의 빛나는 라틴어 문헌학 지식을 보란 듯이 발휘하여 로마 황제가 제국 서부의 지배권을 교황에게 주었음을 증명하는 문서 '콘스탄티누스 황제의 기부장'이 위조된 것임을 밝혀냈다. 이 탐구정신이 빛나는 작품이 출판된 후, 발라는 실제로 크나큰 위험에 처하게 되었다. 그러나 최소한 15세기의 짧은 기간 동안 만큼은, 교회는 이런 극단적인 경우에도 내부 비판에 관용을 베풀었다. 교황 니콜라우스 5세는 인문주의자였는데, 결국 문제의 인물인 발라를 교황의 비서 자리에 임명하기까지 했다. 그리하여 이 매우 독립적이며 비판적인 정신의 소유자는 포조와 마찬가지로 자신이 그토록 끈질기게 약점을 들춰내며 희화화해온 바로 그 교황청 사무국에서 일하게 되었다.

포조는 발라처럼 급진적이지도 독창적이지도 않았다. 실제로 『위선자 논박』의 등장인물 한 명은 짤막하게나마 위험한 결과를 초래할 수도 있을 발언을 슬며시 띄운다. 신성함을 주장하는 가톨릭 교회의 연극적인 가식은 신탁(神託)을 이용해서 천박한 자들을 겁주고 조종하는 사기꾼 같은 이교도들의 행태와 연결된다는 발언을 했던 것이다. 이런 과격한 연결 논리―다음 세기에 마키아벨리는 모든 신앙심의 정치적 이용에 대해서 기존의 환상을 깨는 분석을 하면서 이 과격한 연결 논리를 적극적으로 활용하여 충격적인 효과를 가져왔다―는 결코 뚜렷하게 명시되지 않았다. 포조의 글은 어디까지나 위선자들을 감싸고 있는 외피를 벗겨내는 환상 정도에서 그치고 만다. 포조의 묘사에 따르면, 모든 망자들은 사후에 지옥 왕국에 입장하기 위해서 저마다 크기가 다른 문을 통과해야만 한다. 문지기에게 당사자의 선악 여부가 명백한 경우라면, 넓찍한 문을 통해서 각자가 가야 할 곳으로 큰 문제없이 나아갈 수 있을 것이나 진실로 선한 자였는지 아니면 위선자였는지 확실하지 않은 자들은 좁은 문을 통과함으로써 시험을 치르게 될 것이다. 정직한 영혼이었다면 약간 긁히기만 할 뿐 무사히 문을 지날 수 있을 것이나, 위선자라면 살갗이 완전히 찢겨나가리라는 이야기였다.

살갗이 찢겨나가는 환상은 포조의 공격성과 비관주의 모두를 잘 표현한다. 위선자는 결국 밝혀질 것이며 기필코 그 대가를 치를 것이다. 그러나 그들의 정체를 밝히는 것은 사후세계에서야 비로소 가능하리라는 것이다. 포조의 표면적인 웃음 아래에는 언제나 분노가 서성였다면, 그의 분노 아래에 있던 것은 절망이었다. 잘못을 바로잡는 것은 불가능하고, 모든 귀하고 가치 있는 것들은 꾸준히 사라져가며, 인간은 비참한 환경에 처해 있다는 것에 대한 절망이다.

다른 많은 동료들처럼 포조도 지칠 줄 모르고 편지를 주고받았다. 그 편지글을 통해서 우리는 냉소, 혐오, 염세주의와 싸우는 포조를 엿볼 수 있다. 포조뿐만 아니라 교황의 측근에 속한 거의 모든 사람들이 이런 기분에 젖어 있었던 것으로 보인다. 포조는 한 친구에게 보내는 편지에서 수도원은 "믿는 자들의 모임이나 종교인들을 위한 장소가 아니라 범죄자들의 작업장"이고, 교황청 사무국은 "인류의 사악함이 빨려들어오는 하수구"라고 표현했다.[23] 그의 눈길이 닿는 로마 어디에서나 사람들은 석회를 얻기 위해서 고대의 석조 신전을 해체하고 있었다. 불과 한두 세대 안에 우리가 살고 있는 이 보잘것없는 현재보다 몇 갑절은 더 귀한 과거의 영광스러운 흔적이 이런 식으로 사라지고 말 것이었다. 포조는 자신이 인생을 낭비하고 있으며 탈출구를 찾아야 한다고 느꼈다. "할 수 있는 모든 것을 시도해보자. 그렇게 한다면 뭔가를 이룰 수 있을지도 모르지. 그러니 사람들 뒤치다꺼리는 그만두고 문헌 연구를 위한 시간을 보내자."[24]

포조는 종종 지금까지와는 다른 삶을 살리라는 환상에 빠져 있었다. "모든 세속적인 걱정거리, 공허한 집착, 짜증, 일상적 계획은 내던져버리고 자유와 진정한 고요, 안전이 함께하는 청빈이라는 안식처로 도피하자."[25] 그러나 포조는 이내 그러한 길이 자신에게는 열려 있지 않다는 현실을 인정하지 않을 수 없었다. "교황청 사무국을 나서면 바깥세상에서 내가 과연 무엇을 할 수 있을지 모르겠습니다."[26] 포조는 니콜리에게 이렇게 썼다. "소년들을 가르치거나 주군, 어쩌면 폭군일지도 모를 자를 위해서 일하는 것밖에는 선택의 여지가 없는 듯합니다. 정녕 내가 택할 수 있는 길이 이것들뿐이라면, 그래서 정말 그런 처지에 놓이게 된다면, 참으로 비참한 일이 아닐 수 없습니다. 일단 뭔가에 매인 몸이 된다는 것 자체가 몹시 우울한 일이기도 하지만, 당신도 알다시피 그중에서도 특히 사악한 자의 탐욕을 채우기 위한 일에 봉사해야 한다면, 더더욱 비참한 일이 아닐 수 없겠지요. 물론 학교에서 교편을 잡을 수도 있겠지만, 부디 내가 그런 운명에 놓이지는 않기를! 여럿에게 매인 몸이 되기보다는 그나마 한 사람을 섬기는 편이 차라리 나을 것입니다." 결국 포조는 가급적 빨리 은퇴할 수 있을 만큼 충분한 돈을 모을 수 있기를 바라며 교황청 사무국에 남는 길을 택했다. "내 꿈은 이것 하나뿐입니다. 앞으로 몇 년간 열심히 일해서 남은 생애를 누릴 수 있을 여유를 얻는 것 말입니다."[27] 결과적으로 그 "몇 년간"은 50년이라는 세월로 드러났다.

이런 식으로 꿈을 품고 그 꿈을 미루고 현실과 타협하는 것은 모두에게 익숙한 패턴이다. 이를테면 이것은 실패한 인생의 전형적인 예이다. 그러나 포조는 굴복하지 않았다. 사실 포조가 꿈을 그냥 포기했다고 해도 충분히 그럴 만한 상황이었다. 그는 부패와 탐욕으로 찌들고, 음모,

폭동, 전쟁, 전염병이 빈발하는 세계에서 살고 있었다. 포조는 로마의 교황청 사무국에서 일했으나, 로마에서조차 교황청은 그렇게 안정적인 곳이 아니었다. 교황과 그의 궁정인 전체가 로마에서 달아나야만 하는 일이 반복해서 일어났기 때문이다. 이런 세계에서 포조는 다른 모든 사람들처럼 늘 아등바등 살았다. 치료법도 없는 세상살이의 고통과 끝없이 닥쳐오는 죽음에의 위협에 맞서 있는 힘껏 싸웠다. 그러나 그는 종종 불안정하고 방어적인 냉소주의로 빠져들었고 이룰 수 없는 도피에의 환상에 의지하는 수밖에 없었다.

포조를 구원해준 것은 집착에 가까운 열망, 책에 대한 열정이었다. 1406년, 포조의 위대한 길잡이였던 살루타티가 죽자, 그는 깊은 슬픔에 빠졌다. 이 훌륭한 스승은 '지성의 빛'이 느껴지는 인물이라고 생각하면, 나아갈 길을 일러주고 그 방향으로 끌어주었으며, 필요한 추천서와 자금을 지원해주었다.[28] 무엇보다도 살루타티는 자신이 발굴한 젊은이들에게 소장 도서를 볼 수 있도록 배려했다. "우리는 아버지를 잃었습니다." 포조는 이렇게 썼다. "모든 학자의 안식처이자 피난처였으며 우리 나라의 빛이었던 인물을 잃은 것이지요." 편지를 쓰며 울었다고 말하는 포조의 말을 믿지 않을 이유는 없어 보인다. "살루타티의 자제분들께 삼가 조의를 표하는 바입니다." 포조는 피렌체에 있는 니콜리에게 다음과 같이 썼다. "그분들께 내가 깊은 슬픔에 빠져 있노라고 전해주세요. 그리고 당신이 생각하기에 고인이 소유하셨던 책들은 어떻게 될 것 같은가요? 나는 이 문제도 당신을 통해서 좀 알 수 있으면 좋겠습니다."

1449년 7월에 니콜리에게 보낸 편지에서 포조는 이렇게 썼다. "바르톨로메오 데 몬테풀치아노의 부고를 들으니 속상하고 두렵기도 하더군요."[29] 바르톨로메오 데 몬테풀치아노는 포조의 가까운 친구로서 포조가 스위스에 있는 수도원 도서관을 훑고 다닐 때 여정을 함께했다. 그러나 친구의 부고로 상심한 마음은 이내 자신이 몬테 카시노에서 막 발견한 책에 관한 이야기로 옮겨간다. "그곳에서 율리우스 프론티누스의 『수도 (水道) 건설에 관하여(De aquaductu urbis)』가 포함되어 있는 책을 발견했습니다."[30] 일주일 후에 보낸 편지에서도 같은 이야기가 반복된다. 포조는 그가 막 필사를 마친 두 개의 고대 문헌에 대한 이야기로 편지를 시작한다. 그는 이 원고들을 "붉은색으로 줄을 쳐서 잘 묶어두기를 바라는 바입니다"라고 썼다.

로마에서는 이 편지를 쓸 수가 없었습니다. 소중한 친구의 죽음으로 인한 슬픔과 불안한 영혼 때문입니다. 두려움과 갑작스런 교황의 출타도 내 영혼의 불안에 한몫을 했겠지요. 나도 각종 처리할 일을 끝내고 집을 나서야만 했습니다. 당장 해치워야 할 일이 어마어마한지라 몇 자 적어 보낼 기회는커녕 숨 돌릴 겨를조차 없었습니다. 크나큰 슬픔이 아니더라도 세상살이를 한결 더 힘들게 만드는 것들이 있지요. 어쨌거나 이 모든 것이 다 책으로 돌아가기 위함입니다.[31]

"이 모든 것이 다 책으로 돌아가기 위함입니다." 책은 곧 출구이며, 공포와 좌절, 고통으로부터의 도피처였다. "피렌체는 아직까지도 5년 전 그곳을 덮쳤던 흑사병에서 완전히 회복하지 못했습니다."[32] 포조는 1430년 9월의 편지에서 다음과 같이 표현한다. "그리고 이번에 또다시 그 똑같은 대학살의 아픔 앞에 시름할 것으로 보이는군요." 포조는 잠시 뒤 이렇게 말을 잇는다. "하지만 우리는 저마다 자신의 일에 충실하도록 해요. 당신이 도서관에 대해서 써준 것은 잘 알겠습니다." 도시를 위협하는 것은 흑사병만이 아니었다. 전쟁도 끝없이 도시를 위협했다. "모두가 자신의 운명의 때를 기다리고 있지요. 도시도 다 제 나름의 운명을 맞게 될 것입니다." 포조는 이렇게 글을 이어간다. "남은 시간을 우리는 책과 함께했으면 좋겠습니다. 책이 우리의 마음을 이 모든 고난으로부터 벗어나게 해주고 많은 사람이 열망하는 것을 경멸하는 법을 가르쳐줄 것입니다."[33] 당시 이탈리아 북쪽에서는 밀라노의 유력 가문인 비스콘티가 군대를 일으킨 상태였고, 피렌체 용병들은 루카를 공격하는 중이었다. 나폴리의 지배자 알폰소 1세도 분쟁을 일으키고 있었고, 신성 로마 제국의 황제인 지기스문트는 교황에게 엄청난 압력을 가하고 있었다. "나는 벌써 마음을 굳혔습니다. 많은 사람들이 두려워하고 있는 모든 일이 결국 현실로 나타나고야 만다고 해도 나는 고대 그리스 문헌 연구에 전념할 것이라고요……."[34]

포조는 편지에서 다른 사람의 시선을 의식했으며 편지의 내용이 널리 알려지기를 기대했다. 그러나 거듭 표현된 책에 대한 포조의 열정은 꾸밈없이 솔직하며 진실한 것으로 보인다. 말하자면 그것은 곧 '자유'에 대한 열망이었다. 책에 대한 포조의 열정은 '자유'라는 한 단어로 특징지을 수 있는 그의 감정을 설명해줄 수 있는 열쇠였다. 사실 '자유'라는 단어는 교황청에 소속되어 있는 관료에게는 매우 어울리지 않는 것이었다. 포조는 이렇게 썼다. "당신이 알고 있는 포조는 아주 작은 것에도 만족하는 사람이고 당신도 이를 알고 있겠지요. 때때로 나는 책을 읽는 데서 자유를 구합니다. 공공 문제에 관한 온갖 걱정거리는 모두 윗사람들에게 내맡기고 말입니다. 나는 가능한 한 자유롭게 살고 있습니다."[35] 여기에서 말하는 자유는 정치적인 자유나 권리, 말하고 싶은 것을 말할 수 있고 가고 싶은 장소에 갈 수 있는 자유나 능력 같은 것이 아니라, 오히려 세상의 압박으로부터 내적으로 물러나 있을 수 있는 내적 체험을 말한다. 사실 그는 야망을 가득 안고 세상에 관여하고 있었으나, 한편으로는 그 세상으로부터 한 발짝 떨어져 있고 싶어했다. 그리고 포조에게 자유는 고대 서적에 빠져드는 것을 의미했다. "나는 책을 읽는 데서 자유를 구합니다."

언제나 정치적으로 혼란스러운 이탈리아가 유독 그 혼란의 정도가 극심해질 때, 교황청에 대소동이 벌어졌을 때, 개인적 야망이 좌절되었을 때, 그리고 아마도 야망이 좌절된 것 못지않게 야망이 이루어졌을 때면, 포조는 이 자유의 느낌에 젖어들곤 했다. 1410년경 어느 시점에선가 그를 특별히 강력하게 사로잡은 느낌도 이와 같은 것이었을 것이다.[36] 인문주의자 필사가이자 교양 있는 작가, 동시에 교황청 내부의 사정을 잘 아는 내부인으로서 그는 그의 경력에서 가장 명예로우면서도 가장 위험한 직책을 받아들였다. 교황으로 막 선출된 사악하고 교활하며 무자비한 인물, 발다사레 코사의 비서 자리를 수락한 것이었다.

7
여우 잡는 함정

교황의 비서가 된다는 것은 교황청 사무국에서 일하는 자가 오를 수 있는 정점이었다. 보잘것없는 출신의 포조를 30대 초반의 나이에 이 정점에 올려놓은 것은 다름 아닌 그 자신의 능력이었다. 당시 그가 딛고 선 땅은 외교전략, 복잡한 손익계산에 따른 거래, 침략에 관한 흉흉한 소문, 이단 사냥, 각종 위협과 속임수, 이중첩자로 넘쳐났다. 그도 그럴 것이 그 세계를 지배하는 자, 바로 스스로 요한네스 23세라고 칭한 교황 발다사레 코사가 음모의 달인이었기 때문이다. 포조는 교황에게로 향하는 접촉의 기회를 관리했고 주요 정보를 요약하고 전달했으며 간략한 사실관계를 적어두고 거칠게 초안만 잡힌 정책을 구체화시켰으며 군주들이나 사실상의 지배자들에게 보낼 라틴어 서한을 작성하는 지위에 올랐다. 포조는 필연적으로 각종 비밀과 전략을 알게 되었다. 교황의 비서로서 포조는 교황의 계획을 가장 처음으로 접하는 인물이었기 때문이다.[1] 요한네스 23세는 자신이야말로 정당한 교황이라고 주장하는 다른 두 경쟁자들, 교회의 분열에 종지부를 찍겠다고 나선 신성 로마 제국의 황제, 보헤미아의 이단자, 그 외에 교회가 지배하고 있는 지역들을 노리는 이웃 강국들을 처리하기 위한 각종 계획을 가지고 있었다. 포조의 책상 위에서 처리를 기다리고 있는 일의 양은 한마디로 어마어마한 것이었음에 틀림없다.

그러나 이 와중에도 포조는 자신의 아름다운 손글씨로 키케로가 쓴 3권짜리 『법률론(De legibus)』과 루쿨루스에 대한 변론을 손수 필사했다 (포조가 만든 필사본은 현재 바티칸 도서관에 소장되어 있다. Cod. Vatican. lat. 3245). 그렇게 바쁜 중에도 어떻게든 그가 자유라고 부를 수 있는 것을 위한 시간을 냈던 셈이다. 그러나 고대라는 과거로 자신을 내던지는 형태로 취한 자유는 항상 현재에 대한 포조 자신의 괴리감을 더 고양시키는 형태로 나타났다. 물론, 포조는 고전 라틴어에 대한 사랑 때문에 일부 다른 동시대인들처럼 고대 로마의 역사 자체를 이상화시키는 우를 범하지는 않았다. 포조는 그 시대의 역사도 인간의 어리석음과 사악함으로 가득 차 있었다는 것을 잘 알고 있었다. 그러나 동시에 지금 그가 살고 있는 로마가 옛 영광의 애처로운 그림자에 지나지 않는다는 것도 인식하고 있었다.

포조가 살던 시대의 로마 인구는 과거 전성기 시절에 비하면 아주 적었다. 이들은 서로 분리된 몇몇 구역에 모여 살았는데, 그중 하나는 한때 거대한 유피테르 신전이 서 있었던 카피톨리노 언덕이었고, 또다른 하나는 콘스탄티누스 황제가 로마 주교에게 하사한 옛 황제궁이 있는 라테라노 대성당 근처였다. 이외에도 4세기에 지어진 성 베드로 대성당의 잔해 주변에도 거주구역이 있었다. 이런 거주구역 사이에는 폐허로 뒤덮인 황무지와 가축우리, 돌무더기가 굴러다니는 들판, 순교자들의 흔적이 남아 있는 성소가 있었다.[2] 옛 광장 터에서는 양 떼가 한가로이 풀을 뜯었고, 더러운 거리 위에는 제멋대로 활동하거나 유력 가문의 뒷돈을 받고 있는 무장한 무뢰한들이 활개치고 다녔으며, 성벽 너머에는 노상강도 떼가 잠복하고 있었다. 실질적으로 산업이라고 부를 만한 것은 거의 없었고 상거래도 거의 이루어지지 않았으며 숙련된 기술을 가진 장인이나 상인처럼 번성하는 계급도 형성되지 않았다. 로마에 사는 사람들에게는 시민으로서의 자부심도 도시민으로서 자유를 누릴 날이 오리라는 희망도 없었다. 그나마 진지하게 산업이라고 부를 만한 것이 있다면, 교회나 궁전을 짓는 데에 재사용하기 위해서 고대 건물에 붙어 있는 금속제 자물쇠나 얇은 대리석판을 떼어내서 파는 것이 전부였다.

포조가 남긴 대부분의 글은 그의 인생 후반부에 쓴 것이지만, 그의 글에서는 자신이 몸담고 있는 시대에 대해서 일종의 정신적 역겨움을 느꼈음을 읽어낼 수 있다. 분명히 요한네스 23세의 재위 동안 포조가 거둔 직업적 성공이 그에게 어떤 기쁨을 가져다주었음은 확실하다. 동시에 그 성공은 그를 이 불쾌한 세계에 더 깊숙이 개입하게 만들었고 결국 정신적 역겨움과 함께 도피에의 환상을 더욱 강하게 만들 뿐이었다. 앞선 시대의 페트라르카처럼 포조도 한때 존재했던 것들에 대해서 고고학자와 같은 감각을 발달시켰다. 그는 황량한 공간들과 당대 로마의 어수선한 풍경이 과거에 사로잡혀 있음을 느꼈다. 포조는 이렇게 썼다. "우리가 자리하고 있는 이곳 카피톨리노 언덕은 이전에는 로마 제국의 중심이었다. 이곳은 지상 세계의 성채(城砦)였으며 만왕에게는 공포의 대상이었다. 수많은 승리의 발자취가 이곳에 남아 있고, 수많은 나라들로부터 온 전리품과 헌상물로 풍요로웠다." 그러나 지금 이곳을 보라.

세상에, 이 지경으로 몰락하다니! 얼마나 변해버렸는지! 얼마나 훼손되었는지! 개선장군이 행진하던 대로는 포도나무로 뒤덮여 사라졌고, 원로원 의원들이 앉았던 긴 의자는 퇴비더미로 가려졌다.……로마인들이 모여 법을 제정하고 행정관을 선출하던 광장에는 이제 채소를 경작하기 위한 울타리가 둘러지고 돼지나 물소가 노니는 곳으로 전락하고 말았다.[3]

위대했던 과거의 몰락을 상기시키는 유물은 현재를 살아가는 것을 더욱 우울하게 만들었다. 포조는 인문주의자 동료들과 함께 이 모든 것이 한때는 어떤 모습이었을지 그려보려고 애썼다. "팔라티노 언덕을 보자. 그리고 저 형체도 찾을 수 없는 어마어마한 양의 잔해 속에서 원래의 모양을 찾아보아라. 대리석으로 지은 극장, 오벨리스크, 거대한 조각상들과 네로 황제궁의 주랑 현관을." 하지만 고대로 떠나는 상상 속의 짧은 소풍이 끝난 후면, 그는 언제나 교황청 관료로서 비참한 현재로 돌아와야만 했다.

그 현재는 요한네스 23세가 지배하는 격변의 시절을 관통 중인 로마였다. 그 현재는 포조가 그토록 귀하게 여기고 그나마도 드물게 얻을 수 있는 '자유'를 박탈하겠다고 위협했을 뿐만 아니라, 좀처럼 탈출구가 보이지 않는 깊은 냉소주의로 끌려들어갈 수밖에 없게 만들었을 것이다. 포조를 포함한 로마인들에게 냉소주의는 피할 수 없는 힘겨운 질문과의 격투 결과였다. 어떻게 이 문제 많은 교황의 밑에서 먹고 일하면서 양심의 일부나마 지킬 수 있을 것인가? 포조보다 10년 연상인 발다사레 코사는 나폴리 근교의 프로치다라는 작은 화산섬에서 태어났다. 바깥쪽에서는 잘 보이지 않는 좁은 만과 방어에 유리한 요새를 갖춘 그 섬은 귀족이었던 코사 가문의 사유지로서 대대로 해온 해적질에 안성맞춤이었을 것이다. 해적질은 분명히 위험한 일이었다. 실제로 코사의 형제 중 둘은 해적질을 하다가 붙잡혀서 사형을 선고받았으나, 엄청난 연줄을 동원한 끝에 집행을 면하고 투옥으로 감형되었다고 한다. 정적들에 의하면, 젊은 시절 코사 역시 가업인 해적질에 참여했다고 한다. 해적질의 경험으로 그는 평생 동안 밤에도 깊이 잠들지 않는 습관을 길렀으며 기본적인 세계관 역시 해적 생활을 하며 얻었다는 것이다.

코사 같은 재능 있는 젊은이에게 프로치다는 너무나도 작은 무대였다.

매사 활력이 넘치고 두뇌 회전이 빨랐던 코사는 어린 나이에 해적질보다는 보다 고상한 것이라고 부를 만한 일에 흥미를 보였다. 그는 볼로냐로 가서 그곳 대학에서 법학을 공부하기 시작했다. 당시 이탈리아에서 교회에서 자신의 길을 찾고자 결심한 사람은 신학보다는 법학을 택하는 것이 일반적이었다. 코사는 대학에서 시민법과 교회법을 공부하고 두 부문 모두 박사학위를 받았다. 졸업식에서 성공에 취한 이 요주의 인물은 도시를 술렁이게 만든 흥미진진한 작은 사건을 하나 일으켰다. 이제부터 무슨 일을 할 작정이냐는 질문에 코사가 이렇게 답했던 것이다. "교황이 될 거요."[4]

코사 역시 포조처럼 교황청에서 경력을 시작했다. 동향이라고 할 수 있는 나폴리 출신인 보니파키우스 9세의 궁에서 개인 내무비서가 되었다. 코사는 이 자리에서 교회와 관련된 관청들의 조달 사무와 과열되어 있던 면죄부 판매의 감독을 지원했다. 또한 거액의 이익을 얻을 수 있는 성년(聖年, jubilee) 행사의 조직도 도왔다. 사후에 경험해야 할 끔찍한 지옥불의 고통으로부터 면제해준다는 전대사(全大赦)를 받고자 로마의 주요 성당들로 순례자들이 몰려들었다. 몰려든 엄청난 인파는 로마의 여관을 가득 채우고, 선술집과 사창가의 돈줄이 되어주며, 도시의 좁은 다리마다 열을 지어 행진했다. 이들은 성당을 찾아가 기도를 올리고 촛불을 밝힌 채 기적을 일으킨다고 알려진 그림이나 조각상을 멍하니 바라보다가 부적의 효과가 있다고 알려진 기념품을 사서 집으로 돌아갔다.

애초에는 100년에 1번꼴로 성년 행사를 가질 계획이었으나 수요가 대단히 많은 데다가 그 수입이 막대하다 보니 점점 주기가 짧아져 처음에는 50년, 33년, 그리고 25년에 1번꼴로 행사가 열리게 되었다. 포조가 로마에 도착하기 바로 전인 1400년에는 새로운 세기를 맞아 로마로 몰려온 엄청난 수의 순례자들로 인해서 교황은 불과 10년 전에 마지막 성

년 행사를 가졌음에도 불구하고 다시 전대사를 내렸다. 교회가 더 많은 수입을 거두기 위해서 동원한 다양한 방법은 어쩌면 코사의 실용적인 머리에서 나온 것일 수도 있다. 예를 들면, 로마로 순례를 옴으로써 얻을 수 있는 영적 구원의 혜택—사후에 지옥에서 수천 년간 겪어야 할 고통의 면제—을 누리고자 하지만, 알프스 산맥을 가로지르는 험난한 여행은 피하고 싶은 자들을 위해서 독일에 있는 특정한 성지를 방문하면 똑같은 면죄부를 얻을 수 있도록 하는 조치가 취해졌다.[5] 다만, 이 경우에는 면죄부를 얻기 위해서 로마까지의 여행에 소요되는 비용만큼을 더 지불해야 했다.

코사의 재능은 면죄부 판매전략에서 보이는 명민함에만 한정되지 않았다. 볼로냐 총독으로 지명된 뒤, 그는 자신이 매우 성공적인 지도자, 군 사령관인 동시에 박력 있는 연설가임을 증명했다. 코사는 기민한 지성과 능변, 대담한 행동력, 야망, 육욕, 무한한 에너지 등의 수많은 자질들을 체현한 인물이었다. 그리고 이 자질들이 하나로 합쳐지면 그것이 곧 르네상스 시대의 이상적인 인간상이기도 했다. 그러나 성직에 기대되는 상과 실제 현실 사이의 차이에 익숙했던 당시에도 볼로냐의 부제(副祭) 추기경으로 불린 코사는 성직과는 너무나도 어울리지 않는 인물로 보였다. 포조의 친구 브루니도 인정했듯이 코사가 대단히 재능 있는 인물이었던 것은 사실이지만, 그의 재능은 종교적인 사명에 적합한 것이 아님이 명백했다.

코사에 대해서 널리 퍼져 있던 이와 같은 평판은 어째서 코사가 사람들 사이에 존경과 공포, 의혹이 기묘하게 뒤섞인 반응을 불러일으켰는지를 이해하는 데에 도움을 준다. 사람들은 코사를 무슨 일이든 할 수 있는 사람으로 믿게 되었다. 1410년 5월 4일, 볼로냐를 방문한 교황 알렉산데르 5세가 친구인 부제 추기경 코사와 저녁식사를 한 후에 급작스럽게 서거했다. 곧 교황이 독살당한 것이라는 소문이 파다하게 퍼졌다. 그러나 이런 의혹도 코사의 파벌에 속한 추기경들이 코사를 알렉산데르 5세의 후계자로 선출하는 데에는 큰 문제가 되지 않았다. 어쩌면 그들도 두려워서 그렇게 했는지도 모른다. 아니면 겨우 불혹의 나이에 불과하지만 코사가 불명예스러운 교회의 분열을 끝내고 교황의 자리를 두고 정통성을 주장하는 경쟁자들을 물리칠 수 있는 능력을 갖춘 인물이라고 생각한 결과일 수도 있다. 당시 교회는 끈질기고 완강하게 스스로 교황 베네딕투스 13세라고 칭하는 에스파냐의 페드로 드 루나와 이에 못지않게 고집스럽게 자신을 교황 그레고리우스 12세라고 칭하는 베네치아인 안젤로 코레르의 존재로 인해서 위협받고 있었다.

교회의 분열을 종식하는 것이 추기경들의 바람이었다면, 그들은 곧 실망했을 것이다. 그러나 아마 별로 놀라지도 않았을 것이다. 교회의 분열은 벌써 30년 이상 지속되었고, 해결을 위한 갖가지 노력은 모두 수포로 돌아갔다. 자신을 교황이라고 주장하는 자마다 상대방을 지지하는 자들을 파문시켰고, 그들에게 천벌을 내릴 것을 다짐했다. 각각은 도덕적으로 더 유리한 명분상의 고지를 점하기 위해서 폭력적인 수단을 취했다. 이들은 모두 강력한 동맹세력을 가지고 있었으나, 동시에 전략적인 약점도 있었으므로 군사적인 수단으로 강제로 통일을 꾀하기는 불가능했다. 그리고 누구나 이런 상황이 도무지 감내할 수 없는 것이라는 데에 인식을 같이했다. 각축 관계에 있던 에스파냐, 프랑스, 이탈리아는 서로 다른 후보자를 지지하면서 가톨릭, 더 넓게는 교회의 권위를 약화시키고 있었다. 복수의 교황이 옥신각신하며 정통성을 주장하는 광경은 교회라는 제도 자체에 대한 의구심을 일으켰다. 당연히 이런 상황은 부끄럽고, 불쾌하기 짝이 없었으며, 위험한 것이었다. 그러나 대체 누가 이 난제를 해결할 수 있을 것인가?

그로부터 15년 전, 파리 대학교의 신학자들이 한 가지 아이디어를 내놓았다. 이들은 마뛰랭 수도원의 중정에 큰 궤짝을 하나 가져다놓고, 누구든지 이 분열을 끝낼 묘안이 있는 자는 자기 생각을 써서 궤짝 뚜껑에 있는 구멍에 집어넣으라고 말했다. 그리하여 궤짝에 모인 1만 개 이상의 쪽지를 55명의 교수들이 읽고 제안된 방안을 대략 세 가지로 정리했다. 첫 번째 방안은 이른바 '이양안(Cession)'이라고 불린 것으로, 현재 교황이라고 주장하는 자들이 모두 동시에 자리에서 물러나고, 그 후에 한 명의 교황을 적합한 선출절차를 거쳐서 새로 뽑는 것이 그 골자였다. 두 번째는 '타협안(Compromise)'이라고 부른 방안으로서, 중재를 통해서 현재 자신이 교황이라고 주장하는 자들 중에서 한 명을 진짜 교황으로 인정하는 합의를 이끌어내자는 것이었다. 마지막 방안인 '공의회안(Council)'은 전 세계 가톨릭 주교들을 전부 소집하고 공의회의 공식적인 투표를 통해서 이 논쟁을 해결할 최종적인 권한을 가질 위원회를 조직할 것을 제안했다.

처음 두 가지 방법은 상대적으로 간단하며 비용이 적게 들고 문제를 직접적으로 해결한다는 장점이 있었다. 그러나 이것은 군사적 정복으로 문제를 해결하려는 경우와 마찬가지로 현실적으로는 실행이 불가능하다는 난점이 있었다. 현재 교황 자리에 있는 자들에게 동시 퇴위를 요구하는 이양안은 예상했던 그대로의 결과를 낳았다. 타협안도 중재를 위한 전제조건을 세우려는 시도부터 도무지 답이 없는 말다툼으로 이어졌다. 마지막 남은 선택지인 '공의회안'은 신성 로마 제국 황제로 선출된 헝가리의 지기스문트 왕의 강력한 지지를 받았다. 그리고 그는 최소한 명목상으로는 로마에 있는 교황 코사파와 동맹관계였다.

한때는 이교도를 위한 거대한 영묘(靈廟)였던 곳을 요새로 개조한 산탄젤로 성에서 추기경과 비서들에게 둘러싸인 채 지내는 교활한 교황으로서는 공의회를 소집하라는 압력에 응할 이유가 전혀 없었다. 그런 공의회를 열면 보나마나 로마에 대해서 오랫동안 억눌려 있던 적개심이 폭발하여 결국 그의 자리만 위협하는 결과를 낳을 수 있었다. 따라서 그는 시간을 끌며 계속 공의회 소집을 미루었다. 그는 실제로 계속 동맹을 맺고 끊으며, 남쪽에 있는 야심 많은 적, 나폴리 왕 라디슬라스에 맞서 온갖 책략을 꾸미는 한편, 재원을 확보하느라고 바빴다. 어쨌거나 이 와중에도 교황의 손길이 필요한 셀 수 없이 많은 탄원과 발표해야 할 칙령이 있었으며, 지키고 다스리고 세금을 거둬야 할 교황령이 있었고 팔아야 할 교회 관직과 면죄부가 있었다. 포조를 비롯한 다른 비서들과 필사가, 초고 작성 담당자, 하급 사무관들은 언제나 바쁠 수밖에 없었다.

이런 교착상태는 무한정 계속될 수도 있었을 것이다. 이것이 그나마 교황이 가장 바랐던 상황일 것이다. 그러나 예상하지 못했던 사건의 발생으로 사태는 다른 국면을 맞게 되었다. 1413년 6월, 라디슬라스의 군대가 예고도 없이 로마의 방어선을 뚫고 들어와 도시를 약탈했다. 일반 가정집과 성당도 약탈을 면치 못했고 궁에도 난입해 보물을 실어갔다. 교황과 교황청은 로마를 탈출해 라디슬라스의 나폴리와 적대관계에 있던 피렌체에 머물며 피렌체 정부가 제공하는 제한적인 보호에 의지하게 되었다. 코사가 교황으로 살아남기 위해서는 이제 절대적으로 지기스문트 황제의 지지가 필요하게 되었다. 당시 코모에 머물고 있던 지기스문트는 긴급하게 교섭을 벌여서 요한네스 23세가 공의회 소집에 동의할 경우에만 그를 지지할 것임을 분명히 밝혔다.

막다른 골목에 몰린 코사는 최소한 공의회를 이탈리아에서 열자고 제의했다. 그래도 이탈리아에서 공의회가 열린다면, 코사를 지지해줄 주요한 동맹을 집결시킬 수 있을 것이었다. 그러나 황제는 알프스 산맥을 가로지르는 긴 여행은 나이가 지긋한 주교들에게는 버거울 것이라며 코사의 제의를 거부했다. 황제는 스위스와 독일 사이에 있는 산간지역에 위치한 콘스탄츠에서 공의회를 열겠다고 선언했다. 보덴 호수에 접해 있는 콘스탄츠는 황제의 영향력에 속한 도시로서, 교황은 이 같은 결정을 내켜하지 않았다. 그러나 1413년 가을이 되자, 교황은 대리인—exploratores—을 콘스탄츠에 파견하여 숙박시설과 식량 사정에 대한 정보를 수집했다. 그리고 다음해 여름이 되자 교황과 그의 궁정인들은 콘스탄츠로의 여정에 올랐다. 이와 함께 유럽 각지로부터 유력 성직자와 그 종자들도 하나둘씩 남부 독일에 위치한 이 작은 도시로 모여들기 시작했다.

콘스탄츠의 시민 울리히 리헨탈은 자신이 살고 있는 도시에서 일어나는 일에 마음을 뺏겨 날마다 주변의 사건을 기록했다.[6] 리헨탈이 남긴 글을 통해서 우리는 교황이 거의 600명에 달하는 대규모 수행단을 이끌고 알프스를 넘어 콘스탄츠에 당도했음을 알 수 있다. 또다른 자료는 이 거대한 수행단 속에는 (또는 곧 합류할 사람들 중에는) 당대를 대표하는 가장 저명한 인문주의자들이 포함되어 있음을 알려준다.[7] 포조 브라촐리니, 레오나르도 브루니, 피에르 피올로 베르제리오, 첸치오 루스티치, 바르톨로메오 아라가치 다 몬테풀치아노, 초미노(소초메노) 다 피스토이아, 베네데토 다 필리오, 비아조 구아스코니, 프란체스코 차바렐라 추기경, 알라마노 아디마리 추기경, 브란다 다 카스틸리오네 추기경, 밀라노 대주교인 바르톨로메오 델라 카프라와 그의 자리를 계승하게 될 프란체스코 피촐파소가 바로 그들이었다. 교황은 불량배였으나, 교양 있는 불량배였다. 그는 훌륭한 학자들을 대동하는 것을 반겼고 교황청 업무가 높은 수준의 인문주의 방식으로 운영되기를 원했다.

늦여름에도 알프스 산맥을 가로지르는 여행은 결코 수월하지 않았다. 한번은 교황의 마차가 뒤집어져 교황이 만년설 위에 내동댕이쳐지기도 했다. 1414년 10월, 교황은 콘스탄츠와 산으로 둘러싸인 보덴 호수를 내려다보면서 뒤따르던 행렬을 향해 돌아서서 이렇게 말했다. "여기가 저들이 여우를 잡겠다고 파놓은 함정이군." 그 말을 들은 수행단에는 포조도 끼어 있었다.

만약 맞서야 할 세력이 이탈리아 내의 교회세력에 국한되었다면, 코사는 아마도 이 여우 덫을 무사히 빠져나갈 수 있으리라고 자신할 수 있었을 것이다. 어쨌거나 그는 지난 몇 년간 이탈리아에서 우세를 지켜왔고, 최소한 로마에서 교황의 자리를 지켜냈다는 것만큼은 분명한 사실이었으니까 말이다. 문제는 그 외의 사람들, 말하자면 그의 지원이나 독약에 영향을 받지 않는 사람들이 지금 기독교 세계 곳곳에서 콘스탄츠로 모여들고 있다는 것이었다. 추기경 30여 명, 총대주교 3명, 대주교 33명, 수도원장 100명, 고위 성직자 50명, 신학 박사 300명, 수도사 및 탁발 수도사 5,000명, 그리고 총 1만8,000여 명에 달하는 사제가 그들이었다. 여기에 황제와 그가 거느린 대규모 수행단에 더하여, 초대를 받고 찾아온 다른 세속 세계의 지배자나 대표자도 콘스탄츠에 모습을 드러낼 예정이었다. 팔츠의 루트비히 선제후, 작센의 루돌프 선제후, 바이에른 공작, 오스트리아 공작, 작센 공작, 슐레스비히 공작, 메클렌부르크 공작, 로렌 공작, 뷔르템베르크 공작, 브란덴부르크 후작 외에도 프랑스, 영국, 스코틀랜드, 덴마크, 폴란드, 나폴리, 에스파냐의 왕들이 보낸 대사들, 여기에 자작, 기사 같은 다양한 하층 귀족과 함께 변호사, 교수, 공공 관청의 관료들도 콘스탄츠에 발을 들여놓았다. 그리고 이들은 저마다 자기 형편에 맞게 가신, 경호원, 시종, 요리사 등으로 이루어진 무리를 끌고 왔고, 이런 거대한 무리의 이동은 구경꾼, 상인, 사기꾼, 보석상, 재봉사, 구두장인, 약재상, 모피상, 식료품상, 이발사, 서기, 잔재주꾼, 묘기꾼, 거리의 악사부터 부랑자까지 도시로 끌어들였다. 기록자인 리헨탈의 추산에 따르면, 거의 7,000명에 달하는 창녀들이 마을로 몰려들어 장사를 하려고 방을 잡았으며, 이에 더하여 "마구간이든 어디든 판을 벌릴 수만 있으면 가리지 않았고, 나로서는 도저히 알 도리가 없는 내밀한 사적 공간을 이용하는 경우도 있었을 것이다."[8]

콘스탄츠에 당도한 5만 명에서 15만 명에 이르는 방문객은 도시에 큰 부담이 되었고 갖가지 부작용이 발생했다. 시의 관료들은 평상시와 마찬가지로 공개처형을 실시함으로써 질서를 바로잡아보려고 애썼다.[9] 방문객이 제공받을 수 있는 서비스의 범위와 품질에 대해서도 규칙을 세웠다. 예를 들면, "식탁보와 침대보를 비롯해서 세탁을 요하는 모든 것들은 14일마다 깨끗한 것으로 새로 교체해야 한다"와 같은 규칙이었다.[10] 방문객에게 제공할 음식도 계속 문젯거리가 되기는 했으나(거의 3만 마리에 달하는 말도 먹여야 했다), 그 지역은 식량 비축량이 넉넉했고 강을 통해서 필요한 물자를 계속 공급받을 수도 있었다. 방문객들은 작은 화덕이 달린 이동식 수레를 끌고 거리를 지나다니는 제빵업자들에게서 쉽게 롤, 프레첼, 양념한 닭고기나 기타 육류로 속을 채운 패스트리 등을 구할 수 있었다. 요리사들은 일반적인 육류와 가금류 요리와 함께 개똥지빠귀, 찌르레기, 멧돼지, 새끼 사슴, 오소리, 수달, 비버, 토끼 등도 요리해두었다. 이들 요리는 여관과 요리 판매용 가판대에 설치된 칸막이 점포나 천막 형태의 장소에서 팔렸다. 생선류를 선호하는 이들을 위해서는 장어, 꼬치고기, 철갑상어, 동갈치, 도미, 송어, 모샘치, 메기, 큰메기, 황어, 청어, 소금에 절인 대구가 준비되었다. 리헨탈은 혐오감을 감추지 않으며 이렇게 덧붙였다. "이탈리아인을 위한 개구리와 달팽이 요리도 있었다."

일단 교황과 교황청이 어울리는 격식을 갖추고 나자, 정작 실무에서는 코사가 신경 쓸 것이 별로 없었다. 코사의 바람과는 달리 공의회는 그 편성과 투표를 지역별 또는 "국가별"—그러니까 프랑스, 에스파냐, 영국, 그리고 이탈리아어를 쓰는 나라들과 독일어를 쓰는 나라들—로 실시하도록 결정되었다. 이런 식으로 투표를 하게 되면, 코사가 교황으로서 누리는 고유의 특별한 지위와 코사를 따르는 핵심 지지자들의 영향력이 줄어들 수밖에 없었다. 이렇듯이 자신의 권력이 눈 녹듯이 빠르게 사라지는 가운데, 코사는 어떻게든 자신의 위신을 지키려고 애썼다. 도의적인 우위를 주장할 수 없다고 해도, 최소한 의례적인 중요성은 확립할 수 있었다. 코사는 공의회 참석을 위해서 콘스탄츠에 모여든 어마어마한 무리에게 자신이 나폴리산(産) 여우가 아니라는 것을, 자신은 그리스도의 대리인으로서 영적인 광휘와 세속적인 장엄함의 체현자라는 것을 보여주어야 했다.

1414년 10월 28일, 흰색 주교관을 쓰고 흰색 제의를 입은 발다사레 코사가 백마를 타고 콘스탄츠에 입성했다. 그의 머리 위로는 콘스탄츠 시민 4명이 받쳐든 금빛 차양이 드리워졌다. 2명의 백작이 코사가 탄 말의 고삐를 잡고 그의 앞을 나란히 행진했는데, 백작은 1명은 로마 출신, 다른 1명은 독일 출신이었다. 그들 뒤로는 준마(駿馬)를 탄 인물 1명이 뒤따랐는데, 말의 안장에는 거대한 우산이 달려 있는 긴 지팡이가 붙어 있었다. 리헨탈이 모자라고 착각한 그 우산은 붉은색과 금색 천으로 만들어진 것으로 말 세 마리는 족히 덮을 수 있을 만큼 컸고, 우산 꼭지에는 황금빛으로 빛나는 천사가 십자가를 들고 있는 모양의 금장식이 달려 있었다. 이 우산을 든 인물 뒤로는 역시 말에 탄 9명의 추기경이 뒤따랐다. 이들은 모두 붉은색 모자가 달린 긴 붉은 망토를 입었으며 차양이 넓은 붉은색 모자를 썼다. 그 뒤로는 다른 성직자 무리와 함께 포조를 포함한 교황청 사무국 직원과 수행하는 하인들이 행렬을 이루었다. 이 행렬은 붉은색의 안장깔개로 장식한 9마리의 백마가 이끌었는데 그중 8마리는 의상으로 가득한 짐—고급 의상으로 채워진 교황의 옷장을 시현하는 것은 코사가 고귀한 존재임을 증명하는 또 하나의 증거였다——을 지고 있었다. 머리에 짤랑이는 작은 종을 매단 마지막 아홉 번째 말 등에는 붉은 천으로 감싼 은도금 보물상자가 놓여 있었다. 이 보물상자에는 불이 붙은 초가 꽂힌 두 개의 은촛대가 부착되어 있었는데, 보석상자이자 영묘이기도 한 그 상자 속에는 성체(聖體), 즉 그리스도의 피와 살이 들어 있었다. 그렇게 요한네스 23세는 자신의 입성을 알렸다.

콘스탄츠 공의회의 가장 중요한 안건은 물론 교회의 균열을 끝내는 것이었지만, 그것이 유일한 안건은 아니었다. 다른 두 개의 주요한 안건도 공의회를 기다리고 있었다. 하나는 교황의 통치를 개혁하는 문제로서 이 또한 요한네스 23세에게 좋은 소식은 아니었다. 다른 하나는 이단 탄압 문제였다. 그리고 이것이야말로 궁지에 몰린 여우에게 어떤 희망을 줄 수 있는 것이었다. 실상 이단 문제는 코사가 손에 쥔 거의 유일한 전략적 무기였다. 교황을 위해서 비서들이 베낀 서신의 내용을 살펴보면, 교황이 교회의 분열과 교황청의 부패에 대한 대중의 관심을 다른 특정인에 관한 문제로 돌려보려고 노력했다는 것을 알 수 있다. 이 특정인의 이름은 포조가 작성한 공식 문서에 거듭 등장하기 시작했음이 분명하다.

체코 출신 성직자이자 종교개혁가인 얀 후스는 당시 마흔네 살이었고, 몇 년간 교회에는 눈엣가시 같은 존재였다. 그는 설교와 저술을 통해서 성직자의 악폐를 신랄하게 공격하고, 성직자 사회에 만연한 탐욕, 위선, 성적 방종을 나무랐다. 또 교회의 면죄부 판매는 부정한 돈벌이라고 맹렬히 비난했다. 면죄부 장사는 믿는 자들의 공포를 악용해서 돈을 벌려는 뻔뻔한 수작에 지나지 않는다는 것이었다. 후스는 자신의 추종자들에게 성모 마리아, 성인, 교권(敎勸) 혹은 교황을 숭배하지 말고 오직 신만을 믿으라고 가르쳤다. 또한 후스는 교리에 관한 모든 문제에서 궁극적인 권위를 가지는 것은 오직 『성서』뿐이라고 주장했다.

국가의 정세가 불안정해지자, 후스는 교리에 관한 것뿐만 아니라 교회의 정치에까지 대담하게 끼어들었다. 그리고 국가에는 교회를 감독할 권리와 의무가 있다고 주장했다. 또한 일반인들은 종교 지도자를 비판할 수 있고 비판해야만 한다고도 주장했다(후스는 사악한 교황이나 고위 성직자가 되는 것보다 선량한 일개 기독교인이 되는 것이 더 낫다고 말했다). 부도덕한 교황은 감히 교황 무오류성(無誤謬性)을 주장할 수 없다. 후스는 결국 교황도 인간이며 교황청은 인간의 조직임을 지적하며, '교황(papa)'이라는 단어는 『성서』어디에도 등장하지 않는다고 말한다. 한 인간의 도덕적 성실함은 사제로서 진정한 자격을 갖추었는가를 판가름하는 잣대가 된다. "명백히 죄를 지은 인간이라면 그는 정의롭지 않을 뿐 아니라 그리스도의 적이라고 간주되어야 마땅하다."[11] 그리고 이러한 적이 사제 자리에 앉아 있다면, 마땅히 그 자격을 박탈해야 했다.

왜 후스가 1410년의 설교를 이유로 파문을 당했는지, 그리고 왜 콘스탄츠에 모인 교회의 고위 성직자들이 후스가 자신의 주장을 굽히지 않을까 몹시 걱정했는지, 그 이유를 쉽게 알 수 있다. 보헤미아 지방의 강력한 귀족들의 비호를 받으며 후스는 위험한 사상을 계속 유포시켰으며, 그 위험한 사상은 널리 퍼질 조짐을 보이고 있었다. 그러니 궁지에 몰린 코사가 공의회의 관심을 후스에게로 돌리는 것이 자신에게 이득이 될 수도 있겠다고 생각한 이유를 충분히 이해할 수 있다. 게다가 이는 단순히 편의적인 발상에서 나온 교란전술만은 아니었다. 교회조직 전체로부터 두려움과 증오의 대상이 된 이 위험한 보헤미아인은 한편으로는 교회 내부에 있는 코사의 적들이 코사를 자리에서 끌어내리기 위해서 사용하고 있는 주요 원칙을 누구보다도 명확한 어조로 밝히고 있었다. 부패로 지탄받는 교황에게 불복종하고 그를 폐위시켜라. 교회를 고발하는 자의 말을 교회 내부의 자가 그대로 따라한다는 이 불편한 사실이 아마도 콘스탄츠에 떠돌던 후스에 관한 괴이한 소문을 설명하는 데에 도움이 될 것이다.[12] 소문에 따르면, 후스는 보기 드문 수준의 마법사로서 일정 거리 내에 접근한 사람들의 머릿속 생각을 읽을 수 있는 능력을 가졌다는 것이다.

후스는 줄곧 공의회장에서 자신의 견해를 직접 설명할 수 있는 기회를 요청해왔다. 그리고 마침내 자신이 원하던 대로 고위 성직자, 신학자, 각국의 지배자들 앞에서 자신의 견해를 밝힐 수 있도록 공식적으로 초대를 받았다. 이 체코인 종교개혁가에게는 일종의 선지자적인 빛나는 확신이 있었다. 일단 명백하게 표명할 수 있는 기회만 가지게 된다면, 자신이 주장하는 진리가 온갖 무지와 잘못된 신앙으로 점철된 현실을 일소할 수 있다고 믿었던 것이다.

이단으로 고발당했던 다른 사람들처럼 후스 역시 당연히 경계했다. 당장 최근에만 해도 그는 3명의 젊은이가 참수되는 것을 지켜보았으며, 심지어 그중 둘은 그의 학생이었다. 비교적 안전한 보헤미아의 비호자 아래를 떠나 콘스탄츠로 향하기에 앞서, 후스는 프라하 교구에 있는 종교재판소 소장으로부터 기독교를 믿는 신자라는 확인서를 받았고, 지기스문트 황제로부터 자유통행의 보장도 받아냈다. 황제가 발급한 안전통행증에는 커다란 황제의 문장이 찍혀 있었고, 소지한 자에게 "보호와 안전"을 약속했다. 후스는 이 안전통행증을 손에 넣음으로써 "자유롭고 안전하게 일정 지역을 통과하거나 거닐고 원하는 곳에서 머물며 돌아올 수 있다"는 보장을 받았다. 후스와 동행했던 보헤미아 귀족들은 미리 교황을 만나 후스가 폭력의 위험 없이 자유롭게 콘스탄츠에 머물 수 있을 것이라는 확답을 받았다. 요한네스 23세는 답했다. "설령 그가 내 친형제를 죽인다고 해도 그가 이 도시에 있는 동안 그의 머리에 난 터럭 하나도 건드리지 않을 것이다." 그리하여 여러 방법으로 안전에 대한 보장을 받은 이 종교개혁가는 수행단을 거느린 교황의 장엄한 행렬이 콘스탄츠에 모습을 드러내고 얼마 지나지 않아 역시 콘스탄츠에 당도했다.

11월 3일, 콘스탄츠에 도착한 후스는 요한네스 23세에게는 신이 보내준 뜻밖의 선물로 보였을 것이다. 이단자는 교회 내의 부패한 사람들뿐만 아니라 강직한 자들에게도 미움의 대상이었다. 후스와 그의 주요 지지자인 프라하의 히에로니무스는 영국의 이단, 존 위클리프의 추종자로 알려져 있었다. 위클리프는 『성서』를 그 나라의 언어로 번역해서 쓸 것을 주장하고, 저작을 통해서 『성서』에 기초한 신앙을 최우선으로 삼을 것을 강조했다. 성직자의 치부와 면죄부 판매를 비판한 행적 때문에 그는 이미 지난 세기에 이단으로 단죄를 당했다. 그러나 위클리프에 반대하는 기독교 세력에게는 실망스럽게도 그는 자기 침대에서 죽음을 맞이했는데, 이제 공의회는 그의 유골을 축복받은 땅에서 휴식을 취할 수 없도록 파내서 폐기할 것을 명했다. 후스의 입장에서 이런 조치는 별로 좋은 징조가 아니었다.

교황, 공의회, 황제가 후스에게 발언의 기회를 보장했음에도 불구하고, 그는 거의 도착과 동시에 거센 공격을 받고 대중 앞에서 발언할 기회도 얻지 못했다. 도착한 지 겨우 3주일이 지난 11월 28일, 후스는 추기경들의 명령으로 체포되어 라인 강변에 있는 한 도미니쿠스회 수도원의 지하감옥으로 끌려갔다. 지하감옥은 수도원에서 발생하는 온갖 오물이 모이는 곳이었고, 그는 그곳에서 심각한 병에 걸렸다. 병이 심해지자 후스는 다가올 종교재판에서 자신을 방어해줄 변호사를 지명하게 해달라고 요청했으나, 교회법에 따르면 이단으로 고발당한 사람을 위해서는 그 누구도 변호를 할 수 없다는 대답만을 들었다. 후스와 그를 지지하는 보헤미아 세력이 후스에게 보장된 안전통행권이 명백히 침해당했다고 항의했으나, 황제는 이 문제에 관여하지 않기로 했다. 전하는 바에 따르면,

황제는 자신이 약속을 어긴 것처럼 보이는 이 같은 결과에 불편해했지만, 한 영국인 추기경이 "이단에게 약속을 지킬 필요는 없다"고 황제를 안심시켰다고 한다.

코사가 정말 후스에 대한 종교재판이 공의회의 주의를 분산시켜서 교회 분열에 대한 결정을 내리는 것을 저지하거나 정적들을 잠재울 수 있으리라고 생각했다면 큰 오산이었다. 뜻한 대로 분위기가 흘러가지 않자, 교황은 대중 앞에 모습을 드러낼 때마다 계속 자신의 권위를 일부러 과시했다. 리헨탈은 그 광경을 다음과 같이 묘사한다.

교황이 축복을 내리는 의식을 시작할 때면, 먼저 주교관을 쓴 주교가 십자가를 든 채 발코니에 모습을 드러낸다. 십자가 뒤로는 흰색 주교관을 쓴 2명의 주교가 불을 환하게 밝힌 두 자루의 기다란 초를 들고 나와 창가에 내려놓는다. 뒤이어 역시 흰색 주교관을 쓴 4명의 추기경이 따라 나와 교황이 축성하는 자리에 함께한다. 때로는 이보다 적은 수가 나올 때도 있지만 어떤 때는 6명이나 나타나기도 한다. 때때로 우리의 국왕도 발코니에 모습을 같이 드러낸다. 추기경과 국왕이 창가에 자리를 잡으면 비로소 우리의 교황 성하가 모습을 드러낸다. 흰색 주교관을 쓴 그는 미사를 집전하기 위한 의상 아래로 가장 값비싼 사제복을 갖춰 입었으며 손에는 장갑을 꼈다. 그의 오른손 중지에는 희귀한 훌륭한 보석을 박아 넣은 큼직한 반지가 끼워져 있다. 교황은 가운데 창문에 서서 모두가 그를 볼 수 있게 한다. 교황이 자리를 잡으면 성가대원들이 모두 촛불을 든 채로 발코니에 나타나는데, 어찌나 환한지 거의 발코니에 불이라도 난 것처럼 보일 정도이다. 이제 한 주교가 교황에게 다가가 교황의 주교관을 벗긴다. 그러면 교황이 찬양을 시작한다…….[13]

그러나 이런 장엄한 광경에 넋을 잃은 대중으로부터 멀리 떨어진 곳에서 일어나는 일들은 점점 더 코사를 불안하게 했다. 비록 그가 여전히 공의회를 주재하는 자리에 있기는 했지만, 그는 이미 의제를 설정할 통제능력을 잃었다. 그리고 12월 25일, 콘스탄츠에 도착한 지기스문트 황제는 여우 구멍에 빠진 교황을 구할 생각이 별로 없음이 분명했다.

그래도 코사에게는 아직 동맹자들이 남아 있었다. 1415년 3월 11일에 열린 공의회에서 교회 전체를 통치할 단일 교황을 결정하는 방법이 논의되었다. 그때 마인츠 대주교가 벌떡 일어서서 자신은 요한네스 23세가 아닌 그 누구도 교황으로 섬기지 않을 것이라고 말했다. 그러나 그의 기대와는 달리 뜻을 같이하는 목소리는 들리지 않았다. 대신에 그가 받은 것은 콘스탄티노플의 총대주교가 내뱉은 다음과 같은 반응이었다. "저 친구는 대체 누구인가(Quis est iste ipse)? 화형에 처해 마땅하군(Dignus est comburendus)!" 마인츠 대주교는 회의장을 걸어나갔고, 그날의 회의는 그것으로 끝났다.

여우는 이제 곧 덫에 달린 용수철이 자신을 덮칠 것임을 알았다. 교황은 콘스탄츠는 안전하지 않다고 생각했다. 그는 더 이상 신변의 안전을 보장받을 수 없다고 느끼는 콘스탄츠를 떠나 조금 더 자신에게 유리한 다른 장소로 옮기고 싶어했다. 그러나 황제는 교황의 제의에 반대의견을 표명했고, 콘스탄츠 시의회는 서둘러 교황에게 확실한 안전을 보장했다. 콘스탄츠 시민들은 이렇게 단언했다. "만약 교황 성하께서 보안이 충분하지 않다고 여기신다면, 우리는 기꺼이 성하께 더 강화된 보안 인력을 제공할 것이며 온 세상에 대항하여 성하를 지킬 것이옵니다. 설령 그 어떤 끔찍한 운명으로 인해 친자식을 잡아먹을 수밖에 없는 상황이 된다고 해도 반드시 그럴 것이옵니다."[14] 그러나 후스에게 마찬가지의 과장된 약속을 했던 코사는 이런 말에 결코 안심하지 않았다. 1415년 3월 20일

오후 1시경, 코사는 말을 타고 콘스탄츠에서 달아났다.[15] 그는 회색 두건과 망토로 몸을 휘감아 아무도 자신을 알아보지 못하도록 가린 채 조용히 콘스탄츠 성문을 빠져나갔다. 오직 석궁으로 무장한 병사 1명과 역시 몸을 감싼 다른 2명의 수행원만을 대동했다. 저녁이 되고 밤이 지나자, 교황이 거느린 다른 하인, 수행원, 비서들도 가능한 한 조심스럽게 비밀리에 도시를 떠났다. 그러나 말은 빠르게 새어나갔다. 요한네스 23세가 달아났다.

그 뒤 몇 주일간, 코사의 적들은 도망자가 피신해 있던 샤프하우젠까지 쫓아갔다. 그는 그곳에서 자신의 동맹이 소유한 성에 숨어 있었다. 코사의 적들은 샤프하우젠에서 그에 대한 고발장을 작성했다. 험악한 소문이 떠도는 가운데 남아 있던 동맹마저 흩어지기 시작하자, 코사는 다시 한번 변장한 채로 도망쳤다. 교황청 무리는 전보다 더 깊은 혼란에 빠져 어쩔 줄을 몰랐다. 아마 그중에는 포조도 포함되었을 것이다. "모든 교황청 사무국 일원들은 황망함 속에서 무작정 교황을 따라갔다."[16] 동시대의 한 기록자는 이렇게 쓰고 있다. "뒤쫓는 이가 없는 밤에도 교황은 계속 도주의 발걸음을 재촉했고 이는 나머지 그의 수행원들도 마찬가지였다." 끝내 황제의 거대한 압력 아래 코사를 비호해주던 주요 동맹이 이 반갑지 않은 손님을 적의 손에 내주었다. 이제 세상은 교황이 범죄자로 감시를 받는 참으로 유익한 광경을 보게 되었다.

공식적으로 코사에게 통보된 고발장에는 총 70개의 혐의가 적혀 있었다.[17] 그러나 대중에게 미칠 악영향을 우려한 공의회는 고발장의 내용—내용은 추후에도 절대 공개되지 않았다—을 그중에서 가장 가증스러운 16개 항목으로 압축했다. 코사가 지은 죄는 다음과 같았다. 성직 매매, 남색, 강간, 근친상간, 고문, 그리고 살인. 또한 그는 자신의 전임자인 선대 교황을 독살했다는 죄로, 그의 주치의를 포함한 다른 몇몇 사람들과

214

함께 고발당했다. 그러나 그중에서도 최악이라고 할 만한 것—그러니까 최소한 알려진 한에서 가장 끔찍한 것—은, 그가 고대부터 죄악시된 에피쿠로스 사상을 추종한다는 것이었다. 그를 고발한 자들이 들춰낸 바에 따르면, 교황은 믿을 만한 인사들 앞에서 줄곧 내세니 부활이니 하는 것은 다 거짓이며, 인간은 짐승과 마찬가지로 몸이 죽을 때 영혼도 함께 사멸한다고 완고히 주장했다는 것이었다.

1415년 5월 29일, 교황은 공식적으로 퇴위되었다. 이로써 '요한네스 23세'라는 이름은 공식적으로 교황 명부에서 퇴출되었고, 다시 사용 가능한 이름이 되었다. 그러나 1958년 뛰어난 인물인 안젤로 론칼리가 용감하게도 이 '요한네스 23세'라는 이름을 택하여 교황의 자리에 오르기까지 500년도 넘는 시간 동안 아무도 감히 이 이름을 쓰려고 하지 않았다.

퇴위 후에, 코사는 즉시 라인 강변에 있는 고트리벤 성으로 옮겨져 잠시 투옥되었다. 공교롭게도 그곳은 후스가 거의 가사 상태로 두 달 넘게 쇠고랑을 찬 채 투옥되어 있던 곳이기도 했다. 교황과 이단자가 마치 영화의 한 장면처럼 저마다 쫓는 자들에게 사로잡혀 극도로 비참한 포로 신분이 된 상황에서 서로 마주친 적이 있는지에 대해서는 알려진 바가 없다. 만약 이 시점까지 포조가 여전히 주인 곁을 지키고 있었다면—기록은 이 부분을 명확히 밝히고 있지 않다—아마 포조가 주인과 갈라선 것은 바로 이 마지막 순간이었을 것이다.[18] 교황을 섬기던 수행단은 뿔뿔이 흩어졌고, 죄수가 된 전 교황은 곧 다른 장소로 옮겨져 손짓발짓으로만 간신히 의사소통을 할 수 있는 독일어밖에 모르는 간수들에게 둘러싸이게 될 것이었다. 이렇게 세상과 완전히 단절당한 코사는 모든 세속적인 것의 덧없는 본성에 대한 시구를 쓰는 일에만 매달렸다.

교황을 따르던 사람들은 이렇게 갑자기 주인을 잃었다. 일부는 재빨리 몸을 놀려 콘스탄츠에 와 있던 다른 고위 성직자나 군주 밑에서 일자리를 구했다. 그러나 포조는 실직자 상태로 남아 더 이상 자신과는 상관 없는 사건들의 방관자가 되었다. 포조는 이 일이 있은 후에도 콘스탄츠에 일정 기간 더 머물렀지만, 후스가 공의회가 열리는 회의장 앞으로 불려나왔을 때에도 여전히 콘스탄츠에 있었는지는 확실하지 않다. 그토록 염원했고 그 자신의 생명을 걸고 나타난 회의장에서 이 종교개혁가는 조롱만 당했다. 그가 입을 열어 뭔가를 말하려고 할 때마다 고함소리와 함께 저지당하고 말았다. 1415년 7월 6일, 콘스탄츠 대성당에서 열린 엄숙한 의식에서 후스는 이단으로 유죄선고를 받고 공식적으로 성직을 박탈당했다. 이단으로 판명된 후스의 머리에는 높이가 약 45센티미터에 달하는 원형 종이 왕관이 씌워졌다. 왕관 위에는 영혼을 잡은 채 갈가리 찢고 있는 세 마리의 악마가 그려져 있었다. 후스는 머리에 이 왕관을 쓰고 몸에는 쇠사슬을 찬 채로 대성당에서 끌려나와 자신이 쓴 책이 화염에 뒤덮여 있는 장작더미 앞을 지나쳐 마찬가지로 화형대 위에서 불태워졌다. 유물이 남지 않도록 형을 집행한 담당자들은 불에 시커멓게 변한 후스의 뼈까지 산산조각 낸 뒤에 라인 강에 뿌렸다.

포조가 자신이 작은 역할이나마 담당했던 이런 일련의 사건에 대해서 무슨 생각을 했는지 직접적으로 알려주는 기록은 없다. 그가 맡은 부분은 스스로 잘 알고 있듯이 이미 손쓸 수 없을 정도로 부패해버린 사악한 조직이 지속적으로 기능하도록 관료로서 도운 것이었다. 그러나 설령 그가 이 사건에 대해서 뭔가를 말하고 싶었다고 해도 그것은 위험한 행동이었을 것이다. 어쨌거나 그는 후스가 도전한 바로 그 세력의 수장인 교황 밑에서 일하고 있었다(그로부터 1세기 후에, 루터는 결과적으로 후스보다는 훨씬 더 성공적이었던 공격을 개시하면서 다음과 같이 언명했다. "스스로 깨닫지 못하고 있더라도 우리 모두는 후스의 영향 아래에 있다"). 그러나 후스가 처형되고 몇 개월 후에, 후스의 지지자인 프라하의 히에로니무스가 이단이라는 죄목으로 재판장에 섰을 때에는 포조도 조용히 있을 수가 없었다.

히에로니무스는 헌신적인 종교개혁가로서 파리와 옥스퍼드, 하이델베르크의 대학교에서 학위를 취득했다. 그는 또한 아주 유명한 연설가이기도 했는데, 1416년 5월 26일에 히에로니무스가 재판장에서 한 증언은 포조에게 매우 강렬한 인상을 남겼다. "고백하지 않을 수 없군요." 포조는 동료인 레오나르도 브루니에게 이렇게 썼다. "그가 재판장에서 한 증언처럼 우리가 몹시 존경하는 고대 연설가들에 근접한 수준의 연설을 들은 적은 지금껏 없는 것 같습니다." 포조는 자신이 지금 위험한 발언을 하고 있다는 것을 분명히 알고 있었다. 그러나 이 교황청 관료는 인문주의자로서의 열정적인 경탄을 그대로 묻어둘 수만은 없었다.

단어의 선택, 논리의 엄밀함, 그리고 자신의 의견에 반대하는 자들에 맞서 대답할 때의 확신에 찬 표정에 나는 놀랐습니다. 특히 연설의 말미는 너무나도 인상적이었어요. 어째서 그토록 고귀하고 훌륭한 한 천재가 이단의 길로 빠져들게 되었는가 하는 엄청난 문제가 주제였지요. 이 마지막 논점에 대해서 나로서는 어떤 의심을 품지 않을 수 없었지만, 이처럼 중요한 문제의 논의는 결코 내가 끼어들 자리가 아니지요. 나는 나보다 훨씬 더 현명한 분들의 의견을 따를 것입니다.[19]

신중하게 암묵적인 동의를 표하는 표현에도 브루니는 전혀 안심이 되지 않았다. 그는 포조에게 이렇게 답장을 썼다. "자네에게 충고를 해야겠군. 이런 문제를 거론할 때는 좀더 신중한 편이 좋겠네."

언제나 진짜 위협이 될 만한 일에는 조심하는 포조가 이처럼 신중하지 않은 편지를 보내다니, 대체 그에게 무슨 일이 일어났던 것일까? 부분적으로는 포조가 막 목격한 사건이 야기한 정신적 후폭풍 때문일 수도 있다. 포조가 브루니에게 보낸 편지에는 쓴 날짜가 1416년 5월 30일로 적혀 있다. 그날은 바로 히에로니무스가 처형된 날이었다. 포조는 뭔가 아주 끔찍한 광경을 목격한 후에 펜을 들었다. 역시 그날 무슨 일이 일어났는지를 기록한 리헨탈의 글을 통해서 우리는 포조가 그날 무엇을 보았는지를 알 수 있다. 서른일곱 살의 히에로니무스는 도시 밖으로 끌려나가 앞서 후스가 화형을 당했고, 그 자신도 같은 최후를 맞게 될 장소로 갔다. 그곳에서 그는 신념을 반복해서 말하고 호칭기도(呼稱祈禱)를 했으나, 후스와 마찬가지로 아무도 그의 고해성사를 받아주지 않았다. 그런 성례는 이단으로 판명된 자에게는 허락되지 않았다. 후스는 화형대에 불이 붙고 나서 얼마 되지 않아 비명을 지르며 이내 죽었다. 그러나 리헨탈에 따르면, 히에로니무스에게는 똑같은 행운이 함께하지 않았다. "그는 후스보다 타오르는 불 속에서 더 오래 숨이 붙어 있었고 참혹하게 비명을 내질렀다. 또한 후스보다 몸집이 더 좋고 건장했으며 풍성하고 두툼한 검은 턱수염도 있었다."[20] 아마도 히에로니무스의 끔찍한 비명이 포조가 더 이상 신중하게 침묵만 지키고 있을 수 없게 만든, 재판정에서 히에로니무스가 했던 연설에 관해서 누군가에게 전해야겠다는 의무감을 느끼게 만든 이유였는지도 모른다.

히에로니무스의 재판과 처형 장면을 참관하고 마음의 평정을 잃기 직전, 포조는 양손의 류머티즘(필사가에게는 중대한 걱정거리였다)을 치료해볼 요량으로 바덴에 있는 유명 온천을 방문하기로 결심했다. 콘스탄츠에서 바덴에 이르는 여정은 결코 쉽지 않았다. 일단 배를 타고 라인 강을 따라 교황이 도망쳤던 샤프하우젠까지 약 40킬로미터를 이동한 후에, 절벽과 바위 사이로 물살이 급격히 거칠어지게 되자 배에서 내려 카이저스툴이라는 성까지 걸어서 다시 16킬로미터를 이동해야 했다. 그리고 여기에서부터 포조는 일찍이 나일 강줄기가 떨어지며 만드는 폭포에 대한 고전 문헌 속의 묘사를 떠오르게 하는 라인 강줄기가 내는 시끄러운 폭포 소리를 들을 수 있었다.

포조는 바덴의 온천장을 둘러보고 깜짝 놀랐다. 그는 피렌체에 있는 친구에게 이렇게 썼다. "젊은 여자나 나이든 여자나 할 것 없이 남자들 앞에서 벌거벗은 채로 물에 들어갑니다. 사적인 내밀한 부분이나 엉덩이도 다 드러내놓은 채 말입니다."[21] 남자와 여자가 쓰는 욕탕 사이에는 일종의 격자 같은 것이 있어서 공간이 분리되어 있기는 했지만, 그 분리라는 것은 그야말로 최소한의 수준이었다. 포조는 그곳을 이렇게 묘사한다. "곳곳에 야트막한 창문이 많아서 목욕하는 이들이 창문을 사이에 두고 함께 음료를 마시고 이야기를 나누며 서로의 모습을 볼 수 있지요. 그들은 양쪽 방향에서 서로를 만지기도 했는데, 마치 이 모두가 관습이라도 되는 것처럼 자연스럽더군요."

포조 자신은 욕탕에 들어가지 않았다. 스스로의 주장에 따르면, 지나치게 점잔을 빼려고 그런 것이 아니라 "이탈리아에서 온 외지 남자가 그들이 하는 말 한마디 제대로 하지 못하면서 수많은 여자들과 함께 가만히 물에 몸을 담그고 있다고 상상하니 너무 우스꽝스럽게 느껴져 차마 못하겠더군요." 대신에 그는 안뜰에서 욕탕 안에서 일어나는 갖가지 일들을 관찰하고 놀라움을 감추지 못하며 그 광경을 묘사했다. 흡사 사우디아라비아에서 온 사람이 니스 해변에서 벌어지는 광경을 볼 때 사용할 법한 표현이 동원되었다.

포조는 그곳에서 일종의 수영복 같은 것을 발견했는데, 수영복이라고 하기에는 신체를 거의 가리지 못했다. "남자들은 그저 가죽으로 된 앞치마 비슷한 것을 걸쳤고, 여자들은 린넨 소재의 단순한 원피스 같은 것을 무릎 아래까지 내려오게 입었습니다. 그런데 그 원피스 같이 생긴 것의 양쪽이 절개되어 있어서 가리지 않은 목과 가슴, 팔과 어깨가 그대로 다 드러나더군요." 포조가 살던 이탈리아에서라면 큰 문제가 되고 어쩌면 폭력사태로까지 치달을 수 있는 상황이 바덴에서는 당연하게 받아들여지고 있었다. "이곳 남자들은 자기 아내가 낯선 자들과 부딪쳐도 그런 일로 기분 상해하지 않더군요. 그런 일에 별로 개의치 않으면서 모두 가급적 그냥 좋게 받아들입니다." 포조는 그들이 플라톤이 말하는 『국가』에 정통한 것만 같다고 말하며 웃었다. "하기는 그곳에서는 모든 재산이 공동 소유지요."

바덴의 사교생활의 관습이 포조에게는 모두 꿈만 같았다. 마치 유피테르와 다나에가 살던 사라진 세계가 재림한 것 같았다. 수영장 한쪽에서는 사람들이 노래를 부르고 춤을 추었으며, "용모가 아름답고 태생도 좋은 몇몇 소녀들이 여신과도 같은 모습과 몸짓으로" 음악이 연주되는 내내 물 위를 둥둥 떠다녔다. "그들은 옷자락을 뒤에 조금 끌면서 물에 둥둥 떠다녀서 사람들이 그들을 날개 달린 베누스라고 착각하게 됩니다." 포조가 전하는 바에 따르면, 소녀들은 자신들을 빤히 쳐다보는 남자가 있으면 그에게 뭔가를 장난스럽게 요구하곤 했다고 한다. 그러면 요구를 받은 남자들은 화관과 함께 동전을 던져주곤 했는데, 특히 그중에서도 가장 예쁜 소녀에게 던져주었다. 소녀들은 남자들이 던져주는 것을 손으로 직접 받기도 했지만 때로는 옷자락을 넓게 펼쳐서 받기도 했다. "나도 종종 동전과 화관을 던져주었습니다." 포조도 이렇게 솔직하게 고백했다.

그들은 스스로를 믿고 불안에 떨지 않았으며 자신의 삶에 만족한 사람들이었다. 이들에게 "삶은 쾌락에 바탕을 두고 있으니 굶주려 있는 것을 기꺼이 채워 즐기고자 이곳에 모인" 것이었다. 욕장에는 1,000여 명의 사람들이 있었고 다수는 거나하게 술까지 마신 상태였지만, 포조의 묘사에 따르면 몸싸움은커녕 작은 말싸움 한번 벌어지지 않았고 서로 욕설을 주고받는 일도 없었다고 한다. 눈앞에 펼쳐진 직관적이고 남의 시선을 신경 쓰지 않는 활달한 모습을 보면서 포조는 자신이 몸담고 있는 문화가 잃어버린 쾌락과 만족감의 형태를 이곳에서 목격하고 있다고 느꼈다.

우리는 닥쳐올 재앙에 대한 공포에 짓눌린 채로 끝없이 고통스러워하며 불안에 떨고 있습니다. 비참한 운명을 맞으리라는 공포 때문에 우리는 그런 걱정을 결코 멈추지 못하고 항상 재물에 대한 갈망으로 허덕이면서 단 한순간도 영혼과 육신에 평온을 느끼지 못하지요. 그러나 작은 것에도 만족하면서 매일을 살아가는 사람들은 하루하루를 축제처럼 보냅니다.

포조는 욕장에서의 광경을 묘사하면서 친구에게 이렇게 말한다. "당신도 이곳이 에피쿠로스적 사고의 위대한 중심지라는 것을 내가 든 몇몇 예를 통해서 이해하게 될 것입니다."

항상 불안하고 일에 얽매여 있고 지나치게 경직되어 있는 이탈리아인과 낙천적이고 속편한 독일인을 비교하면서, 포조는 자신이 에피쿠로스적인 쾌락의 추구가 최고의 선으로 보이는 순간을 곁눈질했노라고 믿었다. 물론 이런 쾌락의 추구가 기독교의 정통 교리와는 어긋난다는 것은 포조도 아주 잘 알고 있었다. 그러나 바덴에서 포조는 자신이 익숙히 알고 있던 기독교 세계의 규칙이 더 이상 적용되지 않는 새로운 정신세계의 문턱에 서 있는 것만 같은 느낌을 받았다.

포조는 독서를 통해서 종종 그 문턱에 서곤 했다. 사라진 고전 문헌에 대한 그의 열정은 식은 적이 없었다. 니콜리가 남긴 기록으로 유추해본 바에 따르면, 포조는 콘스탄츠에 머무는 동안에도 근처 도서관의 서가를 훑고 다녔으며 콘스탄츠의 산마르코 수도원에서 베르길리우스의 글에 대한 고대 해설서를 발견한 듯하다.[22] 섬기던 주인이 공식적으로 퇴위당함으로써 자신이 실직자 신세가 된 것이 확실해진 1415년 초여름에는 프랑스에 있는 클뤼니 수도원을 향해 길을 나섰다. 그곳에서 그는 키케로가 남긴 7편의 연설을 담은 코덱스 형태의 책 한 권을 발견했는데, 그 중 2편은 그때까지 알려진 적이 없는 것이었다. 그는 이 귀중한 필사본을 피렌체에 있는 그의 친구들에게 보냈고 또한 손수 필사본 한 부를 만들었다. 그 사본에는 당시 그의 기분을 토로하는 글이 담겨 있다.

> 마르쿠스 툴리우스(키케로/역주)가 남긴 다음 7편의 연설은 시대의 격변기를 거치며 이탈리아에서는 사라지고 말았다. 최선을 다해 부지런하고 세심하게 프랑스와 독일의 여러 수도원을 거듭해서 찾아다닌 끝에 피렌체인 포조가 혼자만의 힘으로 어두운 곳에 불결한 상태로 묻혀 있던 이들에게 다시 세상 빛을 보게 해주었으니, 이로써 이들은 다시 본연의 존엄과 질서를 되찾고 라틴어 무사(mousa)들의 품으로 돌아갔다.[23]

포조가 이런 글을 쓰고 있을 무렵, 그를 둘러싸고 있던 기존의 세계는 붕괴되고 있었다. 그러나 이런 혼란과 공포에 대한 포조의 반응은 항상 책에 대한 몰입을 배가시키는 형태로 나타났다. 서적광의 세계에서 그는 야만인들로부터 위험에 처한 영광스러운 과거의 유산들을 구해내서 정당한 후계자들에게 돌려주는 일을 하고 있었다.

그로부터 1년 뒤인 1416년 여름, 포조는 다시 한번 책 사냥에 나섰다. 때는 프라하의 히에로니무스의 처형을 목격한 충격을 안고 바덴에서 막간 휴식을 취한 직후였다. 그는 다른 두 명의 이탈리아인 친구와 함께 콘스탄츠로부터 약 32킬로미터 거리에 있는 갈렌 수도원으로 향했다. 이 방문객들을 끌어들인 것은 중세 수도원 건축의 특징적인 양식이 아니라 그곳에 있는 도서관이었다. 포조와 동행한 친구들은 그 도서관의 명성을 익히 잘 알고 있었다. 실제로 이 방문은 실망스럽지 않았다. 몇 달 뒤 포조는 이탈리아에 있는 다른 친구에게 깜짝 놀랄 만한 고대 문헌들을 발견했다며, 승리감에 찬 편지를 보냈다. 그중에서도 최고라고 할 만한 발견 성과는 퀸틸리아누스의 『연설 교육론(*Institutio Oratoria*)』 전권을 찾아낸 것이었다. 『연설 교육론』은 고대 로마인이 연설과 수사학에 대해서 남긴 책 중 가장 중요한 저서로서, 그때까지만 해도 포조와 그의 인문주의자 동료들에게는 책의 일부분만이 알려져 있었다. 이제 그 유명한 책의 전체를 찾아냈으니 그들로서는 대단히 흥분하지 않을 수 없었다. "오, 놀라운 보물! 오, 예상치 못한 기쁨!" 그들 중 한 명이 소리쳤다. 연설을 통해서 대중을 설득했던 세계, 그 잃어버렸던 세계 전체가 다시 돌아온 것이다.

후스와 프라하의 히에로니무스를 콘스탄츠로 끌어들였던 것은 연설을 통해서 공적으로 자신의 신념을 밝혀서 사람들을 설득한다는 꿈이었다. 후스의 경우에는 그대로 묵살당하고 말았지만, 350일 동안 사슬에 묶인 채 갇혀 있던 지하감옥에서 끌려나온 히에로니무스는 최소한 자신의 주장을 사람들에게 들려줄 수는 있었다. 현대의 독자들에게는 히에로니무스의 '단어의 선택'과 그의 '연설의 말미'가 얼마나 효과적이었는지에 대해서 찬사를 늘어놓는 포조가 우스꽝스럽게 느껴질 수도 있을 것이다. 죄수의 라틴어 수준이 대체 뭐가 중요하단 말인가. 그러나 포조의 심금을 흔들고 이단으로 지목받은 자에 대한 고발 내용이 정말 옳은가에 대해서 의심을 품게 만든 것은 죄수가 구사한 바로 그 라틴어의 수준이었다. 최소한 이 이상한 순간만큼은 포조는 자신의 자아를 둘러싼 긴장상태에서 아무렇지 않은 척 가장할 수가 없었다. 포조의 내부에서는 사악한 교황 요한네스 23세를 위해서 일하는 관료로서의 자신과 자신의 상상 속에 존재하는 공화국 시절의 고대 로마가 향유하던 자유롭고 깨끗한 공기를 염원하는 인문주의자로서의 자신이 늘 충돌했다. 그리고 그는 이 긴장을 해소하는 현실적인 방법을 찾을 수가 없었다. 그 대신에 그는 버려진 보물들을 품고 있는 수도원 도서관에 몸을 던졌다.

"이론(異論)의 여지가 있을 수 없습니다." 포조는 이렇게 썼다. "이토록 우아하고, 이토록 순수하며, 이토록 도덕과 기지로 가득 찬 이런 영광스러운 인물이 그 끔찍한 감옥을 어찌 더 견딜 수가 있겠습니까. 그곳은 정말이지 더럽고 간수들은 야만적이고 잔인하기 짝이 없습니다." 일찍이 포조는 레오나르도 브루니로부터 훌륭한 연설가였으나 끔찍한 운명을 맞은 히에로니무스에 대해서 경솔한 찬사를 바쳤다고 주의를 받은 바 있었다. 그러나 언뜻 그와 비슷해 보이는 이 글은 브루니의 주의를 받고도 포조가 저지른 또 한번의 경솔한 실수가 아니었다. 글에 묘사된 영광스러운 인물이란 포조가 성 갈렌 수도원에서 발견한 퀸틸리아누스의 원고를 가리켰다.

그는 슬픔에 잠겨 있었고 죽음을 선고받은 사람처럼 곡이라도 할 듯한 모습이었습니다. 수염은 지저분하고 머리카락은 먼지가 덕지덕지 끼어 있었는데 표정으로 보나 안색으로 보나 부당한 처벌을 선고받았음이 분명했지요. 그는 손을 뻗어 로마인들의 충심을 갈구하는 것 같아 보였습니다. 마치 이런 부당한 처벌에서 자신을 구함이 마땅하다고 호소라도 하려는 듯이 말입니다.[24]

5월에 목격한 히에로니무스의 처형은 포조가 수도원의 서가를 헤매며 이 글을 쓰던 순간에도 여전히 이 인문주의자의 뇌리에 생생하게 살아

224

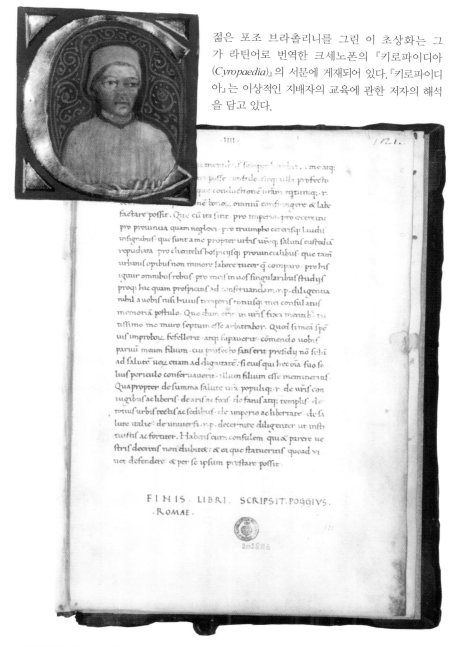

젊은 포조 브라촐리니를 그린 이 초상화는 그가 라틴어로 번역한 크세노폰의 『키로파이디아 (Cyropaedia)』의 서문에 게재되어 있다. 『키로파이디아』는 이상적인 지배자의 교육에 관한 저자의 해석을 담고 있다.

포조의 개성이 드러나는 우아하게 필사된 키케로의 원고는 1425년 로마에서 작업한 것으로, 그는 이 필사본에 자신의 서명을 선명하게 남겼다. 포조의 육필은 그의 시대에도 높은 평가를 받았으며, 그의 출세에도 중요한 영향을 미쳤다.

앉아 있는 모습의 메르쿠리우스 청동상은 조각난 상태로 헤르쿨라네움에 있는 파피루스의 집에서 1758년에 발견되었다. 날개가 달린 한 쌍의 샌들은 그가 신들의 전령, 메르쿠리우스임을 알려준다. 에피쿠로스주의자에게는 우아하게 휴식을 취하는 모습의 이 조각상이 신들이 인류에게 전해야 할 메시지 같은 것은 없다는 것을 암시하는 것일 수 있다.

에피쿠로스 사상의 적들은 에피쿠로스 사상을 앉아 있는 모습의 메르쿠리우스 청동상이 아니라 취한 채 제정신이 아닌 실레노스 조각상과 연결시켰다. 이 조각상에서 실레노스는 사자 가죽 위에 걸쳐져 있는 포도주 부대 위에 널부러져 있다. 이 조각상은 파피루스의 집에서 메르쿠리우스 조각상 가까이에서 발견되었다.

작은 에피쿠로스 흉상은 이 철학자의 이름을 그리스어로 새긴 원래의 받침대를 유지하고 있는데, 헤르쿨라네움에 있는 파피루스의 집을 장식하고 있던 세 개의 이와 비슷한 흉상 중의 하나이다. 로마의 작가 대(大) 플리니우스(23–79 CE)는 그의 저서 『박물지(*Naturalis Historia*)』의 제35장에서 그의 시대에 에피쿠로스의 흉상이 유행하고 있다고 언급했다.

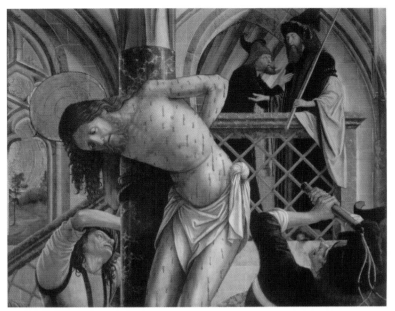

"이에 빌라도가 예수를 데려가 채찍질하더라."(「요한의 복음서」 제19장 1절) 오스트리아의 화가 미하엘 파허는 이 성서 구절에 영감을 받아 이 그림을 그렸다. 이 구절은 학대 당한 구세주에 대한 연민과 고문을 가한 자에 대한 분노를 고조시킬 뿐만 아니라 예수가 겪은 고통을 모방하고자 하는 강렬한 욕망을 불러일으키는 데에도 도움을 주었다.

이단인 후스가 그의 죄가 적혀 있는 종이 왕관을 쓰고 화형을 당하고 있다. 집행이 끝난 후, 뜻을 같이하는 구경꾼들이 이 순교자의 유물을 모으는 것을 막기 위해서 남은 재는 라인 강에 버렸다.

포조의 초상화는 그의 작품 『운명의 성쇠에 관하여(*De varietate fortunae*)』에 실려 있다. 이 작품은 포조가 예순여덟 살에 쓴 것으로 고대 로마의 위대한 폐허에 대해서 웅변적으로 논한다.

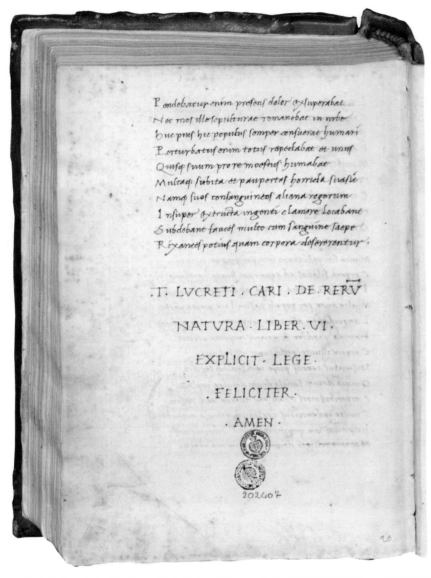

Pondebatur enim praesens dolor exuperabat
Nec mos illa sepulturae romanebat in urbe
huc prius hic populus semper consuerat humari
Perturbatus enim totus trepidabat et unus
Quisq̃ suum pro re moestus humabat
Multaq̃ subita et paupertas horrida suasit
Namq̃ suos consanguineos aliena rogorum
Insuper extructa ingenti clamore locabant
Subdebant faces multo cum sanguine saepe
Rixantes potius quam corpora desererentur

.T. LVCRETI . CARI . DE . RERV̄

NATVRA . LIBER . VI .

EXPLICIT . LEGE .

. FELICITER .

. AMEN .

202407

포조의 작업 동반자인 니콜리는 모두가 학수고대하던 그의 『사물의 본성에 관하여』의 필사본을 관습적으로 쓰이는 "Explicit"("펼쳐진"이라는 뜻의 라틴어)라는 단어로 마무리하고 있다. 그는 독자들에게 "Lege feliciter"(행복하게 읽을 것)를 당부하며 경건하게 "Amen"(아멘)—루크레티우스 시의 정신과는 다소 긴장관계에 있는 말—이라고 덧붙인다.

보티첼리의 그림 중앙에는 베누스가 서 있고, 봄과 관련된 고대의 신들이 그녀의 주위를 둘러싸고 있다. 등장인물들의 복잡한 몸짓은 땅에 다시 찾아온 위대한 계절의 부활에 대한 루크레티우스의 묘사를 따르고 있다. "봄이 오니, 날개 달린 전령들이 앞서 나와 베누스의 입장을 알리고, 어머니 플로라는 열심히 제피로스의 발꿈치를 따라와 그들의 앞길에 빼어난 색과 향을 풍성하게 흩뿌린다."(5 : 737–40)

몽테뉴가 많은 분량의 주석을 달아놓은 루크레티우스의 시집—1563년에 출판된 것으로 드니 랑방이 편집한 훌륭한 판본이다—의 표제지에는 몽테뉴의 서명이 있었으나, 그 책을 다음으로 소유했던 데스파녜의 서명과 겹쳐져서 20세기가 될 때까지는 그의 서명을 알아보지 못했다.

에토레 페라리가 만든 조르다노 브루노의 청동상은 그가 화형당한 로마의 캄포 데이 피오리에 1889년에 세워졌다. 그 기념물의 받침대에는 가톨릭 교회에 의해서 박해받은 다른 철학자들을 기념하는 명판이 있는데, 실물 크기보다 더 크게 제작된 브루노는 바티칸 쪽을 음울하게 바라보고 있다.

있었다. 히에로니무스는 자신이 "모든 편익을 빼앗기고 더러운 곳에 족쇄를 찬 채" 감금되었노라고 항의했다. 그리고 퀸틸리아누스도 "곰팡이와 먼지로 더러워진 채" 발견되었다. 포조는 레오나르도 아레티노(브루니)에게 보낸 편지에서 히에로니무스가 "뭔가를 읽을 수도 없는 어두운 지하감옥에" 감금되었다고 언급한 적이 있다. 포조는 수도원 도서관에 있던 퀸틸리아누스의 원고를 언급하면서 분개의 감정을 누르지 못한 채 퀸틸리아누스는 "일종의 끔찍하고 음울한 지하감옥에 있었습니다.……그 어떤 흉악한 중죄를 지은 인간이라고 해도 그런 곳에 가두지는 않을 것입니다." 포조는 경솔하게도 이단으로 판명된 히에로니무스에 대해서도 이렇게 외친다. "영원히 기억되어 마땅한 인간이거늘!" 그러나 포조는 히에로니무스를 구하기 위해서는 아무것도 할 수 없었다. 대신에 그로부터 몇 달 뒤, 성 갈렌 수도원에서 그는 또 한 명의 영원히 기억되어 마땅할 인간을 야만인들의 감옥으로부터 구해내는 데에 성공했다.

사실 포조가 정말로 지하감옥에 갇힌 이단과 도서관이라는 감옥에 파묻힌 고대 문헌 사이에 어떤 선명한 유사점이 있다고 생각했는지는 알수 없다. 직업인으로서 항상 도덕적으로 기민한 상태를 유지하면서도 동시에 매우 타협적인 태도를 취했던 포조는 자신이 작업하는 책들을 정말로 살아 있고 고통을 느끼는 인간처럼 대했다. 그는 퀸틸리아누스의 원고에 대해서 이렇게 썼다. "세상에! 만약 우리의 도움이 없었다면 그는 분명히 바로 그 다음 날 세상을 뜨고 말았을 것입니다." 포조는 정좌하여 신중하게 자신의 아름다운 손글씨로 퀸틸리아누스를 되살리기 시작했다. 긴 작품이었으므로 필사를 완료하기까지는 54일이 걸렸다. "키케로와 함께 로마인의 명성을 이어줄 둘도 없는 그 한 줄기 귀한 빛은 역시나 조각나고 흩어진 상태였습니다."[25] 포조는 구아리노 다 베로나에게 이렇게 썼다. "이제 그 빛이 우리의 노력을 통해서 망명지로부터뿐만 아니라 완전한 파괴로부터도 온전히 살아남았습니다."

　수도원으로의 모험에는 많은 돈이 들었고 포조는 항상 자금 부족에 시달렸다. 돈을 벌 수 있는 사제가 되는 길을 포기한 결정의 결과인 셈이 었다. 콘스탄츠로 돌아왔을 때, 포조의 재정상태는 최악이었다. 당시 포조는 하는 일도 없었고 미래에 대한 뚜렷한 계획도 없는 상태였다. 그의 옛 주인인 퇴위된 교황 발다사레 코사는 자신의 안정적인 노후를 위한 협상에 정신이 없었다. 결국 3년을 감옥에서 보낸 후 코사는 돈을 써서 감옥에서 풀려났고 피렌체의 추기경 직까지 얻어냈으며, 결국 1419년 피렌체에서 눈을 감았다. 도나텔로가 만든 그의 우아한 무덤은 피렌체의 산타 마리아 델 피오레 성당의 세례당에 안치되었다. 포조가 그 이전에 섬겼던 교황 그레고리우스 12세 역시 이 시기에 죽었다. 그는 마지막으로 "나는 이 세상을 이해하지 못했고, 세상도 나를 이해하지 못했노라" 라는 말을 남겼다.

　포조처럼 빈틈없고 매우 숙련된 관료로서 이제 나이도 거의 마흔에 달한 자라면 뭔가 안정을 취할 수 있을 든든한 수단을 강구해야 마땅했다. 그러나 포조는 그런 종류의 행보는 보이지 않았다. 대신에 그는 성 갈렌 수도원에서 돌아온 지 몇 달 만에 이번에는 동행인 하나 없이 콘스탄츠를 떠났다. 그것이 무엇이든지 간에 숭고한 작품을 찾아내서 그 끔찍한 감옥에서 꺼내 다시 세상 빛을 보게 해주어야겠다는 포조의 열망은 이런 주변 상황에도 불구하고 분명히 더 강렬해지기만 한 것 같았다. 자신이 무엇을 찾게 될지에 대해서는 포조도 전혀 아는 바가 없었다. 단지 그것이 우아한 고전 라틴어로 쓰였다면, 어떤 대가를 치르더라도 구해내야 한다는 확신이 있을 뿐이었다. 포조가 보기에는 저 무지하고 나태한 수도사들은 지난 1,000년이 넘는 세월 동안 인류가 알게 된 그 어떤 것보다도 더 위대한 옛 문명의 자취를 가둬두고 있었다.

물론, 포조가 찾으리라고 기대할 수 있던 것은 양피지에 쓰인 것으로 그렇게 오래된 것들도 아니었다. 그러나 포조에게는 이 옛 책들은 단순한 원고뭉치가 아니라 인간의 목소리였다. 도서관의 후미진 곳에서 나타나는 것은 여러 사람의 손을 거치며 필사되어 내려온 긴 일련의 원고라기보다는 빌린 옷을 몸에 걸치고 있는 작품 자체, 혹은 수의로 몸을 감싼 채 직접 빛을 향해 절뚝이며 걸어나오는 책의 저자 자신이었다.

"우리는 아스클레피오스가 신들과 함께하는 존재라고 생각한다. 그는 히폴리토스를 비롯하여 이미 지하세계에 발을 들인 자들을 살려냈기 때문이다." 프란체스코 바르바로는 포조의 발견 소식을 듣고 다음과 같이 썼다.

여러 사람들과 국가, 지역은 아스클레피오스를 위해서 신전을 바쳤습니다. 만약 이런 관습이 잊히지 않았다면, 나는 당신을 위해서는 무엇을 해야 할까 생각해보았습니다. 신전을 짓는 관습은 이미 오래 전에 사라지고 말았으니까요. 당신이 사람들의 마음속과 교육의 전통에서 영원히 죽은 것만 같았던 많은 저명하고 현명한 인물들을 소생시켰으니, 이로써 우리 세대뿐만 아니라 우리의 후손들도 바르고 명예롭게 살 수 있게 되었습니다.[26]

이렇게 더 이상 아무도 읽지 않은 채 독일 각지의 도서관에 가만히 꽂혀 있던 책들은 이미 오래 전에 죽어서 그 영혼이 사후세계에 갇혀버린 현인들이 되었다. 그리고 부패한 자로 악명 높은 교황을 섬기던 냉소적인 비서 포조는 친구들 사이에서 문화적인 영웅으로 치켜세워졌다. 포조는 고대의 유체들을 모아서 생명을 다시 불어넣는 마법 같은 능력의 치유사로 대접받았다.

포조가 치유사로서의 마법 같은 능력을 다시금 발휘한 것은 1417년 1월, 이번에는 아마도 풀다 수도원에서였을 것이다. 그곳에서 그는 선반 위에 놓인 한 권의 장편시를 꺼내 들었다. 포조는 예전에 본 퀸틸리아누스의 글이나 성 히에로니무스가 집대성한 연대기에서 그 시의 저자의 이름을 읽은 적이 있음을 기억했을 것이다. 그의 이름은 루크레티우스. 『사물의 본성에 관하여』가 바로 그 시의 제목이었다(T. LUCRETI CARI DE RERUM NATURA).

8

사물의 길

『사물의 본성에 관하여』는 쉽게 읽을 수 있는 책이 아니다. 총 7,400행에 달하는 이 시는 압운(押韻) 없이 이루어진 6개 음절로 한 행을 구성하는 표준적인 6보격(六步格, hexameter) 형식을 취하고 있다. 이러한 형식은 호메로스의 그리스어 시작(詩作)을 흉내내어 베르길리우스나 오비디우스가 서사시를 지을 때 사용했던 것이다. 『사물의 본성에 관하여』는 소제목 없이 6권으로 나뉘어 있는데, 다양한 주제가 한데 얽혀 있다. 강렬한 서정적 아름다움의 순간, 종교에 관한 철학적 명상, 쾌락, 죽음, 물질계, 인간 사회의 발전, 성의 위험과 즐거움, 그리고 질병의 본질 등에 관한 복잡한 이론들을 하나로 아우르고 있다. 시의 언어는 대체로 까다롭고 어려우며, 구문은 복잡하고, 전체적으로 놀랄 정도로 수준 높은 지적 야망으로 가득하다.

포조와 그의 학식 있는 친구들은 이런 어려움 앞에 동요하지 않았을 것이다. 그들의 라틴어 실력은 훌륭했고, 수수께끼 같은 원문을 파헤치는 도전을 기꺼이 받아들였으며, 종종 훨씬 더 의미를 파악하기 힘든 교부 신학의 덤불 속을 헤매면서도 쾌락과 흥미를 잃지 않았다. 따라서 포조는 손에 든 사본을 처음 몇 장만 대충 넘겨보고도, 자신이 뭔가 매우 비범한 것을 발견했음을 즉각 알아차릴 수 있었을 것이다.

그러나 작품을 꼼꼼하게 읽고 책에서 펼치는 주장을 제대로 이해하지 않은 상태에서는, 지금 고삐를 풀어주려는 문제의 책이 포조 자신의 정신 세계 전체를 위협하는 것일 수도 있다는 사실을 미처 알아차리지 못했을 수도 있다. 그러나 설령 그런 위험을 인식했더라도, 포조는 여전히 이 시를 사람들이 읽을 수 있도록 세상에 돌려주었을 것이다. 포조에게 고대 세계의 유물을 발굴하는 것은 삶의 최고 목적이었고, 세상에 대한 환멸과 냉소적인 웃음에 오염되지 않은 유일한 신조였다. 그러나 포조가 정말로 그 위험을 인식한 경우라면, 이 시를 세상에 돌려주려고 했던 문제의 순간에 그는 프로이트가 뉴욕 항구에 발을 들여놓으며 했던 말을 내뱉었는지도 모른다. 전하는 바에 따르면, 배를 타고 뉴욕으로 향하면서 항구에서 그를 기다리고 있는 미국인 지지자들의 뜨거운 환호성을 듣고 프로이트는 융에게 다음과 같은 말을 했다고 한다. "저들은 지금 우리가 그들에게 흑사병을 가지고 오는 중이라는 걸 알고나 있는 것일까?"

루크레티우스가 가져온 질병에 붙일 수 있는 다른 단순한 병명은 이른바 무신론(atheismus, atheism)이다. 루크레티우스의 시가 처음 발표된 이래로 이 작품은 종종 무신론적인 내용을 담고 있다는 이유로 비난을 받았다. 그러나 실제로 루크레티우스 본인은 무신론자가 아니었으며, 신의 존재를 믿었다. 다만 신이라는 존재는 아마도 인간 존재 자체나 인간이 하는 여러 짓거리에는 무관심할 것이라고 생각했다. 루크레티우스가 생각하기에 신성(神性)은 본질적으로 그 어떤 곤란이나 소란에 마음 쓰지 않으면서 영생과 평화를 즐기고 인간사에는 무관심한 것이었다.

만약 당신이 바다를 넵투누스, 곡물을 케레스, 포도주를 바쿠스라고 부르는 데에서 쾌락을 느낀다면 좋을 대로 하라. 루크레티우스는 우리가 살고 있는 이 둥근 세계에 '신들의 어머니'라는 이름을 붙여도 상관없다고 썼다. 그리고 만약 신들의 장엄한 아름다움에 이끌려 종교 성지를 방문해도, "평화와 고요함 속에서"(6 : 78) 지내는 신들의 모습을 명상하는 한, 그 어떤 해도 없을 것이다. 그러나 부디 잠시라도 이런 허튼 생각은 하지 말기를. 당신이 이들 신적인 존재를 화나게 할 수 있다든가 혹은 달랠 수 있다고 말이다. 의례 행렬, 동물 희생제의, 열정적인 춤, 북이나 심벌즈, 피리 등의 악기 소리, 눈처럼 흰 장미꽃잎, 거세한 사제들, 어린 아이 모습을 한 신의 조각상. 이 모든 숭배의 표현은 그 나름대로 장엄하고 감동적이지만 기본적으로 무의미하다. 왜냐하면 신들의 세계는 우리가 절대 닿을 수 없는 곳에 있는, 우리가 사는 세계와는 완전히 격리되어 있는 곳이기 때문이다.

　루크레티우스가 신의 존재를 믿는다고 고백하고는 있으나 실제로는 일종의 무신론자이며, 어쩌면 그것도 특히 교활한 무신론자라고 주장할 수도 있을 것이다. 거의 모든 시대, 거의 모든 종교, 거의 모든 신자에게 신의 분노를 달래거나 신의 보호와 호의를 구하고자 하는 희망 없이 신을 믿는다는 것은 무의미해 보였기 때문이다. 권선징악에 무관심한 신이 대체 무슨 소용이 있단 말인가? 그러나 루크레티우스는 그와 같은 신에 대한 희망과 불안이야말로 미신의 유해한 양상이라고 주장했다. 그것은 인간의 오만과 불합리한 인간의 공포가 결합되어 드러난 잘못된 생각이라는 것이었다. 루크레티우스가 생각하기에는 신들이 정말로 인간의 운명에 신경을 쓰거나 혹은 그들이 바치는 여러 종교 제의에 관심을 기울인다고 상상하는 것은 정말이지 천박한 신성모독이었다. 신이라는 존재의 행복이 우리가 웅얼거리는 몇 마디 말이나 반듯한 행동거지에 달려 있기라도 한다는 말인가? 그러나 사실 이런 신성모독도 따지고 보면 전혀 문제될 것이 없다. 신들은 인간이 던지는 모욕 따위는 신경도 쓰지 않을 것이기 때문이다. 우리가 할 수 있는 (혹은 할 수 없는) 그 무엇도 신들의 흥미를 끌 수는 없다. 그러므로 진정 심각한 문제는 인간 스스로에게 해를 끼치는 잘못된 믿음과 의식이다.

종교에 대한 루크레티우스의 생각은 분명히 포조 자신의 기독교 신앙과는 완전히 달랐으며, 포조의 시대에 이런 사상을 신봉한다면 누구나 매우 심각한 문제에 휘말릴 수 있었다. 그러나 이교도 문헌에서 마주치게 된 이런 위험한 생각들은 그 자체가 막대한 경각심을 불러일으킬 가능성은 많지 않았다. 후대에 『사물의 본성에 관하여』에 공감한 일부 독자들처럼 포조 자신도 아마 이렇게 생각했을 것이다. 이 빼어난 고대의 시인은 그저 이교도 신앙이 얼마나 공허하며 실제로 존재하지도 않는 신들에 대한 희생 제의라는 것이 얼마나 터무니없는지를 직관적으로 깨달았음을 보여줄 뿐이라고. 결국 루크레티우스는 구세주가 이 세상에 오시기 바로 직전 시대를 산 불운을 타고난 것일 뿐이다. 100년만 늦게 태어났더라도 그 역시 진실을 배울 기울 기회를 얻을 수 있었을 것이다. 아무튼 그는 최소한 자신의 동시대인들이 행하는 종교의식의 허망함만큼은 잘 이해하고 있었던 셈이다. 이런 이유로 꽤 많은 수의 현대 영역본에서도 본래 라틴어 원문에는 단순히 '종교(religio)'라고 되어 있는 것을 굳이 '미신'이라고 번역한 경우를 찾아볼 수 있다.

그러나 무신론—보다 엄밀하게는 신의 무관심—은 루크레티우스의 시가 가지고 있는 유일한 문제점이 아니었다. 정작 가장 주요한 쟁점이자 대단히 불온한 논쟁의 시발점이 된 것은 바로 우리 모두가 살고 있는 이 물질계였다. 이 논쟁의 가공할 만한 위력은 수많은 이들—마키아벨리, 브루노, 갈릴레오 등—을 매료시켜서 기묘한 일련의 사상적 조류를 형성했다. 일찍이 이것은 포조의 발견의 결과로서 그 사상이 되살아난 바로 그 지역에서 열정적으로 탐구된 바 있었다. 그러나 1,000여 년 동안 이어져온 실질적인 침묵의 세월은 이 조류를 매우 위태로운 지경으로까지 몰고 갔다.

지금에 와서는 『사물의 본성에 관하여』가 우주에 대해서 주장하는 내용의 많은 부분이 매우 친숙하게 느껴진다. 최소한 이런 글을 읽을 법한 사람들 사이에서만큼은 그럴 것이다. 이 작품이 담고 있는 핵심적인 주장의 많은 부분이 현대적인 삶을 형성하고 있는 토대를 이루고 있기 때문이다.[1] 그러나 그 주장들 중 일부는 여전히 생경하고, 다른 일부는 이 책이 담고 있는 내용 덕분에 가능해진 과학적 발전의 결과를 향유하는 자들에 의해서 엄청난 항의를 받기도 한다는 사실은 기억해둘 만하다. 포조의 동시대인들도 극히 소수를 제외하면, 그 시 자체는 깜짝 놀랄 만큼 매혹적이고 아름답지만, 루크레티우스가 시에서 주장한 내용의 대부분은 도통 내용을 이해할 수도 믿을 수도 없으며 불경하다고 생각했을 것이다.

다음의 짧은 목록은 비록 완전하다고는 할 수 없지만 루크레티우스의 시를 구성하고 있는 그의 주요 주장이다.

• **사물은 눈에 보이지 않는 작은 입자들로 만들어진다.** 전문용어 사용을 좋아하지 않았던 루크레티우스는 이 기본적인 입자들을 일컫는 표준적인 그리스 철학용어인 '원자(atom)', 즉 더 이상 쪼갤 수 없는 것이라는 의미의 단어를 사용하지 않았다. 대신에 그는 일상적인 라틴어 단어들을 다양하게 활용하여 자신의 생각을 표현했다. 이를테면 "최초의 것들", "최초 시작점들", "물질의 본체", "사물의 씨앗들" 같은 표현이 그 예이다. 사물은 이런 씨앗들로부터 형성되고 해체의 과정을 거쳐 다시 씨앗 상태로 돌아가는 것이다. 이런 씨앗들은 불변하며, 분해할 수 없고, 눈에 보이지 않으며, 그 수가 무한하다. 이들은 끊임없는 운동하면서 서로 충돌하고, 서로 결합하여 새로운 모양을 이루며, 다시 갈라지고 결합하기를 반복한다.

• 물질을 구성하는 기초 입자인 "사물의 씨앗들"은 영원하다. 시간은 처음과 끝이 있는 하나의 물질이지만 한계가 없으며 무한하다. 거대한 별에서부터 가장 하찮은 풀벌레에 이르기까지 우주에 존재하는 모든 것은 보이지 않는 입자들로 만들어졌으며, 이 입자들은 파괴될 수 없으며 불멸한다. 비록 그 입자로 만들어진 우주에 존재하는 개개의 특정 사물들은 무상한 것이지만 말이다. 즉 우리가 보는 형태가 있는 모든 것들은 아무리 영속성이 있는 것처럼 보여도 순간적인 것에 지나지 않는다. 어떤 모양을 만들기 위해서 모였던 입자들은 언젠가는 흩어져서 다시 개개의 입자 상태로 돌아간다. 그러나 입자 자체는 영원한 것이니 부단한 결합과 분해, 그리고 재분배의 과정을 거치며 결코 사라지지 않는다.

이런 부단한 과정 속에서 창조와 파괴 중 어느 하나도 결코 우위를 점하지 않는다. 세계에 존재하는 총 물질량은 언제나 똑같으며 산 것과 죽은 것 사이의 균형은 언제나 유지된다.

파괴적인 운동도 움직임을 영원히 멈추게 할 수는 없고 한 존재를 영원히 묻어버릴 수도 없다. 마찬가지로 탄생과 성장을 가져오는 운동도 이미 창조된 사물을 영원히 존재하도록 지킬 수 없다. 이처럼 태고 이래로 계속해서 이어져온 탄생과 파괴의 격투 속에서 세상을 구성하고 있는 요소들은 항상 동등한 경쟁을 벌여왔다. 지금은 여기에 있는 것이 다음에는 또 저기에 존재한다. 생명력이 승리를 거두었다가 또 반대로 정복을 당하기도 한다. 빛의 해안에서 장례식장의 만가(輓歌)는 아이들의 울음소리와 하나로 섞인다. 아이들의 자지러지는 울음소리와 함께 죽음과 검은 장례식의 비탄이 뒤섞여 들리지 않는 때는 없으니, 이런 뒤섞임이 없는 낮을 뒤따르는 밤은 존재하지 않으며 그런 밤을 뒤따르는 새벽도 존재하지 않는다.(2.569-80)

에스파냐에서 태어난 하버드 대학교의 철학자 호르헤 산타야나는 이 생각—파괴할 수 없는 물질로 구성된 사물들의 부단한 변형—을 가리켜 "인류를 강타한 가장 위대한 사고"라고 말했다.[2]

• 기본이 되는 입자들은 그 수는 무한하나 형태와 크기에는 제한이 있다. 입자들은 무한한 수의 문장으로 결합할 수 있는 알파벳 체계의 개별 글자와 같다(2.688ff.). 그리고 글자가 언어를 형성할 때와 마찬가지로 사물의 씨앗이 뭔가를 형성할 때에도 거기에는 나름의 법칙이 존재한다. 모든 글자나 모든 단어가 서로 어울리게 결합하는 것이 아니듯이 입자 역시 어느 다른 입자와 어떻게든 결합할 수 있는 것은 아니다. 사물의 씨앗 중 일부는 더 일반적으로 쉽게 서로 결합하는 것이 있는가 하면, 또 서로 밀쳐내고 저항하는 것도 있다. 루크레티우스는 자신이 이와 같은 물질 사이의 숨겨진 법칙을 안다고 주장하지는 않았다. 그러나 그는 법칙이 존재한다는 것을 알고 그런 법칙은 인문과학을 통해서 조사하고 이해할 수 있다는 것을 아는 것이 중요하다고 주장했다.

• 모든 입자는 무한한 진공(void) 속에서 움직이고 있다. 시간(time)과 마찬가지로 공간(space)도 무한하다. 고정된 지점은 없으며 시작점도 중간도 종점도 없다. 그러므로 한계도 없다. 물질은 딱딱한 덩어리 상태로 뭉쳐 있는 그 무엇이 아니다. 그 내부에는 각각을 구성하는 입자들이 움직이면서 해체와 결합을 반복할 수 있는 진공이 있다. 그러한 진공이 존재한다는 증거는 우리 주변 어디에서나 관찰할 수 있는 끝없는 움직임 속에서뿐만 아니라 동굴 벽에서 새어나오는 물방울, 몸 안으로 퍼지는 음식물, 닫혀 있는 벽 사이로 빠져나오는 소리, 뼛속까지 스며드는 추위와 같은 여러 현상들에서 발견할 수 있다.

한마디로 우주는 물질—기본적인 입자들과 그 입자들이 결합하여 만들어지는 모든 것—과 만질 수 없는 비어 있는 진공으로 구성되어 있다.

이 세상에는 물질과 진공, 그 외의 무엇도 존재하지 않는다.

• **우주에는 창조자도 설계자도 없다.** 개개의 입자는 만들어진 것이 아니며 파괴할 수 없는 것이다. 이 세상의 질서와 무질서의 반복은 어떤 신성한 계획의 산물이 아니다. 신의 섭리라는 것은 환상일 뿐이다.

실제로 존재하는 것은 물질에 내재하는 포괄적인 계획이나 지적인 설계를 겉으로 구현한 것이 아니다. 그 어떤 탁월한 안무가가 있어 물질 내부의 입자들의 동선을 짜주지 않으며, 만물의 씨앗이 누가 어디로 갈지를 결정하기 위해서 회의 같은 것을 열지도 않는다.

> 그러나 태고부터 우주에서는 이 셀 수 없이 많은 입자들이 충격에 의해서 뒤흔들리고 떠밀려서 다양한 모습으로 온갖 종류의 움직임과 결합을 실험해왔다. 그리고 최종적으로 현재의 우리가 살고 있는 세계를 창조하고 구성한 것과 같은 배열이 나오게 된 것이다.[3](I.1024-28)

존재에는 무슨 목적이나 의도 같은 것은 존재하지 않으며 오직 우연이 지배하는 끝없는 창조와 파괴만이 있을 뿐이다.

• **사물은 일탈**(逸脫, swerve)**의 결과로 태어난다.** 무수히 존재하는 입자들이 모두 그 자신의 무게에 의해서 빗방울처럼 진공 중에 곧장 떨어진다면, 세상에는 그 무엇도 존재하지 않을 것이다. 그러나 입자는 한 방향으로 열 맞춰 행진하듯이 움직이지 않는다. 오히려 입자는 "절대적으로 예측 불가능한 시간과 공간에서 미약하게 직선 경로를 벗어나며 방향을 바꾼다. 벗어난 정도가 겨우 1도 정도 어긋났을 뿐이라고 해도 바로 그것이 움직임의 전환인 것이다."(2.218-20) 기본이 되는 입자들의 위치는 불확정적인 것이다.[4]

이런 일탈—루크레티우스는 declinatio(미끄러짐), inclinatio(기울임),

236

clinamen(경사운동) 등으로 다양하게 표현하고 있다—은 가장 최소의 움직임(nec plus quam minimum)을 가리키는 말이다.(2.244) 그러나 이런 최소의 움직임도 끊임없는 충돌의 연쇄작용을 촉발시키기에는 충분하다. 우주에 존재하는 것은 어느 것이나 이와 같은 미립자(微粒子)들이 불규칙적으로 일으키는 충돌로 인해서 가능한 것이다. 그리고 무한한 시공간 속에서 이루어지는 이들 입자의 끝없는 결합과 재결합의 결과로 "강들은 풍성한 물줄기를 흘려보내 한없는 바다를 계속 채우고, 모든 것을 감싸안는 태양의 햇살로 덥혀진 대지는 제 새끼를 다시 낳으니 동물의 일족들이 일어나 번성하고, 하늘을 가로지르는 천상의 빛들도 생명을 얻는다."(I.1031-34)

• **일탈은 자유의지의 원천이다.** 인간이나 동물이나 할 것 없이 지각 있는 모든 생명체의 삶에서, 기본 입자들의 무작위적인 일탈이 있기 때문에 곧 자유의지가 존재하는 것이다. 모든 움직임이 하나의 긴 예정된 연쇄작용에 속할 뿐이라면 자유의지가 존재할 가능성은 없다. 만약 정해진 운명을 따른다면, 태고부터 하나의 원인은 또다른 원인에서 기인된 것이므로 자유의지를 논할 수 없는 것이다.[5] 그러나 우리는 운명으로부터 자유의지를 끌어내곤 한다.

그러나 그러한 의지가 존재한다는 증거가 어디에 있는가? 왜 생명체 안의 물질이 티끌을 움직이게 하는 것과 똑같은 충격에 의해서 움직인다고 그냥 믿으면 안 되는가? 여기에서 루크레티우스는 경주장 트랙에서 출발문이 열린 직후와 달리고 싶은 열정에 극도로 흥분하여 안달 난 말들이 실제로 몸을 앞으로 내밀기 직전까지의 그 짧은 순간의 이미지를 떠올린다. 그 순간, 하나의 정신활동이 대량의 물질에 운동의 개시를 명령하는 전율이 이는 듯한 광경이 전개된다. 이런 이미지는 그가 목표했던 전체에 대한 완벽한 답은 아니었다. 경주마는 엄밀하게는 기수의 채찍질에 의해서 달리고 있기 때문이다. 루크레티우스는 설명을 보충하기 위해서 인간에게는 기수의 채찍질과 같은 외압이 가해진다고 해도 인간은 의도적으로 자신을 달려나가지 않도록 제어할 수 있다고 설명하면서 의지가 실제로 존재한다고 주장한다.[6]

  • **자연은 실험을 멈추지 않는다.** 시작의 순간, 창조라는 신화적인 장면이 연출되는 순간은 존재하지 않는다. 모든 살아 있는 생명체는 식물과 곤충, 더 상위의 포유류와 인간에 이르기까지 전부 길고 복잡한 시행착오의 과정을 거치며 진화해왔다. 그 과정에는 많은 잘못된 출발과 막다른 골목이 있으며, 자연이 낳은 괴물, 천재, 실수가 있었고, 살아남기위해서 자원을 두고 경쟁하며, 자손을 남기는 데에 필요한 특질을 다 부여받지 못한 생명체들도 포함되어 있었다. 환경에 적응하고 번식이 가능한 이상적인 생체기관의 결합을 이룬 생명체만이 환경이 바뀌어 더 이상생존이 불가능해질 때까지 살아남을 수 있었다.[7]

  적응의 결과가 성공이든 실패든 어느 경우에나 그것은 모두 무한한 시간의 광활함 속에서 (되풀이되거나 버려지며) 결합하여 만들어진 어마어마한 경우의 수에서 나온 결과이다. 루크레티우스도 이 사실을 이해하는 것이 어렵다는 점을 인정하며 이렇게 말했다. "이미 창조된 것에 고유한 기능이 생긴다."(4.835) 즉 "시각은 눈이 생기기 전에는 존재하지 않았고 말은 혀가 생기기 전에는 존재하지 않았다."(4.836-37) 이러한 기관들은 처음부터 의도한 어떤 특정 목적을 이루기 위해서 만들어진 것이 아니다. 각 생체기관의 유용성은 생명체가 살아남고 번식할 수 있도록해당 생명체에게 점차적으로 생긴 것이다.

  • **우주는 인간을 위해서 혹은 인간을 중심으로 해서 창조된 것이 아니다.** 바다와 사막, 혹독한 기후, 거친 야수들, 질병이 존재하는 이 지구는 결코 우리 인간이 편안하게 집처럼 느끼며 살도록 의도적으로 만들어

진 곳이 아니다. 생존에 필요한 것을 태어나면서부터 가지고 있는 다른 많은 동물들과는 달리 인간의 유아는 너무나 약한 존재이다. 루크레티우스는 유명한 시의 한 문단에서 격렬한 파도에 의해서 해변으로 쓸려온 난파선의 선원 같은 지경인 인간의 아기를 생각하며 이렇게 묘사한다.[8]

> 자연은 해산의 고통과 함께 어미의 자궁에서 빠져나오자마자 그것을 빛이 쏟아지는 기슭에 던져놓으니 벌거벗은 채 말 한마디 못하면서 전적으로 무력한 상태로 땅 위에 누워 있을 뿐이로다.(5.223-25)

(개별 생명체는 말할 것도 없거니와) 어느 한 종의 생명체의 운명이 사물의 회전축이 될 수는 없다. 인간 역시 하나의 종으로서 영원하리라고 믿을 아무런 이유가 없는 것이다. 이와는 반대로 무한한 시간의 흐름 속에서 어떤 종은 번성하고 또 어떤 종은 사라지는 부단한 변화를 거치며 생성과 소멸이 계속되리라는 것은 명백하다. 우리에 앞서서 지금은 더 이상 존재하지 않는 다른 형태의 생명체가 존재했을 것이며, 우리가 사라지고 나면 나타날 다른 형태의 생명체도 있을 것이다.

• **인간은 특별하지 않다.** 인간은 물질계에서 벌어지는 훨씬 더 큰 물질순환 과정의 일부일 뿐이다. 이 과정을 통해서 인간은 다른 유기체뿐만 아니라 무기물과도 연결된다. 인간을 비롯한 살아 있는 생명체를 구성하는 눈에 보이지 않는 입자들은 감정을 가지고 있지 않으며, 어떤 신비로운 근원으로부터 나온 것도 아니다. 우리는 이 세상의 다른 모든 것을 구성하는 것들과 완전히 똑같은 물질로 되어 있다.

인간은 상상과는 달리 결코 이 세상에서 특권적인 지위를 차지하고 있지 않다. 비록 이와 같은 사실을 잘 깨닫지 못하는 경우가 종종 있지만, 인간이 가장 귀하게 여기는 특성 중 많은 부분을 다른 동물도 가지고 있다. 물론 각각의 개별적 존재는 유일무이하다. 그러나 이것은 은혜롭게 여기지 않을 수 없는 물질의 풍부함 덕분으로 똑같은 이야기를 거의 모든 생명체에 적용시킬 수 있다. 그렇지 않다면 어떻게 송아지가 제 어미를 알아보며 암소가 제 새끼를 알아보겠는가?[9] 우리를 둘러싸고 있는 세상을 조금만 더 주의 깊게 바라본다면, 인생에서 경험하는 매우 강렬하고 사무치는 많은 경험들이 우리 인간이라는 종에만 배타적으로 존재하는 것이 아님을 쉽게 알 수 있다.

• **인간 사회는 평화롭고 풍부하던 황금시대에 시작된 것이 아니라 생존을 위한 원시의 전쟁 속에서 시작되었다.** 누군가가 꿈꿔온 것처럼 모든 것이 풍족했던 낙원 같은 시대는 없었다. 행복하고 평화로운 남녀가 안전하고 여유로운 삶을 영위하면서 자연이 제공하는 풍부한 과실을 즐기며 살았던 그런 시대는 존재하지 않았다. 초기의 인류는 야만적이고 거친 생활을 개선시켜줄 수 있는 불이나 농경기술, 다른 어떤 도구도 가지지 못한 채 먹기 위해서, 그리고 먹히지 않기 위해서 몸부림쳐야 했다.

생존을 위해서 사회적인 협동을 도모하는 기본적인 능력은 아마도 조금은 가지고 있었겠지만, 관계를 구축하고 확립하여 관습이 지배하는 공동체를 일구어 더불어 사는 능력은 서서히 발달했을 것이다. 처음에는 협동 행위의 종류가 많지 않았다. 사냥과 음식 채집, 그리고 무작위적인 짝짓기—상호 욕망, 물물교환, 강간에 의해서 이루어졌을 것이다—가 유일한 협동 행위였다. 루크레티우스의 냉담한 표현에 따르면, 초기 인류 사회의 사망률이 매우 높기는 했지만, 전쟁과 난파, 과식 때문에 치솟고 있는 당대의 사망률만큼 높지는 않았다고 한다.

언어가 기적적인 발명품으로서 인간에게 그냥 주어졌다는 생각은 터무니없다. 루크레티우스는 인간 역시 다른 동물들과 마찬가지로 다양한 상황에서 불분명한 고함과 몸짓으로 의사소통을 했고, 이것이 조금씩 발전하여 똑같은 물건을 가리킬 때는 동일한 소리를 공유하는 데에까지 나아간 것이라고 주장했다. 마찬가지로 인간이 한데 모여서 선율이 있는 노래를 부를 수 있게 되기 훨씬 전부터 인간은 새들의 노랫소리와 갈대가 빚어내는 부드러운 바람소리를 모방했고 이로써 점진적으로 음악을 만들 수 있는 능력을 발전시켰다고 설명한다.

문명화된 세계의 예술은 하늘의 입법자가 규칙을 제정하여 반포하듯이 인간에게 하사된 것이 아니라 하나의 종(種)으로서 인간이 가지고 있는 재능과 정신적 힘을 공유함으로써 수고스럽게 만든 것이다. 그런 의미에서 예술은 기념할 만한 가치가 있는 성과이지만 순수한 축복으로 받아들일 수만은 없는 측면도 가지고 있다. 예술은 신에 대한 두려움, 부에 대한 욕망, 명예나 권력에의 집착과 연계되어 나타났다. 그리고 이 모두의 너머에는 안전에 대한 욕구가 자리하고 있다. 그리고 이 욕구의 근원은 한 종으로 인간이 자연에서 마주친 적들을 이기기 위해서 애쓴 태곳적 경험으로까지 거슬러올라간다. 인간의 생존을 위협하던 거친 야수들과의 맹렬한 싸움의 결과는 대체로 성공적이었으나, 그 싸움의 기억은 불안과 탐욕, 공격적인 충동을 널리 전파시키고 말았다. 이로 인해서, 인간은 바로 자신들을 겨눌 수 있는 그들만의 무기를 개발하기에 이르렀다.

• **영혼은 죽는다.** 인간의 영혼은 육신과 똑같은 물질로 만들어진다. 영혼이 어느 장기에 머무는지 물리적으로 그 장소를 특정할 수 없다는 사실은 그저 영혼이 아주 미세한 입자로 구성되어 있으며, 혈관과 근육, 신경 등에 흩어져 있어서 우리가 가진 측정수단으로는 영혼의 무게를 잴 수 없다는 의미일 뿐이다. 죽음의 순간에 영혼은 "포도주의 향취가 날아가고 향수의 섬세한 향기가 공기 중으로 흩어지는 것처럼" 사라진다.(3.221-2) 향이 사라진다고 해서 포도주나 향수가 신비로운 영혼을 가지고 있다고 상상하지는 않는다. 단지 그 향을 구성하고 있는 물질의

섬세한 성분이 측정하기에는 너무 작다고 받아들일 뿐이다. 인간의 영혼도 그와 마찬가지이다. 영혼은 육신의 가장 은밀한 구석에 숨어 있으며 아주 작은 요소들로 이루어져 있다. 그리고 인간이 죽어서 육신을 이루고 있던 물질이 흩어질 때, 육신의 일부인 영혼도 마찬가지로 죽어서 흩어지게 된다.

• **사후세계는 없다.** 인간은 자신이 죽은 후에 스스로에게 닥칠 일에 대한 생각으로 위로를 받기도 하고 괴로움을 느끼기도 한다. 일반적인 믿음에 따르면, 사후세계에서 그들은 영원히 혹한이 찾아오지 않고 꽃이 만발한 낙원에서 지낼 수도 있을 것이고, 팔이 꺾인 채 지엄한 심판대 앞으로 끌려가 자신들이 지은 죄에 대한 판결을 받고 끝없는 참혹한 형벌을 받게 될 수도 있다(그러나 그 참혹한 형벌의 고통은 죽은 뒤에도 인간이 열에 예민한 피부를 가지고 있고 추위를 못 견뎌하며 산 자와 같은 허기와 목마름을 느낄 수 있다는 식의 이상한 가정을 요구한다). 그러나 일단 영혼이 육신과 함께 죽는다는 것을 이해하게 되면, 사후세계에서의 처벌이나 보상 같은 것은 있을 수 없다는 것도 이해하게 될 것이다. 이 땅에서의 삶이 인간 존재가 가지고 있는 전부인 것이다.

• **죽음은 우리에게 아무런 의미도 없다.** 당신이 죽게 되면—즉, 지금까지 서로 결합되어 당신의 형상을 이루고 당신의 삶을 지탱하고 있던 입자들이 흩어져 떨어져나가기 시작하면—이제 당신은 더 이상 쾌락도 고통도 염원할 것도 두려워할 것도 없다. 루크레티우스는 애도하는 자들이 고통 속에서 손을 비틀며 이렇게 말한다고 썼다. "당신의 사랑하는 자식들은 두번 다시 당신에게 첫 번째로 입맞춤을 받기 위해서 앞 다투어 달려오지 않을 테지요. 감히 말로는 표현할 수도 없는 크나큰 쾌락을 당신의 심장에 안겨주지 않을 테지요."(3.895-98) 그러나 이렇게 덧붙이지는 않다. "허나 당신은 신경 쓰지 않을 테지요. 당신은 더 이상 존재하

지 않으니까요."

 • **모든 체계화된 종교는 미신적인 망상이다.** 이 망상의 근원은 깊게 뿌리박힌 인간의 염원과 공포, 그리고 무지에 있다. 인간은 소유하고 싶은 권력과 아름다움, 완벽한 안전에 대한 이미지를 투영하여 그에 따라 신들의 이미지를 만들고 그렇게 함으로써 인간은 스스로의 꿈에 노예가 되고 만다.

 우리는 누구나 이런 꿈을 꾸게 만드는 감정의 지배를 받고 있다. 하늘의 별을 올려다보며 헤아릴 수 없는 힘을 가진 존재에 대해서 상상할 때나 우주에 한계가 있을까 궁금해질 때, 또는 만물에 존재하는 절묘한 질서를 보고 경탄을 금치 못할 때, 그리고 앞선 예와는 달리 조금 덜 내키는 경우이기는 하지만, 알 수 없는 불운의 힘에 조종당하면서 혹시 자신이 벌을 받고 있는 것은 아닐까 두려워질 때나 자연의 파괴적인 면모를 보게 될 때면, 이를 신이라는 존재로 설명하고 싶은 느낌이 덮쳐오는 것이다.[10] 번개나 지진 같은 현상은 자연법칙으로 완벽하게 설명이 되지만—루크레티우스는 시에서 이를 자세히 설명했다—겁에 질린 인간은 무의식적으로 종교적인 공포에 사로잡혀 기도부터 하기 시작한다.

 • **종교는 일관되게 잔인하다.** 종교는 항상 희망과 사랑을 약속하지만, 그 깊은 내부에 근본적으로 깔려 있는 핵심은 잔인성이다. 그렇기 때문에 종교는 응징의 환상을 불러일으키며 어김없이 추종자들에게 불안감을 조성한다. 그중에서도 종교의 잔인성을 보여주는 정수(精髓)라고 할 수 있는 종교적 상징은 부모에 의해서 자식이 희생되는 이야기이다. 이 이야기야말로 종교의 핵심에 자리하고 있는 비뚤어진 사악함이 가장 명백하게 드러낸다.

 거의 모든 종교 신앙에는 이러한 희생에 대한 신화가 포함되어 있으며, 실제로 그 신화의 내용을 현실세계에서 실행하기도 했다. 루크레티우스가 이 내용을 언급하며 마음에 두었던 이야기는 아가멤논에게 희생 당한 이피게네이아의 이야기였지만, 어쩌면 당시 로마인들 사이에서 관심이 높아지던 유대교 신화에 등장하는 아브라함과 이삭의 이야기나 근동 지방의 이와 흡사한 다른 희생 신화를 의식하고 있었을 수도 있다. 루크레티우스가 이 작품을 쓴 것이 기원전 50년경이므로, 그는 장차 서구 세계를 지배하게 될 가장 거대한 희생 신화인 예수의 이야기는 알수 없었을 것이다. 그러나 설령 알았다고 해도 별로 놀라지 않았을 것이다. 피를 흘린 채 살해당한 아들이라는 이미지는 끊임없이 반복되어왔으므로 새삼스럽게 놀랄 이유는 없었을 것이다.

• **천사니, 악마니, 귀신이니 하는 것들은 없다.** 이런 종류의 비물질적 인 영혼 같은 것은 존재하지 않는다. 그리스인과 로마인의 상상 속에서 살던 운명의 여신들, 하르피아이, 다이몬, 지니, 님프, 사티로스, 드리아 드, 신의 사자(使者), 죽은 자의 혼령 같은 것은 결코 실재하지 않는다. 잊어버려라.

• **인생의 최고 목표는 쾌락의 증진과 고통의 경감이다.** 인생은 행복 을 추구하는 방향으로 설계되어야 한다. 자신과 벗의 행복이라는 이 목 적을 이루려는 것 이상으로 더 고귀한 윤리적 목적은 없다. 국가에의 충 성, 신 또는 지배자의 영광, 자기희생을 통한 고된 덕의 수행 같은 것이 가장 중요하다는 여타의 주장은 모두 부차적인 것을 가장 중요하다고 착각한 것이거나 기만인 것이다. 루크레티우스가 보기에 자신이 누리던 문화의 특징이라고 할 수 있는 군사주의 성향과 폭력적인 스포츠의 인기 는 근본적으로 비뚤어지고 비정상적인 것이었다. 인간의 자연적 욕구는 사실 단순하다. 쾌락을 증진하고 고통을 경감하는 것. 이처럼 단순한 욕 구의 한계를 부인해보아야 인간이라는 존재는 덧없고 헛된 허우적거림 만을 계속하게 될 뿐이다.

대부분의 사람들은 그들이 열광하는 부(富)라는 것이 많은 경우에서 무의미하며 더 행복한 인생을 만드는 것과는 거의, 어쩌면 전혀 상관이 없다는 것을 이성적으로는 알고 있다. "멋지게 장식한 불타는 듯한 주홍빛 옷을 입고 뒹군다고 해도 평범한 옷을 입고 몸져누워 있는 것보다 타는 듯한 열병이 더 빨리 가라앉지 않으리니."(2.34-36) 그러나 신과 사후세계에 대한 공포에 저항하기 힘든 것처럼 자신과 자신이 속한 공동체를 위해서 열정적으로 물욕과 정복욕을 발휘하여 안전을 더욱 공고히 하겠다는 강박관념을 버리기도 힘들다. 그러나 이러한 행위들은 결국 행복의 가능성을 줄이고 모두를 파멸의 위험 속으로 밀어넣을 뿐이다.

루크레티우스는 읽는 사람을 당혹스럽게 만들기로 유명한 한 문단에서 이렇게 이야기한다. 우리는 이런 우스꽝스러운 짓거리로부터 벗어나서 안전한 위치에서 지켜보는 것을 목표로 삼아야만 한다.

바람이 거대한 바닷물을 내리칠 때 다른 사람이 겪는 가혹한 시련을 육지에서 가만히 지켜보는 것은 안심이 된다. 누군가의 곤경이 즐길 만한 쾌락거리라는 것이 아니다. 당신을 괴롭히는 것을 바라봄으로써 당신이 거기에서 벗어나 있다는 사실을 깨닫고 위안을 받는 것이다. 평원에서 싸우는 전사들이 격렬하게 부딪치는 광경, 그 위험과는 완전히 무관한 입장에서 바라보는 것 또한 위안이 된다. 그러나 현자의 가르침으로 충분히 방비된 안전한 고지를 점하는 것보다 더 축복인 것은 없다. 그 고요한 성역에서 다른 사람들이 삶의 방향을 찾아 정처 없이 떠돌며 지적인 탁월함과 지위를 놓고 다투며 밤낮 없이 으뜸가는 부를 차지하고 권력을 지키기 위해서 무던히 애쓰는 것을 내려다보는 것 이상의 축복은 없다.[11]
(2 : 1-13)

• **쾌락에의 가장 큰 장애물은 고통이 아니라 망상이다.** 인간의 행복을 방해하는 주요한 적은 유한한 세계에서 가능한 그 이상을 얻으려는 환상인 과도한 욕망과 삶을 좀먹는 공포이다. 루크레티우스는 전염병이 끔찍한 이유는─그의 작품은 아테네를 덮친 재앙적인 수준의 전염병을 생생하게 묘사하는 것으로 끝난다─그 병 자체로 인한 고통과 죽음 때문만이 아니라 오히려 그 병이 촉발시킨 "혼란과 공황" 때문이라고 설명한다.

고통을 피하려고 하는 것은 전적으로 합리적인 판단이다. 고통의 회피는 루크레티우스의 전체 윤리체계를 이루는 기둥의 하나이다. 그러나 어떻게 해야 고통이 승리를 거두고 마는 공황상태에 빠지지 않고 고통을 회피하고자 하는 당연한 감정을 지켜낼 수 있는가? 그리고 보다 넓게 보자면, 대체 인간은 왜 이렇게 불행한가?

루크레티우스는 그 답이 상상력과 관계가 있다고 생각했다. 유한하며 필멸의 운명을 타고났음에도 불구하고 인간은 무한한 쾌락, 무한한 고통 같이 무한이라는 이름의 환상에 사로잡혀 있다. 먼저 무한한 고통이라는 환상은 어째서 인간이 종교에 그렇게 쉽게 빠져들고 마는지를 이해하는 실마리가 된다. 영혼이 불멸한다는 잘못된 믿음과 그 불멸의 영혼이 무한한 고통에 시달리게 될지도 모른다는 생각이 신과 어떻게든 협상을 해서 이보다는 훨씬 더 나은 낙원에서의 무한한 쾌락이라는 결과를 얻어내야겠다고 상상하게 만드는 것이다. 그리하여 이번에는 무한한 쾌락이라는 환상이 낭만적인 사랑이라는 환상 앞에 인간이 왜 그렇게 약한지를 설명해준다. 행복이 어떤 끝없는 욕망의 한 대상을 절대적으로 소유하는 것에 달려 있다는 잘못된 믿음 속에서 인간은 행복 대신 비통함만을 가져올 달랠 수 없는 허기와 갈증에 사로잡히게 된다.

성적 쾌락의 추구 또한 고통의 회피와 마찬가지로 전적으로 합리적인

246

판단이다. 이것 역시 육신이 누리는 자연스러운 즐거움의 하나이다. 루크레티우스가 생각하기에, 문제는 이 자연스러운 즐거움을 망상과 결합시킬 때 나타난다. 실제로는 꿈에 불과한 것을 소유하려는 욕구, 마음을 파고들며 끝내 전소시키고 마는 그 망상적인 소유욕이 문제인 것이다. 물론 부재한 연인은 항상 정신적인 이미지로만 존재하므로 이런 의미에서는 꿈과 유사한 점도 있다. 그러나 루크레티우스는 놀랍도록 솔직하게 다음과 같이 말한다. 성적으로 결합하는 행위에서조차 연인들은 충족되지 않는 혼란스러운 갈망에 사로잡혀 있다.

> 이렇게 서로를 소유하는 동안에도 연인들의 열정은 불확실성 속에서 솟구치며 방황한다. 자신의 눈과 손으로 먼저 무엇을 즐길지를 결정하지 못한다. 그들은 서로의 욕망의 대상을 강하게 움켜쥐면서 육신에 고통을 가져오고, 대부분의 경우에 상대의 입술에 이를 들이밀면서 서로의 입을 거칠게 부딪친다.(4.1076-81)

W. B. 예이츠가 "지금껏 성행위를 묘사한 모든 표현들 중에서 가장 빼어나다"라고 한 이 부분은 연인들에게 조금 더 점잖고 미지근하게 사랑을 나누라고 말하려는 것이 아니다.[12] 욕망이 채워지는 바로 그 순간에도 결코 완전히 채워지지 않는 욕구의 성질에 주목하라는 것이다.[13] 루크레티우스에 따르면, 만족할 줄 모르는 성욕의 성질은 베누스의 영악한 책략의 하나이다. 바로 이 때문에 짧은 휴지기를 두고 똑같은 사랑의 행위를 몇 번이고 반복하게 되는 것이다. 또한 루크레티우스는 이 똑같은 행위의 반복이 깊은 쾌락을 가져다준다는 것도 알고 있었다. 그러나 그는 감정적인 고통이라는 이름의 술책에 대해서는 여전히 혼란을 느꼈다. 샘솟는 공격적인 충동과 함께, 특히 황홀경의 순간에도 여전히 뭔가를

갈망하고 있다는 자각이 그를 계속 괴롭혔다. 1685년, 위대한 시인 존 드라이든은 루크레티우스가 마음속에 그렸던 모습을 이렇게 훌륭하게 포착했다.

> ……젊은 한 쌍의 연인이 더욱 가깝게 결합할 때,
> 손과 손을 마주 잡고, 허벅지와 허벅지를 휘감을 때,
> 가득 찬 욕망은 부글대는 거품처럼 끓어오르고,
> 두 사람이 서로의 몸을 누르고, 함께 속삭이고, 함께 숨을 내쉴 때,
> 그들은 움켜안고, 꼭 짜내듯 쥐고, 촉촉한 혀로 서로를 찌르니
> 서로 상대의 심장을 향해 나아가지만 헛되도다.
> 그들은 단지 주변만 유람할 뿐이니,
> 육신은 꿰뚫을 수 없고 서로의 육신 안에서 어쩔 줄을 모르나니
> 아무리 그러려고 애써도, 둘이 엮인
> 격동적인 순간의 분노 속에서 더 확연해질 뿐이다.
> 그들이 누운 사랑의 둥지 속에 그렇게 뒤엉켜
> 넘치는 즐거움 속에 녹아내릴 때까지 그러하리.[14](4.1105-14)

• **사물의 본성을 이해하는 것은 깊은 경이로움을 낳는다.** 우주가 원자와 진공으로 구성되어 있으며 그밖에는 아무것도 없다는 것, 이 세상은 창조주가 우리를 위해서 만든 것이 아니라는 것, 우리가 우주의 중심이 아니라는 것, 우리의 정신적 삶과 육체적 삶도 다른 모든 생명체들과 비교했을 때 별다를 것이 없다는 것, 영혼도 육신만큼이나 물질적이며 소멸하는 것이라는 것. 이 모두를 깨닫게 된다고 해도 절망에 빠질 이유는 없다. 오히려 사물의 실제 본성을 이해하게 된 것이야말로 행복을 가능하게 하는 길로 나아가는 결정적인 발걸음이다. 루크레티우스는 사물

이 모두 인간 존재와 그 운명에 관한 것이 아니라는 사실, 즉 인간 존재의 사소함은 좋은 소식이라고 주장한다.

인간은 얼마든지 행복하게 살 수 있다. 그러나 그런 행복은 인간이 자신을 우주의 중심이라고 착각하거나 신을 두려워하거나 필멸의 존재를 초월한다고 주장하는 어떤 가치를 위해서 자기 자신을 고결하게 희생함으로써 얻을 수 있는 것이 아니다. 달랠 수 없는 욕망과 죽음에 대한 공포는 행복한 인생의 주요 장애물일 뿐이다. 그러나 우리는 이성의 수련을 통해서 이 장애물을 극복할 수 있다.

이성의 수련은 전문가만 가능한 것이 아니라 누구나 할 수 있는 것이다. 필요한 것은 성직자를 시작으로 하여 거짓 환상을 퍼뜨리고 다니는 사람들이 내뱉는 거짓말을 뿌리치고 사물의 본질을 똑바로 냉정하게 바라보는 것이다. 이런 모든 관조의 노력들—모든 과학, 도덕적 고찰, 삶을 가치 있게 만들려는 시도들—은 사물을 이루고 있는 보이지 않는 씨앗인 원자에 대한 바른 이해에서 시작해서 거기에서 끝나야 한다. 이 세상에는 원자와 진공, 그밖에는 아무것도 없다는 사실에 대한 이해 말이다.

이런 식의 이해는 처음에는 어쩔 수 없이 차가운 공허함밖에 남지 않는 것처럼 느껴질 것이다. 마치 우주를 휘감고 있던 마법이 풀리기라도 한 것처럼 말이다. 그러나 해로운 환상을 깨뜨리는 것은 결코 마법에서 풀려나는 것과 같지 않다. 고대 세계에서는 흔히 철학의 기원은 경이롭게 생각하는 마음이자, 놀라움과 당황스러움이 뭔가를 알고자 하는 욕구로 바뀌어, 지식에 의해서 경이로워했던 마음이 평온해지는 것이라고 말했다. 그러나 루크레티우스의 설명에서는 이 과정이 뭔가 역전되어 있다. 다시 말해서 사물이 존재하는 방식을 이해함으로써 세상의 가장 깊은 경이로움을 깨닫게 되는 것이다.

훌륭한 철학서이자 훌륭한 시라는 점에서 『사물의 본성에 관하여』는 매우 보기 드문 걸작이다. 이 장에서처럼 책의 내용을 몇 개의 명제하에 목록으로 정리하면 본래의 작품이 가지고 있는 놀라운 시적인 힘은 불가피하게 알아보기 힘들게 변하고 만다. 정작 루크레티우스 자신은 자신의 시적인 힘을 경시했다. 자신의 시를 병든 아이가 쓰디쓴 약을 잠자코 받아 마시게끔 약이 든 잔 언저리에 바른 꿀 같은 것이라고 생각했다. 그가 이처럼 시적인 힘을 경시했다는 것은 그다지 놀라운 일은 아니다. 그의 철학적 스승이자 길잡이였던 에피쿠로스는 능변에 회의적이었으며 진실은 단순하고 꾸밈없는 산문으로 표현되어야 한다고 생각했다.

그러나 잘못된 환상을 퍼뜨리고 다니는 자들로부터 진실을 구해내려는 가히 선지자적인 구상을 가지고 있던 루크레티우스에게, 『사물의 본성에 관하여』의 시적 탁월함은 그냥 우연한 산물이 아니었다. 어째서 이 세상의 쾌락과 미를 표현하기 위해서 생겨난 수단을 우화를 이야기하는 사람들만 독점해야 한다는 말인가? 그런 수단이 없이는 우리가 사는 이 세상은 한없이 잔인해 보이기만 하며 사람들은 안락함을 얻기 위해서 환상으로 도피하려고 한다. 심지어 그 환상이 파괴적인 것이라고 해도 말이다. 그러나 시의 도움을 받는다면, 사물의 실제 본성은 그 진정한 광휘를 묘사할 수 있게 된다. 시를 통해서 파괴할 수 없는 무한한 수의 입자가 서로 갈라져나와 함께 엮이고 갈라서는 것을 표현할 수 있으며 또한 그들이 생명을 불어넣고 분리되고 번식하고 죽고 재생하는, 놀랍고 끊임없이 변화하는 우주를 형성하는 과정을 표현할 수 있게 되는 것이다.

루크레티우스는 영혼은 이 세상에 잠시 머물 뿐이며 궁극적으로 다른 곳으로 간다는 신앙은 인간 존재에 독이 될 뿐이라고 생각했다. 이런 신앙은 자신의 단 한번뿐인 삶을 살고 있는 이 세상과 파괴적인 관계를 맺게 할 뿐이다. 우주에 존재하는 모든 다른 것들과 마찬가지로 우리도 사물과 서로 연계되어 있는 연약한 존재이다. 이 세계를 포함한 사물은 결국은 붕괴되어 그 구성요소인 원자로 돌아간다. 그리고 그 원자로부터 영원한 물질들의 군무 속에서 다시 다른 사물이 형성된다. 그러나 최소한 살아 있는 동안에는 최고의 쾌락을 즐겨야 하는 법이니, 우리 또한 루크레티우스가 본래 관능적인 것이라고 칭송한 이 세상을 창조하는 장대한 과정의 한 일부이기 때문이다.

이에 따라서 은유를 즐겨 쓰는 시인으로서 루크레티우스는 신들은 인간의 탄원에 무관심하다는 자신의 단언을 스스로 부정하는 것처럼 보이는 상당히 이상한 글귀를 썼다. 『사물의 본성에 관하여』는 베누스에 대한 기도문으로 시작한다. 다시 한번 루크레티우스의 열정적인 정신을 영어로 가장 멋지게 옮겼다고 할 수 있을 드라이든의 번역으로 그 기도문을 살펴보자.

인류와 저 위 신들의 기쁨이로다.

로마의 어머니, 자애로운 사랑의 여신이여,

그대의 생명력과 공기와 대지, 바다가

굴곡진 하늘 아래 태어나는 모든 것들을 낳으리니,

모두를 위해 베푸시는 그대 다산의 힘이여.

솟구쳐올라 보노라, 빛의 영역을,

그대여, 여신이여, 구름과 폭풍우는 그대를 두려워하리니.

기쁨을 주시는 그대 모습 앞에 사라지네.

그대를 위해서 향기로운 꽃들은 땅에서 옷을 차려입고

그대를 위해서 바다는 미소 지으며 그녀의 굴곡진 가슴을 매끄럽게
　　다듬고,

하늘도 더욱 고요하고 정결한 빛으로 축복하나이다.[15](I.1-9)

이렇게 시인의 입에서는 경이로움과 감사함으로 가득 찬 채 빛으로 반짝이는 찬사가 흘러나온다. 마치 황홀경에 빠진 시인이 여신의 빛나는 모습에 하늘이 개고 대지가 깨어나며 여신을 향해 꽃을 흩뿌리는 가운데 실제 그 사랑의 여신을 보기라도 한 것 같다. 상쾌한 서풍을 타고 돌아온 그녀는 욕망의 화신으로 모든 생명체에 쾌락과 열정적인 성적 갈망을 불어넣는다.

깨어난 봄이 들판을 장식할 때,
자연의 새로운 광경이 펼쳐지고,
새싹이 무성하고 활기찬 푸른빛이 나타날 때,
서풍은 게으른 세월을 풀어놓고,
흥에 겨운 새들이 그대를 환영하는 첫 인사를 고하며,
소박한 노래를 부르는 그들에게 그대는 다정한 열정을 심으시나이다.
그때 야수들은 보잘것없는 먹잇감을 건너뛰어
그대의 화살에 맞은 채 포효하는 물줄기를 탐하나이다.
대지, 공기, 바다, 이 모든 자연이 그대의 선물이니,
모든 숨 쉬는 것은 각양각색의 자손과 함께
기쁨에 취하고 그대에게 이끌려,
황량한 산과 꽃이 만개한 평원 위로,
무성한 숲과 물의 대해로,
제어할 수 없고 경계도 없는 그대의 왕국을 뻗어나가나이다.
그대는 살아 있는 모든 것들을 통해
가시는 곳마다 친절하게 사랑의 씨를 흩뿌리시나이다.(I.9-20)

우리는 이 라틴어 시가 사라지지 않게 필사본을 만들었던 독일인 수

도사들이 여기에 어떤 반응을 보였는지 알지 못한다. 영원한 망각의 구렁텅이에서 이 시를 구출하며 최소한 곁눈질 정도는 했을 포조 브라촐리니가 이 시의 의미를 어떻게 해석했는지에 대해서도 마찬가지이다. 분명히 이 시가 주장하고 있는 주요 내용은 대부분 정통 기독교인의 관점에서 보면 혐오스러운 것이었다. 그러나 시 자체는 눈을 뗄 수 없을 만큼 매혹적이고 아름다웠다. 이 시에 매혹되었던 사람 중에서 최소한 15세기 후반의 한 이탈리아인은 이렇게 살아남은 시로부터 빚어낸 것을 우리에게 환각을 일으킬 만큼 생생하게 보여준다. 일렁이는 바닷물 속에서 나타난 매혹적이고 아름다운 베누스를 그린 보티첼리의 걸작이 그것이다.

9

귀환

"루크레티우스는 아직도 내게 돌아오지 않았다네." 포조는 베네치아의 친구이자 귀족 출신 인문주의자인 프란체스코 바르바로에게 이렇게 썼다. "이미 필사는 끝났는데도 말이네." 분명히 그때 포조는 수도원에 보관되어 있던 『사물의 본성에 관하여』의 필사본을 빌리지 못했으며(포조는 필사본 원고를 마치 시인 당사자인 것처럼 언급하는 특징이 있다) 콘스탄츠로 가져가지도 못했던 것 같다. 그런 일을 허용해주기에는 수도사들은 경계심이 너무 강했고, 포조에게 필사할 누군가를 구하라고 요청했음에 틀림없다. 포조는 이 일이 매우 중요한 것이었음에도 불구하고 고용한 필사가가 필사한 결과물을 직접 가져오리라고 기대하지는 않았다. "그곳은 꽤나 먼 곳에 있어서 사람들이 그리 많이 다니지 않지."[1] 포조는 이렇게 썼다. "그러니 누군가가 나타나서 그를 데리고 올 때까지 기다려야 하네." 그렇다면 얼마나 오랫동안 기꺼이 기다릴 것인가? 포조는 친구에게 단언했다. "만약 아무도 오지 않는다면, 나는 사(私)를 공(公)보다 앞세울 생각이네." 사를 공보다 앞세운다는 이 이상한 발언에서 대체 사는 무엇이고 공은 무엇인가? 아마도 포조의 의도는 바르바로에게 걱정하지 말라는 뜻이었을 것이다. (그것이 무엇이든지 간에) 콘스탄츠에서의 공적인 의무가 루크레티우스를 손에 넣기 위한 길을 가로막지는 못할 것이라는 말이었다.

　마침내 『사물의 본성에 관하여』의 필사본이 도착하자, 포조는 즉시 그것을 피렌체에 있는 니콜로 니콜리에게 보냈다.[2] 필사의 수준이 조악해서였는지 아니면 단순히 자신도 직접 만든 사본을 하나 소장하고 싶어서였는지는 몰라도 니콜리는 포조가 보내준 필사본을 보고 손수 『사물의 본성에 관하여』를 필사했다. 니콜리의 우아한 손글씨로 탄생한 사본은 포조가 고용한 독일인 필사가가 만든 사본과 함께 이후에 만들어진 수십 여 개의 필사본—살아남은 것으로 알려진 것만 50권이 넘는다—과, 15세기와 16세기 초에 만들어진 모든 인쇄용 판본의 기초가 되었다. 포조의 발견이 1,000년 넘게 잠들어 있던 한 편의 고대 시가 세상에서 다시 읽히게 되는 과정에 결정적인 역할을 한 것이다. 지금도 미켈란젤로가 메디치 가문을 위해서 설계한 로렌치아나 도서관의 차가운 회백색 건물 안에는 9세기에 제작된 필사본을 필사한 독일인 필사가의 사본을 니콜리가 다시 필사한 『사물의 본성에 관하여』가 Codex Laurentianus 35.30이라는 일련번호를 달고 보관되어 있다. 근대성(modernity)의 주요 근원 중의 하나인 이 책의 외관은 평범하다. 금속으로 상감이 되어 있는 해지고 색 바랜 붉은 가죽으로 싸여 있는데, 책 뒤표지 아래쪽에 사슬이 달려 있다. 책을 읽기 위해서 책상으로 옮길 때 라텍스 장갑을 끼어야 한다는 점을 제외하면, 겉모습만으로는 도서관에 소장되어 있는 다른 책들과 구별되는 특별히 눈에 띄는 구석도 없다.

　현재 독일인 필사가가 만들어서 포조가 콘스탄츠에서 피렌체로 보낸 최초의 사본은 사라지고 없다. 짐작컨대 니콜리는 이 최초의 사본을 참고하여 직접 필사본을 만든 후에 독일인 필사가의 사본은 다시 포조에게 돌려보냈을 것이다. 포조는 이 시를 직접 우아한 손글씨로 필사하지 않은 듯하다. 최초의 사본이 사라진 것은 니콜리의 필사기술을 신뢰한 포조나 그의 상속인이 독일인 필사가의 사본을 굳이 보존해야 할 만한 가치가 없다고 생각하고 단순히 버렸기 때문일 수도 있다. 수도원 도서관에 계속 소장되어 있었을 원본 역시 행방이 묘연하다. 화마에 휩싸이고 말았을까? 아니면 다른 문헌을 필사하는 데에 필요한 양피지를 마련하기 위해서 본래의 잉크가 조심스럽게 벗겨지는 운명을 맞았을까? 아니면 습기와 곰팡이의 공격을 받으며 결국은 무관심 속에 썩고 말았을까? 어느 독실한 기독교인이 시에 담긴 위험한 영향력을 간파하고 의도적으로 파괴했을 수도 있을 것이다. 포조가 수도원 도서관에서 발견했던 『사물의 본성에 관하여』 필사본은 그 흔적조차 발견된 적이 없다. 포조와 그의 동시대 인문주의자들에게는 알려지지 않았지만, 『사물의 본성에 관하여』의 필사본은 2권 더 존재한다. 9세기에 만들어진 이 필사본들은 실로 가늠할 수도 없는 어마어마한 세월의 벽을 뚫고 간신히 살아남았다. 이 2권의 필사본은 그 형태에 따라서 오블롱구스(Oblongus, 직사각형)와 콰드라투스(Quadratus, 정사각형)라고 불리는데, 17세기 네덜란드의 위대한 학자이자 수집가인 이삭 보스의 수집목록에 들어 있었다. 보스가 수집한 이 2권의 필사본은 1689년 이래로 레이덴 대학교 도서관에 소장되어 있다. 이외에도 부분만 남아 전해지는 9세기의 필사본이 하나 더 있다. 이 세 번째 필사본은 전체의 약 45퍼센트만이 살아남았는데, 현재 코펜하겐과 빈에 소장되어 있다. 그러나 이런 필사본들이 발견되었을 때에는 이미 포조의 발견 덕분에 루크레티우스의 시가 오래 전부터 세상을 뒤흔들며 변화를 일으키는 데에 한몫하고 있었다.

포조는 독일인 필사가가 만든 『사물의 본성에 관하여』의 사본을 받아 잠시 훑어보고 니콜리에게 보냈을 수도 있다. 당시 포조의 머릿속은 대단히 복잡했다. 발다사레 코사는 교황의 직위를 박탈당하고 투옥된 상태였고, 성 베드로 대성당의 왕좌를 두고 다투던 코사의 경쟁자들 중 한 명인 자칭 교황 그레고리우스 12세, 속명 안젤로 코레르 역시 강제로 퇴위당한 이후 1417년 10월에 죽음을 맞았다. 또다른 경쟁자 페드로 드 루나는 페르피냥 요새에서 방어선을 구축하고 버티다가 발렌시아 주변의 해안가에 있는 난공불락의 페니스콜라 암벽으로 옮겨가서 여전히 끈질기게 자신을 교황 베네딕투스 13세라고 칭하던 중이었다. 그러나 포조를 비롯한 거의 모든 사람들은 그런 루나의 주장을 진지하게 받아들이지 않았다. 교황의 자리는 공석이었고, 현재의 유럽 공동체처럼 공의회는 영국, 프랑스, 독일, 이탈리아, 에스파냐 대표들 사이의 긴장으로 분열된 채 새로운 교황을 선출하기에 앞서 서로 조건을 맞추기 위해서 연일 옥신각신하고 있었다.

공의회가 합의점을 찾기까지의 오랜 시간 동안, 교황청 사무국에서 일하던 많은 인원이 새로운 일자리를 찾아 떠났다. 일부는 포조의 친구 브루니처럼 진즉에 이탈리아로 돌아갔다. 그러나 포조가 다시 일자리를 구하는 일은 그리 녹록하지 않았다. 불명예스럽게 퇴위된 교황의 비서로서 포조에게는 적이 있었으며, 그는 전 주인과 선을 그음으로써 적에게 유화적인 태도를 보이기를 거부했다. 교황청 사무국에서 일하던 다른 관료들은 투옥된 코사에게 불리한 증언을 했으나 포조의 이름은 이런 증인목록에 오르지 않았다. 포조가 기대할 수 있던 최선은 코사의 주요 동맹 중 하나인 차바렐라 추기경이 차대 교황으로 선출되는 것이었으나, 차바렐라는 1417년에 죽었다. 1418년 가을, 오랜 협상 끝에 선거인단은 비밀스런 회의장에 모여 로마 출신의 귀족 오도 콜론나를 교황 마르티누스 5세로 선출했다. 새로운 교황은 인문주의자 지식인들에게 아무런 관심도 없었고, 포조는 낮은 직위인 필사가로서 교황청 사무국에 계속 머물 수는 있었지만 더 이상 교황의 비서로 일할 수는 없었다. 포조는 로마로 돌아가 필사가로 경력을 잇는 대신에 매우 뜻밖의 위험한 결단을 내린다.

1419년, 포조는 헨리 보퍼트의 비서 자리를 받아들였다. 헨리 보퍼트는 윈체스터의 주교이자 (셰익스피어의 작품에서 아쟁쿠르 전투의 영웅적인 전사로 등장하는) 헨리 5세의 숙부로서 콘스탄츠 공의회에서 영국 대표단을 이끈 수장이었다. 그는 틀림없이 콘스탄츠 공의회에서 포조를 만나고 이 이탈리아 출신 인문주의자에게 매우 깊은 인상을 받았던 것 같다. 부유하고 영향력 있는 영국인 주교는 포조가 뛰어나고 세련된 일급 비서의 표본으로, 로마 교황청 사무국 조직에 정통할 뿐만 아니라 최고 수준의 인문주의 연구자임을 알아보았다. 그리고 포조에게도 이 주교의 이탈리아인 비서가 되는 것은 일종의 존엄을 지킬 수 있는 일이었다. 포조는 로마의 교황청 사무국으로 돌아가서 사실상 강등이라고 할 수 있는 필사가로 일하는 것을 거부할 수 있다는 점에서 만족감을 느꼈다. 그러나 모국어가 프랑스어이고 라틴어와 이탈리아어를 문제없이 구사하는 귀족 출신의 성직자에게 봉사하는 것 자체는 큰 문제가 아니라고 해도, 영어를 전혀 할 줄 모르는 포조가 영국을 고향처럼 느끼며 완전한 정착을 꿈꾸지는 않았을 것이다.

포조가 영국으로 떠나겠다는 결심을 했을 때, 그는 막 40번째 생일을 맞았다. 그저 자존심을 지키기 위해서 언짢음을 무릅쓰고 가족도 협력자도 벗도 없는 객지로 떠나게 된 것이다. 멀리 떨어진 왕국인 영국—현대 이탈리아의 로마인들에게 태즈메이니아(오스트레일리아 남동쪽의 섬/역주) 이상으로 멀고 이국적으로 느껴졌을—에 머문다는 생각은 포조 안의 책사냥꾼으로서의 열정을 자극했다. 스위스와 독일에서 이미 큰 성공을 거둔 포조는 인문주의자 무리에서 유명해져 있었다. 어쩌면 다른 위대한 발견을 위한 도전이 그를 기다리고 있을지도 몰랐다. 그때까지 영국의 수도원 도서관에는 포조처럼 고전 문헌을 세심하게 읽고 사라진 원고를 찾는 단서들에 대한 광범위한 이해와 놀라운 문헌학적 지식을 갖춘 인문주의자의 예리한 눈길이 뻗친 적이 없었다. 이미 포조는 고대의 죽은 자들을 소생시키는 능력으로 일종의 반신적인 존재처럼 환호를 받지 않았는가? 이제 그가 영국 땅에 발을 디뎠으니 또 얼마나 많은 죽은 자들을 살려내고 찬양을 받게 될 것인가?

그러나 결과적으로 현실은 그렇지 않았다. 포조가 영국에서 보낸 4년여의 시간은 깊은 실망의 연속이었다. 일단 포조의 새로운 주인인 보퍼트 주교는 늘 자금난에 시달리던 포조에게 금광 같은 존재가 아니었다. 보퍼트 주교는 대부분의 시간을 "스키타이인처럼 떠돌며" 비서인 포조에게는 딱히 일거리도 주지 않은 채 자리를 비웠다. 니콜리를 제외하면 이탈리아에 있는 친구들도 포조의 존재를 완전히 잊은 것처럼 보였다. "마치 나는 이미 고인이라도 된 것처럼 사람들의 기억 밖으로 밀려났습니다."[3] 포조는 그가 만난 영국인 대부분을 거의 일관되게 좋아하지 않았다. "상당수의 영국인은 폭식과 욕정에 빠져 살 뿐 문학을 사랑하는 이는 극소수입니다. 게다가 그 몇 안 되는 문학 애호가들도 야만인이어서 진정한 학문보다 쓸데없는 토론에 시간을 낭비하고 억지소리를 늘어놓을 뿐입니다."

포조가 이탈리아로 보낸 편지는 이를테면 불평으로 써내려간 기도문 같았다. 전염병이 돈다. 날씨가 엉망이다. 어머니와 형제는 자신도 없어서 고생인 돈타령만 늘어놓는 성가신 편지를 쓴다. 치질 때문에 고생이다. 그러나 그중에서도 가장 끔찍한 소식은 영국 도서관들—최소한 포조가 방문한 도서관들—이 너무도 큰 실망만을 안겨주었다는 것이다. "많은 수도원 도서관을 가보았지만 전부 새로운 문헌으로만 꽉 들어차 있더군요."[4] 포조는 피렌체에 있는 니콜리에게 이렇게 하소연했다.

그중에 귀를 기울일 만한 가치가 있는 사람은 한 명도 없습니다. 고대의 문헌이 몇 권 있지만 이탈리아에 이미 더 좋은 판본이 있는 것뿐입니다. 이 섬나라의 수도원 대부분은 지은 지 400년이 넘지 않습니다. 우리가 찾는 지식인이나 책은 그 400년간의 시대에는 나오지 않았지요. 그러니 우리가 찾는 책들은 벌써 흔적도 없이 사라지고 만 것입니다.

포조는 옥스퍼드라면 뭔가가 있을지도 모른다고 생각했지만, 주인인 보퍼트는 옥스퍼드를 방문할 계획이 없었고 따라서 포조가 접할 수 있는 자료는 극히 한정되어 있었다. 포조의 인문주의자 동료들로서는 엄청난 발견에 대한 기대를 접어야 할 때였다. "영국에서 미발견된 책을 찾을 수 있으리라는 희망은 버리는 것이 좋겠습니다. 이곳에서는 거의 아무도 그런 것에 신경을 쓰지 않습니다."

대신에 영국에는 신학 서적은 부족하지 않았다. 포조는 교부들이 남긴 문헌을 진지하게 연구함으로써 약간의 위안을 찾고 있노라고 고백했다. 그러나 포조는 자신이 사랑하는 고전 문헌에의 목마름 때문에 고통스러워했다. 포조는 불평했다. "이곳에서 4년을 보내는 동안, 나는 거의 인문학 연구에 손을 놓다시피 했습니다. 문체가 정말로 살아 있는 책을 그동안 단 한권도 읽지 못한 셈입니다. 당신도 내 편지글이 예전 같지 않은 것을 보고 그것을 느낄 수 있겠지요."[5]

1422년, 끝없는 불평과 책략, 회유 끝에 포조는 마침내 교황청에 비서 자리를 확보하고 다시 바티칸으로 돌아가게 되었다. 그러나 이탈리아로 돌아가는 여비를 마련하는 것은 쉽지 않았다. "어떻게든 다른 사람의 돈으로 이곳을 뜨기 위해서 온갖 수단을 물색하고 다녔습니다."[6] 포조는 솔직하게 썼다. 어쨌든 그는 여비를 간신히 마련할 수 있었다. 4년 만에 이탈리아로 돌아온 그는 빈손이었다. 어떤 문헌학적인 보물의 재발견도 없었고, 영국의 지적 분야에 영향도 끼치지 못한 채 돌아온 것이다.

1425년 5월 12일, 포조는 니콜리에게 약 8년 전에 보냈던 문헌을 상기시키는 편지를 썼다. "2주일 동안만 루크레티우스가 필요하다고 말씀드렸습니다만, 당신은 루크레티우스, 실리우스 이탈리쿠스, 노니우스 마르켈루스, 키케로의『연설집』을 한꺼번에 필사하고 싶다고 하시는군요."[7] 포조는 이렇게 썼다. "무엇이든지 한꺼번에 다 하려고 하면, 하나도 달성할 수 없는 법입니다." 한 달의 시간이 흐르고, 포조는 6월 14일에 다시 한번 설득을 시도했다. 포조는『사물의 본성에 관하여』를 읽고 싶어하는 사람이 자기 혼자만이 아니라고 말하면서, "만약 내게 루크레티우스를 보내주신다면 많은 사람이 기뻐할 것입니다. 약속컨대 보내주신 책을 한 달 이상은 가지고 있지 않을 것이고 그 후에는 틀림없이 당신에게 돌려드리겠습니다." 그러나 여전히 아무 소득 없이 다시 1년이 지났다. 이 부유한 수집가는『사물의 본성에 관하여』가 있어야 할 최선의 장소는 자신의 집 선반이라고 생각하는 것처럼 보였다. 고대의 카메오와 조금씩 부서져 있는 조각상들, 귀한 유리 공예품 사이에 마치 트로피처럼『사물의 본성에 관하여』의 필사본은 가만히 꽂혀 있었다. 어쩌면 한번도 제대로 읽지 않은 상태였을 수도 있다. 이렇게 이 작품은 어느 수도원의 도서관이 아니라 한 인문주의자의 금박으로 장식된 방 안에서 다시 한번 파묻히는 듯 보였다.

1426년 9월 12일자 편지에서 포조는 여전히 이 작품을 다시 세상에 돌려주려고 애썼다. "내게 루크레티우스도 보내주세요. 잠시라도 꼭 보고 싶어서 그럽니다. 본 뒤에는 꼭 돌려드리지요."[8] 다시 3년의 시간이 흐르고 포조의 인내심은 당연히 점점 더 바닥을 드러냈다. "당신은 벌써 그 루크레티우스를 12년이나 가지고 있었습니다." 1429년 12월 13일에 포조는 이렇게 썼다. "이래서야 당신이 그 책을 필사하는 것이 끝나기를 기다리는 것보다 당신의 무덤이 완성되기를 기다리는 편이 빠를 것 같습니다." 2주일 후에 다시 보낸 편지에서는 펜이 미끄러진 흔적을 통해서 인내심이 한계를 찍고 분노로 나아가는 신호가 나타난다. 포조는 흥분 속에서 지나온 햇수를 과장하기까지 한다. "당신은 루크레티우스를 14 년이나 끌어안고 있고, 아스코니우스 페디아누스도 마찬가지입니다. ……때때로 이 작가들의 책 한 권이 읽고 싶은데 당신의 무신경 때문에 그럴 수 없다면, 당신에게는 이것이 정당해 보이시나요?……나는 루크 레티우스를 읽고 싶지만 그가 존재함에도 그를 만날 수가 없군요. 당신 은 앞으로 또 10년간 그를 계속 가지고만 있을 작정인가요?" 이어 포조 는 말투를 누그러뜨리고 구슬리듯이 덧붙인다. "루크레티우스든 아스코 니우스든 보내주기를 다시 한번 간청합니다. 가능한 한 빨리 베끼고, 당 신이 지금껏 가지고 있던 것만큼 앞으로도 계속 오랫동안 간직할 수 있 도록 바로 보내겠습니다."

그리하여 드디어 포조의 소원이 이루어졌다. 정확한 날짜는 알려져 있지 않으나, 『사물의 본성에 관하여』는 마침내 니콜리의 방에서 풀려 나와 세상 빛을 보게 되었다.[9] 거의 1,000년의 세월 동안 사람들의 기억 에서 사라졌던 책이 다시 세상에 나와 천천히 독자들을 만나게 된 것이 다. 자신의 노력으로 세상에 돌아온 이 시에 대해 포조 자신이 어떻게 생각했는지를 말해주는 흔적은 없다. 니콜리의 경우도 마찬가지이다. 그 러나 이 책이 사람들 사이에서 다시 조용히 읽히기 시작했음을 암시하는 흔적들—필사본 제작, 인용, 책의 내용을 암시하는 글귀, 미묘하게 그 영향력을 드러내는 표시들—이 나타나기 시작했다. 이와 같은 반향은 먼저 피렌체에서 나타났으나 곧 피렌체를 넘어 다른 곳으로 퍼져나갔다.

로마로 돌아온 포조는 한동안, 과거에 익숙했던 교황청에서의 일상으로 돌아가는 데에 주력했다. 교회에 이익을 가져올 사업을 진행하고, 동료 비서들과 "거짓말 공작소"에서 냉소적인 농담을 주고받으며, 인문주의자 친구들에게 그들이 갈망하는 문헌에 대해서 편지를 나누는 한편, 경쟁자들과는 신랄하게 싸우는 그런 일상으로 돌아간 것이다. 바쁜 생활 속에서도—교황청이 오랜 기간 안정을 유지하는 일은 드물었다—포조는 어떻게든 고대 문헌을 그리스어에서 라틴어로 옮기는 작업을 할 시간을 찾아냈고, 오래된 사본의 필사본을 새로 만들고 도덕적 수필, 철학적 논고, 수사학 논문, 각종 비평문, 그리고 친구의 장례식 연설을 쓸 짬을 냈다. 많은 친구들—니콜로 니콜리, 로렌초 데 메디치, 추기경 니콜로 알베르가티, 레오나르도 브루니, 추기경 줄리아노 체사리니—이 그의 추도사와 함께 세상을 떠났다.

포조는 또한 많은 아이의 아버지가 되었다. 동시대인의 증언이 정확하다면, 그는 정부인 루치아 판넬리와의 사이에서 12명의 아들과 2명의 딸을 낳았다. 당대에 떠돌던 소문을 있는 그대로 받아들이는 것은 경솔한 일이겠지만, 어쨌든 포조 자신도 사생아가 있다는 사실을 인정했다. 한번은 포조와 좋은 관계에 있던 한 추기경이 생활이 반듯하지 못하다며 포조를 나무랐다. 포조는 잘못을 인정하기는 했으나 곧 신랄하게 대꾸했다. "그렇지만 실제로 날마다 온 나라에서 마주치지 않습니까? 사제, 수도사, 수도원장, 주교, 그리고 그보다 훨씬 더 높은 고위직 인사들이 유부녀, 과부, 심지어 신께 봉사하기로 서임된 처녀들과 아이를 가지는 것을요?"

포조의 납세 기록은 그가 영국에서 돌아온 후에 점점 자리를 잡고 성공을 거두었음을 보여준다. 돈벌이가 좋아짐에 따라 포조의 삶은 서서히 바뀌기 시작했다. 여전히 포조는 고대 문헌의 재발견에 열정과 흥미를 잃지는 않았으나, 발견을 위해서 몸소 여행길에 오르는 것은 더 이상 그의 일이 아니었다. 여행길에 오르는 대신, 그는 골동품을 수집하며 부유한 친구인 니콜리를 흉내내기 시작했다. 1427년에 쓴 글에서 그는 "대리석 두상으로 가득 찬 방이 하나 있다"며 자랑한다. 같은 해에 포조는 자신이 태어난 토스카나 근교의 작은 마을 테라누오바에 집을 한 채 샀다. 그리고 그곳을 기반으로 몇 해에 걸쳐 부동산을 점점 늘려갔다. 전하는 바에 따르면, 그는 리비우스의 원고를 필사해서 팔았는데 그 대가로 금화 120플로린이라는 후한 대금을 받았다. 포조의 부동산 투자자금은 주로 이 대금에서 나온 것이라고 한다.

포조의 아버지는 한때 빚쟁이에 쫓겨 그 마을에서 달아날 수밖에 없었다. 그러나 이제 포조는 자신이 "아카데미"라고 부른 장소를 그곳에 마련하고 그곳에서 은퇴 후의 멋진 삶을 보낼 것을 꿈꾸었다. "여성의 모습을 한 대리석 흉상을 하나 구해왔는데 보존 상태가 거의 완벽하다. 마음에 쏙 든다."[10] 포조는 몇 년 뒤에 이렇게 썼다. "일전에 고대 저택의 일부 토대를 발견했다. 나는 발견된 것들을 이곳에 가져오도록 조치를 취했고 다시 테라누오바에 있는 내 작은 정원으로 옮기도록 했다. 나는 정원을 골동품으로 장식할 계획이다." 전에 구입한 한 무더기의 조각상에 대해서도 이렇게 썼다. "그것들은 도착하는 대로 작은 체육관에 들여놓을 것이다." 아카데미, 정원, 체육관. 말하자면 포조는 지금 자신의 주변 세상을 재창조하는 중이었다. 최소한 그는 자신의 상상 속에서만큼이라도 고대 그리스 철학자들의 세계를 재현하고자 했다. 포조는 이 상상 속의 세계에 높은 수준의 아름다운 장식을 더하고자 열심이었다. 포조는 조각가 도나텔로가 자신이 수집한 조각상 중 하나를 "매우 높이 평가했다"라고 자랑스럽게 언급했다.

그래도 포조의 삶이 완벽하게 안정적이고 안락한 것만은 아니었다. 1433년의 어느 날, 그가 (마르티누스 5세의 후계자인) 교황 에우게니우스 4세의 비서로 일하던 중 로마에서 교황에 대항한 폭력적인 민중반란이 일어났다. 교황은 평범한 수도사로 분장한 채 부하들을 내팽개치고 티베르 강에서 작은 배를 타고 동맹인 피렌체 세력에 속한 한 척의 배가 기다리고 있는 오스티아 항구로 도망쳤다. 반란에 참여한 시민들이 교황을 알아보고 강둑에서 배를 향해 돌을 던졌지만, 교황은 가까스로 도망칠 수 있었다. 그러나 포조는 교황만큼 운이 좋지 못했다. 도시에서 도망치던 포조는 교황에게 적대적인 세력에 사로잡혔다. 그의 석방을 위한 협상이 끝내 결렬되었기 때문에, 포조는 상당한 양의 몸값을 자비로 지불하고 나서야 간신히 풀려날 수 있었다.

그러나 이런 폭력적인 혼란은 결국 언젠가는 다 제자리로 돌아갔고, 포조 역시 늘 결국은 그가 사랑하는 책과 조각상, 학술적인 번역작업과 논쟁, 꾸준한 돈벌이의 장으로 돌아갔다. 그리고 점차적으로 계속된 삶의 변화는 어느 중대한 결정을 통해서 정점을 찍었다. 1436년 1월 19일, 56세의 포조는 18세의 바자 디 지노 부온델몬티와 혼인했다. 혼인은 금전적인 이유보다는 다른 형태의 문화적 자산을 이유로 이루어졌다.[11] 신부의 가문인 부온델몬티는 고대부터 내려오는 피렌체의 봉건귀족 가문의 하나였다. 그리고 포조가 이 혼인에서 가장 마음에 들어했던 것은 바로 그 신부의 가문—포조는 귀족 혈통에 대해서 자부심을 가지는 것을 소리 높여 반대하는 글을 쓴 적이 있다—이었다. 자신의 결정을 비웃는 사람들을 위해서 포조는 『나이든 남자가 결혼해야만 하는가(*An Seni Sit uxor ducenda*)』라는 제목의 대화체 글을 썼다. 다분히 뻔한 질문과 답변이 오가는 이 글에서 결혼에 찬반을 주장하는 양측은 서로의 주장의 상당 부분이 여성 혐오에 기초하고 있다고 공격하는데, 양측의 주장이나 근거 모두 꽤나 미심쩍다. 이 글에서 결혼에 반대하는 입장을 대변하는 인물은 다름 아닌 니콜로 니콜리로 설정되었는데, 그에 따르면, 학자라면 더 말할 것도 없지만, 일단 나이든 남자가 결혼을 한다는 것 자체가 한마디로 웃기는 짓이라는 것이었다. 일단 결혼을 하면 이미 나이가 들 만큼 든 남자가 그때까지 잘 갈고닦아온 삶의 방식을 바꿀 수밖에 없으며, 이는 생경하고 위험한 일이다. 신부는 짜증을 잘 내거나 걸핏하면 우울해하고 화만 내며 난잡하거나 게으른 여자로 드러날 수도 있었다. 혹시 과부를 부인으로 맞았다면, 신부는 고인이 된 전 남편과 보냈던 행복한 기억에서 벗어나지 못할 것이다. 젊은 처녀를 부인으로 맞은 경우라면, 아마도 신부는 거의 확실히 나이든 배우자의 중후함과는 기질적으로 어울리지 않을 것이다. 게다가 만약 아이가 생긴다면, 나이든 남자는 자식이 성년에 이르기도 전에 그들의 곁을 떠나는 쓰디쓴 아픔을 맛보게 될 수도 있었다.

그러나 결혼을 찬성하는 쪽의 주장에 따르면, 나이든 성숙한 남자는 마치 자신의 생각대로 밀랍 틀에서 찍어낸 인형처럼 젊은 아내의 무경험과 무지를 보완해 좋은 아내로 만들 수 있다는 것이다. 남자는 신부의 충동적인 육욕을 자신의 현명한 절제로 길들일 수 있을 것이며, 혹시 자녀라는 축복이 함께한다면 그는 많은 나이 때문에 더 많은 존경을 누릴 수 있을 것이다. 왜 그에게 허락된 삶이 반드시 짧을 것이라고 가정하는가? 그리고 그에게 허락된 시간이 얼마만큼이든지 간에 그는 그 시간을 자신이 사랑해 마지않는 자신의 분신들과 말로는 다 표현할 수 없는 쾌락 속에서 보낼 것이다. 아마도 이 글에서 가장 설득력 있는 순간은 다음일 것이다. 포조는 그 자신의 목소리로 이례적으로 솔직하게 이렇게 말한다. 그는 지금 행복하다고. 니콜리는 나이든 남자의 결혼이 대체로 비관적이기는 하지만 예외가 존재할 수도 있다고 한발 물러선다.

현대와 비교하면 기대 수명이 극히 짧았던 당시 기준으로는 포조는 장수하면서 오랫동안 행복한 결혼생활을 누렸던 것으로 보인다. 포조와 그의 아내 바자는 거의 4반세기의 시간을 함께하면서 5명의 아들과 1명의 딸—아들 피에트로 파올로, 조반니 바티스타, 야코포, 조반니 프란체스코, 필리포와 딸 루크레티아—을 낳았다. 이들 모두는 성인이 될 때까지 살아남았는데, 저명한 학자가 된 야코포를 제외한 나머지 네 아들은 모두 성직자가 되었다(야코포는 로렌초와 줄리아노 데 메디치를 암살하려는 파치가의 음모에 동조하는 엄청난 실수를 범했고 음모가 실패로 돌아간 뒤 붙잡혀 피렌체에서 1478년에 교수형을 당했다).

포조의 친구들은 정식으로 결혼한 새신랑 포조의 행운을 축하해주었고 도덕적으로 바른 처신을 했다고 격려했다. 그러나 포조의 정부와 그 사이에서 낳은 14명의 자식들에 대해서는 전해지는 바가 없다. 포조의 적들은 포조가 정부와 자식들을 무관심하게 내쳤다는 소문을 퍼뜨렸다. 발라에 의하면, 포조는 정부가 낳은 아들 중 넷이 자신을 합법적인 자식으로 받아들여달라고 청원했으나 이를 잔인하게 묵살했다고 한다. 포조가 그들을 버렸다는 비난 내용 자체는 악의적인 중상모략이었을 수도 있다. 실제로 이런 중상모략은 경쟁관계에 있던 인문주의자들끼리 앙심을 품고 즐겨 주고받던 것이었다. 그러나 포조가 자신이 버린 정부와 그 자식들에게 특별히 자비나 친절을 베풀었다는 증거도 없는 것이 사실이다.

포조는 속인이었으므로 결혼 후에도 교황청을 떠나지 않고 계속 일할 수 있었다. 그는 교황권과 공의회 사이의 해묵은 갈등 속에서 교황 에우게니우스 4세를 섬기며 과열된 외교적 분쟁을 조정하고 이단에 대한 고발, 군사적인 모험과 급작스러운 도주, 그리고 전면전을 경험했다. 1447년에 에우게니우스 4세가 서거한 후에도 포조는 그의 후계자인 니콜라우스 5세의 비서로 남아 교황청에서 계속 일했다.

니콜라우스 5세는 포조가 교황의 비서라는 직함으로 섬기게 된 8번째 교황이었다. 이제 60대 후반에 이른 포조는 점점 지쳐가고 있었을 것이다. 그리고 굳이 육체적 쇠락 때문이 아니라고 해도, 아무튼 그는 이제 다른 방향의 삶에 끌렸다. 글쓰기가 그의 일과에서 차지하는 비중은 점점 늘어났고 그는 돌봐야 할 아내와 커가는 자식들이 있었다. 포조는 피렌체를 자신의 고향이라고 여기고 최소한 1년에 한 번은 피렌체를 방문하며 인맥을 세심하게 관리해왔다. 여기에 아내와의 혼인으로 그 관계는 더욱 돈독해졌다. 그러나 피렌체에서 새로운 인생을 개척하기에는 포조는 새로 선출된 교황 니콜라우스 5세에 대한 봉사에 여러모로 매우 만족했다. 니콜라우스 5세의 속명은 톰마소 다 사르차나로서 교황으로 선출되기 전부터 교양 있는 인문주의자로 잘 알려져 있었다. 그는 페트라르카, 살루타티 등 여러 인문주의자들이 열정적으로 몰두했던 고전에 대한 학식과 심미안에 기초한 교육으로 탄생한 결정체라고 할 만한 인물이었다.

포조는 훗날 교황이 될 톰마소 다 사르차나를 일찍이 볼로냐에서 만난 후 알고 지내게 되었는데, 1440년에는 그에게 자신의 작품 중 하나인 『군주의 불행에 관하여』를 헌정했다. 그가 교황으로 선출된 직후, 포조는 서둘러 축하서한을 보내서 새로운 교황에게 모든 군주들이 완전히 불행할 이유는 없다고 썼다. 물론 교황이라는 높은 지위에서는 더 이상 우정이나 문학의 즐거움을 전처럼 만끽할 수야 없겠지만 최소한 "천부적인 재능을 가진 자들의 보호자가 되고 고개를 떨군 인문학을 다시 일으켜세울 수는" 있을 것이 아니냐고. 포조는 이렇게 덧붙였다. "성부여, 삼가 청하옵건대, 오래된 친구들을 잊지 마소서. 그리고 고백하건대 저 또한 그중의 하나임을 잊지 마소서."[12]

결과적으로 니콜라우스 5세의 재위기간은 매우 만족스러운 시기였다. 그러나 교황의 비서로서 포조가 처음에 꿈꿨던 것만큼 그렇게 완벽하게 목가적인 평온한 시기는 아니었다고 해야 할 것이다. 이 시기 동안, 포조는 트라브존 출신의 조르조와 터무니없는 실랑이 끝에 비명과 주먹질로까지 이어진 소동을 겪었다. 또한 포조는 천부적인 재능을 가진 자들의 보호자가 되어달라는 자신의 청을 진지하게 받아들이기라도 한 것처럼 교황이 자신과 첨예하게 대립하는 정적 로렌초 발라를 교황의 비서로 지명했을 때 틀림없이 당황했을 것이다. 포조와 발라는 공공연히 상대방에게 독설을 퍼부으며 싸웠다. 그들은 상대가 범한 라틴어 실수를 물고 늘어지며 서로를 헐뜯었고 상스러운 말로 상대의 위생 상태나 성관계, 가족을 공격했다.

볼썽사납게 진행된 다툼들로 인해서 포조는 점점 더 은퇴에 대한 욕망을 강하게 느꼈을 것이다. 테라누오바에 집을 사고 골동품을 수집하기 시작한 이래로 그는 항상 은퇴 후의 인생계획을 세워왔고, 이는 단순히 혼자만의 비밀스러운 환상이 아니었다. 삶의 이 시점에서 포조는 책 사냥꾼이자 학자, 작가, 그리고 교황청 관료로서 유명인사가 되어 보다 많은 사람들의 주목을 끌고 있었다. 그는 조심스럽게 피렌체의 인맥을 유지해왔고 결혼을 통해서 중요한 가문과도 연을 맺었으며 메디치 세력에 영합하여 동맹을 맺었다. 또한 성인이 된 후의 삶의 대부분을 로마에서 보내기는 했지만, 피렌체인은 포조가 자신을 피렌체인이라고 여기는 것을 기뻐했다. 토스카나 정부도 드디어 포조가 고향 땅인 피렌체로 돌아와서 남은 생애를 연구에 바치겠다고 공언했다면서, 그가 상업과는 달리 돈이 되지 않는 문학 연구에 헌신하겠다고 한 이상 포조와 그의 자식들은 모든 공공세금의 납부 의무를 면제받을 것이라는 내용의 칙령을 발표하여 통과시켰다.

1453년 4월, 피렌체의 총리 카를로 마르수피니가 죽었다. 마르수피니는 뛰어난 인문주의자였으며 임종 시에도 『일리아드』를 라틴어로 번역하던 중이었다. 당시 총리직은 더 이상 피렌체 권력의 중심이 아니었다. 메디치 가문의 권력이 실질적으로 도시를 장악함으로써 총리의 정치적 중요성은 줄어들었다. 고전 수사학에 대한 통달이 공화국의 생존에 결정적인 것처럼 보였던 살루타티의 시대로부터 많은 시간이 흘렀다. 그러나 포조의 옛 동료이자 뛰어난 재능의 역사가 레오나르도 브루니가 맡았던 두 차례의 임기를 포함한 지난 세월 동안, 피렌체의 총리직은 여전히 그런 뛰어난 인문주의자들을 위한 자리로 남아 있었다.

총리에게 주어지는 보수는 상당했으며 특혜도 많았다. 피렌체는 그 도시의 인문주의자 총리들에게 가능한 모든 존경과 명예의 상징을 수여했다. 늘 자신감에 넘치고 스스로를 사랑하는 도시인 피렌체는 그것이 곧 자신의 임무라고 느꼈다. 임기 중에 죽은 총리들의 장례는 공화국의 다른 시민들의 장례와는 비교도 할 수 없는 규모로 정성스럽게 국장의 예를 갖춰 치렀다. 포조는 일흔셋의 나이에 공석이던 피렌체 총리직을 제안 받았고 이를 수락했다. 50년이 넘는 세월 동안 절대군주인 교황을 섬겨온 그가 이제는 자유로운 시민도시로서의 역사를 자랑스러워하는 도시의 명목상 지도자가 된 것이다.

포조는 피렌체의 총리로 5년간 봉직했다. 그가 총리직에 있던 5년이라는 시간 동안 피렌체 시정(市政)이 전적으로 매끄럽게 굴러가지만은 않았던 것 같다. 아마도 포조는 총리가 해야 할 소소한 업무에는 별로 신경을 쓰지 않았던 것으로 보인다. 대신에 그는 보다 상징적인 업무라고 할 수 있는 역할에 충실했다. 약속대로 그는 저술활동에 헌신하여 여러 목표를 설정하고 계획을 세워 이를 추진했다. 이런 계획들 중 첫 번째로 책 두 권 분량의 음울한 대화문 『인간 존재의 참혹함에 관하여』가 완성되었다. 이 작품은 투르크족에게 함락된 콘스탄티노플이라는 특정 사건을 소재로 시작하여 시대와 계급, 직업을 초월하여 모든 남녀에게 닥치는 대재앙에 대한 일반적인 이야기로 화제를 넓혀간다. 대화에 등장하는 인물 중 하나인 코시모 데 메디치는 명백히 이례적인 부와 안락을 누리는 것처럼 보이는 교황과 교회의 권력자들을 가리키면서 모두를 덮

270

치는 것 같은 이런 대재앙에도 예외가 있다고 주장한다. 그러나 이에 대해서 포조는 자신의 목소리로 이렇게 대답한다. "내가 증인이다(나는 그들과 함께 50년을 보냈다). 자신이 행복하다고 느끼는 자는 아무도 없었으며, 삶이 위험하고 불안하며 초조하고 많은 걱정으로 억눌려 있다고 호소하지 않는 자를 본 적이 없다."[13]

이 글에서 드러나는 일관된 우울한 정서는 포조가 삶의 말년이 드리운 우울함에 굴복한 것처럼 보이게 한다. 그러나 같은 기간에 나온 이 저술 계획의 두 번째 작품은 또다른 가능성을 보여준다. 이 두 번째 작품은 위에 언급되어 있는 코시모 데 메디치에게 헌정되었는데, 포조가 족히 반세기 전에 처음 배웠을 그리스어 문헌의 라틴어 번역이었다. 그 문헌은 루키아노스의 유려한 희극 소설『당나귀』로서 마술과 변신술을 다룬 마법 같은 이야기였는데 포조는 이를 (라틴어로) 손수 번역했다. 세 번째 계획은 또다시 앞의 두 작품과 방향을 완전히 달리했는데 극히 정치적인 시각으로 담아낸 야심작, 14세기 중반부터 그의 시대까지의『피렌체의 역사(Historia Florentinae)』가 그것이다. 이 세 작품은 외견상 중세 금욕주의자에게 어울릴 법한 첫 번째 작품, 르네상스 시대 인문주의자에게 걸맞은 두 번째 작품, 애국적인 시민 역사가를 연상시키는 세 번째 작품에 이르기까지 인상적인 다양성을 보여준다. 그리고 이 다양성이야말로 저자인 한 인간으로서의 포조의 특징과 함께 그가 대표하는 도시의 복합성을 보여준다. 15세기의 피렌체 시민들에게는 이 뚜렷이 구별되는 각각의 작품이 하나의 복잡한 문화적 총체의 일부로서 서로 밀접하게 연결되어 있는 것처럼 보였다.

1458년 4월, 78번째 생일을 막 보내고 포조는 한 개인 시민으로 돌아가 연구와 글쓰기에 전념하고 싶다면서 총리직을 사임했다. 포조가 죽은 것은 그로부터 18개월 뒤인 1459년 10월 30일의 일이었다. 임종 당시 포조는 공직에서 사임한 상태였기 때문에 피렌체 정부는 포조에게 격식을 갖춰 국장을 지내줄 수는 없었다. 국장의 예는 아니었지만 포조의 장례는 피렌체 정부에 의해서 적절한 예를 갖춰 산타 크로체 성당에서 치러졌고 안토니오 폴라이우올로가 그린 포조의 초상화가 시의 공회당 한쪽에 걸리게 되었다. 또한 시는 그의 조각상도 의뢰해서 이를 산타 마리아 델 피오레 대성당의 전면에 세웠다. 그로부터 1세기 후인 1560년에 대성당의 정면이 재단장되면서 포조의 조각상은 건물의 다른 곳으로 옮겨졌고, 현재는 12명의 사도상 중의 하나로 전시되고 있다. 신앙심이 깊은 기독교인이라면 자신의 조각상이 사도상의 하나로 쓰인다는 것을 영예로 받아들이겠지만, 내 생각에 포조는 이 '영예'를 마냥 기쁘게 받아들이지만은 않을 것 같다. 그는 항상 사람들의 적절한 관심을 받고 싶어한 사람이었다.

오늘날에 이르러 그에 대한 관심은 상당 부분 사그라졌다. 산타 크로체 성당에 있던 그의 무덤은 사라졌고, 그 자리에는 다른 유명인사들의 무덤이 들어섰다. 물론 그에 대한 관심이 완전히 사라진 것은 아니다. 그의 사후 500주년이 되는 1959년에는 포조가 태어난 마을이 그 고장을 빛낸 인물의 이름을 기려 '테라누오바 브라촐리니'라는 이름으로 바뀌었다. 그의 동상도 녹음이 우거진 마을의 광장에 새로 세워졌다. 그러나 근처에 있는 의류업체의 아울렛에 가려고 동상 앞을 스쳐지나가는 수많은 사람들 중에 그 동상이 누구를 기념하고 있는지 아는 사람은 거의 없다.

그럼에도 불구하고 15세기 초의 책 사냥 모험을 통해서 포조가 뭔가 놀라운 일을 해냈음은 분명한 사실이다. 그가 세상의 품으로 돌려준 많은 문헌들 덕분에 그는 당대의 저명한 피렌체인들과 함께 명예의 전당에 한 자리를 주장할 수 있게 되었다. 포조 브라촐리니의 이름은 필리포 브루넬레스키, 로렌초 기베르티, 도나텔로, 프라 안젤리코, 파올로 우첼로, 루카 델라 로비아, 마사초, 레온 바티스타 알베르티, 필리포 리피, 피에로 델라 프란체스카의 이름 옆에 당당히 나란히 서 있다. 물론, 고대 그리스, 로마 이래 세워진 가장 큰 돔인 브루넬레스키의 작품, 산타 마리아 델 피오레 대성당의 거대한 돔과는 달리 포조가 발견한 루크레티우스의 위대한 시는 하늘에 맞서 보란 듯이 우뚝 서 있지는 않다. 그러나 루크레티우스 시의 재발견은 하늘을 맞선 돔 이상으로 세상의 풍경을 영원히 바꿔 놓았다.

10

일탈

15세기에 만들어진 『사물의 본성에 관하여』의 필사본으로 오늘날까지 전해져오는 것은 50권이 넘는다. 분명 이보다 훨씬 더 많은 수가 제작되었겠지만 그래도 50여 권이 살아남았다면, 사실 놀랄 만큼 많은 수라고 할 수 있다. 후에 구텐베르크의 유용한 활자 인쇄술이 상용화되자, 『사물의 본성에 관하여』의 인쇄본도 빠르게 나타났다. 활자 인쇄본의 서문에는 보통 경고문과 함께 인쇄업자의 종교적 신념과 책의 내용은 무관하다는 내용이 실려 있었다.

15세기 말, 세기말이 가까워오자 도미니쿠스회 수도사 지롤라모 사보나롤라가 피렌체에 나타나 도시를 장악했다. 사보나롤라가 지배한 수 년 동안 피렌체는 엄격한 "기독교 공화국"으로 변모하게 되었다. 사보나롤라의 열정적이고 카리스마 넘치는 설교는 다수의 피렌체인을 자극하여 사회 전체가 열렬한 회개의 분위기에 빠져들었다. 비록 단기간이었지만, 어쨌든 일반 대중이나 엘리트층 모두가 이 분위기에 심취했다. 남색은 사형에 처해졌고, 은행업과 상업을 기반으로 성장한 유력 가문들은 사치와 빈자에 대한 무관심으로 공격을 받았다. 도박과 함께 춤, 노래 등의 세속적 쾌락도 억압을 받았다. 그러나 사보나롤라가 지배하던 격동기의 피렌체에서 가장 기억에 남는 사건은 그 유명한 "허영의 모닥불(Bonfire of the vanities)" 사건이었다. 이 수도사의 열혈 지지자들은 거리를 휩쓸고 다니며 사악한 물건이라고 생각되는 것들—거울, 화장품, 야한 의복, 노래책, 악기, 카드를 비롯한 각종 도박용품, 이교를 주제로 해서 만든 조각상과 그림, 그리고 고대 시인들의 작품—을 모아 시뇨리아 광장에서 타오르던 거대한 장작더미 속으로 던져넣었다.

얼마 뒤, 도시는 이 광신적인 엄격함에 진력이 났다. 1498년 5월 23일, 사슬에 묶인 사보나롤라는 그의 주요 지지자 2명과 함께 "허영의 모닥불"이 타오르던 바로 그 장소에서 잿더미로 변했다. 그러나 사보나롤라의 지배력이 정점에 올라 있어 그의 입에서 나오는 말 한마디 한마디가 피렌체인을 경건한 공포와 혐오의 감정으로 들끓게 할 때, 그는 사순절 기간을 맞아 일련의 설교를 하면서 고대의 철학자들을 공격하는 발언을 했다. 특히 그중에서도 한 무리의 철학자 집단이 유별난 조롱의 대상이 되었다. 그는 모여든 군중에게 이렇게 설교했다. "여자들이여 들어라. 그들은 이 세계가 공기 중을 떠다니는 아주 작은 입자인 원자라는 것으로 만들어졌다고 말한다."[1] 군중의 반응에서 그들도 이와 같은 생각이 터무니없다고 느낀다는 것을 확인한 사보나롤라는 그들에게 자신이 느끼는 조롱의 감정을 밖으로 시원하게 내뱉으라고 독려한다. "웃어라, 여자들아. 저 배웠다는 남자들의 연구라는 것을."

이 설교는 루크레티우스의 시가 다시 사람들 사이에서 읽히기 시작한 지 불과 60-70년이 지난 1490년대의 것이다. 이 무렵 원자론은 이미 피렌체에서 군중의 조롱거리가 될 만큼 충분히 알려져 있었다. 원자론이 널리 알려졌다는 사실이 그것이 널리 받아들여졌다는 의미는 아니다. 분별 있는 사람이라면, 감히 나서서 이런 말을 하지는 않았으리라. "생각건대 세계는 오직 원자와 진공으로만 이루어진 것 같습니다. 우리의 육체도 영혼도 원자들이 일시적으로 결합하여 만들어진 복잡한 구조체일 뿐이며, 언젠가는 모두 분해될 운명인 것이지요." 존경받을 만한 시민이라면 공개적으로 이런 말을 하지 않았다. "영혼은 육체와 함께 사멸합니다. 사후에 받아야 할 심판도 없습니다. 신성한 힘이 있어 우리를 위해서 이우주를 창조한 것이 아니며, 사후세계에 관한 모든 관념도 전부 미신적인 환상에 불과합니다." 평온하게 살고 싶은 사람이라면 그 누구도 대중앞에서 감히 이런 말을 입에 올리지 않았다. "우리에게 공포 속에서 떨면서 살라고 말하는 설교자들은 모두 거짓말을 하고 있는 것입니다. 신은우리의 행동에 아무런 관심도 없어요. 비록 자연이 아름답고 복잡하기는하지만, 그 뒤에 지적인 설계가 숨어 있다는 증거는 없습니다. 우리에게중요한 것은 쾌락을 추구하는 것입니다. 쾌락이야말로 삶의 최고 목표입니다." 누구도 감히 이렇게 말하지 않았다. "죽음은 우리에게 아무 의미도 없습니다. 우리가 걱정할 것이 아니란 말입니다." 그러나 이런 위험성을 띤 루크레티우스의 사상들은 르네상스 시대 특유의 상상력이 최고조로 발휘되고 강력한 힘을 발휘했던 곳이라면 어디에나 스며 있었고 모습을 드러냈다.

사보나롤라가 청중을 향해 그 멍청한 원자론자들을 조롱하라고 말하던 바로 그때, 한 젊은 피렌체인은 한쪽에서 조용히 손수 『사물의 본성에 관하여』를 필사하고 있었다. 『사물의 본성에 관하여』가 이 젊은 피렌체인에게 끼친 영향을 굳이 추적하자면 할 수도 있겠지만, 그는 단 한번도 자신이 쓴 여러 유명한 책들에서 이 작품을 직접적으로 언급한 적은 없다. 그런 위험천만한 짓을 하기에는 그는 너무도 영리했다. 그러나 1961년, 해당 필사본에 남아 있는 손글씨의 주인공이 누구인지 그 정체가 결국 밝혀졌다. 필적 감정을 통해서 밝혀진 그 피렌체인의 이름은 바로 니콜로 마키아벨리였다. 현재도 마키아벨리가 필사한 『사물의 본성에 관하여』는 MS Rossi 884라는 번호를 달고 바티칸 도서관에 보관되어 있다.[2] 포조는 교황의 비서였다. 그런 자의 유산이라고 할 수 있는 이 책에 바티칸 도서관보다 더 어울리는 장소가 달리 또 어디에 있겠는가? 포조와 친분이 있던 인문주의자 교황 니콜라우스 5세는 고전기 문헌들도 바티칸 도서관에 영예롭게 한 자리를 차지할 수 있도록 조치했다.

그러나 사보나롤라의 경고는 정통 기독교단이 어떤 근심을 가지고 있었는지를 보여준다. 시적 힘과 더불어 명료하게 기술된 루크레티우스의 시는 무신론을 정의하는 일련의 단죄목록이 담긴 실질적인 교과서라고 할 수 있었다. 보다 정확히는 종교재판관의 심문 교본 역할을 했다. 르네상스 시대의 지식인 사회에 이 사상이 일으킨 파장은 그 시가 가진 시적 힘에 가장 민감하게 반응한 이들로부터 초조한 반응을 끌어냈다. 그런 반응의 하나를 대표하는 인물로 15세기 중반의 위대한 피렌체인 마르실리오 피치노가 있다. 일찍이 20대 시절, 피치노는 『사물의 본성에 관하여』를 접하고 크게 감명을 받아 시의 저자를 "우리의 위대한 루크레티우스"라고 부르며 그에 대한 학술적인 논평까지 썼다.[3] 그러나 훗날, 다시 이성을 찾은—말하자면 기독교인으로 돌아온—피치노는 자신이 쓴 논평을 태워 없애버렸다. 자신이 "루크레티아니(루크레티우스파)"라고 부른 루크레티우스 추종자들을 누구보다도 앞장서서 공격했고, 삶의 대부분을 플라톤 철학을 응용하여 기독교를 위한 독창적인 철학적 방어선을 구축하는 데에 바쳤다. 또다른 반응은 루크레티우스의 시적 스타일을 시가 담고 있는 사상과 분리하여 생각하는 것이었다. 포조도 이런 방식의 전략을 취했다. 포조는 다른 발견과 마찬가지로 『사물의 본성에 관하여』를 발견한 것에도 자부심을 느꼈지만, 한편으로는 절대로 자신을 루크레티우스의 사상과 연계시키거나 공공연히 그 사상을 입에 올려 왈가왈부하지 않았다. 포조와 니콜리 같은 가까운 동료들은 다양한 이교 문헌에서 우아한 어법이나 문장을 빌려와서 라틴어 문장을 쓸 때 활용하기는 했지만, 동시에 이교 문헌에 담긴 극히 위험한 사상과는 멀찍이 선을 그었다. 실제로 포조는 교황청에서 관료로 일하던 말기에 자신과 날카로운 경쟁관계에 있던 로렌초 발라를 루크레티우스의 스승인 에피쿠로스를 추종하는 이단이라며 주저 없이 공격한 적도 있다.[4] 포조는 포도주를 즐기는 것과 그것을 찬양하는 것은 별개의 문제라면서 발라는 포도주를 찬양하는 자에 속한다고 썼다.[5] 포조의 주장에 따르면, 발라는 에피쿠로스를 추종할 뿐만 아니라 심지어 순결을 공격하고 매춘을 찬양하기까지 했다면서 "그대의 신성모독적인 발언들이 남긴 얼룩은 결코 말로는 씻어낼 수 없을 것이다"라고 덧붙였다. 포조는 한술 더 떠서 불길한 말로 공격을 잇는다. "그 얼룩은 오직 불에 의해서만 씻어낼 수 있으리니, 부디 그대가 절대 그 불길에서 벗어나지 못하기를 바라는 바이다."

어쩌면 발라는 이 엄청난 고발을 받은 대로 돌려줄 수도 있었을 것이다. 그 위험한 루크레티우스를 사람들의 품으로 돌려준 자가 바로 포조 당신이 아니냐고. 발라가 그렇게 되받아치지 못했다는 것은 포조가 『사물의 본성에 관하여』의 재발견의 영향으로부터 신중하게 거리를 두는 데에 성공했음을 보여주는 증거라고 할 수 있다. 한편으로는 초창기만 해도 『사물의 본성에 관하여』를 읽는 무리가 얼마나 제한적이었는지를 보여주는 예라고도 할 수 있다. 1430년대 초반, 발라는 음주와 성행위를 찬양하는 내용이 담긴 『쾌락에 관하여(De voluptate)』를 썼다. 포조가 그렇게도 충격을 받았다고 말한 이 책이 발표되었을 당시, 『사물의 본성에 관하여』의 필사본은 여전히 니콜리의 서재 선반에 가만히 꽂혀 있었다.[6] 물론 그 시의 존재는 풍문으로 떠돌며 인문주의자들 사이에 오고간 유쾌한 편지들을 통해서 에피쿠로스 사상에 대한 흥미를 되살리는 자극제가 되었을 것이다. 그러나 어쨌든 발라가 쾌락을 찬양하는 『쾌락에 관하여』를 쓸 때는 『사물의 본성에 관하여』가 아닌 다른 자료들과 그 자신의 풍부한 상상력에 기댈 수밖에 없었을 것이다.

발라에 대한 포조의 공격이 보여주듯이, 기독교의 토대가 되는 교리와 날카롭게 대립하는 이교 시대의 철학에 흥미를 가지는 것은 그 자체로 위험한 일이었다. 15세기에 에피쿠로스 사상과 맞닥뜨린 당시 지식인들이 이런 지적 혼란 상황에 어떻게 반응했는지를 보여주는 세 번째 유형은 에피쿠로스를 추종한다는 공격을 받은 발라가 이에 어떻게 대응했는지를 통해서 엿볼 수 있다. 이 대응책은 "대화체의 부정" 전략이라고 부를 수 있을 것이다. 발라는 포조로부터 공격받은 쾌락에 대한 긍정이 자신의 작품 『쾌락에 관하여』에 실제로 있다고 인정했다. 그러나 그는 그것이 자신의 생각이 아니라 어디까지나 문학작품인 대화체 형식의 글에 등장하는 에피쿠로스 사상의 대변자의 생각일 뿐이라고 말했다.[7] 더욱이 이 대화체 글의 말미에서 분명한 승자로 선언되는 것은 에피쿠로스 사상이 아니라 수도사 안토니오 라우덴스의 목소리로 표현되는 기독교 정통 교리라고 주장한다. "안토니오 라우덴스의 연설이 끝나고 나면 도저히 책을 그대로 덮을 수가 없다. 그의 경건하고 종교적인 발언에 깊이 감명을 받아 책을 쉬이 덮어버릴 수가 없는 것이다."[8]

그러나 사실은 그렇지 않았다. 발라는 대화체 글의 중심에 주요한 에피쿠로스 사상의 원칙을 옹호하는 눈에 띄게 강건하고 지속적인 방어벽을 구축하고 있다. 아등바등하며 허우적대는 인생으로부터 고요한 철학의 정원으로 물러나는 현명함("안전한 언덕에 있는 그대는 바다의 파도를, 그리고 파도에 떠밀리는 이들을 바라보며 웃으리라"), 육체적 쾌락의 수위(首位), 검소함의 이점, 금욕의 비뚤어진 부자연스러움, 모든 사후세계에 대한 부정이 그 주요 내용이었다. "자명하지 않은가."[9] 책 속의 에피쿠로스주의자는 주장한다. "죽은 자에게는 어떤 보상도 주어지지 않듯이 어떤 처벌도 내려지지 않는다." 여전히 인간의 영혼을 다른 생명체와 구별하여 언급하기는 했지만, 발라는 사후에는 보상도 처벌도 없다는 원칙에 일말의 모호함도 남지 않도록 요점으로 돌아가 그것을 분명하게 전한다.

나의 스승 에피쿠로스에 의하면……살아 있는 존재가 죽은 후에는 아무 것도 남지 않는다. 그리고 이 "살아 있는 존재"에는 사자, 늑대, 개, 그 밖의 모든 숨 쉬는 생명체와 함께 인간도 포함된다. 이 모두에 나 또한 동의하는 바이다. 그들도 먹고 우리도 먹는다. 그들도 마시고 우리도 마신다. 그들도 잠자고 우리도 그렇다. 그들도 우리처럼 대를 잇기 위한 씨를 가지고 있고, 자식을 품고 낳으며, 우리와 똑같이 어린 것들을 먹인다. 그들 또한 일정 부분 이성과 기억력을 가지고 있으며 일부는 남보다 조금 더 많이 가지고 있기도 한데, 우리 역시 그들보다 조금 더 많이 가졌을 뿐이다. 우리는 그들과 거의 모든 점에서 유사하다. 그리고 무엇보다도, 그들도 우리도 끝내는 모두 죽는다.

"그들도 우리도 끝내는 모두 죽는다." 이 마지막을 분명히 받아들인다면, 우리가 내릴 결론 역시 마찬가지로 자명하다. "그러므로 가능한 한 오래 (부디 그것이 길기를!) 의심의 여지없이 다른 생으로 보충할 수 없는 이 모든 육체적 쾌락을 놓치지 말고 즐기도록 하자."[10]

발라가 위와 같은 주장을 등장시킨 이유는 그저 수도사다운 라우덴스의 냉철한 지적에 의해서 산산이 깨어지는 것을 보여주기 위해서라고 주장할 수도 있을 것이다.

아무리 네가 사랑하는 이라고 해도 그녀가 천사의 형상 옆에 있는 것을 보고 나면, 너무나 끔찍하고 상스러워 보여서 마치 시체라도 본 것처럼 그녀에게서 고개를 돌리고 온통 천사의 아름다움에만 주의가 쏠리게 될 것이다. 말하노니 그 아름다움은 욕망에 불을 지피는 것이 아니라 오히려 불을 꺼뜨리는 그런 성질의 것이니, 가장 정화된 종교적인 경이로움만이 가슴속에 스며들리라.[11]

만약 이 해석이 올바르다고 한다면, 『쾌락에 관하여』는 기독교 가치관의 전복을 억누르려는 시도라고 할 것이다.[12] 자신과 동시대인들이 루크레티우스가 퍼뜨린 유독한 매력에 노출되어 있음을 깨달은 발라는 피치노처럼 환부를 억누름으로써 문제를 해결하고자 하지 않고, 에피쿠로스 사상을 만물을 정화시키는 기독교 신앙이라는 공기에 노출시킴으로써 그 농양을 칼로 째서 고름을 빼내려고 했던 것이다.

그러나 발라의 적인 포조는 이와는 반대의 결론을 내렸다. 포조에 따르면, 『쾌락에 관하여』의 기독교적인 뼈대와 대화체 형식은 발라가 기독교의 교리에 대한 위험하고 추잡한 공격을 공표하기 위해서 취한 편리한 눈속임에 불과하다는 것이다. 설령 발라에 대한 포조의 앙심과 증오가 이런 포조의 해석에 의문을 품게 한다고 해도, 발라가 이른바 "콘스탄티누스 대제의 기부" 문서가 위조임을 증명하여 칭찬을 받았다는 사실은 그가 결코 기독교 정통 교리에 확고히 뿌리내린 사상가는 아니었음을 보여준다. 이 관점에서 보면 『쾌락에 관하여』는 상당히 급진적이며 위험한 작품이라고 할 수 있다. 그러나 작품의 치명적인 논지를 교묘하게 가린 무화과 잎사귀(기독교 성화[聖畵]에서 아담과 이브의 성기를 가리기 위해서 많이 쓰였다/역주) 덕분에, 항상 교황의 비서직을 노렸고, 결국에는 그 자리에 오른 발라는 무사할 수 있었다.

이처럼 한 작품을 둘러싼 두 개의 상반된 해석으로 인한 갈등을 어떻게 해결할 수 있는가? 이 작품은 체제전복의 꿈을 품은 작품인가, 아니면 그 같은 꿈을 억누르려는 작품인가? 이렇게 오랜 시간이 흐른 지금에 와서 새삼 이 질문에 결정적인 답을 내놓을 수 있는 증거를 발견할 가능성은 별로 없다. 애초에 그런 증거가 있기나 했는지도 의심스럽다. 사실이런 질문 자체가 15, 16세기의 지식인들이 처했던 실제 상황과는 거의 관계없는 계획적인 확실성과 명료성을 드러내고 있다.[13] 아마도 당시에는 극소수의 사람들만이 그들이 이해할 수 있는 선에서 급진적인 에피쿠로스주의를 완전히 받아들였을 것이다. 그런 맥락에서 1484년 피렌체의 시인 루이지 풀치는 기적을 부인하며, 인간의 영혼을 "따끈한 흰 빵에 들어 있는 잣과 다를 바 없다"라고 묘사했다는 이유로 기독교식 장례를 치를 권리를 거부당했다.[14] 그러나 매우 대담한 상당수의 르네상스 지식인들이 1417년에 일어난 『사물의 본성에 관하여』의 재발견과 함께 부각된 에피쿠로스주의에 흥미를 느꼈음에도 불구하고, 그 사상은 아직까지 철학적으로나 사상적으로나 제대로 체계를 갖추지 못하고 있었다. 아름답고 매혹적인 시구로 표현된 루크레티우스의 시각은 심오하고 지적이며 창조적인 도전 대상이었다.

사실 이 시점에서는 시를 추종하는 세력보다는 시의 이동성, 즉 수세기에 걸쳐 한두 개의 수도원 도서관에서 아무도 건드리지 않은 채 가만히 놓여 있던 시가 이동성을 되찾고 이곳저곳으로 전해지며 다시 읽히기 시작했다는 사실이 중요했다. 에피쿠로스주의는 처음에는 적대적인 이교에 의해서, 그 다음에는 마찬가지로 적대적인 기독교에 의해서 헛된 몽상, 어림짐작, 속삭이는 의혹, 위험한 생각으로 가득 찬 사상으로 낙인찍혀 이동이 억제되었다.

포조가 『사물의 본성에 관하여』의 내용과는 분명한 선을 긋고 멀리했는지 몰라도 그 시를 잠들어 있던 선반에서 끌어내는 데에 결정적인 역할을 했던 것은 분명하다. 그는 작품을 발견했고 필사했으며 그 사본을 피렌체에 있는 친구들에게 보냈다. 그리고 일단 사람들이 『사물의 본성에 관하여』를 다시 읽기 시작하자, 문제는 시를 읽는 것이 아니라 (물론, 읽을 수 있을 정도의 라틴어 실력이 있다는 가정하에) 그 시의 내용을 공개적으로 토론하거나 그 사상을 진지하게 받아들이는 것에 있었다. 발라는 대화체 형식의 글을 통해서 에피쿠로스주의의 중심적 주장 중 하나인 쾌락을 궁극의 선으로 지향하는 내용에 공감을 표할 수 있는 한 가지 길을 찾았다. 그 주장은 쾌락의 추구에 대한 내용이 이것에 고유의 무게감을 실어줄 수 있는 전체적인 철학적 토대 없이 제시되었고 최종적으로는 부정된다. 그러나 『쾌락에 관하여』에 등장하는 에피쿠로스주의자는 그때까지 1,000년이 넘는 세월 동안은 들어본 적도 없는 열정과 섬세함, 설득력을 가지고 쾌락의 추구를 옹호한다.

포조의 재발견으로부터 100여 년이 지난 후인 1516년 12월, 피렌체 종교회의에 모인 고위 성직자로 구성된 영향력 있는 집단이 학교에서 루크레티우스를 읽는 것을 금했다. 교사들은 이 우아한 옛 라틴어 작품을 학생들에게 독서 과제로 내주고 싶은 욕망을 느낄 수도 있었을 것이다. 그러나 성직자들은 루크레티우스의 시가 "음탕하고 사악하며 영혼이 사멸한다는 주장을 펼치기 위한 온갖 궤변으로 점철된" 작품이라며 학생들이 읽는 것을 금해야 한다고 말했다. 이 포고를 어긴 자들은 영원한 저주를 받을 것이며 10두카트(Ducat)의 벌금을 물게 될 것이라는 경고도 내려졌다.

이런 금지조치가 이탈리아에서는 책의 유통을 제한하고 실제로 이 작품이 널리 인쇄되는 것을 효과적으로 막아냈을 수도 있지만, 이미 금단의 문은 열린 후였다. 볼로냐에서 판본 하나가 나왔고 파리에서도 또 하나가 제작되었으며 베네치아의 인쇄업자 알두스 마누티우스가 운영하는 대형 인쇄소에서도 판본이 만들어졌다. 그리고 피렌체에서도 유명한 인쇄업자 필리포 준티가 니콜라우스 5세 시절에 포조와 교황청에서 알고 지내던 인문주의자 피에트로 칸디도가 편집한 판본을 내놓았다.

준티 판본은 뛰어난 군인이자 학자이며 시인인 그리스 출신의 미켈레 타르카니오타 마룰로의 교정을 받은 것으로 알려져 있다. 보티첼리가 그린 초상화로 모습이 남아 있는 마룰로는 당대 이탈리아 인문주의자들 사이에서는 유명했다. 그는 루크레티우스의 작품에 특별히 강렬한 감동을 받았는데, 직업인으로서 쉴 새 없이 바쁜 중에서도 자신이 특별히 감동받은 이 작품에서 영감을 받아 이교 문명에 관한 아름다운 찬가를 썼다. 1500년, 마룰로는 『사물의 본성에 관하여』 원본의 복잡한 문맥의 의미에 천착하는 한편, 군장을 갖추고 체사레 보르자의 군대에 맞서기 위해서 볼테라로 향했다. 군대가 피옴비노 근처의 해안에 이르렀을 때 그곳에는 세차게 비가 내리고 있었다. 근방의 농부들은 범람한 체치나 강을 건너는 것은 위험하다며 도하를 감행하려는 마룰로를 말렸다. 아마도 마룰로는 그들에게 이렇게 답했을 것이다. 어렸을 때 만난 집시가 말하기를 그가 두려워해야 할 것은 넵투누스가 아니라 마르스라고 했다고. 마룰로는 도하를 강행했다. 강을 절반쯤 건넜을 때 마룰로가 타고 있던 말이 미끄러지더니 그를 강바닥에 내팽개치면서 그의 몸 위로 쓰러졌다. 전하는 바에 의하면, 그는 신들을 저주하며 죽었다고 한다. 그의 옷 주머니에서는 『사물의 본성에 관하여』가 발견되었다.

마룰로의 죽음은 루크레티우스의 작품에 대한 경각심을 불러일으키는 이야기로 퍼졌을 수도 있을 것이다. 관대한 시각을 가졌던 에라스무스조차 마룰로는 꼭 이교도처럼 글을 쓴다고 언급했다. 그러나 이런 비참한 죽음도 루크레티우스에 대한 관심을 누그러뜨리지 못했다. 사실 루크레티우스를 금지한 교회 당국 내에도 인문주의를 지지하는 이들이 다수 있었으며, 결국 『사물의 본성에 관하여』의 위험성에 대해서도 한 목소리를 내지 못했다. 1549년, 『사물의 본성에 관하여』를 금서목록—가톨릭인이 읽어서는 안 되는 책을 정해놓은 금서목록은 1966년에야 폐지되었다—에 올려야 한다는 의견이 올라왔다. 그러나 몇 년 후에 교황으로 선출되는 추기경 마르첼로 체르비니의 요청으로 금서목록에 오르는 운명을 피할 수 있었다(마르첼로 체르비니는 교황 자리에 오른 지 채 한 달이 되기도 전에 죽었다. 재위 : 1555년 4월 9일-5월 1일). 종교재판의 재판소장을 맡고 있던 미켈레 기슬리에리 또한 『사물의 본성에 관하여』를 억압하는 것에 반대의사를 표했다. 그는 루크레티우스의 책을 읽어도 되지만 우화로서만 읽어야 하는 이교도의 책으로 지정했다. 기슬리에리 역시 1566년에 교황으로 선출되었는데, 재임 기간에 이단과 유대교인들을 억누르는 데에 집중했을 뿐, 이교도 시인들로 인한 위협에 대해서는 더 이상 신경 쓰지 않았다.

가톨릭 지식인은 루크레티우스의 작품에 담긴 생각을 우화라는 매개를 통해서 받아들일 수 있었고 실제로 그렇게 했다. 비록 마를로의 글에 "꼭 이교도의 것 같다"라고 불평하기는 했지만, 에라스무스 역시 『에피쿠로스주의자』라는 제목의 대화체 형식의 글에서 등장인물 중의 한 명인 히도니우스의 입을 통해서 "경건한 기독교인보다 더 에피쿠로스주의적인 사람은 없다"라고 언급했다.[15] 금식하고 죄를 회개하며 죄지은 육신을 벌주며 사는 기독교인이야말로 쾌락주의자로 보지 않을 수 없으니 그들이야말로 옳은 삶을 추구하고 있으며, "옳게 사는 자보다 더 인생을 즐기면서 사는 자는 없다."

에라스무스의 이런 역설이 교묘한 속임수 이상으로 보이지 않는다면, 에라스무스의 친구인 토머스 모어의 대표작 『유토피아(Utopia)』(1516)에는 에피쿠로스주의와의 연결점이 더욱 뚜렷하게 나타난다. 모어는 포조와 그의 동시대 인문주의자들의 노력으로 세상으로 돌아온 그리스어와 라틴어로 된 고전 문헌에 깊이 빠져 있는 교양인이면서 동시에 경건한 기독교인이기도 했다. 그는 고행을 목적으로 겉옷 안에 일부러 거친 천으로 만든 셔츠를 입고 살에서 피가 흘러내릴 때까지 자신을 채찍질하던 사람이었다. 그의 대담한 사변과 단호한 지성은 고대 세계로부터 되살아난 과거가 가지고 있는 힘을 이해할 수 있게 해주었고, 한편으로 그의 열정적인 가톨릭 신념은 그 자신을 비롯해 다른 모든 사람들이 발을 들여놓으면 위험하다고 생각되는 지점에 스스로 경계선을 그을 수 있게 해주었다. 다시 말해서 그는 자신의 정체성 안에 숨겨진 긴장관계를 자신의 표현에 따르자면, "기독교적 인문주의자"라는 이름으로 훌륭하게 소화해냈다.

『유토피아』는 영국에 대한 통렬한 비판으로 시작한다. 당시 영국은 게으른 귀족들이 다른 이들의 노동 대가를 갈취하여 먹고 살면서 소작농들이 빈사상태가 될 때까지 지대를 올리며 고혈을 짜내고 있었다. 양 떼를 키우기 위해서 땅에는 울타리가 둘러졌고 그렇게 해서 땅에서 내몰린 수천 명에 이르는 가난한 사람들은 기아에 허덕이며 범죄의 세계로 떨어지게 되었다. 도시 주변에는 교수대에 사람이 매달리는 소리가 울려퍼졌으나, 그런 엄벌이 똑같은 범죄의 재발을 막지 못한다는 사실은 전혀 고려되지 않았다.

실제로 16세기의 연대기작가 홀린셰드의 기록에 따르면, 헨리 8세의 재위 기간 동안만 7만2,000여 명이 도둑질로 교수형에 처해졌다고 한다. 이런 참담한 현실 묘사는 뒤이을 유토피아라는 이름의 상상 속 섬나라에 대한 묘사와 대치된다(유토피아는 그리스어로 "존재하지 않는 곳"이라는 뜻이다). 유토피아의 거주민들은 "인간이 누리는 행복의 전부 또는 그 대부분"이 쾌락의 추구에 달려 있다고 확신한다. 좋은 유토피아 사회와 부패하고 사악한 영국 사회 사이에 나타나는 차이의 핵심에는 바로 이와 같은 에피쿠로스주의의 중심 원칙이 있음을 이 작품은 명확하게 보여준다. 그러니까 모어는 정확하게 이해하고 있었던 셈이다. 루크레티우스의 시에 등장하는 베누스에 대한 멋진 찬가를 통해서 가장 강력하게 표현된 이 쾌락의 원칙은 통상적으로 이루어지는 생명의 재생산을 수사적으로 표현한 것에 불과한 것이 아니었다. 쾌락의 추구라는 이 원칙이 진지하게 받아들여지게 되면, 세상을 바꿀 수도 있는 매우 급진적인 생각이라는 것을 모어는 잘 알고 있었다.

모어는 유토피아가 세상으로부터 아주 멀리 떨어진 곳에 있다고 설정했다. 작품의 서두에서 모어는 유토피아를 발견한 사람은 "이제는 온 세계에 널리 알려진 아메리고 베스푸치의 네 차례에 걸친 탐험여행 중 마지막 세 차례 여행을 함께했던 자로서 마지막 여행에서는 유럽으로 돌아오지 않았다"라고 썼다. 그는 스스로 그곳에 남기로 결정하고 그와 뜻을 같이하는 다른 몇몇과 함께 탐험여행 중 가장 오지에 있던 한 지점으로부터 미지의 세계로 모험을 떠났다고 한다.

아메리고 베스푸치가 남긴 회고록을 읽고, 그를 기려 '아메리카'라고 불리게 된 신대륙을 상상하면서 토머스 모어는 베스푸치가 여행 중에 마주친 사람들을 기록한 내용에 주목했다. 베스푸치는 이렇게 썼다.[16] "그들의 삶은 전적으로 쾌락에 기초하고 있었으므로 에피쿠로스주의적이라고 불러도 될 것이다." 모어는 이 대목을 읽고 무릎을 탁 치며 이 놀라운 목격담을 루크레티우스의 『사물의 본성에 관하여』와 함께 다시 세상에 알려진 불온한 사상들을 파헤치는 데에 쓸 수 있겠다고 깨달았음에 틀림없다. 피렌체인 베스푸치가 인문주의자 무리에 속했고 그들 사이에서 『사물의 본성에 관하여』가 읽히고 있었다는 점을 감안하면, 이와 같은 접점을 발견하게 된 것은 그리 놀랄 만한 일도 아니다. 모어는 유토피아인은 "해가 되지 않는다면 어떤 쾌락도 금지되지 않는다고 믿곤 한다"라고 썼다. 그리고 그들의 행동은 단순한 습관의 문제가 아니라 그들의 철학적 관점에 대한 문제였다. "그들은 인간 행복의 전부 혹은 중요한 부분을 쾌락이라고 정의하고 그를 중시하는 학파에 필요 이상으로 기대는 것처럼 보인다." 여기에서 그 "학파"란 당연히 에피쿠로스와 루크레티우스의 바로 그 학파를 말한다.

머나먼 땅끝 세상이라는 배경 덕분에 모어는 감히 그의 동시대인이 언명하기 어렵던 극단적인 생각들을 전할 수 있었다.[17] 사실 모어에게 영향을 끼친 인문주의자들이 되살린 이교 문헌들은 눈을 뗄 수 없을 만큼 치명적인 매력이 있었으나 또한 너무나 괴상하기도 했다. 사실상 거의 잊혔다고 해도 좋을 만큼 오랜 시간이 지난 후에야 다시 유럽의 지적 혈류에 주입된 이 고대 문헌들은 그 공백과 단절로 인해서 연속성의 회복이나 재건을 꾀하기보다는 오히려 깊은 혼란 속에 빠지고 말았다. 당시 유럽인에게 고대는 마치 영국인의 눈에 비친, 베스푸치가 소개한 브라질만큼이나 완전히 다른 세상이었다. 그런 의미에서 고대 문헌이 가진 힘 역시 또렷하고 명쾌한 표현만큼이나 현재와의 거리감에서 나온 것이었다.

모어는 신세계라는 설정 덕분에 인문주의자들을 매혹시켰던 문헌들에 대한 자신의 두 번째 주요 반응을 명료하게 표현할 수 있었다. 그는 이 고대 문헌들을 독립한 개개의 철학 사상으로서가 아니라 특정한 물리적, 역사적, 문화적, 사회적 환경에 대한 전체적인 생활양식을 표현한 것으로 보아야 한다고 주장했다. 유토피아인들이 가지고 있는 에피쿠로스주의에 대한 묘사는 생활 전체를 아우르는 더 큰 맥락에서 읽을 때에만 제대로 이해할 수 있다는 것이 모어의 생각이었다.

모어는 그 생활이 만인을 위한 것이어야만 한다고 생각했다. 그는『사물의 본성에 관하여』에 열정적으로 표현된 것과 같이 에피쿠로스 철학이 인류를 절망적인 비참함으로부터 자유롭게 해줄 것이라는 주장을 진지하게 받아들였다. 달리 말하면, 모어는 'katholikos'라는 그리스 단어에는 '보편성'이라는 의미가 깔려 있다는 사실에 진지하게 주목했다. 벽으로 둘러싸인 정원에 모인 소수의 엘리트를 에피쿠로스 사상으로 계몽시키는 것만으로는 충분하지 않다. 이것은 사회 전체에 적용되어야만 했다. 『유토피아』는 그런 세상을 시각적으로 펼쳐내 세밀하게 그린 일종의 청사진이었다. 거기에는 공공 주거에서부터 공공 의료에 이르기까지, 유아 양육 기관에서부터 종교적 관용과 하루 6시간 노동의 보장 등이 담겨 있다. 모어가 자신의 이 유명한 우화를 통해서 꾀했던 핵심은 사회 전체가 행복의 추구를 공동의 목표로 삼기 위한 조건들을 상상해보는 것이었다.

모어는 그러한 조건은 일단 사유재산 제도의 폐지에서부터 시작되어야 한다고 생각했다. 사유재산이 있는 한, "고귀, 장엄, 광휘, 위풍"에 대한 인간의 마르지 않는 욕망은 불가피하게 다수의 인간을 비참한 상황 속에서 분개한 채 범죄를 저지르며 살아가게 만드는 부의 불공평한 분배를 낳을 것이다. 그러나 공산주의는 이에 대한 충분한 해결책이 아니었다. 모어는 공산주의 같은 생각은 금지되어야 한다고 생각했다. 유토피아인은 신의 섭리나 사후세계의 존재를 부정하는 사람에게는 노예 신분으로 떨어뜨리는 것과 같은 극단적인 형태로 엄벌에 처한다.

신의 섭리와 사후세계의 존재를 부정하는 것은 루크레티우스의 시 전체를 받치고 있는 두 개의 기둥이라고 할 만한 것이다. 말하자면 모어는 포조에 의해서 100여 년 전에 『사물의 본성에 관하여』가 발견된 이래 가장 일관되고 지적으로 이 시를 수용했으나, 동시에 시의 기둥을 다시 부정함으로써 세심하게 그 핵심을 제거한 셈이다. 모어는 자신이 쓴 유토피아에 사는 사람들에게 쾌락을 추구하라고 격려했다. 그러나 영혼이 육체와 함께 죽는다고 생각하는 사람, 혹은 우연이 우주를 지배한다고 믿는 사람은 체포해서 노예로 만들었다.

영혼의 사멸과 세상의 우연성을 믿는 자들을 이렇게 가혹하게 대우한 것은, 쾌락의 추구가 공적인 삶에서 물러난 소수의 혜택 받은 철학자 무리를 벗어나 일반 사회에까지 실현되기 위해서 모어가 생각할 수 있었던 유일한 해결책이었기 때문이다. 모어는 사람들이 최소한 중요한 섭리와 계획—상태로서의 우주뿐만 아니라 그 근본구조까지 모든 것에 관한—이 있다는 것만큼은 믿어야 한다고 생각했다. 또한 쾌락에의 추구를 규제하고 자신의 행동을 다스리기 위한 규범 역시 신의 섭리에 따른 계획으로 강화되어야 한다고 믿어야 한다고 생각했다. 그리고 그 강화가 제대로 작동하려면 사후세계에 보상과 처벌이 존재한다는 믿음을 통해야만 했다. 만약 사람들이 그 존재를 믿지 않게 된다면, 모어가 보기에는 불공평한 현실 사회를 유지하고 있는 무거운 형벌과 과도한 보상을 대폭 축소하는 것은 불가능했다.[18]

모어가 살던 시대의 기준에서 유토피아는 놀랄 만큼 관용적인 사회였다. 유토피아는 단일 국교의 교리를 강요하지 않았고 특정 종교를 믿지 않는다는 이유로 엄지손가락을 죄는 잔인한 고문도구 등으로 사람을 괴롭히지 않았다. 유토피아인은 냉정하고 합리적인 방식이라면, 그 신이 누가 되었든 자신이 좋아하는 신을 섬길 수 있고, 그 신을 다른 이와 공유하는 것도 허용되었다. 그러나 영혼이 육체와 마찬가지로 없어질 것이라고 믿거나 신의 존재를 의심하는 자, 설령 신이 존재한다고 해도 인간에게는 무관심하며 오직 신 자신에게만 신경을 쓸 것이라고 생각하는 자에게는 이런 관용이 베풀어지지 않았다. 유토피아는 이런 사람들을 위협적인 존재로 여겼다. 어떻게 하면 그들이 하고 싶은 것을 마음대로 하지 못하도록 억제할 수 있겠는가? 모어는 유토피아에서는 이처럼 신과 사후세계를 믿지 않는 자들을 인간 이하의 존재로 보고 공동체 생활을 할 수 없는 부적격자로 생각한다고 썼다. 유토피아인이 보기에 이런 자들은 "두려워할 것이 없다면 법과 관습도 쓸모없게 여길 시민"으로 도저히 신뢰할 수가 없다는 것이었다.

소수의 계몽된 엘리트만 모인 철학자의 정원에서라면 "두려워할 것이 없어도" 괜찮을 것이다. 그러나 우리가 지금껏 살아온 사회처럼 각양각색의 사람들이 존재하는 사회에서 "두려워할 것이 없다면" 곤란할 것이다. 설령 유토피아를 구성하는 모든 사회적 조건의 힘이 존재한다고 해도 모어는 인간의 본성은 그런 두려움 없이는 결국 무력과 거짓이라는 잘못된 수단을 동원해서라도 자신이 원하는 것을 쟁취하고야 만다고 믿었다. 이와 같은 모어의 믿음은 두말할 것 없이 그의 열렬한 가톨릭 신앙의 영향이었다. 그러나 동시대를 살았던 마키아벨리는 흡사 성인(聖人) 같았던 모어보다는 훨씬 덜 경건한 인물이었음에도 불구하고, 이 문제에 대해서는 똑같은 결론에 도달했다. 『군주론』의 저자 역시, 법과 관습은 두려움이 동반되지 않으면 아무런 소용이 없다고 생각했던 것이다.

모어는 계몽된 특정 개인이 아닌 사회 전체를 머릿속에 넣은 채로, 잔인함과 무질서를 물리치고 삶에 필요한 재화를 공평하게 나누며 쾌락의 추구를 중점에 두고 행동하고 교수대를 무너뜨리기 위해서는 무엇을 해야 할지를 생각해보고자 했다. 모어는 만약 사람들이 사후세계에 교수대가 (혹은 보상이) 있다고 믿기만 한다면, 현세에 존재하는 교수대는 전부는 아니더라도 상당수는 없애도 괜찮을 것이라고 판단했다. 그러나 이런 상상 속의 보완이 없이는 저마다 욕망을 이루려는 사람들의 충돌로 인해서 사회의 질서가 붕괴될 수밖에 없다는 것이 그의 생각이었다. "법 외에는 두려운 것이 없고, 육신이 죽고 난 후의 세계에 대해서 아무런 희망도 없는 자라면, 누군들 자신의 욕망을 이루기 위해서 술수를 부려 국가가 정한 법적 의무를 교묘히 회피하려고 하거나 폭력적인 수단으로 법질서 자체를 와해시키려고 하지 않으리라고 장담할 수 있겠는가?" 모어는 이와 같은 생각을 품거나 가르치려고 하는 자들을 위해서라면, 공개 처형까지도 지지할 용의가 있었다.

모어의 상상 속 유토피아인은 신의 섭리와 사후세계에 대한 믿음을 더욱 견고하게 하기 위한 실질적인 동기가 있었다. 유토피아인은 이런 믿음이 없는 자는 도무지 신뢰할 수 없다고 확신했다. 그러나 독실한 기독교인이었던 모어 자신에게는 여기에 예수의 입에서 직접 나온 또 하나의 동기가 부여되었다. "참새 두 마리가 한 앗사리온에 팔리지 않느냐, 그러나 너희 아버지께서 허락하지 아니하시면 그 하나도 땅에 떨어지지 아니하리라." 예수는 그의 제자들에게 이렇게 덧붙인다. "너희에게는 머리털까지 다 세신 바 되었나니"(「마태오의 복음서」 10 : 29-30). 신의 섭리는 의심할 수 없는 것이었다. 이를 『햄릿』에 등장하는 표현으로 바꾸면, "제비 한 마리가 떨어지는 데에도 특별한 섭리가 있는 법이로다." 감히 어느 기독교인이 이에 맞서 딴 소리를 하겠는가?

그런데 딴 소리를 한 사람이 있었다. 작은 몸집의 도미니쿠스회 소속 수도사 조르다노 브루노가 그 주인공이다. 1580년대 중반, 브루노는 서른여섯 살의 나이로 나폴리에 있던 수도원에서 도망쳐나와 이탈리아와 프랑스 각지를 계속 떠돌아다니다가 마침내 런던에 정착했다. 그는 똑똑하고 대담했으며 매혹적인 카리스마의 소유자로 도가 지나치리만큼 논쟁을 좋아하는 인물이었다. 그는 지지자들의 후원, 암기력 습득에 대한 강의와 자신이 놀란(Nolan) 철학이라고 부른 사상의 다양한 측면을 다룬 강의에서 얻은 수입을 긁어모아 간신히 생계를 유지했다. 놀란 철학이라는 이름은 브루노 자신이 태어난 나폴리 근교의 작은 마을 지명에서 따온 것이었는데, 그는 몇 가지 다른 사상을 근간으로 풍성하기는 하지만 종종 당혹스러운 자신만의 혼합물인 놀란 철학을 탄생시켰다. 브루노가 놀란 철학의 뿌리로 삼은 사상 중에는 에피쿠로스주의도 있었는데, 실제로 놀란 철학에는 『사물의 본성에 관하여』가 브루노의 전체 세계관을 뒤흔들고 바꿔놓았음을 암시하는 내용이 다수 발견된다.

영국에 머무는 동안, 브루노는 기묘한 작품들을 산더미처럼 쏟아냈다. 이들 작품이 얼마나 전례 없이 대담했는지를 보여주는 좋은 예로 1584년에 출판된 『승리한 괴물의 축출(*Lo Spaccio de la Bestia Trionfante*)』을 들 수 있다. 여기에 인용한 문단은 잉그리드 D. 롤런드의 훌륭한 번역으로서 꽤 길지만 바로 그 길이가 이 작품의 핵심이라고 할 수 있다. 신들의 사절인 메르쿠리우스는 마을 주민인 소피아에게 유피테르가 그에게 명한 것들의 목록을 주워섬기는 중이다.

유피테르의 명에 따라서 오늘 정오에 프란치노 신부의 멜론 밭에서 멜론 2개가 완벽하게 익을 것이다. 그러나 앞으로 사흘이 지나도록 아무도 따지 않아서 결국 땄을 때는 이미 먹기 좋은 상태가 지났을 것이다. 동시에 유피테르는 몬테 치칼라 산기슭에 있는 조반니 브루노의 집의 대추나무에서 30개의 잘 익은 대추를 따게 하라고 명하셨다. 그러나 몇몇은 채 익지도 않은 푸른 상태로 땅에 떨어지게 하고 그중에 15개는 벌레가 먹게 하라고 하셨다. 한편, 알벤치오 사볼리노의 아내인 바스타는 관자놀이 부분의 머리카락을 고불고불하게 말리다가 사용하던 철판이 너무 달궈져서 47가닥의 머리카락을 태우게 될 것이다. 그래도 두피를 데지는 않을 것이고 탄내를 맡고도 욕설을 내뱉지 않고 가만히 참을 것이다. 또한 바스타가 키우는 황소가 눈 똥에서 252마리의 쇠똥구리가 태어날 것인데, 그중에서 14마리는 알벤치오의 발에 밟혀서 죽게 될 것이고, 26마리는 뒤집혀서 죽게 될 것이다. 또 8마리는 뒷마당 근처를 순례자처럼 뱅뱅 돌 것이며, 22마리는 한쪽 구멍에, 42마리는 문 옆 돌 밑에 자리를 잡고 모여 살게 될 것이다. 16마리는 쇠똥뭉치를 내키는 대로 끌고 다닐 것이고 나머지는 아무 데나 종종걸음으로 배회할 것이다.[19]

물론 메르쿠리우스가 할 일은 이것이 전부가 아니었다.

라우렌차가 머리를 빗을 때 13가닥의 머리카락이 끊어지고 17가닥은 빠질 것이다. 빠진 자리 중에서 10개는 사흘 안에 다시 머리카락이 나겠지만 7개는 더는 머리카락이 자라지 않을 것이다. 또한 안토니오 사볼리노의 암캐는 5마리의 강아지를 밸 것인데 그중에 셋은 평균 수명만큼 살 것이나 둘은 태어나자마자 죽을 것이다. 살아남은 셋 중에서 첫째는 어미를 닮을 것이고, 둘째는 잡종일 것이며, 셋째는 그 아비를 부분적으로는 닮되 폴리도로의 개도 약간 닮을 것이다. 바로 그 순간, 뻐꾸기가 라스타르차로부터 12번 울 것이니 그보다 더 많이도 더 적게도 울지 않으리라. 12번 울고 나면, 그곳을 떠나 치칼라 성의 폐허를 향해 11분간 날아갔다가 또 스카르바이타로 날아갈 것이다. 그 후에 생길 일에 대해서는 나중에 살펴보자꾸나.

캄파냐 지방의 한쪽 구석 마을의 귀퉁이에서 메르쿠리우스가 해야 할 일의 목록은 아직도 끝나지 않았다.

마스트로 다나세가 천을 판에 대고 자를 것인데 제대로 재단이 되지 않아 옷단이 비뚤어질 것이다. 코스탄티노의 침대에서는 12마리의 빈대가 침대 널을 떠나서 베개를 향해 행진할 것인데 그중 7마리는 몸집이 크고 4마리는 작을 것이며 1마리는 중간 크기이다. 그리고 오늘밤 촛불이 켜질 때까지 살아남은 한 놈에 대해서는 나중에 또 살펴볼 것이다. 그로부터 15분 후에 피우룰로 댁 노부인이 혀를 입천장에 네 번 스치는 동안 아래턱에 있는 오른쪽 세 번째 어금니를 잃게 될 것이다. 그러나 벌써 17개월 전부터 흔들리던 이빨인지라 피도 나지 않고 빠질 것이며 통증도 없을 것이다. 암브로조는 112번째 시도 끝에 마침내 아내와의 잠자리에 성공했으나 그녀를 임신시키지는 않는다. 그래도 방금 먹은 포도주 소스로 조리한 수수와 파는 정자로 변했을 것이고, 그 정자를 사용하긴 했다. 마르티넬로의 아들은 가슴팍에 털이 나고 목소리도 갈라지기 시작할 것이며, 파울리노는 부러진 바늘을 주우려고 몸을 숙이다가 속옷을 졸라매는 빨간 끈이 툭 끊어지게 될 것이다…….

　짐작컨대 이것은 브루노가 펼친 일종의 철학적 익살극이었다. 자신이 태어난 아주 작은 마을을 배경으로 속이 울렁거릴 정도로 세세한 이야기를 늘어놓으면서 그는 신성한 섭리라는 것은, 최소한 대중이 일반적으로 이해하고 있는 대로의 섭리라는 것은, 말도 안 되는 헛소리임을 보여주고자 했던 것이다. 이야기의 세부 내용은 모두 사소하지만 신중하게 의도된 것으로 그 의도의 실제는 아주 고차원적인 것이었다. 신이 너희 머리털의 수까지 다 헤아리고 있다는 예수의 주장을 조롱하는 듯한 이런 글은 사상경찰의 불쾌한 방문을 불러올 수 있는 위험한 것이었다. 종교는 농담의 대상이 아니었다. 최소한 교리의 정통성을 지키고자 하는 해당 기관의 입장에서는 그러했다. 그들은 아무리 사소한 농담이라도 가볍게 다루지 않았다. 일례로 프랑스에서는 이장바르라는 이름의 한 시골 사람이 신에 대해서 불경한 말을 했다는 이유로 체포되었다. 한 수도사가 미사가 다 끝난 후에 신에 대해서 몇 마디 하고 싶다며 나섰을 때, 이장바르라는 자가 "몇 마디 안 할수록 더 좋은 걸"이라고 말한 것이 화근이었다.[20] 에스파냐에서는 가르시아 로페스라는 이름의 재단사가 사소한 말 한마디 때문에 큰 곤욕을 치렀다. 사제가 다음 주 미사는 긴 예식이 준비되어 있다고 예고하자 성당을 빠져나오며 이렇게 투덜댔던 것이다. "우리가 유대교도였을 때는 매년 유월절 때마다 지루해서 몸이 뻑뻑하게 굳어질 지경이었는데, 이제는 하루하루가 모두 유월절이자 축일이구먼."[21] 가르시아는 종교재판에서 맹렬한 비판을 받았다.

그러나 브루노가 있는 곳은 영국이었다. 모어는 대법관 시절에 영국에도 종교재판소를 세우려고 노력했으나, 결국 영국에서는 종교재판이 열리지 않았다. 조심성 없이 입을 함부로 놀리다가 심각한 문제에 휘말릴 가능성은 여전히 있었으나, 그래도 브루노는 조금은 더 자유롭게 생각을 말할 수 있었을 것이며, 그가 쓴 글에서 볼 수 있듯이 요란스럽게 거친 위험한 웃음을 즐길 수도 있었을 것이다. 그리고 그 웃음에는 철학적인 의미가 있었다. 일단 신의 섭리가 참새가 땅에 떨어지는 것과 당신의 머리카락 수에까지 미친다는 주장을 진지하게 받아들인다면, 실질적으로 그 섭리에는 한계라는 것이 있을 수 없다. 햇빛 아래 아무렇게나 떠다니는 먼지나 하늘에서 일어나는 행성들의 움직임에 이르기까지 모든 것이 그 섭리 안에 계획되어 있는 것이다. 소피아는 애처롭게 말한다. "오 메르쿠리우스, 당신은 할 일이 정말 많군요."

소피아는 캄파냐 지방의 작은 마을에서 그 짧은 순간에 일어나는 일을 모두 묘사하는 것도 수십억 개의 입이 떠들어대야만 가능하리라는 것을 이해했다. 정말 사물이 이런 식으로 움직인다면, 그 누구도 불쌍한 유피테르를 부러워하지 않을 것이다. 그러나 그 후 메르쿠리우스가 세상일은 이런 식으로 이루어지지 않는다고 인정한다. 우주 밖에서 멀찍이 서서 온갖 것을 명령하고 보상과 처벌을 내리며 모든 것을 결정하는 그런 조물주로서의 신은 없다는 것이다. 그런 생각은 한마디로 터무니없다. 우주에는 질서가 존재한다. 그러나 그 질서란 사물의 본성으로서 우주는 이에 따라서 구성되며, 세상에 존재하는 모든 것을 구성하고 있는 물질로 만들어진다. 하늘의 별에서부터 인간과 빈대에 이르기까지 모든 것이 다 그러하다. 사물의 본성이란 추상적인 힘이 아니라 존재하는 모든 것을 창조하는 어머니와 같은 것이다. 달리 말해서, 우리는 이로써 루크레티우스식의 우주로 입장하게 되는 것이다.

브루노에게 그 우주는 음울한 각성의 장소가 아니었다. 오히려 그는 우주에 시공간의 한계가 없다는 것, 규모가 아무리 크든 작든 모든 것은 원자로 구성된다는 것, 그리고 원자야말로 모든 존재의 기본 구성요소이며 바로 그 원자를 통해서 개체와 무한이 연결된다는 것을 깨닫고 전율을 느꼈다. "세계는 그 자체로 멋지다."[22] 브루노는 고뇌, 죄악, 회개에 관한 무수한 설교가 마치 세상을 촘촘히 뒤덮은 거미줄이라도 되는 것처럼 모조리 쓸어내려고 했다. 멍들고 두들겨 맞은 성자 예수의 몸에 신성을 부여하려고 애쓰는 것이나 머나먼 천국에 있는 성부 여호와를 찾으려는 노력은 모두 무의미한 짓이다. "우리는 지식을 가지고 있다." 브루노는 이렇게 썼다. "신성이라는 것이 정말 우리 가까이에 있다면, 이 지식은 우리에게서 내몰려진 신성을 되찾기 위해서 가지고 있는 것이 아니다. 우리가 우리 자신인 것 이상으로 신성은 이미 우리 안에 있다." 그의 철학이 지닌 유쾌함은 일상생활에까지 미쳤다. 동시대를 살던 한 피렌체인의 관찰에 따르면, 그는 "식탁에서는 유쾌한 식객이었으니 곧잘 에피쿠로스주의적인 삶의 방식을 보였다."[23]

루크레티우스와 마찬가지로 브루노도 한 사람 몫의 사랑과 열정을 어느 한 대상에 지나치게 집중하는 것을 경계했다. 브루노는 육체의 성적 욕구를 충족시키는 것은 전혀 문제가 없지만, 그런 욕구의 충족을 궁극적 진리의 추구라고 혼동해서는 곤란하다고 생각했다. 궁극적 진리는 철학—그로서는 당연히도 놀란 철학—을 통해서만 얻을 수 있었다. 그리

고 이 철학적 진리는 결코 추상적이거나 실체가 없는 뜬구름 같은 것이
아니다. 어쩌면 지난 1,000여 년이 넘는 세월 동안 루크레티우스가 쓴
철학적이면서 관능적인 베누스 찬가를 온전히 이해한 최초의 사람은 브
루노였을지도 모른다. 생성, 파괴, 재생의 끊임없는 과정을 거치는 우주
는 본질적으로 성적(性的)인 것이다.

브루노가 영국과 그 밖의 지역에서 조우한 과격한 프로테스탄트주의
는 자신이 도망쳐나온 반종교개혁 성향의 가톨릭 사상 못지않게 완고하
고 편협했다. 종파 간의 증오로 벌어진 온갖 사태는 브루노의 마음속에
경멸감만을 가득 채웠다. 브루노가 귀하게 생각한 것은 자신이 이해하지
못하는 의견을 내는 목소리를 언제든지 틀어막을 준비가 되어 있는 호전
적인 바보들에 대항하여 진실을 위해서 박차고 일어서는 용기였다. 브루
노는 특히 천문학자 코페르니쿠스에게서 그 용기를 발견했다. 브루노의
표현에 따르면, 코페르니쿠스는 "너무도 오랜 세월 동안 눈멀고 악의적
이며 거만하고 시기심 많은 무지의 동굴 아래 파묻혀 있던 고대의 진정
한 철학이라는 태양이 떠오르기에 앞서, 새벽을 알리는 자가 되도록 신
들이 임명한 사람이다."[24]

브루노가 지구가 우주의 고정된 중심이 아니라 태양 주변을 도는 행
성이라는 코페르니쿠스의 주장을 지지했을 때, 코페르니쿠스의 주장은
여전히 교회나 학계 모두로부터 극렬한 반대를 받으며 파문까지 당할
수 있는 충격적인 주장이었다. 그러나 브루노는 코페르니쿠스의 주장이
불러일으킨 충격을 더 멀리 끌고 나갔다. 브루노는 지구가 우주의 중심
이 아닌 것처럼 태양도 우주의 중심이 아니라고, 한마디로 말해서 우주
에는 중심이라는 것이 없다고 주장했다. 그리고 루크레티우스를 인용하
여 이렇게 썼다. 복수(複數)의 세계가 존재하며 그곳에서도 무수히 존재
하는 만물의 씨앗들이 결합하여 다른 종류의 인간, 다른 종류의 생명체

들을 만들 것이라고 썼다.[25] 하늘에서 관찰할 수 있는 모든 항성은 무한한 공간에 흩어져 있으며 각각이 모두 일종의 태양인 것이다. 이 항성들의 다수는 지구가 태양 주위를 돌듯이 그 주위를 도는 위성을 거느리고 있다. 우주는 결코 우리만을 위한 것이 아니며 우리의 행동이나 운명과도 무관하다. 우리는 이 감히 헤아릴 수도 없이 거대한 어떤 것을 이루는 아주 작은 한 조각일 뿐인 것이다. 그렇다고 해서 공포에 질려 움츠러들 이유는 없다. 단지 놀라움과 감사함, 그리고 경외심을 가지고 이 세상을 받아들이면 된다.

이러한 생각들은 모두 극도로 위험한 관점을 담고 있었다. 자신의 우주론과 『성서』를 조화시켜야 하는 압박을 받은 브루노가 『성서』는 하늘 지도에 관한 지침서라기보다는 도덕의 지침서로서 더 훌륭한 책이라고 썼다고 해도 사태는 개선되지 않았다. 많은 사람들이 조용히 브루노의 생각에 동의했을 수도 있겠지만, 그렇다고 남들 앞에서 지지의사를 밝히는 것은 신중하지 못한 처사였다. 하물며 책의 형태로 지지의 뜻을 표하는 것은 말할 것도 없었다.

브루노가 사물의 본성에 관하여 고찰하며 명석한 과학적 사고를 한 당대의 유일한 유럽인이었을 리는 없다. 아마도 브루노는 런던에 머무는 동안 틀림없이 토머스 해리엇을 만났을 것이다.[26] 해리엇은 영국에서 가장 큰 망원경을 만들어 그 망원경으로 달 표면을 스케치하고, 태양의 흑점과 행성이 거느린 위성을 관찰했으며, 행성이 완벽한 원형 궤도가 아니라 타원형 궤도를 그리며 움직인다는 사실을 밝혀냈다. 또한 수학적으로 엄밀한 지도를 제작하는 데에 기여했고, 굴절의 사인(sine) 법칙을 발견했으며, 대수학(代數學)에서 주요한 혁신을 일궈냈다. 해리엇이 한 많은 발견은 갈릴레오와 데카르트를 비롯한 많은 사람들이 기대하고 또 실제로 그들을 유명하게 만든 바로 그 내용을 담고 있었다. 그러나 해리엇은 이것들 중 어느 하나에도 최초의 발견자로 이름을 올리지 못했다. 해리엇이 그와 같은 발견을 했다는 사실이 그의 사후 오랫동안 출판되지 않은 채 남아 있던 논문 더미에서 최근에야 밝혀졌다. 이러한 미발표 논문 중에는 원자론자인 해리엇이 무신론자라고 알려지면 쏟아질지도 모를 공격에 대비하여 세심하게 골라놓은 목록도 하나 끼어 있다. 해리엇은 자신이 발견한 내용을 출판하는 날에는 공격이 더욱 거세질 것임을 알았다. 결국 그는 명예보다 목숨을 택했다. 누가 감히 그를 비난할 수 있겠는가?

그러나 브루노는 잠자코 있을 수가 없었다. 브루노는 스스로에 대해서 이렇게 썼다. "그의 지각과 이성의 빛은 저 진실의 회랑의 문을 열어젖히게 했다. 이제 지극히 성실한 탐구라는 열쇠로 그 문을 여는 것이 가능해졌으니 그는 덮이고 가려져 있던 자연을 드러내 보이는 한편, 두더지에게는 눈을, 눈먼 자에게는 빛을 주었으며……복잡한 속내를 감히 표현할 엄두도 낼 수 없었던 벙어리의 혀를 풀어주었다."[27] 마치 어린아이 같은 태도로 그는 루크레티우스를 모델로 하여 지은 라틴어 시집『거대함과 무수함에 관하여(*De innumerabilibus, immenso, et infigurabili*)』에서 다음과 같이 회상한다. 그는 일찍이 베수비오 화산 너머에는 아무것도 없다고 믿었다고. 그의 눈으로는 화산 너머에 있는 것은 볼 수 없었기 때문이다. 그러나 이제 그는 자신이 이 무한한 세상의 일부라는 것을 알았고 더 이상은 자신이 속한 문화가 강요하는 좁은 정신적 틀 안에 스스로를 속박할 수 없었다.

아마도 브루노가 영국에 계속 머무르거나 프랑크푸르트, 취리히, 프라하, 비텐베르크 같은 예전에 방랑했던 다른 도시들에 거처를 정했다면, 쉽지는 않았겠지만 그래도 자유를 지킬 수 있는 길을 찾았을 수도 있을 것이다. 그러나 1591년, 그는 운명적인 결정을 내린다. 이탈리아로 돌아가기로 결심한 것이다. 목적지가 독립적인 도시로 이름이 높았던 파도바와 베네치아였기 때문에 그는 자신이 안전할 것이라고 판단했다. 그러나 이는 오판이었다. 그는 후원자로부터 고발을 당해 종교재판에 서게 되었고 베네치아에서 체포되어 로마로 압송되었다. 그는 성 베드로 대성당 근처의 종교재판소에 있는 한 감방에 수감되었다.

브루노에 대한 심문과 재판과정은 총 8년이라는 시간이 소요되었다. 브루노는 그 시간의 대부분을 자신을 이단으로 지목하는 고발 내용을 반박하며 쏟아지는 공격을 논박하고, 자신의 철학적 논지를 되풀이해서 설명하는 한편, 놀라운 기억력에 기대어 자신의 정확한 신념이 무엇인지를 거듭 상세히 밝히면서 보냈다. 결국 그는 고문의 위협 앞에서도 종교재판관에게는 무엇이 이단이고 무엇이 정통인지를 판가름할 수 있는 권리가 없다는 내용의 발언을 했다. 이에 대해서 종교재판소는 그들이 가진 우월한 사법권에는 국경이 없으며, 교황과 추기경을 제외하면 사람에 대한 재판권에서도 한계가 없노라고 선언했다. 어디에서든지 종교재판소는 이단 여부를 판단할 권리가 있으며, 필요하다면 이단을 고발할 권리도 있다는 것이었다. 말하자면 종교재판소가 교리의 정통성에 대한 최종 결정권자라는 선언이었다.

지켜보는 수많은 구경꾼 앞에서 브루노는 강제로 무릎을 꿇고 "회개할 줄 모르는 완고한 악성 이단"으로 선고 받았다. 브루노는 평정을 잃었다. 그는 자신에게 닥쳐올 소름끼치는 운명을 생각하며 명백히 겁에 질려 있었다. 그러나 독일 출신의 한 가톨릭 신자 구경꾼은 이 완고한 이단이 유죄 판결과 파문을 받는 순간에 다음과 같은 이상한 말을 했다고 전한다. "그자는 위협적인 말투로 단지 이렇게만 답했다. '너희들은 내가 그 선고를 받아들이는 것보다 내게 그 선고를 내리는 것이 더 두려울 게다.'"

1600년 2월 17일, 캄포 데이 피오리 광장에 세워진 화형대 앞에 성직을 박탈당한 전 도미니쿠스회 수도사가 머리를 밀고 당나귀 등에 올라탄 채 모습을 드러냈다. 브루노는 한 무리의 수도사들로부터 참회하라며 긴 시간 잔소리를 들었지만 최후의 순간까지도 끝내 완강히 거절했으며, 조용히 입을 다물고 있으려고도 하지 않았다. 그가 무슨 말을 했는지는 기록된 바 없으나, 그 내용이 교회 당국의 심기를 거스르는 말이었음은 분명하다. 당국은 그가 혀를 놀리지 못하게 하라고 명했다. 설명에 따르면, 당국의 명은 문자 그대로 실행되었다. 핀 하나가 브루노의 한 쪽 뺨을 찌르고 혀를 꿴 뒤 다른 쪽 뺨으로 빠져나왔다. 또다른 핀은 처음 찔러넣은 핀과 십자가 모양이 되도록 입술을 찌른 뒤 빠져나왔다. 이렇게 그의 얼굴에 십자가형이 처해지는 동안 브루노는 고개를 돌려버렸다. 곧 불이 붙었고 자신이 해야 할 일을 수행했다. 브루노는 산 채로 불탔고, 채 타지 않고 남은 뼛조각도 긁어모아 산산이 가루로 만들었다. 화형의 흔적인 뼛가루와 재는 그렇게 흩어졌다. 이제 그 작은 입자들은 브루노가 믿었던 것처럼 즐겁고 위대한 영원한 물질의 순환 속으로 돌아갈 것이었다.

302

11

사후세계

브루노를 침묵시키는 것은 『사물의 본성에 관하여』를 다시 암흑 속으로 돌려보내는 것보다는 훨씬 더 쉬웠다. 진짜 문제는 일단 루크레티우스의 시가 세상에 다시 발을 들여놓자, 인간의 경험을 환상적으로 그려낸 시인의 글귀가 르네상스 시대의 여러 작가와 예술가들의 작품 속에서 강력한 힘으로 울려퍼지기 시작했다는 데에 있었다. 게다가 이와 같은 영향을 받은 자들의 대다수는 스스로를 독실한 기독교인이라고 생각했다. 회화나 서사시적 사랑 이야기에 드러난 루크레티우스 시의 반향은 과학자나 철학자가 쓴 글에 나타난 경우보다는 당국의 심기를 덜 어지럽혔다. 성직자들은 사상경찰이 이단적인 생각을 품은 것으로 의심되는 예술작품을 감독하는 데에는 상당히 소홀하다고 생각했다.[1] 그러나 시인으로서의 루크레티우스의 재능이 그의 급진적인 사상을 널리 퍼뜨리는 데에 도움이 되었던 것처럼, 이탈리아 인문주의자 집단과 직간접적으로 접촉이 있던 예술가들에 의해서 루크레티우스의 사상은 통제하기 힘든 형태로 변환되었다. 화가로는 산드로 보티첼리, 피에로 디 코시모, 레오나르도 다 빈치, 시인으로는 마테오 보이아르도, 루도비코 아리오스토, 토르콰토 타소가 『사물의 본성에 관하여』의 영향을 받았다. 그리고 머지않아 피렌체와 로마에서 멀리 떨어진 다른 곳에서도 루크레티우스의 영향을 받은 흔적들이 나타났다.

1590년대 중반, 런던의 한 무대에서 머큐쇼는 마브 여왕에 대한 환상적인 묘사로 로미오를 괴롭힌다.

요정들의 산파인 그녀가 모습을 드러내노니
시의회 의원 집게손가락 위에 있는
마노석보다 크지 않도다.
작은 원자들의 무리로부터 끌려나와
잠들어 누워 있는 사람들의 코를 가로질러……
(『로미오와 줄리엣』 I. iv. 55-59)

셰익스피어가 이 글을 쓸 당시, 그는 머큐쇼가 상상할 수 없을 만큼 아주 작은 물체를 재미있게 표현하기 위해서 "작은 원자들의 무리(a team of little atomi)"라는 문구를 쓰면, 이미 일반 관객이 즉시 그 의미를 이해하리라고 기대했던 것이다. 이런 기대가 가능했다는 것 자체도 매우 흥미롭지만 이보다 더욱 흥미로운 대목이 있다. 세상에 존재하는 어쩔 수 없는 욕망의 힘에 의해서 탄생한 비극에서 주요 등장인물들이 사후세계에 대한 희망을 완전히 버리는 부분이다.

오라, 이리로 오라. 나는 여기 남으리니
당신의 시녀인 벌레들과 함께 오, 이리로 오라
나는 내 영원한 휴식을 취하리니……
(V. iii. 108-10)

브루노가 영국에서 보낸 시간은 헛되지 않았다. 『로미오와 줄리엣』의 작가도 스펜서, 던, 베이컨 등과 마찬가지로 루크레티우스의 유물론에 흥미를 가지고 있었다. 비록 셰익스피어는 이들과 달리 옥스퍼드나 케임 브리지에서 수학하지는 않았지만, 루크레티우스의 시를 직접 읽을 수 있을 정도의 라틴어 실력은 가지고 있었다. 더욱이 셰익스피어는 브루노의 친구였던 존 플로리오와 개인적으로 아는 사이였던 것으로 보이며, 하버 드 대학교의 호턴 도서관에 보관되어 있는『사물의 본성에 관하여』사본 에 자신의 사인을 남긴 동료 극작가인 벤 존슨과 루크레티우스에 대해서 함께 이야기를 나누었을 수도 있다.[2]

셰익스피어는 그가 가장 좋아하는 책의 하나인 몽테뉴의『수상록(Les Essais)』을 통해서 루크레티우스의 시를 마주친 적이 분명히 있었을 것이 다. 1580년에 프랑스어로 처음 출판된『수상록』은 1603년에 존 플로리 오에 의해서 영어로 번역되었는데, 100여 행에 달하는『사물의 본성에 관하여』의 내용을 직접 인용했다. 단순히 인용했다는 사실이 중요한 것 이 아니다. 루크레티우스와 몽테뉴의 글 사이에는 의미심장한 친화성이 있으며 그 친화성은 어떤 특정 문단에 국한되어 나타나지 않는다.

몽테뉴는 루크레티우스와 마찬가지로 사후세계에 대한 악몽을 통해 서 도덕성을 강제하려는 태도를 경멸했다. 몽테뉴 역시 자기 자신의 감 상의 중요성과 물질계의 증거에 매달렸다. 또한 금욕적인 자학과 육신에 가해지는 폭력을 혐오했으며, 내적 자유와 만족감을 귀하게 여겼다. 몽 테뉴는 죽음에 대한 공포와 맞서면서 루크레티우스의 유물론과 함께 스 토아 사상의 영향도 받았다. 그러나 몽테뉴에게 더 지배적인 영향을 끼 친 것은 육체적 쾌락을 찬양하도록 이끈 루크레티우스의 유물론이었다.

루크레티우스의 냉철한 철학적 서사시 자체는 그 자신의 육체적, 정신 적 존재 사이에 일어나는 특별한 변환을 서술하고자 했던 몽테뉴의 위대 한 계획에는 어떤 방침도 제시하지 않았다.

나는 멜론을 제외하면 샐러드나 과일 중에서 특별히 좋아하는 것이 없다. 내 아버지는 모든 종류의 소스는 다 싫어하셨다. 반면 나는 소스라면 모두 다 좋아했다.……그러나 우리의 내부에서는 불규칙적이고 알 수 없는 변화가 일어난다. 일례로 나는 처음에는 순무를 좋아했다가 나중에는 싫어졌는데 이제는 다시 좋아한다.[3]

그러나 자신이 쓰는 글에 자신의 존재 전체를 반영시키려는 이 꽤나 별난 시도는 일찍이 1417년에 포조의 노력으로 깨어난 반쯤 잠들어 있던 물질계에 대한 세계관 위에 구축된 것이다.

"세상은 영원한 움직임이다." 몽테뉴는 『수상록』 중 「후회에 관하여」에서 이렇게 썼다.

세상에 존재하는 모든 것—대지, 카프카스 산맥의 바위, 이집트의 피라미드—은 끝없이 움직이고 있다. 일상적인 모든 움직임은 물론 우리 자신의 움직임도 마찬가지이다. 안정이라는 것은 존재하지 않으니, 그 또한 기운 빠진 형태의 한 움직임인 것이다.(610)

인간 역시 마찬가지이다. 아무리 자신이 움직이겠다 혹은 가만히 있겠다고 선택한다고 생각해도 이런 끝없는 움직임 속에서 예외가 될 수 없다. 몽테뉴는 「행동의 모순에 관하여」에서 이렇게 썼다. "우리는 통상 우리의 취향에 따라 왼쪽에서 오른쪽으로, 위에서 아래로 상황이라는 바람에 실려다닌다."

마치 바람이나 취향에 따라서 사물이 바뀌는 것조차도 인간에게 너무 많은 통제력을 주는 것이라고 생각하기라도 한 듯, 몽테뉴는 루크레티우스의 시구를 인용하면서 인간의 일탈과 관련된 전적으로 무작위적인 만물의 성질을 거듭 강조한다. "우리는 가는 것이 아니다. 우리는 옮겨지는 것이다. 물이 성나거나 잠잠해짐에 따라 때로는 부드럽게 또 때로는 거칠게 떠다니는 물건처럼 그렇게 옮겨질 뿐이다. '우리는 모든 인간이 깨닫지 못함을 알지 않는가?/그들이 무엇을 찾는지도 모르면서, 항상 사방을 뒤지고 다니니/마치 장소를 바꾸면서 지고 있던 짐을 떨어뜨리기라도 한 것처럼?'"(240) 자신의 수필『수상록』도 한몫 거들고 있는 변덕스러운 지적 생활도 다를 바 없다. "우리는 하나의 주제로부터 범위를 늘리거나 세분화하여 1,000여 개의 주제로 만들 수 있으니 이를 통해서 에피쿠로스가 말하는 무한한 원자의 세계로 들어가게 되는 것이다."(817) 몽테뉴는 그 누구보다도―자신이 언급한 루크레티우스까지 포함해서―에피쿠로스적 세계에서 생각하고 쓰면서 산다는 것의 의미가 무엇인지를 명료하게 표현했다.

그 과정에서 몽테뉴는 루크레티우스가 가장 소중하게 여긴 꿈 중 하나를 통째로 버릴 수밖에 없음을 깨달았다. 몽테뉴는 루크레티우스의 말처럼 고요하고 안전한 땅에 서서 다른 이들에게 닥치는 난파의 운명을 가만히 내려다보고 있을 수는 없다는 것을 알았다. 말하자면 서 있을 수 있는 안락한 언덕 따위는 없는 것이다. 그는 이미 배에 올라탄 상태였다. 몽테뉴도 루크레티우스와 마찬가지로 명예와 권력, 부를 향한 끝없는 분투에 대한 에피쿠로스의 냉소주의에 완전히 공감했다. 또한 그 역시 자신만의 상아탑으로 물러나 책으로 둘러싸인 개인 서재에서 스스로의 세계에 침잠해 있는 생활을 소중하게 생각했다. 그러나 이런 은둔 생활은 끝없는 동요, 형태의 불안정성, 세상의 다원성, 그리고 그 자신을 포함해 모든 사람이 휩쓸려들게 되는 무작위적인 일탈에 대한 깨달음을 더욱 강하게 만드는 것처럼 보였다.

냉소적인 성향의 몽테뉴는 에피쿠로스주의의 독단적인 확신에 빠져들지는 않았다. 그러나 그는 『사물의 본성에 관하여』가 담고 있는 사상뿐만 아니라 그 문체에도 매우 몰두했다. 그는 이런 열중의 과정 속에서 자신이 살아온 인생 경험의 의미를 이해하는 데에 도움을 받았고, 인생 경험과 더불어 독서와 명상으로 얻은 결실을 가능한 충실히 묘사하는 형식적인 면에서도 도움을 받았다. 또한 이 책은 그에게 종교의 공포에 대항하고 사후세계가 아닌 현실세계에 집중하며 종교적 광신주의를 경멸할 수 있는 힘을 주었다. 몽테뉴는 소위 원시사회라고 부를 수 있는 성질의 것에 매혹되어 있었으며, 단순하고 자연스러운 것에 경탄하는 한편, 잔인성을 혐오했다. 그는 인간 역시 동물 중 하나라는 점을 깊이 이해하고 있었으며, 그에 상응하여 다른 동물들에게 깊은 연민의 감정을 느꼈다.

몽테뉴는 「잔인함에 관하여」에서 "우리가 다른 생명체들 위에 있다며 스스로에게 부여한 상상 속의 왕권 개념"을 기꺼이 거부했다.[4] 그는 자신은 닭의 모가지를 비트는 장면을 거의 쳐다보지도 못한다고 인정하면서 이렇게 고백했다. "내 개가 나에게 놀자고 제안하는 것을 뿌리치거나 적당한 때에 같이 산책하자고 말하는 것을 잘 거절할 수가 없다." 인간이 우주의 중심이라고 생각하는 환상을 조롱하는 「레이몽 스봉을 위한 변명」에도 이와 똑같은 생각이 담겨 있다.

그런즉 새끼 거위 한 마리가 이렇게 말하지 않겠는가? "세상의 모든 것이 나를 염두에 두고 있다. 땅은 내가 걷기 위해서 존재하며, 태양은 나를 비추기 위해서 존재하고, 별은 나에게 영향을 미치기 위해서 존재한다. 바람도 물도 다 나에게 이롭고자 존재하는 것이다. 하늘 아래 그 어떤 것도 나만큼 귀하게 여겨지는 것은 없다. 나는 자연의 총아이다."[5]

몽테뉴가 소크라테스의 고귀한 죽음을 떠올렸을 때, 좀처럼 믿기 힘들지만 한편으로는 가장 에피쿠로스적인 세부 내용으로서 그가 가장 주목했던 것은, 「잔인함에 관하여」에 실려 있듯이, 소크라테스가 "철판이 떨어져나간 후에 다리를 긁으면서" 느꼈던 "떨리는 쾌락"을 언급하는 루크레티우스의 정신이다.[6]

루크레티우스의 흔적은 몽테뉴가 가장 좋아했던 성(性)과 죽음이라는 두 가지 주제에 대한 명상에서 특히 선명하게 나타난다.[7] "창녀 플로라는 폼페이우스가 그녀의 몸에 이빨 자국을 남기기 전에는 절대로 그와 함께 눕지 않았다고 말하곤 했다"라는 대목에서 몽테뉴는 즉시 루크레티우스의 시구를 떠올린다. "그들은 갈망했던 육체를 단단히 조이고 상처를 주며/부드러운 입술을 그들의 이빨로 물어뜯는다"(「우리의 욕망은 어려움에 부닥치면 커진다」). 몽테뉴는 「기분 전환에 관하여」에서는 루크레티우스의 외설적인 조언을 인용하며 성적인 열망이 "가만히 흩어지기에는" 너무도 강렬하다면, "뭐가 되었든지 간에 모인 정자가 나갈 수 있게끔 하라." 이는 다음과 같은 말로 이어진다. "나는 종종 소득이 있게 사정한다." 몽테뉴는 부끄러움을 떨쳐내고 실제 성행위 경험을 제대로 묘사하고자 루크레티우스가 베누스와 마르스에 대해서 묘사한 시구를 「베르길리우스의 몇몇 시구에 관하여」에 인용한다. 그는 이것이 지금껏 성행위를 묘사한 모든 글 중에서 가장 훌륭하다고—그의 표현을 그대로 빌리자면, '가장 기막히다'고—생각했다.

전쟁터의 온갖 야만스러운 것을 지배하시는
강력한 마르스도 종종 당신의 가슴에 몸을 던지시나니,
사랑으로 입은 영원한 상처가 그가 가진 모든 힘을 빨아들이고,
입을 크게 벌린 채, 갈망하는 이를 탐욕스런 눈으로 바라보시나니,

머리를 뒤로 젖힌 채, 그의 온 영혼은 그대의 입술에 달려 있음이로다.

여신이여, 그를 데려가 당신의 품에 안고 그와 어우러지시라.

그대의 신성한 몸과 함께 그와 누워,

달콤한 말이 그대의 입에서 쏟아지게 하시라.

몽테뉴는 이 부분을 라틴어 원문 그대로 인용하면서 굳이 자신의 모국어인 프랑스어로 옮기려고도 하지 않았다. 그는 그저 잠시 가만히 멈춘 채 그 완벽함을 맛보려고 한다. "진실로 살아 있고, 진실로 심오하다."

드물지만 가끔 그런 강렬한 순간이 있다. 오랫동안 자취를 감추었던 한 작가가 갑자기 당신 앞에 모습을 드러내서, 마치 바로 당신에게만 전할 어떤 메시지가 있는 양 당신에게 직접 말을 거는 것처럼 느껴지는 순간 말이다. 몽테뉴는 바로 루크레티우스를 읽으며 이런 순간을 경험했던 것 같다. 그리고 그 순간은 몽테뉴가 그 자신의 종말을 달리 생각하고 받아들이는 법을 배우는 데에 도움을 주는 긴밀한 고리가 되었다. 몽테뉴는 임종의 순간에 집필 중이던 책도 채 마무리하지 못하게 가로막는 자신의 운명을 한탄하던 한 남자를 떠올렸다. 몽테뉴가 보기에 이런 한탄의 부조리함 역시 루크레티우스의 시구에 잘 표현되어 있었다. "그러나 그들은 다음을 덧붙이는 데에는 실패했도다. 당신이 죽고 나면/이들 중 어떤 것에도 더는 욕망을 느끼지 않을 것이오." 몽테뉴는 자기 자신에 대해서는 이렇게 썼다. "나는 내가 밭에 양배추를 심고 있을 때 죽음이 나를 찾아오기를 바란다. 죽음에 무심할 때, 그러니까 죽음보다는 아직 완성이 덜 된 내 정원을 더 생각하고 있을 때, 그럴 때 죽음이 나를 찾아 왔으면 좋겠다."[8](「철학을 하는 것은 죽는 법을 배우는 것이다」)

몽테뉴는 "죽음에 무심할 때" 죽는 것이 말처럼 쉬운 일이 아니라는 것을 알고 있었다. 죽음에 무심한 상태로 죽기 위해서는 그가 자연의 목소리에 귀를 기울이고 그에 따르며, 그러기 위해서 자신의 변덕스러운 마음의 근저에 깔린 잡념들을 통제해야 했다. 그리고 그 자연의 목소리는 다른 무엇보다도 루크레티우스의 시를 통해서 말하고 있었다. "이 세계로부터 벗어나라."[9] 몽테뉴는 자연이 이렇게 말하는 것을 상상했다.

> 이 세계에 들어왔던 것처럼, 당신이 죽음에서 삶으로 왔던 그 똑같은 길을 따라 어떤 감정이나 두려움 없이 다시 삶에서 죽음으로 나아가자. 당신의 죽음은 우주의 질서를 이루는 한 부분이다. 죽음 역시 세상에서 산다는 것의 한 부분이다.

> 우리의 삶은 서로에게서 빌린 것이니,
> 인간은 주자(走者)처럼 삶의 횃불을 따라가는 것이다.(루크레티우스)
> (「철학을 하는 것은 죽는 법을 배우는 것이다」)

몽테뉴에게 루크레티우스는 사물의 본성을 이해하고, 쾌락과 함께하는 삶을 살며 존엄 속에서 죽음을 맞도록 이끌어주는 가장 확실한 지침서였다.

1989년, 당시 이튼 학교의 도서관 사서였던 폴 쿼리는 1563년에 만들어진 멋진 『사물의 본성에 관하여』를 구입했다. 문제의 책은 드니 랑방이 편집한 것으로서 경매 낙찰가는 250파운드였다. 경매물품 기재사항에는 사본의 면지가 메모로 가득 덮여 있으며 여백마다 라틴어와 프랑스어로 뭔가가 잔뜩 적혀 있으나, 책을 소유했던 사람의 이름은 남아 있지 않다는 내용이 기록되어 있었다. 그러나 쿼리는 책을 손에 넣자마자 그 책의 전 소유주가 특정 유명인사가 아닐까 생각했고, 학자들은 이를 재빨리 확증해주었다.[10] 해당 책은 다름 아닌 몽테뉴가 개인 소장하고 있던 것이었다. 책의 곳곳에는 이 수필가가 그 시에 얼마나 심취했는지를 보여주는 직접적인 흔적들이 남아 있다. 소유주인 몽테뉴의 이름 역시 원래 사본에 적혀 있었으나 다른 글씨가 위에 겹쳐지는 바람에 누가 이 책을 소유했는지를 알아보는 데에 그렇게 오랜 시간이 걸렸던 것이다. 그가 여기저기에 라틴어로 거칠게 휘갈긴 이단적인 내용의 주석 중에서도, 책에 달린 면지 중 세 번째 장 왼쪽의 메모에는 그 책이 몽테뉴의 소유였다는 특이한 증거가 남아 있다. 메모의 내용은 이러하다. "원자의 움직임이 이토록 제각각이고 보니, 만약 한번 이렇게 뭉쳤던 원자들이 이전에도 똑같이 이렇게 뭉친 적이 있다면, 혹은 미래에 다시 똑같이 이렇게 뭉칠 수만 있다면, 또다른 몽테뉴가 더 있다고 해도 믿지 못할 것도 없다."[11]

몽테뉴는 『사물의 본성에 관하여』에 있는 "종교에 대항하는 것처럼" 보이는 수많은 문단에 수고스럽게 주석을 달았다. 기독교의 기본원칙이라고 할 수 있는 무(無)로부터의(ex nihilo) 창조 개념이나 신의 섭리, 사후의 심판 같은 것을 부정하는 문단들이 대상이었다. 그는 책의 여백에 죽음에 대한 공포가 우리가 짓는 모든 죄악의 근원이라고 썼다. 특히, 그는 수차례에 걸쳐 영혼도 물질적인 것이라고 썼다. "영혼은 육체적이다"(296), "영혼과 육체는 서로 대단히 강하게 결합되어 있다"(302), "영혼은 소멸한다"(306), "인간의 발처럼 영혼도 육체의 일부이다"(310), "육체와 영혼은 서로 분리할 수 없게 결합되어 있다."(311) 이런 글귀는 몽테뉴가 시를 읽으면서 정리한 내용이지, 그 자신의 목소리를 담은 것은 아니다. 그러나 이 글귀들은 그 자체로 루크레티우스의 유물론에서 끌어낼 수 있는 가장 급진적인 결론이 가진 매력을 보여준다. 비록 매력을 발견했더라도 그대로 감춰두는 것이 신중한 처신이었겠지만, 어쨌거나 이런 반응을 보인 것은 결코 몽테뉴 혼자만이 아니었다.

종교재판의 열풍이 가장 뜨겁게 불었던 에스파냐에서도 루크레티우스의 시는 이탈리아와 프랑스 국경을 넘어서 인쇄본의 형태로도 들어왔으며 사람이 직접 베낀 필사본도 손에서 손으로 조용히 건네졌다. 17세기 초 군주 이사벨 데 보르본의 주치의였던 알론소 데 올리베라는 1565년에 인쇄된 프랑스어 판본을 소유하고 있었다. 1625년에 에스파냐 시인 프란시스코 데 케베도는 『사물의 본성에 관하여』 필사본 1권을 단돈 1레알(에스파냐의 옛 은화, 약 12.5센트/역주)에 구입했다고 전한다.[12] 작가이자 골동품 수집가였던 세비야 출신의 로드리고 카로는 2권의 『사물의 본성에 관하여』 사본을 가지고 있었다고 한다. 그중 1권은 1566년에 앤트워프에서 인쇄된 것으로 1647년에 작성된 그의 개인 도서목록에 기록되어 있으며, 다른 1권은 1663년에 암스테르담에서 인쇄된 것으로 과달루페 수도원에 있는 그가 머물던 방에 보관되어 있었는데, 사모라 신부에 의해서 발견되었다. 일찍이 토머스 모어가 개신교식으로 번역된 『성서』를 전부 사들여서 태워버리려고 애썼을 때에 이미 알았겠지만, 인쇄 기술은 어떤 책을 없애는 것을 극도로 어렵게 만들었다. 게다가 물리학과 천문학 분야에 새로운 과학적 진보를 가능하게 해준 대단히 중요한 일련의 생각이 담긴 책의 파급을 막는 것은 더더욱 어려운 일이었다.

파급을 막으려는 노력 자체가 부족하지는 않았다. 다음은 17세기의 글로서, 브루노를 죽여서도 결국 지켜낼 수 없었던 것을 어떻게든 끝까지 고수하려고 애쓰는 모습을 볼 수 있다.

원자로부터는 아무것도 나오지 않는다.
세상을 이루는 모든 물체는 그 형태의 아름다움 속에서 빛나니,
이런 물체들 없이는 세상은 단지 거대한 혼란일 뿐이라.
태초에 신께서 이 모든 것을 만드셨고 만드신 것이 또 뭔가를 낳으니,

아무것으로부터도 나오지 않은 것은 아무것도 아님을 유념하라.

오 데모크리토스여, 당신은 원자로부터 시작해서는 어떤 서로 다른 것도
만들지 못하노라.

원자는 아무것도 만들지 못하고 따라서 원자는 아무것도 아니어라.[13]

이것은 피사 대학교에서 젊은 예수회 수도사들이 매일 암송했던 라틴
어 기도문이다. 그들의 연장자는 특히 끔찍한 유혹이라고 여긴 것으로부
터 젊은이들을 지키기 위해서 이 기도문을 암송하도록 시켰다. 기도문의
목적은 원자론을 몰아내고 만물의 형태와 구조, 그리고 아름다움은 신의
작품이라고 주장하는 것이었다. 원자론자들은 사물이 존재하는 방식에
서 기쁨과 경이로움을 찾았다. 루크레티우스는 우주가 그 자체로 베누스
에게 바치는 강렬하게 관능적이며 끊임이 없는 찬가라고 생각했다. 그러
나 순종적인 젊은 예수회 수도사는 주변을 둘러싼 과장된 바로크 예술로
찬양받고 있는 저 신성한 질서에 대한 유일한 대안은 의미 없는 원자로
이루어진 차갑고 혼란스러운 불모의 세상밖에 없다고 매일같이 스스로
에게 말해야 했다.

왜 이렇게까지 해야 했을까? 모어의 『유토피아』에 분명히 드러나듯
이, 신의 섭리와 사후에 이루어지는 보상과 처벌은 토론의 대상이 될 수
없는 신앙이었다. 심지어 이는 당시까지 알려져 있던 세계의 경계에서
살던 비기독교인 사이에서도 장난스러운 환상의 형태로라도 의심의 대
상이 아니었다. 그러나 유토피아인의 이런 신념은 물리학의 이해에 근거
하고 있지 않았다. 어째서 당대 가톨릭 세계에서 가장 호전적이고 지적
으로 세련된 집단이었던 예수회가 원자라는 개념을 뿌리 뽑으려는 별
소득도 없는 일에 그토록 매진했을까? 결국 사물을 이루는 보이지 않는
씨앗이라는 개념은 중세를 거치는 동안에도 결코 완벽하게 사라지지 않

았다. 우주의 기본 구성요소로서의 원자라는 핵심 개념은 그것을 논했던 고대 문헌들이 수없이 소실되는 와중에도 살아남았다. 사실 원자라는 개념 자체는 원자가 신성한 섭리에 따라서 움직인다는 가정하에서 논한다면, 꼭 큰 위험을 무릅써야만 언급할 수 있는 것도 아니었다. 그리고 가톨릭 교회의 최고위층 안에도 새로운 과학을 이해하고자 열망하는 대범하고 사변적인 지식인들이 있었다. 그런데도 어째서 르네상스 전성기에 원자라는 개념이 최소한 어떤 부분에서 그토록 위협적으로 느껴지게 된 것일까?

짤막하게 대답하면, 루크레티우스의 『사물의 본성에 관하여』가 발견되어 다시 세상에 널리 알려진 결과, 원자론이라는 생각을 여타 위험한 주장들과 연결하는 궁극의 중심 가교가 생겼다는 것이다. 아무런 앞뒤 문맥 없이, 사물이 무수한 보이지 않는 입자들로 구성되어 있을지도 모른다는 생각 자체는 그다지 혼란스럽게 느껴지지 않았다. 어쨌거나 세상은 무엇인가로 구성되어야 했으니 말이다. 그러나 루크레티우스의 시는 그 원자들에 잃어버렸던 문맥을 돌려주었고, 그 영향은 도덕적, 정치적, 윤리적, 신학적, 어느 면으로나 대단히 위협적이었다.

이러한 영향이 모두의 눈에 즉각적으로 또렷이 보이지는 않았다. 사보나롤라는 세계가 보이지 않는 입자로 만들어져 있다고 생각하는 잘난 척하는 지식인들을 조롱하기는 했지만, 최소한 이 문제에서는 그들을 비웃으라고 부추겼을 뿐 그들을 화형대로 내몰지는 않았다. 에라스무스와 모어 같은 가톨릭 교도는 이미 살펴본 바와 같이 기독교 신앙과 에피쿠로스주의를 어떻게 하면 이상적으로 결합시킬 수 있을지에 대해서 진지하게 고민했다. 1509년, 라파엘로는 바티칸 궁에 그리스 철학에 대한 자신의 생각을 장엄하게 시각화한 "아테네 학당(Scuola di Atene)"을 그렸다. 라파엘로는 선택된 소수의 작품뿐만 아니라 모든 고전기 유산이 반대쪽 벽에 그려진 신학자들이 열심히 토론하고 있는 기독교 교리 안에서 조화롭게 어울릴 수 있다고 확신했던 것 같다. 라파엘로가 그린 이 빛나는 광경에서는 플라톤과 아리스토텔레스가 가장 영예로운 자리를 점하고 있으나, 널찍한 아치 아래에는 위대한 사상가들이 전부 그려져 있다. 각각의 인물에 대한 전통적인 설명이 정확하다고 가정한다면, 이 그림에는 알렉산드리아의 히파티아와 에피쿠로스도 한 자리씩을 차지하고 있다.

그러나 16세기 중반이 되자, 라파엘로와 같은 자신감을 가지는 것은 더 이상 불가능했다. 1551년에 열린 트렌토 공의회에서 신학자들은 최소한 그들에게는 만족스러울 결정을 내렸다. 공의회는 기독교 교리의 중심인 한 신비의 정확한 성상에 대해서 논란에 말끔한 종지부를 찍는 결정을 내렸다. 일찍이 13세기에 토마스 아퀴나스는 아리스토텔레스 철학의 도움을 받아 화체설(化體說, transubstantiation)—축성을 받은 제병(祭餠)과 포도주가 사람의 몸에 들어가면 예수의 살과 피로 변한다는 설—과 현실 세계의 물리법칙 사이의 갈등을 미묘한 방법으로 중재하고자 했다. 아리스토텔레스 철학은 물질의 '우연성'과 '본질' 사이의 차이를 인정했기 때문에, 어떻게 분명히 겉모습도, 냄새도, 맛도 빵인 것이 (단지 상징적인 의미로만이 아니라) 실제로 그리스도의 살로 변할 수 있는지 설명이 가능했다. 인간의 감각으로 경험하는 것은 단지 빵의 우연성에 불과하다. 축성을 받은 제병의 본질은 신인 것이다.

트렌토 공의회에 모인 신학자들은 이런 독창적인 아퀴나스의 주장을 그냥 한 가지 이론이나 가설이 아니라 진리로 받아들였다. 그리고 이 '진리'는 에피쿠로스와 루크레티우스의 생각과는 도저히 병립할 수 없는 것이었다. 에피쿠로스와 루크레티우스의 문제는 그들이 이교도라는 것이 아니었다. 따지고 보면 아리스토텔레스도 이교도인 것은 마찬가지였다. 문제가 된 것은 그들이 이교도라는 사실이 아니라 그들의 사상에 담겨 있는 물리법칙이었다. 원자론은 본질과 우연성 사이에 주요한 차이가 있다는 주장을 강하게 부정했다. 이는 아리스토텔레스에 기초해서 세워진 장엄한 지적 체계 전체를 위협하는 것이었다. 게다가 이 위협은 하필이면 개신교 세력이 가톨릭에 대항하여 진지하게 공격을 시작한 그 시점에 때맞춰 함께 나타났다. 물론, 개신교 세력의 공격은 원자론과는 아무 관련이 없었다. 위클리프와 후스처럼 루터, 츠빙글리, 칼뱅도 에피쿠로스주의자는 아니었다. 그러나 호전적이고 궁지에 몰린 반종교개혁 성향의 가톨릭 세력에게는 고대 유물론의 부활이 마치 또 하나의 위험한 전선을 구축하는 것처럼 보였다. 실제로 원자론은 종교개혁자들의 손에 지적인 거대 살상 무기를 쥐어주는 것처럼 보였다. 교회는 어느 누구도 이 무기에 손을 얹지 못하게 해야겠다고 결심했고, 교회의 사상적 무기라고 할 수 있는 종교재판을 통해서 이 위험한 무기의 영향이 확산되는 그 어떤 분명한 징후도 놓치지 않고자 주의를 기울였다.

"신앙은 마땅히 모든 철학의 원칙 중에서 첫 번째 자리를 차지해야 한다."[14] 1624년 예수회의 한 대변인은 이렇게 선언했다. "확실한 권위에 의해서 신의 말씀이 된 것이 거짓이 되지 않게 하기 위해서이다." 이와 같은 발언은 결코 허용될 수 없는 생각을 싹부터 잘라내기 위한 분명한 경고였다. "진리를 알고자 하는 철학자에게 필요한 것은 단 하나이다. 신앙에 반하는 것은 무엇이든 부정하고 신앙에 속하는 것을 받아들이는 것, 그저 이것 하나면 족하다." 예수회는 특정 표적을 향해서 이 경고를 한 것은 아니었으나, 이것을 들은 동시대인들은 금방 알아챘을 것이다. 경고의 대상은 바로 근래 출판된 과학저술 『시금자(試金者, *Il Saggiatore*)』의 저자, 갈릴레오 갈릴레이였다.

갈릴레오는 전에도 천문학 관측내용으로 지구가 태양의 주위를 돈다는 코페르니쿠스의 주장을 지지하여 문제에 휘말린 적이 있었다. 이 일로 그는 종교재판의 압력을 받았고 더는 같은 주장을 펼치지 않겠다는 서약을 하고 간신히 빠져나왔다. 그러나 1623년에 출판된 『시금자』는 이 과학자가 그 후에도 위험하기 짝이 없는 주장을 여전히 버리지 않았음을 보여준다. 갈릴레오는 루크레티우스처럼 천상과 지상 세계가 하나이며 어떤 근본적인 차이도 없다고 주장했다. 태양과 행성, 지구와 그 거주민의 본질은 모두 같다는 것이었다. 또한 그는 루크레티우스처럼 관찰과 이성을 잘 훈련함으로써 우주에 존재하는 모든 것을 이해할 수 있다고 믿었다. 그도 루크레티우스처럼 필요하다면 권위가 정통이라는 이름으로 주장하는 것에 맞섰다. 또한 루크레티우스처럼 사물 안에 숨겨져 있는 체계를 합리적으로 이해하기 위해서 이 이성의 판단을 활용하고자 했다. 그리고 그는 루크레티우스와 마찬가지로 사물이 이루고 있는 체계는 그가 "미님(minim)"이라고 부르는 극히 작은 입자로 구성된다고 확신했다. 그러니까 사물은 한정된 종류의 원자들이 무수히 다양한 방식으로 결합함으로써 이루어지는 것이다.

갈릴레오는 고위층에 친구가 있었다. 『시금자』는 추기경 시절부터 이 위대한 과학자의 연구를 따뜻하게 지원했던 전 추기경 마페오 바르베리니, 새로 선출된 교황 우르바누스 8세에게 헌정되었다. 계몽주의자인 새 교황이 그를 보호하는 한, 갈릴레오는 자신의 생각을 표현하거나 그로 인해서 탄생할 과학적 연구를 진행해도 처벌을 모면하는 것이 가능하리라고 기대할 수 있었다. 그러나 교황은 교회의 다수 세력, 특히 예수회로부터 유해한 이단을 없애라는 압력을 점점 더 거세게 받고 있었다. 1632년 8월 1일, 예수회는 원자론을 이단으로 단죄하고 엄히 금지했다. 사실 이 같은 조치 자체가 갈릴레오를 옥죄는 움직임으로까지 나아가지는 않았을 것이다. 『시금자』는 이미 이 조치가 발표되기 8년 전에 출판을 승인받았기 때문이다. 그러나 1632년에 갈릴레오가 낸 또다른 책 『프톨레마이오스와 코페르니쿠스의 두 세계 체계에 관한 대화(*Dialogo sopra i due massimi sistemi del mondo, tolemaico e copernicaon*)』는 그를 노리던 적들에게 호기를 제공했다. 갈릴레오는 즉시 종교재판소에 고발당했고 종교재판이 소집되었다.

1633년 6월 22일, 종교재판소는 다음과 같은 평결을 내렸다. "삼가 말하고 선고하고 선포하노니, 재판에서 드러난 증거들과 상기한 자백에 의거하여 피의자 갈릴레오가 이단으로 의심된다는 준엄한 종교재판소의 판단을 내리노라." 여전히 유력한 친구들의 보호를 받고 있던 갈릴레오는 다행히 고문과 처형을 피할 수 있었으나 유죄 판결에 따라서 여생을 집에 연금당한 상태로 보낼 것을 선고받았다.[15] 평결에서 공식적으로 부여된 이단의 죄목은 "신성한『성서』에 반하는 거짓된 주장을 신봉했으니, 곧 태양이 우주의 중심이고 동에서 서로 움직이지 않으며, 움직이는 것은 지구이며 지구가 세상의 중심이 아니라는 주장이 그것이다." 그러나 1982년에 이탈리아의 학자 피에트로 레돈디가 종교재판소의 문서보관소에서 재판의 전체 그림을 바꿀 새로운 문서를 찾아냈다. 새로 발견한 문서에는『시금자』에서 이단으로 지적할 만한 내용을 적은 것으로, 특히 종교재판관은 거기에서 갈릴레오가 원자론을 지지한다는 증거를 발견했다. 종교재판관은 원자론은 성찬식의 교리를 명확하게 정의한 트렌토 공의회의 13번째 회기에 발표한 두 번째 교령과 양립할 수 없다고 설명했다. 해당 문서는 만약 당신이 갈릴레오 갈릴레이의 원자론을 받아들인다면, 성찬을 빵과 포도주의 특징인 "만지고 보고 맛보는 등등의 대상이 되는 물체"로 대할 것이고, 당신은 같은 이론에 따라서 이러한 특징은 "아주 작은 입자들"에 의해서 우리가 느끼는 것이라고 여길 수밖에 없으리라고 풀이한다. 그리고 이것으로부터 당신은 "성찬식에서 우리가 취하는 것은 빵과 포도주라는 물질의 한 부분임에 틀림없다"라는 결론에 이르게 될 것이다. 이는 명명백백한 이단이었다. 브루노의 처형으로부터 33년이 흐른 후에도 원자론은 여전히 정통 교리가 부단히 경계하며 억눌러야 하는 믿음으로 남아 있었다.

원자론을 완벽히 억누르는 것이 불가능했다고 해도, 루크레티우스의 적들에게는 약간의 위안이 될 만한 것이 있었다. 대부분의 『사물의 본성에 관하여』 인쇄본에는 책 내용에 대한 책임을 부인하는 내용이 붙어 있었다. 가장 흥미로운 예의 하나는 몽테뉴가 읽었던 드니 랑방이 주석을 단 1563년 판본에 붙어 있는 것이다.[16] 랑방은 루크레티우스가 영혼의 불멸성을 부정하고 신의 섭리를 부인했으며 쾌락이 최고선이라고 주장한 것은 사실이라고 인정한다. 그러나 그는 "비록 이런 신념 때문에 이 시 자체는 우리의 신앙과 너무도 이질적이고 맞지 않지만, 그래봤자 어디까지나 이것은 단지 한 편의 시일 뿐"이라고 주장한다. 작품에 담겨 있는 신념과 작품의 예술적 가치 사이에 선을 긋고 나면, 시의 예술적 가치는 마음 놓고 인정할 수 있었다. "단지 한 편의 시일 뿐이라고? 그렇게 말하기에는 이 시는 모든 현명한 인간들이 주목하고 인정하고 찬양해온 정말로 우아하고 아름다운 시이다." 그렇다면 그 시가 담고 있는 "제 정신이 아닌 광적인 에피쿠로스 사상을 비롯해, 세상은 원자들의 우연한 결합으로 인해서 만들어지며 세상이 무수히 존재한다는 등의 온갖 터무니없는 이야기들"은 어쩔 것인가? 랑방은 선량한 기독교인이라면 그들의 신앙의 안전을 굳이 걱정할 필요가 없다고 썼다. "진리의 목소리가 그 잘못된 논지의 오류를 손쉽게 밝혀내고 있고 혹은 모두가 그 잘못에 대해서 침묵을 지키는 이런 때에 이 시의 잘못을 논박하는 것은 어렵지도 않거니와 딱히 필요하지도 않다." 이런 식으로 책임을 회피하는 문구는 경고 내용과 미묘하게 결합하면서 독자를 안심시킨다. 시를 찬양하는 노래는 불러도 좋다. 그러나 그 시에 담긴 사상에 대해서는 침묵하라.

320

루크레티우스의 작품을 심미적으로 감상하기 위해서는 라틴어 실력이 필요했다. 따라서 비교적 소수의 엘리트만이 시를 접할 수 있었다. 그리고 사람들은 이 시를 글을 읽을 줄 아는 대중에게 널리 전하고자 한다면, 당국의 깊은 의혹과 잔혹한 처벌을 가져오리라는 것을 잘 알고 있었다. 그리하여 1417년 포조의 재발견 이후 200년이 넘는 시간이 흘렀지만, 아무도 감히 나서서 작품의 대중화를 시도하지 않았다.

그러나 17세기에 이르자, 새로운 과학의 발달과 지적 성찰 능력의 확대, 그리고 이 위대한 시 자체의 매력은 대중화를 시도하려는 욕구를 계속 억누르기에는 너무 커져버렸다. 마침내 에피쿠로스주의와 기독교를 화해시키겠다는 야심으로 가득 차 있던 프랑스 출신의 훌륭한 천문학자, 철학자이자 사제이면서 동시에 유명한 극작가 몰리에르(1622-1673)를 수제자로 두기도 한 피에르 가상디(1592-1655)가 나섰다. 그는 『사물의 본성에 관하여』를 프랑스어 운문으로 옮기는 번역작업을 했다(안타깝게도 지금은 전해지지 않는다). 산문체 번역의 경우에는 이미 미셸 드 마롤(1600-1681) 신부의 프랑스어 번역이 나와 있었다. 머지않아 수학자 알레산드로 마르케티(1633-1714)에 의해서 이탈리아어 번역이 나와 필사본 형태로 나돌기 시작했다. 수십 년이나 이 작품의 인쇄 출판을 성공적으로 막아왔던 로마 교회 입장에서는 당혹스러운 일이었다. 영국에서는 부유한 일기작가인 존 에벌린(1620-1706)이 6권으로 구성된 『사물의 본성에 관하여』 중에서 첫 번째 권을 영어로 번역했다. 옥스퍼드에서 교육 받은 젊은 학자 토머스 크리치에 의해서 영웅시격(英雄詩格)으로 완역 출판된 것은 1682년의 일이었다.

크리치의 루크레티우스 번역은 인쇄본으로 나오자 곧 놀랄 만한 성취로 환영받았다. 그러나 사실 매우 한정된 무리 사이에서였지만, 크리치의 번역처럼 2행 연구시(聯句詩) 형태를 취한 영어판 『사물의 본성에 관하여』가 이미 읽히고 있었다. 이 또다른 영어판은 거의 완역에 가까운 수준으로, 그 역자가 누구인지가 대단히 놀랍다. 20세기에야 출판된 이 번역본의 역자는 영국 의회 의원이면서 국왕(찰스 1세/역주)의 사형결정에 관여한 재판관인 존 허친슨 대령의 아내인 청교도 루시 허친슨이었다. 그러나 이 번역본과 관련된 가장 충격적인 사실은 1675년 6월 11일, 이 교양 있는 번역가가 원고를 초대 앵글시 백작인 아서 앤슬리에게 보여주면서 자신은 이 시에 담겨 있는 주요 원칙을 혐오하게 되었으니―최소한 그녀는 그렇다고 주장했다―이것을 지구상에서 사라지게 해달라고 부탁했다는 것이다.

그녀는 자필서명이 된 헌정사에 이렇게 썼다. "운이 나빠 잃어버렸던 사본 한 부가 내 손을 피해 불길을 피하지만 않았더라도" 자신은 분명히 이 시구들을 몽땅 타오르는 불길에 던져버렸을 것이라고.[17] 물론 이런 표현은 흔히 볼 수 있는 여성 특유의 겸손처럼 들린다. 그녀는 『사물의 본성에 관하여』의 IV권에 등장하는 수백여 행에 달하는 성적으로 노골적인 내용은 번역하지 않음으로써, 이런 여성적인 미덕을 더욱 강조한다. 대신에 문제의 부분의 여백에 이렇게 적었다. "이 부분은 더 좋은 펜잡이가 되기보다는 외설적인 예술을 낳고자 하는 산파의 몫으로 남겨두었다." 그러나 사실 루시 허친슨은 스스로 "야심만만한 무사(mousa)"라고 부른 것 자체에 대해서는 아무런 변명도 하지 않았다.[18] 오히려 그녀는 루크레티우스의 작품에 나타나 있는 "모든 무신론과 불경함"을 혐오한다고 했다.

허친슨의 표현대로라면, 그 "미치광이" 루크레티우스는 교사들이 종종 학생들에게 교육과정의 일환으로 권하는 다른 이교도 철학자나 시인들과 다를 것이 없었다. 그 교육과정의 일환이라는 것은 "학문의 세계를 타락시키는 주요한 방법, 최소한 영혼의 방탕을 확증시켜주는 방법으로서, 그들의 첫 번째 죄를 타락과 방탕으로 이끌고 회복은 막으리니, 신성으로부터 쏟아지는 진실로 가는 모든 지류를 이교도의 진흙으로 더럽히게" 한다.[19] 허친슨은 오늘날과 같은 복음의 시대에 인간이 루크레티우스를 배우고 그 "활기에 넘쳐 맵시 있게 제멋대로 춤추는 원자들을 논하는 우스꽝스럽고 불경하며 형편없는 교리"를 연구하고 신봉한다면, 그것은 진정 애석하고 끔찍한 일이라고 썼다.

그렇다면 그녀는 어째서 사악한 작품이 사라지기를 진지하게 바라면서 한편으로는 수고스럽게 이 시를 운문으로 번역했을까? 대체 왜 전문 필사가까지 고용해서 첫 5권을 필사하도록 지시하고 VI권은 자기 손으로 직접 자신의 주장과 함께 여백에 주석까지 달면서 베껴 썼을까?

그녀의 대답은 한 가지 흥미로운 사실을 알려준다. 고백하기를 자신도 처음에는 루크레티우스의 작품이 얼마나 위험한지 미처 깨닫지 못했다는 것이다. 그녀는 "젊은 날의 호기심에서 비롯된 것으로 내가 수많은 토론을 통해서 간접적으로 들었던 것을 이해하기 위해서" 번역을 시작했다고 밝혔다.[20] 우리는 이 언급을 통해서 강의실이나 설교단을 통하지는 않았지만, 당국의 예민한 귀를 피해 루크레티우스의 사상이 사람들 사이에서 조용히 언급되며 영향을 끼쳤고 토론의 대상이 되었다는 사실을 알 수 있다. 이 뛰어난 재능과 학식을 갖춘 여인은 그녀의 세계에서 남자들이 토론하던 내용을 스스로 알고 이해하고 싶었던 것이다.

그러나 종교적 확신이 성숙해지면서, "빛과 사랑 속에서 자란" 허친슨은 번역을 하며 느꼈고 지금도 여전히 어느 정도는 느끼고 있던 자신의 성취에 대한 호기심과 자부심이 쓰디쓴 감정으로 변했다고 썼다.

이 난해한 시를 이해했다는 사실은 한때 소수의 나의 친밀한 친구들 사이에서 작은 영광이었지만 이제는 나의 수치가 되었다. 그리고 내가 이

시를 혐오하게 되기 전까지는 내가 이 시를 바르게 이해한 것이 아니었음을 알게 되었으며, 이렇게 불경한 시에 괜한 시간을 낭비했다는 사실이 끔찍하게 여겨졌다.[21]

그러나 정말 그렇다면, 왜 그녀는 이 괜한 시간 낭비의 결과물을 다른 사람들도 읽을 수 있기를 바랐을까?

이에 대해서 허친슨은 자신은 이 책을 읽고 싶다는 앵글시 백작의 요청을 단순히 따랐을 뿐이며, 자신은 그에게 이 책을 감춰달라고 간청했다고 답했다. 그녀는 파기해달라고 한 것이 아니라 감춰달라고 했다. 불에 던져져야 마땅한 물건이었지만 뭔가가 그녀를 계속 가로막았던 것이다. 어째서 그녀는 멈칫했을까? 여기에는 이미 자신의 손을 벗어난 책자체나 자신이 이룬 성취에 대한 자부심보다 더 의미심장한 뭔가가 있었다. 열정적인 청교도인 그녀는 검열을 반대한 밀턴의 강직한 의견을 되풀이했다. 결국 그녀는 "그 시로부터 어떤 이득을 얻었다고 할 수 있다. 그 시는 무의미한 미신은 세속적인 이성을 무신론으로까지 밀어붙인다는 것을 보여주었기 때문이다."[22] 즉 그녀는 경건함을 고양시키기 위한 유치한 '우화'가 합리적인 지성을 불신으로 나아가게 만드는 효과가 있다는 것을 루크레티우스로부터 배웠다는 것이다.

아마도 허친슨 역시 그 원고를 파괴하는 것이 이상하리만큼 힘들다는 것을 알게 되었을 것이다. 그녀는 이렇게 썼다. "내가 그 시를 영어로 옮기던 방에서 내 아이들이 가정교사에게서 배운 것을 연습했다. 나는 천에 실을 꿰매 번역문의 음절 수를 헤아렸고, 근처에 있던 펜과 잉크로 그것을 적어두었다."[23]

루크레티우스는 물질계와는 완전히 분리된 것처럼 보이는 사상이나 생각, 환상, 영혼 같은 것도 원자들과 결코 분리될 수 없다고 주장했다.

그것들도 원자로 구성되어 있기 때문이다. 이 경우에는 펜이나 잉크, 운문의 음절을 세기 위해서 사용한 바느질용 실이 그러했다. 루크레티우스의 이론에 따르면, 환상처럼 명백히 비물질적인 것도 사물이 끝없이 뿜어내는 원자로 된 아주 얇은 막 같은 것에 의존해서 마치 어떤 것에 대한 이미지나 복제품 같은 모습으로 공간을 떠다니다가 최종적으로 그것을 지각하는 눈에 띄게 되는 것이라고 한다. 그는 유령을 보았다는 사람들이 그들이 본 것을 사후세계의 존재라고 잘못 판단하는 것은 이 때문이라고 설명했다. 그러한 환영은 진짜로 죽은 자의 영혼이 아니라 사람이 죽고 분해된 후에도 한 개인이 뿜어냈던 원자들의 막이 여전히 세상에 떠다니기 때문에 생기는 것이다. 이런 환영이 잠시 동안은 살아 있는 자들을 놀라고 겁에 질리게 할 수도 있겠지만, 결국은 이런 막을 이루고 있는 원자 역시 언젠가는 흩어질 것이다.

현대의 우리로서는 이런 이론에 빙그레 미소만 짓게 될 뿐이지만, 아마도 이 이론 자체는 이른바 루크레티우스의 시의 이상한 사후세계에 대한 이미지 정도로 쓰일 수 있을 것이다. 『사물의 본성에 관하여』는 거의 고사 지경에 처해 결국 제멋대로 움직이는 원자 상태로 흩어질 뻔했던 위험에서 가까스로 살아남았다. 이 시가 살아남을 수 있었던 것은 다양한 시공간에 존재하는 일련의 사람들이 다분히 우연으로 보이는 여러 이유로 물질적 사물로서의 이 시와 마주쳤고―그 시의 물질적 형상은 저자인 티투스 루크레티우스 카루스가 남긴 잉크 흔적이 아로새겨진 파피루스였을 수도 있고 양피지나 종잇조각이었을 수도 있다―자신들 또한 그와 같은 물질적인 형태의 사본을 만들었기 때문이다. 청교도 루시 허친슨 역시 아이들과 함께 앉아 천에 꿰맨 실 가닥의 수로 번역하는 운문의 음절을 세면서 결과적으로 루크레티우스에 의해서 이미 오래 전에 발동된 원자의 움직임의 전달자로 봉사한 셈이다.

허친슨이 마지못해 자신의 번역본을 앵글시 백작에게 보냈을 무렵, 그녀가 "활기에 넘쳐 맵시 있게 제멋대로 춤추는 원자들"이라고 표현한 사상은 이미 오래 전부터 영국의 지식인 사회를 파고들고 있었다. 에드먼드 스펜서는 이미 눈에 띄게 루크레티우스풍임이 느껴지는 황홀한 베누스 찬가를 썼으며, 프랜시스 베이컨은 위협을 무릅쓰고 "자연에는 개별적인 실체를 제외하면 그 어떤 것도 진정으로 존재하지 않는다"라고 말했다.[24] 토머스 홉스도 공포와 종교적 망상 사이의 관계에 대해서 냉철한 고찰을 남긴 바 있었다.

유럽의 다른 곳에서와 마찬가지로 영국에서도 매우 어렵기는 했지만 신을 최초에 원자를 창조한 자로 설정함으로써 원자론과 신앙의 병존이 가능해졌다.[25] 아이작 뉴턴은 과학사에서 가장 영향력 있는 작품의 하나로 여겨지는 자신의 책에서 루크레티우스의 시 제목을 직접적으로 암시하는 듯한 발언을 함으로써 스스로를 원자론자라고 선언했다. 그는 이렇게 말했다. "입자들이 전체로서 계속 존재하는 한 그들은 모든 시대에 존재하는 똑같은 본성과 성질을 가진 여러 형체를 구성할 것이다. 그러나 입자들이 닳아서 없어지거나 조각나 부서지게 되면, 사물의 본성은 바로 이 입자들에 달려 있으니 그 또한 변할 것이다." 그러면서 뉴턴은 조심스럽게 신성한 창조주 이야기를 꺼내든다. "내게는 가능해 보인다." 뉴턴은 『광학(Opricks)』(1718)의 재판본에 이렇게 썼다.

태초에 신이 고체의 본질인 딱딱하고 꿰뚫을 수 없으며 이동 가능한 입자들로 물질을 형성했다. 이들은 각각 그 형성의 목적에 가장 잘 어울리게끔 특정한 크기와 모양, 기타 여러 특성을 가지고 공간에서 특정 비율을 차지한다. 고체로 존재하는 가장 원시적인 입자들은 그들로 구성된 내부에 구멍이 숭숭 난 물체들과는 비교할 수 없는 수준으로 훨씬 더 단단하다. 이처럼 훨씬 더 단단하기 때문에 닳거나 조각나 부서지는 일도 없다. 그 어떤 일상적인 힘도 신이 최초에 창조한 원자를 쪼갤 수는 없다.[26]

뉴턴이나 17세기의 다른 과학자들은 물론, 우리 시대의 일부 과학자들도 기독교 신앙과 원자론을 양립시키는 것은 가능하다고 생각한다. 그러나 허친슨의 공포는 충분히 근거가 있었다. 루크레티우스의 유물론은 드라이든이나 볼테르의 회의주의, 디드로나 흄을 비롯한 많은 계몽시대 인물들에게서 볼 수 있는 실용주의적이며 대단히 파괴적인 불신론을 낳는 데에 기여했다.

그런 선견지명을 가진 인물들이 본 지평선 너머에 있었던 것은 고대 원자론의 다양한 원리들을 전혀 다른 차원에 올려놓게 만든 놀라운 경험적 관찰과 실험적 증거들이었다. 19세기에 찰스 다윈이 인간이라는 종의 기원을 둘러싼 신비를 풀기 위해서 닻을 올렸을 때, 그는 전적으로 자연스러우며 계획되지 않은 과정에 의해서 이루어지는 생성과 파괴, 끝없이 계속되는 성적 재생산을 굳이 루크레티우스의 시에 표현된 선견지명을 빌려서 언급할 필요는 없었다. 루크레티우스의 선견지명은 찰스 다윈의 할아버지인 에라스무스 다윈의 진화이론에는 직접적인 영향을 끼쳤으나, 찰스 다윈은 갈라파고스를 비롯한 여러 지역에서 자신이 직접 관찰한 내용으로 자신의 주장을 뒷받침할 수 있었다. 아인슈타인이 원자에 대한 글을 썼을 때도 마찬가지였다. 아인슈타인은 수학과 실험을 통해서 증명할 수 있는 과학에 기초하여 사고했지, 고대 철학의 추론에 기대어 문제를 해결하지 않았다. 그러나 아인슈타인 자신도 알고 있었고 또 인정했듯이, 고대의 철학적 사색은 현대 원자론을 지지하는 경험적 증거들이 나올 수 있는 무대를 제공했다. 설령 이 한 편의 고대 시가 더 이상은 아무도 읽지 않는 가운데 방치된다고 해도, 이 시를 둘러싸고 벌어진 소실과 복원의 극적인 드라마가 다시 망각 속으로 사라진다고 해도, 그리고 그 드라마의 주인공이었던 포조 브라촐리니가 거의 완전히 사람들의 기억 속에서 밀려난다고 해도, 이제 이 모든 것은 루크레티우스의 시가 현대 사상의 주류로 흡수되었음을 보여주는 증거일 뿐이다.

이렇게 루크레티우스가 근대 사상의 주류에 완전히 흡수되기 전, 루크레티우스를 중요한 지침으로 삼았던 사람들이 있었다. 그중에는 과학적 사고를 할 줄 아는 날카롭고 냉소적인 지식인인 버지니아 출신의 부유한 농장주 토머스 제퍼슨도 있었다. 『사물의 본성에 관하여』는 그가 가장 좋아하던 책들 중 한 권이었으며, 그는 이 책의 라틴어 판본만 최소 5종을 가지고 있었고, 영어, 이탈리아어, 프랑스어 번역본도 가지고 있었다. 그는 루크레티우스의 시를 통해서 세상은 오직 물질로 구성되어 있는 자연일 뿐이라는 신념을 확고히 했으며, 특히 무지와 공포가 인간 존재의 필수불가결한 구성요소가 아니라는 확신을 품는 데에 도움을 받았다.

사실 제퍼슨은 시의 저자인 루크레티우스가 기대했을 법한 방식이 아니라 16세기 초의 토머스 모어가 꿈꿨을 만한 방식으로 이 고대 유산을 받아들였다. 알다시피 제퍼슨은 『사물의 본성에 관하여』가 주장했던 것과는 달리 공적 생활로 인한 격렬한 경쟁에서 물러나지 않았다. 대신에 그는 새로운 공화국의 초석이 되는 중대한 정치적 문서를 작성하는 데에 참여했다. 그런데 그 문서의 내용은 루크레티우스의 시가 만든 또 하나의 뜻밖의 전환이었다. 이 문서로 탄생하는 정부의 사명은 국민의 생명과 자유를 안전하게 지키는 것뿐만 아니라 그들의 "행복의 추구"에 봉사하는 것이었다. 루크레티우스를 이루던 원자들은 이렇게 미국 독립선언서에도 그 자취를 남겼다.

1820년 8월 15일, 일흔일곱 살의 전직 대통령 제퍼슨은 또다른 전직 대통령인 여든다섯 살의 존 애덤스에게 이런 내용의 편지를 썼다. 두 노인은 인생의 끝이 가까워졌다고 느낄 때마다 종종 편지로 삶의 의미에 대한 이야기를 나누곤 했다. "결국에는 언제나 내 습관적인 진통제로 돌아가야만 한답니다."[27] 글은 이렇게 이어진다.

"나는 느낀다. 고로 나는 존재한다." 나는 내가 아닌 다른 사물들을 느낄 수 있습니다. 그러니까 분명히 다른 존재도 있는 것이지요. 나는 그것들을 '물질(matter)'이라고 부릅니다. 또한 나는 그것들이 장소를 바꾸며 움직이는 것을 느끼곤 합니다. 이것이 '운동(motion)'이지요. 그리고 그런 물질이 없는 곳은 '진공(void)', '무(nothing)' 또는 '비물질적 공간(immaterial space)'이라고 부릅니다. 물질과 운동으로부터 받는 감각에 기초해서 우리는 우리가 가지고 있고 필요로 하는 모든 확실성들의 기초를 세우는 것이겠지요.

이것이야말로 루크레티우스가 독자들에게 가장 심어주고자 했던 감정이다. 한번은 한 서신 상대가 제퍼슨의 삶을 관통하는 철학이 무엇인지를 알고 싶어했다. 제퍼슨은 그에게 보낸 편지에 이렇게 답했다. "나는 에피쿠로스주의자입니다."[28]

감사의 말

지금까지 내가 풀어놓은 이야기가 세상에 나오는 데에 영향을 준 작품의 저자인 문제의 고대 철학자는 인생에서 가장 중요한 목표는 쾌락이라고 믿었다. 그런 그가 특별히 쾌락을 느꼈던 것은 친구들과 더불어 한 공동체 생활이었다. 그러니 내가 이 책을 쓰는 데에서 더 좋은 글을 쓸 수 있도록 도와준 든든한 친구들과 동료들에게 감사를 표하는 것은 책의 내용과도 딱 어울리는 일이다. 베를린에 있는 비센샤프트 대학에서 보낸 1년 동안, 나는 지금은 고인이 된 버나드 윌리엄스와 루크레티우스에 대한 이야기를 나누며 즐거운 시간을 보냈다. 그의 놀라운 지성은 건드리는 것마다 더욱 빛나게 해주었다. 그리고 몇 년 뒤, 마찬가지로 베를린의 똑같은 기관에서 나는 훌륭한 모임에 참여할 수 있는 기회를 얻었다. 실로 뛰어났던 이 루크레티우스 독서 모임에서 나는 내가 필요로 했던 결정적인 자극을 얻을 수 있었다. 두 철학자 크리스토프 혼과 크리스토프 라프의 아낌없는 지도 아래 진행된 이 모임에는 고정 구성원으로 호르스트 브레데캄프, 수전 제임스, 라인하르트 마이어-칼쿠스, 퀜틴 스키너, 라미 타르고프가 자리를 함께했으며, 여기에 가끔씩 방문 학자들이 함께했다. 이 모임에서는 가히 귀감이 될 만한 수준의 관심과 논쟁도 서슴지 않는 열정으로 루크레티우스의 시를 독파했다.

책 쓰기에 도움을 준 또다른 훌륭한 기관으로는 로마 주재 미국 아카데미(The American Academy)를 꼽을 수 있다. 이곳은 내게 책 내용의

330

상당 부분을 쓰는 데에 완벽한 환경을 제공했다. 살면서 이곳보다 더 조용히 앉아서 책을 쓰는 경험이 에피쿠로스적인 쾌락과 우아하게 맞물리는 곳은 없었으며, 이는 실로 귀한 기회였다. 나는 아카데미의 책임자인 카멜라 비르칠로 프랭클린을 비롯해 아카데미 소속의 능력 있는 직원들, 그 밖의 여러 동료 및 방문 학자들에게 큰 빚을 졌다. 대리인인 질 니어림과 편집자인 앨런 살리에르노 메이슨 역시 너그러우면서도 도움이 되는 정확한 독자였다. 이외에도 조언과 여러 형태의 도움을 준 많은 다른 분들이 있지만, 그중에서도 나는 특히 알베르트 아스콜리, 호미 바, 앨리슨 브라운, 진 브러커, 조지프 코너스, 브라이언 커밍스, 트레버 대드슨, 제임스 디, 케니스 구웬스, 제프리 햄버거, 제임스 핸킨스, 필립 하디, 버나드 유슨, 조지프 퀘르너, 토머스 라퀘르, 조지 로건, 데이비드 노브룩, 윌리엄 오코넬, 로버트 핀스키, 올리베르 프리마베시, 스티븐 샤핀, 마르첼로 시모네타, 제임스 심슨, 피파 스코트네스, 닉 월딩, 데이비드 우턴에게 심심한 감사의 뜻을 전한다.

하버드 대학교의 내 학생들과 동료들도 끝없는 지적인 자극과 도전의 근원이 되어왔다. 또한 엄청난 규모의 하버드 대학교 도서관은 언제나 그 방대한 수집목록으로 나를 놀라게 했다. 연구를 보조해준 크리스틴 바렛, 레베카 쿡, 샤원 키뉴, 에이다 팔머, 벤저민 우드링에게도 많은 힘을 빌렸다.

그리고 마지막으로 마음으로부터 가장 큰 빚을 지고 있는 사람에게 감사의 말을 전한다. 항상 현명한 조언과 마르지 않는 쾌락으로 나와 함께하는 아내 라미 타르고프에게 특별히 깊은 감사의 마음을 표한다.

주

서문

1. Lucretius, *On the Nature of Things*, trans. Martin Ferguson Smith (London: Sphere Books, 1969; rev. edn., Indianapolis: Hackett, 2001) 영역본으로는 다음의 책들을 참고했다. 현대 영역본 : H. A. J. Munro(1914), W.H.D. Rouse, rev. Martin Ferguson Smith (1975, 1992), Frank O. Copley(1977), Ronald Melville(1997), A. E. Stallings(2007), David Slavitt(2008). 근대 이전의 영역본 : John Evelyn(1620-1706), Lucy Hutchinson(1620-1681), John Dryden (1631-1700), Thomas Creech(1659-1700)의 것을 참고했다. 이들 중에서는 드라이든의 것이 가장 좋지만, 그는 전체 시의 극히 일부(그는 전체의 10퍼센트도 되지 않는 총 815행을 번역했다)만을 번역했으며, 그의 번역은 종종 현대의 독자들에게 루크레티우스가 어렵게 느껴지게 만드는 단점이 있다. 특별한 언급이 없는 경우에는 이해를 돕기 위해서 스미스의 산문체 번역(2010)을 사용했다. 라틴어 구절의 경우에는 쉽게 이용할 수 있는 로브(Loeb) 판(Cambridge, MA: Harvard University Press, 1975)을 인용했다.

2. *On the Nature of Things* 5 : 737-40. 베누스의 "날개 달린 전령"은 큐피드를 가리킨다. 보티첼리의 그림에서는 큐피드가 눈가리개를 한 채 날개 달린 화살을 끼운 활을 겨누는 모습으로 묘사된다. 로마 신화에서 꽃의 여신인 플로라는 자신의 우아한 옷 주름으로부터 꽃송이를 잔뜩 꺼내 흩뿌리고 있다. 풍성한 수확을 가져오는 서풍의 신 제피로스는 요정 클로리스에게 손을 뻗고 있다. 인문주의자 폴리치아노는 루크레티우스가 보티첼리에게 남긴 영향을 고찰했는데, 이에 대해서는 다음을 참고하라. Charles Dempsey, *The Portrayal of Love: Botticelli's "Primavera" and Humanist Cuture at the Time of Lorenzo the Magnificent* (Princeton: Princeton University Press, 1992) 특히 pp. 36-49; Horst Bredekamp, *Botticelli: Primavera. Florenz als Garten der Venus* (Frankfurt am Main: Fisher Verlag GmbH, 1988); Aby Warburg, "Sandro Botticelli's *Birth of Venus* and *Spring*: An Examination of Concepts of Antiquity in the Italian Early Renaissance," *The Revival of Pagan Antiquity*, ed. Kurt W. Forster, trans. David Britt (Los Angeles: Getty Research Institute for the History of Art and the Humanities, 1999), pp. 88-156.

3. 포조가 쓴 편지 중에서 172명의 인물들에게 보낸 총 558통의 편지가 현재까지 남아 전해진다. 1417년 7월에 쓴 편지에서 프란체스코 바르바로는 포조가 "훌륭하고 교양 있는 벗인 구아리누스 다 베로나"에게 보낸 발견 여행에 관한 편지를 언급한다. *Two Renaissance Book Hunters: The Letters of Poggius Bracciolini to Nicolaus de Nicolis*, trans. Phylis Walter Goodheart Gordan (New York: Columbia University Press, 1974). 포조의 편지에 대해서 더 자세히 알고 싶다면, 다음을 참고하라. Poggio Bracciolini, *Lettere*, ed. Helene

Harth, 3 vols. (Florence: Olschki, 1984).

제1장 책 사냥꾼

1. *Poggio Bracciolini 1380-1980: Nel VI centenario della nascita*, Instituto Nazionale di Studi Sul Rinascimento, vol. 7 (Florence: Sansoni, 1982), *Un Toscano del '400 Poggio Bracciolini, 1380-1459*, ed. Patrizia Castelli (Terranuova Bracciolini: Administrazione Comunale, 1980)를 참고하라. 전기적 사실의 주요한 출전은 Ernst Walser, *Poggius Florentinus: Leben und Werke* (Hildesheim: George Olms, 1974).

2. 죄악으로 여겨지던 호기심이 다시 복잡한 경로를 거쳐 명예를 회복하기까지의 과정에 대해서는 다음을 참고하라. Hans Blumenberg, *The Legitimacy of the Modern Age*, trans. Robert M. Wallace (Cambridge, MA: MIT Press, 1983; orig. German edn. 1966), pp. 229-453.

3. Eustace J. Kitts, *In the Days of the Councils: A Sketch of the Life and Times of Baldassare Cossa (Afterward Pope John the Twenty-Third)* (London: Archibald Constable & Co., 1908), p. 359.

4. Peter Partner, *The Pope's Men: The Papal Civil Service in the Renaissance* (Oxford: Clarendon Press, 1990), p. 54.

5. Lauro Martines, *The Social World of the Florentine Humanists, 1390-1460* (Princeton: Princeton University Press, 1963), pp. 123-27.

6. 1416년, 포조는 분명히 교황청 사무국의 다른 사람들과 함께 성직록을 얻으려고 애썼다. 그러나 포조에게 성직록을 수여하는 것을 놓고 말이 많았고, 결국 포조는 자리를 얻지 못했다. 그가 새로 선출된 교황 마르티누스 5세 아래에서 필사가로 일할 수 있었던 것은 분명해 보이나, 그것이 비서 자리에서 좌천되는 것이라고 생각하여 이를 거절했다. Walser, *Poggius Florentinus*, pp. 42ff.

제2장 발견의 순간

1. Nicholas Mann, "The Origins of Humanism," in *The Cambridge Companion to Renaissance Humanism*, ed. Jill Kraye (Cambridge: Cambridge University Press, 1996), p. 11. 페트라르카에 대한 포조의 반응에 대해서는 다음을 참고하라. Riccardo Fubini, *Humanism and Secularization: From Petrarch to Valla*, Duke Monographs in Medival and Renaissance Studies, 18 (Durham, NC, and London: Duke University Press, 2003). 이탈리아 인문주의의 발달에 대해서는 다음을 참고하라. John Addington Symonds, *The Revival of Learning* (New York: H. Holt, 1908; repr. 1960); Wallace K. Ferguson, *The Renaissance in Historical Thought: Five Centuries of Interpretation* (Cambridge. MA: Harvard University Press, 1948); Paul Oskar Kristeller, "The Impact of Early Italian Humanism on Thought and Learning," in Bernard S. Levy, ed. *Developments in the Early Renaissance* (Albany: State University of New York Press, 1972), pp. 120-57; Charles Trinkaus, *The Scope of Renaissance Humanism* (Ann Arbor: University of Michigan Press, 1983); Anthony Grafton

and Lisa Jardine, *From Humanism to the Humanities: Education and the Libral Arts in Fifteenth- and Sixteenth-Century Europe* (Cambridge, MA: Harvard University Press, 1986); Peter Burke, "The Spread of Italian Humanism," in Anthony Goodman and Angus Mackay, eds., *The Impact of Humanism on Western Europe* (London: Longman, 1990), pp.1-22; Ronald G. Witt, *"In the Footsteps of the Ancients": The Origins of Humanism from Lovato to Bruni, Studies in Medieval and Reformation Thought*, ed. Heiko A. Oberman, vol. 74 (Leiden: Brill, 2000); and Riccardo, Fubini, *L'Umanesimo Italiano e I Suoi Storici* (Milan: Franco Angeli Storia, 2001).

2. Quintilian, *Institutio Oratoria* (The Orator's Education), ed. and trans. Donald A. Russel, Loeb Classical Library, 127 (Cambridge, MA: Harvard Univerisity Press, 2001), 10.1, pp.299ff. 퀸틸리아누스의 완전한 (혹은 거의 완전한) 사본은 1516년까지는 발견되지 않았으나(유일한 발견자는 포조 브라촐리니), 그리스와 로마 작가들의 목록이 있는 "box X"는 중세 내내 사람들 사이에서 널리 읽혔다. 퀸틸리아누스는 마케르와 루크레티우스에 대해서 "둘 모두 자신의 주제를 우아하게 다루지만, 전자가 평이하다면 후자는 난해하다"라고 언급했다. p. 299.

3. Robert A. Kaster, *Guardians of Language: The Grammarian and Society in Late Antiquity* (Berkeley and London: Univerisy of California Press, 1988). 근대 이전 사회의 문맹률에 관한 자료는 도저히 믿을 수 없는 것으로 악명이 높다. 캐스터는 리처드 던컨-존스의 자료를 인용하면서 이렇게 결론을 내린다. "로마 제국에 거주한 대다수 사람들은 고전기 언어를 읽고 쓸 줄 몰랐다." 기원후 첫 300년 동안의 자료를 보면, 지역별로 편차가 크기는 하지만, 70퍼센트 이상이 문맹이었을 것이다. Kim Haines-Eitzen, *Guardians of Letters: Literacy, Power, and the Transmitters of Early Christian Literature* (Oxford: Oxford University Press, 2000)에도 비슷한 자료가 실려 있으나, 하이네스-아이첸은 문맹률이 90퍼센트도 넘었을 것이라고 추산한다. 이에 대해서는 다음을 참고하라. Robin Lane Fox, "Literacy and Power in Early Christianity," in Alan K. Bowman and Greg Woolf, eds., *Literacy and Power in the Ancient World* (Cambridge: Cambridge University Press, 1994).

4. Fox, "Literacy and Power in Early Christianity," p. 147 재인용.

5. 이 회칙은 독서를 도저히 참아내지 못하는 자들에 대한 대비책을 포함하고 있다. "만약 극히 태만하거나 부정하여 공부나 독서를 하지 않으려고 하거나 할 수 없는 자가 있다면, 과제를 주어 그가 게으름을 피우지 않게 해야 한다." *The Rule of Benedict*, trans. by Monks of Glenstal Abbey (Dublin: Four Courts Press, 1982), 48 : 223.

6. John Cassian, *The Institutes*, trans. Boniface Ramsey (New York: Newman Press, 2000), 10 : 2.

7. *The Rule of Benedict*, 48 : 19-20. 이 부분의 Monks of Glenstal Abbey의 라틴어 번역 중 "다른 이들에 대한 경고로써"라는 부분을 원문의 라틴어 표현 ut ceteri timeant의 느낌을 살리기 위해서 "다른 이들은 두려움에 감히 같은 잘못을 범하지 않도록"이라고 수정했다.

8. Spiritum elationis : 이 단어를 영역자는 "허영에 들뜬 영혼"이라고 옮겼으나, 여기에서는 "기고만장함" 혹은 "희열"을 의미한다고 보아야 한다.

9. *The Rule of Benedict*, 38 : 5-7.

10. Ibid., 38 : 8.

11. Ibid., 38 : 9.

12. Leila Avrin, *Scribes, Script and Books: The Book Arts from Antiquity to the Renaissance* (Chicago and London: American Library Association and the British Library: 1991), p. 324. 필사본은 바르셀로나에 있다.

13. 포조의 손글씨를 조금 더 큰 맥락에서 살펴보고 싶다면, 다음을 참고하라. Berthold L. Ullman, *The Origin and Development of Humanistic Script* (Rome: Edizioni di Storia e Letteratura, 1960). 이 주제에 대한 개요서로는 다음이 있다. Martin Davies, "Humanism in Script and Print in the Fifteenth Century," in *The Cambridge Companion to Renaissance Humanism*, pp. 47-62.

14. 바르톨로메오는 1414년에 필사가로 취직했고, 포조는 그 다음 해에 취직했다. Partner, *The Pope's Men*, pp. 218, 222.

15. Gordan, *Two Renaissance Book Hunters*, pp. 208-9 (letter to Ambrogio Traversari).

16. Ibid., p. 210.

17. Eustace J. Kitts, *In the Days of the Councils: A Sketch of the Life and Times of Baldassare Cossa* (London: Archibald Constable & Co., 1908), p. 69.

18. W. M. Shepherd, *The Life of Poggio Bracciolini* (Liverpool: Longman et al., 1837), p. 168에서 재인용.

19. Avrin, *Scribes, Script and Books*, p. 224. 사실 불평하던 필사가는 평범한 양피지가 아니라 '벨룸'을 사용하고 있었다. 아마도 그 벨룸은 유난히 상태가 좋지 않은 것이었음에 틀림없다.

20. Ibid.

21. George Haven Putnam, *Books and Their Makers During the Middle Ages*, 2 vols. (New York: Hilary House, 1962; repr. of 1896-98 edn.) 1 : 61에서 재인용.

22. 이탈리아 북부 보비오에 있는 훌륭한 수도원에는 유명한 도서관이 있었다. 9세기 말의 도서목록에는 루크레티우스의 작품을 포함하여 수많은 희귀한 고대 문헌의 제목이 있지만, 그 대부분이 오늘날에는 사라지고 없다. 아마도 수도원 공동체의 필요를 위해서 『복음서』나 『시편』을 옮겨 쓰면서 잉크가 벗겨지는 운명을 피하지 못한 것으로 보인다. 베른하르트 비쇼프는 이렇게 썼다. "베네딕투스 회칙을 위해서 콜룸바누스 회칙을 버렸던 보비오에서는 많은 고대 문헌이 지워지고, 위에 다른 문헌이 덧입혀지는 팔림프세스트 신세가 되었다. 9세기 말에 작성된 도서관의 도서목록은 당시 보비오가 유럽 유수의 충실한 도서관이었음을 알려준다. 이곳에는 다수의 문법학 논문과 함께 희귀한 운문 작품들도 보관되어 있었다. 하드리아누스 황제 시대의 시인 셉티미우스 세레누스의 우아한 시 *De Runalibus*의 유일한 사본도 사라지고 말았다. 루크레티우스와 발레리우스 플라쿠스의 사본은 이탈리아어 필사본이 만들어지지도 않은 상태에서 사라졌던 것으로 보인다. 결국 포조가 이 작품을 독일에서 발견했다." *Manuscripts and Libraries in the Age of Charlemagne* (Cambridge: Cambridge University Press, 1994), p. 151.

23. 다른 강력한 후보는 알자스 남부에 있는 무르바흐 수도원이다. 727년에 설립된 무르바흐 수도원은 9세기 중반까지 학문 연구의 중요한 중심지였으며, 『사물의 본성에 관하여』의 사본 1권을 소장했던 것으로 알려져 있다. 그러나 어느 수도원이든 포조가 맞서야 했던 도전의 내용은 거의 같았을 것이다.

24. 라바누스는 810년에 기독교를 기리는 각 구의 첫 글자를 따면 특별한 이름이 되는 형식이 매력적인 시집을 썼다. 그 시집의 산문으로 된 서문에는 이 책의 문맥에서 보이는 매우 흥미로운 설명이 나온다. 라바누스는 이를 다음과 같이 설명한다. 그의 시에는 2개의 음절을 1개로 축약하는 synalepha라는 수사법도 이용되었는데, "이는 티투스 루크레티우스의 작품에서도 빈번히 발견되는 기법이다(Quod et Titus Lucretius non raro fecisse invenitur)." David Ganz, "Lucretius in the Carolingian Age: The Leiden Manuscripts and Their Carolingian Readers," in Claudine A. Chavannes-Mazel and Margaret M. Smith, eds., *Medieval Manuscripts of the Latin Classics: Production and Use*, Proceedings of the Seminar in the History of the Book to 1500, Leiden, 1993 (Los Altos Hills, CA: Anderson-Lovelace, 1996), 99에서 재인용.

25. Pliny the Younger, *Letters*, 3.7.

26. 인문주의자들은 루크레티우스의 시가 계속 존재한다는 사실을 어렴풋이 짐작하고 있었을 수도 있다. 5세기 초에 마크로비우스는 자신의 작품 『사투르날리아(*Saturnalia*)』에 루크레티우스의 작품을 몇 행 인용했다(George Hadzsits, *Lucretius and His Influence* [New York: Longmans, Green & Co., 1935] 참조). 7세기 초, 세비야의 이시도루스가 쓴 방대한 『어원 사전(*Etymologiae*)』에도 마찬가지로 몇 행이 인용되었다. 이하 본문을 통해서 『사물의 본성에 관하여』가 짤막하게나마 다시 모습을 드러낸 다른 경우도 언급이 되겠지만, 15세기 초에 이 시 전체가 여전히 살아남아 전해지고 있을 것이라고 믿은 경솔한 사람은 아마 없었을 것이다.

제3장 루크레티우스를 찾아서

1. "내게 루크레티우스나 엔니우스의 작품을 몇 편 보내주게." 매우 교양이 높았던 황제 안토니누스 피우스(86-161 CE)는 한 친구에게 이렇게 썼다. "뭔가 조화롭고 힘이 넘치면서 영혼의 상태를 생생하게 표현하는 것으로 부탁하네"(엔니우스는 로마 공화국 초창기의 위대한 시인이었으나 작품의 일부만이 전해지고 있다).

2. "Lucreti poemata, ut scribis, ita sunt, multis luminibus ingenii, multae tamen artis" Cicero, *Q.Fr.* 2.10.3.

3. *Georgics*, 2.490-92 :

> Felix, qui potuit rerum cognoscere causas,
>
> atque metus omnis et inexorabile fatum
>
> subiecit pedibus strepitumque Acherontis avari.

베르길리우스와 루크레티우스는 지하세계에 있는 아케론 강을 사후세계 전체의 상징으로 사용했다. 『농경시』에 나타난 루크레티우스의 영향에 대해서는 특히 다음의 문헌을 참고하라. Monica Gale, *Virgil on the Nature of Things: The Georgics, Lucretius, and the*

Didactic Tradition (Cambridge: Cambridge University Press, 2000).

4. 『아이네이스』의 저자는 황제권이라는 중압감과 쾌락을 부정해야만 하는 엄격한 필요성을 진지하게 지각하게 됨에 따라, 우주의 숨겨진 힘을 인간의 능력으로 분명하고 명료하게 이해할 수 있다는 것에 『농경시』를 쓸 때보다 분명히 더 회의적이었다. 그래도 루크레티우스의 사고와 그의 시가 가진 냉정한 우아함은 베르길리우스의 서사시 전반에 나타나 있다. 비록 그것이 시인과 그 영웅을 줄곧 그리고 앞으로도 영원히 피해갈 확보된 안전에 대한 곁눈질 정도의 형태라고 할지라도 말이다. 『아이네이스』(그리고 베르길리우스의 다른 작품과 함께 오비디우스, 호라티우스의 작품)에 나타나 있는 루크레티우스의 엄청난 존재감에 대해서는 다음을 참고하라. Philip Hardie, *Lucretian Receptions: History, The Sublime, Knowledge* (Cambridge: Cambridge University Press, 2009).

5. *Amores*, 1.15.23-24. 특히 다음을 참고하라. Philip Hardie, *Ovid's Poetics of Illusion* (Cambridge: Cambridge University Press, 2002) pp. 143-63, 173-207.

6. 멤미우스는 무자비한 독재자 술라의 사위였다. 기원전 54년, 그는 집정관 선거에 출마했는데, 재정 문제와 관련해서 추문에 휘말리면서 율리우스 카이사르의 결정적인 지지를 잃게 되었고 이와 함께 그의 정치 생명도 끝장나고 말았다. 키케로는 그가 연설가로서는 형편없었다고 생각했으나 탁월한 독서가라는 점은 인정했다. 다만 라틴어보다는 그리스 문학에 조예가 깊었다. 멤미우스가 정치인으로서 운이 다했다는 것을 알고는 아테네로 이동한 것도 아마 그가 그만큼 그리스 문화에 심취해 있었기 때문일 것이다. 그는 그곳에서 200년 전에 사망한 철학자 에피쿠로스의 집이 있던 땅을 사들였다. 기원전 51년, 키케로는 멤미우스에게 보내는 편지에 "에피쿠로스 학파의 철학자 파트로(Patro)"에게 폐허가 된 에피쿠로스의 집터를 내줄 수 없겠냐는 개인적 부탁을 적어 보냈다(멤미우스가 구상하고 있던 계획은 에피쿠로스의 집을 위협하고 있었다). 키케로에 따르면, 파트로는 이렇게 탄원했다. "나는 직위와 직무, 신성한 선서, 에피쿠로스의 이름을 걸고……위대한 인물들의 거주 공간과 집, 기념비에 책임이 있습니다." Letter 63 (13 : 1) in *Cicero's Letters to Friends* (Loeb edn.), 1 : 271. 에피쿠로스와 함께 우리는 다시 루크레티우스에 관한 이야기로 돌아가게 된다. 루크레티우스야말로 가장 열정적이고 똑똑하며 창의적인 에피쿠로스의 신봉자였기 때문이다.

7. 이 전설의 창작에 대해서는 특히 다음을 보라. Liciano Canfora, *Vita di Lucrezio* (Palermo: Sellerio, 1993). 이 전설에서 탄생한 가장 위대한 역작이 테니슨의 「루크레티우스」이다.

8. 칸포라의 매혹적인 *Vita di Lucrezio*는 일반적인 의미에서의 전기(傳記)라고 할 수는 없지만, 성 히에로니무스에게서 파생한 신화적인 설명을 해체한 뛰어난 시도이다. 현재 진행 중인 연구 중에서 애다 파머는 르네상스 시대의 학자들이 루크레티우스의 생애에 대한 근거라고 생각해서 모았던 것들이 대부분 루크레티우스와는 무관한 다른 사람들에 대한 논평임을 보여준다.

9. Johann Joachim Winkelmann. David Sider, *The Library of the Villa dei Papiri at Herculaneum* (Los Angeles: J. Paul Getty Museum, 2005)에서 재인용. 빙켈만의 이 생생한 표현은 이탈리아 속담이다.

10. Camillo Paderni, director of the Museum Herculanense in the Royal Palace at Portici,

1755년 2월 25일자 편지글. Sider, *The Library*, p. 22에서 재인용.

11. Avrin, *Scribes, Script and Books*, pp. 83ff.

12. 이 당시 스위스 공병 소속의 카를 베버가 유적지의 조사책임자였던 사실은 정말 드문 행운이었다. 그는 묻혀 있던 고대 유산에 대해서 상당한 책임감과 학구적인 관심을 가지고 있었다.

13. 로마인이 자신을 이렇게 여긴 데에는 오랜 역사가 있었다. 기원전 146년, 스키피오가 카르타고를 약탈했을 때, 위대한 북아프리카 도시의 도서관이 소장하고 있던 책이 다른 약탈품과 함께 그의 수중에 들어왔다. 그는 원로원에 서한을 보내서 책들을 어떻게 처리할지를 물었다. 원로원은 오직 단 한 권, 농경에 관한 논문만이 라틴어로 번역해서 로마로 가져올 만한 가치가 있을 것이라는 답을 보내왔다. 또한 그 외의 나머지 책들은 아프리카에 있는 소왕국들의 왕에게 선물로 주라고 지시했다. Pliny the Elder, *Natural History*, 18 : 5.

14. 그리스 도서관의 장서를 전리품으로 압수하는 것은 점차 일반화되었다. 비록 그것이 정복자의 유일한 전리품인 경우는 드물었지만 말이다. 기원전 67년, 술라의 동맹 루쿨루스는 동방 정벌을 통해서 다른 사치품과 함께 매우 귀중한 도서관의 소장도서를 가지고 돌아왔다. 은퇴 이후, 그는 그리스 문학과 철학 연구에 헌신했으며, 로마와 나폴리 근교 투스쿨룸에 있는 자신의 빌라와 정원에서 지냈다. 그는 그리스 지식인과 시인들의 자비로운 후원자로서, 키케로의 대화체 형식의 글 『아카데미카(*Academica*)』에 주요 대화자 중의 한 명으로 등장한다.

15. 북이탈리아(Gallia Transpadana)로 임명된 폴리오는 그의 영향력을 행사해서 베르길리우스의 재산이 몰수당하는 것을 막아주었다.

16. 아우구스투스 황제가 세운 두 개의 도서관은 옥타비아 도서관과 팔라티노 도서관으로 알려져 있다. 옥타비아 도서관은 기원전 33년에 그의 누이를 기려 위해서 포르티쿠스 옥타비아이에 세워졌으며, 책을 읽을 수 있는 아래층 공간과 책을 보관하는 위층 공간이 멋진 산책로로 연결되어 있었다. 팔라티노 도서관은 팔라티노 언덕에 있는 아폴론 신전에 딸린 시설로서 그리스어 문헌과 라틴어 문헌을 다루는 두 개의 분리된 관리 부서가 있었던 것으로 보인다. 두 도서관 모두 결국 화재로 파괴되었다. 아우구스투스 황제의 후계자들도 도서관 건립의 전통을 이어갔다. 티베리우스 황제는 팔라티노 언덕에 있는 그의 집에 티베리안 도서관을 세웠다(수에토니우스에 의하면, 그는 공공도서관에 자신이 좋아하는 그리스 시인들의 작품이나 조각상을 전시했다고 한다). 베스파시아누스 황제도 네로 황제가 로마를 불태운 후에 세워진 평화의 신전 안에 도서관을 만들었다. 도미니티아누스 황제도 로마 대화재로 불탄 도서관을 복원하고, 더 많은 필사본을 얻기 위해서 알렉산드리아까지 사람을 파견했다. 로마 제국에서 가장 중요한 도서관은 울피우스 트라야누스 황제가 세운 울피안 도서관이었다. 이것은 처음에는 트라야누스 광장에 세워졌으나, 나중에 디오클레티아누스 대욕장으로 옮겨졌다. 다음을 참고하라. Lionel Casson, *Libraries in the Ancient World* (New Haven: Yale University Press, 2002).

17. 아테네, 키프로스, 코모, 밀라노, 스미르나, 파트라이, 티부르가 바로 그런 도시들이었다. 이런 곳의 도서관에서는 도서 대출도 가능했다. 그러나 아테네의 아고라에서 발견된 기원후 200년경의 판타이노스 도서관의 외벽에 새겨진 명문에 의하면 "어떤 책도 가지고 나갈

수 없으니, 우리가 그렇게 맹세했기 때문이다. 도서관은 아침 6시부터 정오까지 열린다."
(Sider, *The Library of the Villa dei Papiri at Herculaneum*, p. 43에서 재인용)

18. Clarence E. Boyd, *Public Libraries and Literary Culture in Ancient Rome* (Chicago: University of Chicago Press, 1915), pp. 23-24.

19. Cf. Arnaldo Momigliano, *Alien Wisdom: The Limits of Hellenization* (Cambridge: Cambridge University Press, 1975).

20. Erich Auerbach, *Literary Language and Its Public in Late Antiquity and in the Middle Ages*, trans. Ralph Manheim (Princeton: Princeton University Press, 1965), p. 237.

21. Knut Kleve, "Lucretius in Herculaneum," in *Cronache Ercolanesi* 19 (1989), p. 5.

22. *In Pisonem* ("Against Piso"), in Cicero, *Orations*, trans. N. H. Watts, Loeb Classical Library, vol. 252 (Cambridge, MA: Harvard Univeristy Press, 1931), p. 167("in suorum Gaecorum foetore atque vino").

23. *The Epigrams of Philodemos*, ed. and trans. David Sider (New York: Oxford University Press, 1997), p. 152.

24. 당시 몇 차례의 심한 지진이 발생하기는 했지만, 화산이 마지막으로 크게 분화한 것은 기원전 약 1200년의 일이었다. 따라서 정말로 메스꺼움을 느낄 만한 원인이 있었다고 해도 화산 때문은 아니었다.

25. Cicero, *De natura deorum* ("On the Nature of God"), trans. H. Rackham, Loeb Classical Library, 268 (Cambridge, MA: Harvard University Press, 1933), 1.6, pp. 17-19.

26. Ibid., p. 383.

27. Cicero, *De officiis* ("On Duty"), trans. Walter Miller, Loeb Classical Library, 30. (Cambridge, MA: Harvard University Press, 1913), 1. 37. p. 137.

28. 아래에서 논의하겠지만, 여기에서 "미신(superstition)"으로 번역된 단어는 라틴어의 religio로서 "종교"를 의미한다.

29. Diogenes Laertius, *Lives of the Eminent Philosophers*, 2 vols., Loeb Classical Library, 184-85 (Cambridge, MA: Harvard Univeristy Press, 1952), 2 : 531-33.

30. 에피쿠로스의 epilogismos라는 용어는 "경험적 자료에 근거한 추론"을 나타내는 의미로 빈번히 사용된다. 그러나 마이클 쇼필드에 의하면, epilogismos는 "우리가 매일 하는 평가와 판단의 과정"으로 이해해야 한다고 한다. Schofield, in *Rationality in Greek Thought*, ed. Michael Frede and Gisele Striker (Oxford: Clarendon Press, 1996). 쇼필드는 이러한 과정이 시간에 관한 에피쿠로스의 유명한 문구와 연결되어 있다고 주장한다. "우리는 그것이 발전을 의미하는 과정일 것이라고 가정하는 특별한 표현을 취하지 말아야 한다. 우리는 그것이 단지 존재하는 과정이라는 의미로 사용해야 할 것이다."(p. 222) 에피쿠로스가 제자들에게 역설했던 사고는 "예를 들면 수학자나 변증론자 같은 특별한 지적 재능을 가진 사람들뿐만 아니라 누구나 쉽게 행할 수 있는 일상적인 활동이었다." p. 235.

31. Cicero, *Tusculanae disputationes* ("Tusculan Disputations"), trans, J. E, King. Loeb Classical Library, 141 (Cambridge, MA: Harvard University Press, 1927), 1.6.10.

32. Ibid., 1.21.48-89.

33. 이와 같은 고발은 다음의 문헌에 남아 있다. Diogenes Laertius, *Lives of Eminent Philosophers*, trans. R.D. Hicks, 2 vols., Loeb Classical Library, 184 (Cambridge, MA: Harvard University Press, 1925), 2 : 535. "메트로도로스의 형제인 티모크라테스의 주장으로 그는 [에피쿠로스의] 제자였으나 후에 그 학파를 떠났다."

34. Seneca, *Ad Lucilium Epistulae Morales*, trans. Richard Gummere, 3 vols. (Cambridge: Cambridge University Press, 1917), 1:146.

35. Letter to Menoeceus, in Laertius, *Lives*, 2 : 657.

36. Philodemus, *On Choices and Avoidances*, trans. Giovanni Indelli and Voula Tsouna-McKirahan, La Scuola di Epicuro, 15 (Naples: Bibliopolis, 1995), pp. 104-6.

37. Ben Johnson, *The Alchemist*, ed. Alvin B. Kernan, 2 vols. (New Haven: Yale University Press, 1974), II.ii.41-42; 72-87. 존슨은 에피쿠로스를 여관과 사창가의 수호성인으로 여기던 전통을 따르고 있다. 이 전통의 흔적은 초서의 『캔터베리 이야기(*Canterbury Tales*)』의 등장인물인 뚱뚱한 프랭클린이 "에피쿠로스의 아들"로 묘사되는 데에서도 발견된다.

38. Maxim #7, in Diogenes Laertius, *Lives of Eminent Philosophers*, trans. R. D. Hicks, 2 vols. Loeb Classsical Library, 185 (Cambridge, MA: Harvard University Press, 1925; rev. ed. 1931), 1 : 665.

39. Vatican sayings 31, in A. A. Long and D. N. Sedley, *The Hellenistic Philosophers*, 2 vols. (Cambridge: Cambridge University Press, 1987), 1 : 150.

제4장 시간의 이빨

1. Moritz W. Schmidt, *De Didymo Chalcentero* (Oels: A. Ludwig, 1851) and *Didymi Chalcenteri fragmenta* (Leipzig: Teubner, 1854) 참조.

2. David Diringer, *The Book Before Printing* (New York: Dover Books, 1982), pp. 241ff. 참조.

3. "에피쿠로스는 대단히 다작한 작가로서, 작품 수로 경쟁하면 다른 작가들은 그 앞에서 빛을 잃었다. 에피쿠로스의 작품 수는 두루마리로 300개를 헤아리는데, 다른 저자의 작품에서 인용한 말은 단 한마디도 없이 온전히 그의 입에서 나온 말이다." Diogenes Laertius, *Lives of Eminent Philosophers*, 2 : 555. 디오게네스 라에르티우스는 에피쿠로스의 책 제목을 37개나 언급했지만, 현재는 모두 사라지고 없다.

4. Andrew M. T. Moore, "Diogenes's Inscription at Oenoanda," in Dane R. Gordon and David B. Suits, eds., *Epicurus: His Continuing Influence and Contemporary Relevance* (Rochester, NY: Rochester Institute of Technology Cary Graphic Arts Press, 2003), pp. 209-14 참조. *The Epicurean Inscription* [*of Diogenes of Oinoanda*], ed. and trans. Martin Ferguson Smith (Naples: Bibliopolis, 1992) 참조.

5. Aristotle, *Historia animalium*, trans. A. L. Peck, Loeb Classical Library, 438 (Cambridge, MA: Harvard University Press, 1965-91), 5 : 32.

6. Ovid, *Ex ponto*, trans. A. L. Wheeler, rev. G. P. Goold, 2nd edn. (Cambridge, MA: Harvard University Press, 1924), 1.1.73.

7. Horace, *Satires. Epistles. The Art of Poetry*, trans. H. Rushton Fairclough, Loeb Classical Library, 194 (Cambridge, MA: Harvard University Press, 1926), Epistle 1.20.12.

8. *Greek Anthology*, trans. W. R. Paton, Loeb Classical Library, 84 (Cambridge, MA: Harvard University Press, 1917), 9 : 251. (Evenus of Ascalon, fl. between 50 BCE and 50 CE).

9. Kim Haines-Eitzen, *Guardians of Letters: Literacy, Power, and the Transmitters of Early Christian Literature* (Oxford: Oxford University Press, 2000), p. 4.

10. Lionel Casson, *Libraries in the Ancient World* (New Haven: Yale University Press, 2001), p. 77에서 재인용.

11. Leila Avrin, *Scribes, Scripts and Books: The Book Arts from Antiquity to the Renaissance* (Chicago: American Library Association, 2991), p. 171. 같은 책의 pp. 149-53도 참고하라.

12. 여성 필사가에 대해서는 하이네스-아이첸의 책을 참고하라.

13. 역사상 1450년 이전까지 만들어진 책의 총 부수와 1450년부터 1500년 사이에 만들어진 책의 부수가 같을 것이라고 추산되고 있다. 그리고 같은 부수의 책이 1500년부터 1510년 까지의 10년 사이에 만들어졌고 그 다음 10년 동안에는 그 두 배 만큼의 책이 만들어진 것으로 보인다.

14. 필사가에 대해서는 다음의 책들을 참고하라. L. D. Reynolds and N. G. Wilson, *Scribes and Scholars: A Guide to the Transmission of Greek and Latin Literature*, 2nd edn. (London: Oxford University Press, 1974); Avrin, *Scribes, Script and Books*; Rosamond McKitterick, *Books, Scribes and Learning in the Frankish Kingdoms, 6th-9th Centuries* (Aldershot, UK: Variorum, 1994); M. B. Parkes, *Scribes, Scripts, and Readers* (London: Hambledon Press, 1991). 필사가의 상징적인 중요성에 대해서는 다음을 참고하라. Giorgio Agamben, *Potentialities: Collected Essays in Philosophy*, ed. Daniel Heller-Roazen (Stanford: Stanford University Press, 2000), pp. 246ff. 예를 들어 아비센나가 말한 "완벽한 잠재 능력"이란 아무것도 쓰고 있지 않은 순간의 필사가로 표현할 수 있다.

15. 알렉산드리아 남쪽의 곡물창고에는, 강물이 범람하여 만들어진 비옥한 평야에서 수확한 곡물이 끝없이 배에 실려 들어왔다. 이렇게 배에 실려 들어오는 곡물은 "흙이나 보리가 섞여 있다든가, 제대로 까부르거나 체로 거르지 않은 불순한 상태"가 아닌지를 감독하는 관리들의 날카로운 감시를 받았다. Christopher Haas, *Alexandria in Late Antiquity: Topography and Social Conflict* (Baltimore: Johns Hopkins University Press, 1997), p. 42. 수천 개에 달하는 곡물 자루는 운하를 통해서 항구로 수송되고, 곡물은 항구에서 기다리고 있던 배에 실려 도시까지 이동했다. 이 많은 양의 곡물을 선적한 배가 이미 오래 전에 도시의 교외지역에서 생산되는 곡물량을 초과한 도시의 과잉 인구를 먹여 살렸다. 알렉산드리아 는 고대 세계에서 식량 공급량을 통제하는 주요 거점 중 하나였고, 따라서 곧 안보, 나아가 서는 권력의 중심지였다. 곡물은 알렉산드리아가 통제하던 유일한 물품이 아니었다. 알렉 산드리아 상인은 포도주, 린넨, 태피스트리, 유리, 그리고—우리에게 가장 흥미로운 품목 이라고 할 수 있는—파피루스 무역으로 유명했다. 도시 근처의 거대한 습지는 최상질의 파피루스를 생산할 수 있는 갈대의 경작에 딱 맞는 환경을 제공했다. 카이사르의 시대부터 프랑크 왕국이 통치하던 시대에 이르기까지 고대 세계 전체에서 관료, 철학자, 시인, 사제,

상인, 황제, 학자 모두 명령을 내리고 부채를 기록하고 자신의 생각을 옮겨적는 데에 늘 "알렉산드리아제" 파피루스를 선호했다.

16. 프톨레마이오스 3세(기원전 246-221)는 당시 사람들이 알고 있던 모든 나라들의 지배자에게 서신을 보내서 가지고 있는 책의 사본을 요청했다고 한다. 관리들은 지나가는 배를 수색하여 배에 실린 모든 책을 몰수하도록 명령을 받았다. 몰수한 책들은 사본을 제작한 뒤, 원본은 위대한 도서관으로 가고 사본을 주인에게 돌려주었다(이렇게 입수한 책들은 도서관 도서목록에 "배에서 얻음"이라고 표시되었다). 왕실의 대리인들은 더 많은 책을 사거나 빌리기 위해서 지중해 곳곳을 훑고 다녔다. 책을 빌려주는 사람 입장에서는 혹시라도 책을 돌려받지 못할까봐 경계했고 거액의 보상금을 요구했다. 아테네는 귀한 아이스킬로스, 소포클레스, 에우리피데스의 책—그때까지 아테네의 기록관들이 소중하게 지켜온 것들이다—을 빌려달라는 알렉산드리아 도서관의 끈질긴 회유에 결국 금화 15탈란트에 달하는 막대한 보증금을 요구했다. 프톨레마이오스 3세는 보증금을 지불하고 책을 받았으나, 보증금을 포기하고 사본을 아테네에 돌려보내고, 원본은 도서관으로 보냈다.

17. Ammianus Marcellinus, *History*, Loeb Classical Library, 315 (Cambridge, MA: Harvard University Press, 1940), 2 : 303. 루피누스가 한 다음의 말도 참고하라. "건물 전체는 많은 아치 위에 만들어진 거대한 창문들이 있는 아치형 건물이다. 안쪽에 있는 숨겨진 방들은 저마다 독립되어 있어서 다양한 제의와 비밀의식에 쓰일 수 있게 준비되어 있다. 건물의 최상층부에는 신들의 형상으로 장식된 휴식의 공간과 작은 예배당들이 있다. 사제들이 거주하는 성스러운 공간도……그곳에 세워져 있다. 이런 건물들 뒤로는 열주로 이루어진 독립된 포르티코(portico)가 내부를 향한 채 외부를 에워싸듯이 서 있다. 중앙에는 신전이 있다. 크고 장엄한 건물로, 대리석과 귀중한 기둥들로 외부를 장식하고 있다. 그 안쪽에는 세라피스의 상이 서 있는데 어찌나 큰지 양손이 건물의 반대쪽 벽에 각각 닿는다." Haas, *Alexandria in Late Antiquity*, p. 148에서 재인용.

18. 이미 살펴본 바와 같이 알렉산드리아는 전략상 중요한 도시였다. 이로 인해서 로마의 사회를 끝없이 뒤흔든 분쟁으로부터 자유롭지 못했다. 기원전 48년, 율리우스 카이사르는 자신의 경쟁자인 폼페이우스를 좇아 알렉산드리아까지 왔다. 폼페이우스는 이집트 파라오의 명령에 따라서 즉시 살해당했고, 그의 잘린 머리는 이를 받고 비탄에 빠졌다고 하는 카이사르에게 보내졌다. 카이사르는 이 지역에 머물 이유가 없었으며, 당시 거느리고 있던 병력도 4,000여 명에 불과했으나, 그는 알렉산드리아에 남아 이 도시에 대한 통제권을 확실히 해야겠다고 결심했다. 그로부터 9개월 동안, 카이사르는 수적으로 대단히 불리한 상황에서 항구로 밀려오는 왕실 함대에 밀려 고전했다. 카이사르의 군대는 유황을 칠한 후에 송진까지 묻힌 횃불을 이용하여 왕실 함대에 불을 붙였다. 선체에는 불이 잘 붙는 역청이 발라져 있었고, 갑판은 밀랍으로 메워져 있었으므로 함대에 붙은 불길은 대단히 거셌다(고대 함대에 발생한 화재에 대한 상세 내용에 대해서는 다음을 보라. Lucan, *Pharsalia*, trans. Robert Graves [Baltimore: Penguin, 1957], p. 84, III : 656-700). 급기야 불길은 함선에서 선창으로 번졌고 도서관(최소한 소장품 일부를 보관하고 있던 소장고)까지 옮겨붙었다. 소장된 도서들은 이 공격의 목표가 아니었다. 그것들은 그저 쉽게 불타는 성질이 있는 물건이었을 뿐이다. 그러나 불에 탄 책들은 이 화재를 일으킨 방화범의 진지

한 고려대상이 아니었다. 카이사르는 정복한 도시를 폐위된 왕의 누이, 매력적이고 지략이 뛰어난 클레오파트라의 손에 넘겨주었다. 알렉산드리아 도서관이 이 화재로 입은 손실의 일부는 아마도 곧 다시 채워졌을 것이다. 그로부터 몇 년 뒤, 클레오파트라에게 빠져 제정신이 아니었던 마르쿠스 안토니우스가 페르가몬에서 약탈한 약 20만 권의 책을 클레오파트라에게 주었다고 전해지기 때문이다(페르가몬 도서관을 이루었던 열주는 터키의 지중해 연안에서 위대했던 도시의 영광을 보여주는 인상적인 다른 잔해와 함께 지금도 볼 수 있다). 무작위로 한 도서관에서 훔쳐서 알렉산드리아에 던져진 책들은 화재로 소실된 책들을 제대로 보충할 수 없었다. 소실된 책들이 지적인 목적의식을 가지고 수고스럽게 하나하나 수집한 책이었기 때문이다. 도서관의 담당자들이 이 손실을 어떻게든 보충하려고 열정적으로 일했다는 것은 의심할 여지가 없고, 도서관은 거느리고 있는 학자들과 거대한 소장자료 덕분에 계속 유명한 도서관으로 남을 수 있었다. 그러나 이 사건의 요점은 분명하다. 마르스(전쟁의 신/역주)는 책의 적이다.

19. 407년이 되어서야 제국의 주교들에게 이교 신전을 폐쇄하거나 파괴할 수 있는 법적인 권한이 부여되었다. Haas, *Alexandria in Late Antiquity*, p. 160.

20. Rifinus, ibid., pp. 161-62에서 재인용.

21. *Greek Anthology*, p. 172.

22. *The Letters of Synesius of Cyrene*, trans. Augustine Fitzgerald (Oxford: Oxford University Press, 1926), p. 253. 히파티아에 관한 모든 것은 명백히 깊은 존경심을 불러일으켰던 것으로 보이며, 단지 학자들 사이에서뿐만 아니라 알렉산드리아의 시민 대중 사이에서도 그러했다. 히파티아의 죽고 약 두 세대 후에 철학을 공부하기 위해서 다마스쿠스에서 알렉산드리아로 온 젊은이는 그곳에서 여전히 히파티아가 세간에서 받았던 경의에 관한 이야기들을 들을 수 있었다고 한다. "이 도시 전체가 당연히 그녀를 사랑했고 그녀에게 이례적인 존경심을 가지고 있었다. 도시의 권력자들도 그녀에게 먼저 경의를 바쳤다." Damascius, *The Philosophical History*, trans. Polymnia Athanassiadi (Athens: Apamea Cultural Association, 1999), p. 131. 다음은 시인 팔라다스가 히파티아를 찬양하며 쓴 시이다.

황도 십이궁을 찾으며, 처녀자리를 바라보니,
당신의 진짜 자리는 하늘임을 앎이라.
어디를 보나 당신의 명철함을 보나니,
나는 당신께 경의를 바치나이다, 존경받는 히파티아여,
가르침의 밝은 별, 흠 없고, 어둡지 아니 하나니……

Poems, trans. Tony Harrison (London: Anvil Press Poetry, 1975), no. 67.

23. Socrates Scholasticus, *Ecclesiastical History* (London: Samuel Bagster & Sons, 1844), p. 482.

24. *The Chronicle of John, Bishop of Nikiu* [c. CE 690], trans. R. H. Charles (London: Text and Translation Society, 1916) 참조. "그녀는 항상 마법과 아스트롤라베(천문 관측장비), 악기에 빠져 있었는데, (자신의) 악마적인 책략으로 많은 사람들을 꾀어냈다. 그녀의 마술에 속은 도시의 총독도 그녀를 대단히 존경했다." (84 : 87-88), p. 100.

25. 그로부터 200년이 지난 후에 알렉산드리아를 정복한 아랍인들은 분명히 선반에서 많은

책들을 발견했다. 그러나 그 대부분이 기독교 신학 작품으로서 이교도의 철학이나 수학, 천문학을 다룬 것은 많지 않았다. 칼리프 오마르에게 입수한 책들을 어떻게 처리할 것인지를 묻자, 그는 다음과 같은 냉담한 답변을 보냈다고 전해진다. "만약 책들의 내용이 알라의 가르침과 조화를 이룰 수 있는 것이라면, 우리로서는 알라의 말씀을 담은 책이 이미 충분히 말씀하고 있으므로 그것들을 볼 일이 없을 것이다. 만약 책들의 내용이 알라의 가르침에 반하는 것이라면, 그런 책들은 보존할 필요가 없을 것이다. 어느 경우나 마찬가지이니, 가서 없애도록 하라." Roy MacLeod, ed., *The Library of Alexandria: Centre of Learning in the Ancient World* (London: I. B. Tauris, 2004), p. 10에서 재인용. 만약 위의 이야기가 사실이라면, 도서관에 있던 파피루스 두루마리와 양피지, 코덱스 형태의 책은 공중 목욕탕으로 보내져 물을 덥히기 위한 용도로 아궁이에 던져졌을 것이다. 전설에 의하면, 그 양은 6개월간 다른 연료가 필요 없을 정도였다고 한다. Luciano Canfora, *The Vanished Library: A Wonder of the Ancient World*, trans. Martin Ryle (Berkeley: University of California Press, 1989). Casson, *Libraries in the Ancient World*도 참조. 히파티아에 대해서는 다음을 보라. Maria Dzielska, *Hypatia of Alexandira* (Cambridge, MA: Harvard University Press, 1995).

26. Ammianus Marcellinus, *History*, trans. Rolfe, I : 47 (xiv.6.18).

27. Jerome, *Select Letters of St. Jerome*, Loeb Classical Library, 2362 (Cambridge, MA: Harvard University Press, 1933), Letter XXII (to Eustochium), p. 125.

28. "젊은 시절의 나는 황량한 사막의 성벽으로 스스로를 보호했음에도 불구하고, 죄를 짓고자 하는 성향이나 타고난 강한 성욕을 제대로 이겨낼 수 없었네. 나는 여러 번 금식을 통해서 이런 잘못들을 다스리려고 했으나, 마음은 항상 혼란스러운 상상으로 빠져들곤 했지. 이를 가라앉히고자 나는 유대교에서 기독교로 개종한 동료 한 사람에게 도움을 청해 그로부터 히브리어를 배우기 시작했네. 그러니까 퀸틸리아누스의 현명한 교훈, 키케로의 다채롭고 유려한 연설, 프론토의 장중한 문체와 플리니우스의 유려함으로부터 나는 이 쇳소리 나고 바람이 빠진 것 같은[stridentia anhelantiaque verba] 히브리어로 돌아섰네." Jerome, *Select Letters*, p. 419. 같은 편지에서 성 히에로니무스는 한 수도사에게 이렇게 조언한다. "선을 꼬아서 물고기를 낚고 원고를 필사하라. 그리하여 자네의 손이 먹을 것을 구하게 하고 자네의 영혼은 독서로 만족하게 하게." p. 419. 이미 살펴보았듯이 수도원 공동체에서 이루어진 원고 필사작업 덕분에 루크레티우스와 여러 다른 이교 문헌의 생존할 수 있게 되었다.

29. Jerome, *Select Letters*, p. 127.

30. Ibid., p. 129.

31. 팜마키우스를 상찬한 내용이다. "고귀한 사람, 언변이 뛰어난 사람, 부유한 사람에게 거리에서 권력을 누리기를 피하는 것, 대중과 섞이는 것, 가난을 고수하는 것, 농부들과 어울리는 것은 결코 쉬운 일이 아니다." Ep. 66.6. Robert A. Kaster, *Guardians of Language: The Grammarian and Society in Late Antiquity* (Berkeley: University of California Press, 1988), p. 81에서 재인용.

32. Jerome, *Select Letters*, Letter XXII (to Eustochium), p. 125.

33. Pope Gregory I, *Dialogues*, trans. Odo John Zimmerman (Washington, DC: Catholic University of America Press, 1959), 2 : 55-56.

34. 모두가 플라톤과 아리스토텔레스를 받아들였던 것은 아니다. 예를 들면, Tertullian, "Against the Heretics," ch. 7에는 아래와 같이 쓰여 있다.

> 철학은 세상의 지혜의 원료로 신의 성질과 섭리에 경솔한 해석을 내린다. 실제로 이교는 철학에 의해서 뒷받침되고 있다.……대체 아테네가 예루살렘과 무슨 상관이 있다는 말인가? 아카데미가 교회와는 무슨 상관이 있는가? 또 이교도와 진정한 기독교인이 무슨 상관이 있는가? 우리의 가르침은 솔로몬의 주랑에서 나온다. 그리고 솔로몬은 주님은 마음을 단순히 함으로써 구하는 것임을 스스로 깨우쳤다. 스토아 학파니, 플라톤 학파니, 변증법적 기독교니 하는 것을 꾀하는 모든 시도로부터 멀어질지어다! 주 예수 그리스도를 마음에 품은 뒤로는 더 이상의 호기심어린 논쟁도 원치 않으며, 『복음서』를 받은 뒤로는 그 어떤 질문도 없음이라. 일단 우리가 믿는다면, 더 깊이 믿겠노라고 원할 필요가 없다. '믿어야 한다'는 것이 우리가 신앙의 첫 번째 기조로 삼아야 할 것이며 이것 이상으로 우리가 더 해야 할 것은 없다.

Ante-Nicene Fathers, ed. *Alexander Roberts and James Donaldson*, 10 vols. (Grand Rapids: Wm. B. Eerdmans Publishing Co., 1951), 3 : 246을 참조. 한편, 15세기 이후로 기독교와 기독교에 맞게 수정한 에피쿠로스 사상과의 화해가 모색되기도 했다. 이에 대해서는 곧 본문에서 살펴볼 것이다.

35. Minucius Felix, *Octavius*, trans. T. R. Glover and Gerald H. Rendall, Loeb Classical Library, 250 (Cambridge, MA: Harvard University Press, 1931), p. 345(기독교인에 대한 조롱), p. 385(이교도에 대한 조롱). 비슷한 내용으로 같은 책의 다음 부분을 보라. Tertullian, *Apologeticus* ("Apology"), p. 75: "나는 당신이 지혜와 인문학을 익힌 당신네 문헌을 살펴보았소. 그것에서 얼마나 부조리한 것을 발견했는지! 신들이 트로이인과 아카이아인의 편을 들면서 마치 검투사들끼리 쌍으로 부딪쳐 싸우듯이 서로 다투는 모습을 읽게 되다니……!"

36. Tertullian, *Concerning the Resurrection of the Flesh*, trans. A. Scouter (London: SPCK, 1922), pp. 153-54.

37. Ibid., p. 91.

38. James Campbell, "The Angry God: Epicureans, Lactantius, and Warfare," in Gordon and Suits, eds., *Epicurus: His Continuing Influence and Contemporary Relevance*를 참조. 캠벨의 지적에 따르면, 기독교가 분노한 신으로 변화한 것은 기독교가 로마 세계에서의 영향력과 존재감을 키워오던 4세기에 겨우 나타난다. 그 이전의 기독교 사상은 좀더 에피쿠로스적인 태도와 가까웠고 교리도 훨씬 더 통하는 바가 많았다. "실제로 테르툴리아누스, 티투스 플라비우스 클레멘스, 아테나고라스는 에피쿠로스 사상을 매우 높게 평가한 것이 많이 발견되었다. 리하르트 융쿤츠는 '교부들이 에피쿠로스 사상에 반감을 가지고 있었다는 식의 어떤 일반화도 그와 같은 판단이 유효하기 위해서는 실로 더 주의 깊은 검증이 필요하다'라고 말하기도 했다. 사회적 덕목을 실천하고, 용서와 상호 유익을 중요시하며, 세속적 가치를 의문시하는 에피쿠로스주의자의 사고는 기독교인의 사고와 매우 닮아 있다.……더

윗은 '에피쿠로스주의자가 기독교인이 되는 것은 몹시 쉬웠을 수도 있다'라고 말했다. 그리고 반대로 기독교인이 에피쿠로스주의자가 되는 것도 매우 쉬웠으리라고 짐작할 수 있다." p. 47.

39. 그는 이렇게 덧붙였다. "물론 신께서 이미 그의 지혜로 이 이교도들의 작품을 파괴하게 하셨으나, 그로 인해서 이제 더 이상은 그들의 책을 구하기가 쉽지 않다." Floridi on Sextus, p. 13. 에피쿠로스 학파와 함께 율리아누스 황제는 철학적 회의론자인 피론 학파도 몰아내고자 했다.

40. 엄밀하게 말하면, 이 용어는 무신론자를 의미하지는 않았다. 마이모니데스의 설명에 따르면, 아피코로스는 신의 계시를 거부하고 신이 인간사에 대해서 전혀 지식도 관심도 없다고 주장하는 자를 가리키는 말이었다.

41. Tertullian, *Apologeticus*, 45 : 7 (Loeb, p. 197).

42. Lactantius, *De ira* ("A treatise on the Anger of God"), in *Ante-Nicene Christian Fathers*, ed. Roberts and Donaldson, vol. 7, ch. 8 참조.

43. Lactantius, *Divine Institutes*, 3-1 참조.

44. Pope Gregory I, *Dialogues*, 2 : 60.

45. 태형은 비단 로마뿐만 아니라 고대 세계에서 처벌수단으로 널리 쓰였다. 「신명기」 제25장 2절은 이렇게 말한다. "피고인에게 태형이 선고되면, 재판관은 그를 엎드리게 하고 그 앞에서 그의 죄에 따라 수를 맞추어 때리게 하라." 태형의 역사에 대해서는 다음을 보라. Nicklaus Largier, *In Praise of the Whip: A Cultural History of Arousal*, trans. Graham Harman (New York: Zone Books, 2007).

46. 물론 공개 처벌은 이교도 사상과 함께 생명력이 다하거나 고대와 함께 사라지지 않았다. 몰리네는 몽 시의 시민들은 붙잡힌 노상강도를 비싼 값을 주고 사들여서 그의 몸이 사등분 되는 것을 지켜보며 즐거워했다고 전하면서 "사람들은 신성한 육신이 부활하는 것을 보는 것보다 더 행복해 보였다"라고 말했다. Molinet, in Jean Delumeau, *Sin and Fear: The Emergence of a Western Guilt Culture, 13th-18th Centuries*, trans. Eric Nicholson (New York: St. Martin's Press, 1990; orig. 1983), p. 107. 스위스의 연대기 작가 펠릭스 플라터는 어렸을 때 보았던 다음의 장면을 평생 동안 기억했다.

> 70세 여인을 강간한 범죄자는 산 채로, 불에 지진 인두로 피부가 벗겨졌다. 나는 내 두 눈으로 인두질에 의해서 벗겨지는 그자의 산 피부에서 피어나는 두꺼운 연기를 보았다. 그는 처형을 위해서 이곳에 온 것이 분명한 베른의 사형집행자인 기술자 니콜라스의 손에 처형당했다. 죄수는 힘이 좋고 건장한 사내였다. 라인 강을 가로지르는 다리 근처에서 집행 담당자들은 죄수의 가슴을 난도질하고 처형대로 끌고 갔다. 이때쯤에 사내는 완전히 힘이 빠지고 손에서는 피가 철철 흘러내렸다. 그는 더 이상 서 있을 힘조차 없었기 때문에 자꾸 쓰러졌다. 마침내 그의 목이 잘렸고 몸에는 말뚝이 박혔다. 그의 시체는 도랑에 던져졌다. 아버지가 내 손을 잡고 있는 동안 나는 눈으로 그가 이 모든 고통을 겪는 것을 목격했다.

47. 이 예외에 속하는 인물 중의 한 사람이 성 안토니우스였다. 성인전(聖人傳) 작가에 따르면 그는 "매우 높은 수준의 아파테이아, 즉 완벽한 자기 통제와 욕망으로부터의 자유를

누렸다.……모든 감정적인 약점과 죄악으로부터 자유로웠던 그리스도가 그의 모델이었다"라고 한다. Athnasius [attr.], *Life of Anthony*, section 67. Peter Brown, "Asceticisim: Pagan and Christian," in Avril Cameron and Peter Garnsey, eds. *Cambridge Ancient History: Late Empire, A. D. 337-425* (Cambridge: Cambridge University Press, 2008), 13 : 616에서 재인용.

48. Peter Brown, *The Rise of Western Christendom: Triumph and Diversity, A. D. 200-1000* (Oxford: Blackwell, 1996), p. 221; R.A. Markus, *The End of Ancient Christianity* (Cambridge: Cambridge University Press, 1990); and Marilyn Dunn, *The Emergence of Monasticism: From the Desert Fathers to the Early Middle Ages* (Oxford: Oxford University Press, 2000).

49. 이와 같은 주장에는 혁신적인 것은 없다. 신이 겪은 고통을 칭송하고 모방함으로써 고통을 추구하는 행위는 이시스, 아티스 등의 다른 신을 섬기는 다른 종교에서도 나타난 바 있다.

50. 다른 많은 증거들이 함께 제시되어 있는 다음의 자료에서 재인용. Largier, *In Praise of the Whip: A Cultural History of Arousal*, pp. 90, 188.

51. Ibid., p. 36. 라르지에르도 이 아래에 계속되는 이야기를 반복한다.

제5장 탄생과 재생

1. Ernst Walser, *Poggius Florentinus: Leben und Werke* (Hildesheim: Georg Olms, 1974).

2. Iris Oriogo, *The Merchant of Prato: Francesco di Marco Datini, 1335-1410* (Boston: David Godine; 1986, orig. 1957).

3. Lauro Martines, *The Social World of the Florentine Humanists, 1390-1460* (Princeton: Princeton University Press, 1963), p. 22.

4. "14세기 말까지 토스카나의 부유한 집 중에서 최소한 노예를 한 명도 거느리지 않은 가정은 거의 없었다. 신부는 노예를 지참금의 일부로 데려갔고, 의사는 환자들로부터 치료비 명목으로 노예를 받았다. 성직자에게 봉사하는 노예도 그렇게 드물지는 않았다." Origo, *Merchant of Prato*, pp. 90-91.

5. Ibid., p. 109.

6. 양질의 양모는 마요르카, 카탈루냐, 프로방스, 그리고 코츠월드(가장 비싸고 고품질의 양모가 생산된 산지)에서 구입하여 국경과 탐욕스러운 관세 당국을 잘 통과하여 수송되었다. 양모의 염색과 상품으로 출고 전 마무리를 위해서는 다른 수입품이 더 필요했다. 흑해 연안으로부터 명반(매염제 역할을 하여 염료가 천에 잘 배이게 하기 위한 용도)이 수입되었고, 참나무 오배자(최고 품질의 자줏빛이 도는 검은색 염료의 원료)와 대청(짙은 파란색 염료이면서 동시에 다른 색의 발현을 돕는 용도)은 롬바르드에서 수입되었고, 꼭두서니(밝은 빨간색 염료로 쓰이거나 대청과 함께 사용하여 짙은 빨간색이나 자주색 계열의 색을 내는 용도)는 저지대 국가들(벨기에, 네덜란드, 룩셈부르크 지역의 국가들을 가리키는 용어/역주)에서 수입되었다. 언급한 것은 단지 일상적으로 이루어지는 수입 품목이었다. 더 희귀한 것으로 가령, 이 시기에 그려진 값비싼 옷을 자랑스럽게 걸친 귀족의 초상화에서

볼 수 있는 짙은 주홍색(scarlet)은 동지중해의 소라고둥 껍질에서 얻었고, '그라나(grana)' 라는 이름으로 알려진 암적색(carmine red)은 아주 작은 연지벌레에서, 오렌지 색이 감도 는 빨간색인 주색(vermilion)은 홍해 연안에서 발견되는 광물질의 표면에서 얻었다. 특히 어마어마하게 값비쌌고 그래서 가장 귀하게 여겨졌던 축제적색(kermis red)은 동방머릿니 의 사체를 빻아서 만든 가루에서 얻었다.

7. Martin Davis, "Humanism in Script and Print," in *Cambridge Companion to Renaissance Humanism*, ed. Jill Kraye (Cambridge: Cambridge University Press, 1996), p. 48. 페트라르 카가 표현했듯이 당시에 독서는 문자 그대로 책을 읽는다기보다는 그림을 보는 것과 더 비슷했다.

8. 경건한 기독교인은 충동을 억누르고 호기심이 낳은 오염된 열매를 밀쳐내야 했다. 단테의 시가 기어이 헤라클레스의 기둥 너머를 가보려고 하는 오디세우스의 결단에 깊은 경의를 표하기는 했지만, 「지옥편」에서는 그 결단이 타락한 영혼의 표출로서, 지옥의 가장 깊숙 한 중심 가까이에서 영원토록 머물도록 단죄받을 만한 것이라는 점을 분명히 밝히고 있다.

9. 특히 다음을 참고하라. Charles Trinkaus, "*In Our Image and Likeness*": *Humanity and Divinity in Italian Humanist Thought*, 2 vols. (Chicago: University of Chicago Press, 1970).

10. "Aurum, argentum, gemmae, purpurea cestis, marmorea domus, cultus ager, pietae tabulae, phaleratus sonipes, caeteraque id genus mutam habent et superficiariam volutpatem: libri medullitus delectant, colloquuntur, consulunt, et viva quadam nobis atque arguta familiaritate junguntur." John Addington Symonds, *The Renaissance in Italy*, 7 vols. (New York: Georg Olms, 1971; orig. 1875-86), 2 : 53 (translated by SG)에서 재인용.

11. "나는 내가 살고 있는 시대를 좋아하지 않았기 때문에 많은 주제들 중에서 특히 고대에 관심을 가졌다. 내가 지금 살고 있는 시대를 항상 좋아하지 않았다는 점을 고려하면, 내가 이곳에서 귀하게 여기는 것들에 대한 사랑만 아니었더라도 나는 항상 다른 시대에 태어나 기를 원했을 것이다. 내가 지금 살고 있는 시대를 잊기 위해서 나는 항상 나 자신의 영혼을 다른 시대에 두려고 노력한다." *Posteritati*, ed. P. G. Ricci, in Petrarch, *Prose*, p. 7. Ronald G. Witt, *In the Footsteps of the Ancients: The Origins of Humanism from Lovato to Bruni* (Leiden: Brill, 2000), p. 276에서 재인용.

12. (교회법과 시민법 모두에 대한 학위로서) 법학 박사(Doctor utriusque juris, DUJ)는 10년 이 소요되었다.

13. Witt, *In the Footsteps*, p. 263.

14. *Rerum fam.* XXII.2 in *Familiari*, 4 : 106. Witt, *In the Footsteps*, p. 62에서 재인용. 편지는 아마도 1359년에 쓰였을 것이다.

15. Martines, *Social World*, p. 25에서 재인용.

16. 페트라르카에게 고대 문헌은 문체를 초월한 다른 가치가 있었다. "만약 당신이 키케로 시대의 샘에 몸을 담그고 그리스, 로마인의 저작에 대해서 잘 알게 된다면 무슨 득이 있을 까? 당신은 분명히 화려하고 매혹적이며 달콤하고 장엄하게 말할 수 있게 될 것이다. 그러 나 진지하고 간결하며 사려 깊고 그리고 그것이 가장 중요하지만, 일관되는 주장을 기술하 는 것은 가능하지 않을 것이다." *Rerum fam.* I.9. Witt, *In the Footstepts*, p. 242에서 재인용.

17. 살루타티는 이 짧은 설명으로 표현하기 어려운 굉장히 복합적인 사람이었다. 1380년대 초에 그는 한 친구의 강력한 권고로 수도원에서의 금욕적인 생활을 열렬하게 옹호하는 글을 썼다. 심지어 그는 적극적인 수도원 생활을 찬양하는 와중에 최소한 원칙상으로라도 명상에 잠겨 세속에서 물러나는 생활의 우월성을 인정했다.

18. 살루타티가 베로나의 가스파레 스콰로 데 브로아스피니에게 1377년 11월 17일에 보낸 편지를 보라. "토스카나 지방의 꽃이자 이탈리아의 귀감이며 빛나는 로마에 필적하는 이 고귀한 도시 피렌체. 로마의 피를 이어받고 이탈리아의 구제와 만인의 자유를 위해서 싸우는 과정에서 고대의 그림자를 추구해온 이 도시에서 나는 절대 끝이 보이지 않는 일을 하고 있네만, 바로 그 때문에 나는 몹시 감사할 따름이네." 다음의 자료를 보라. Eugenio Garin, *La Cultura Filosofica del Renascimento Italiano: Ricerche e Documenti* (Florence: Sansuni, 1979), esp. pp. 3-27.

19. Witt, *In the Footsteps*, p. 308.

20. Symonds, *Renaissance in Italy*, pp. 80-81.

21. "한번 상상해보시오." 니콜리는 생애 말년에 재무 당국에 이렇게 편지를 보냈다. "이 빚과 비용의 압박을 생각할 때, 내 궁색한 소유물이 대체 무슨 세금을 만들어낸다는 말이오. 자비로운 당신에게 이렇게 부탁을 드리는 바이오. 근래의 세금 때문에 내가 말년을 지금껏 살아온 내 고향에서 멀리 떨어진 장소에서 죽지만 않도록 해주었으면 좋겠소." Martines, *Social World*, p. 116에서 재인용.

22. Alberti, *The Family in Renaissance Florence* (*Libri della Famiglia*), trans. Renée Neu Watkins (Columbia: University of South Carolina Press, 1969), 2 : 98. 이처럼 부부 간에 우애가 있는 결혼 생활에 대한 이미지는 개신교가 도래한 이후에야 나타났다는 주장이 때때로 제기되기도 하지만, 이런 결혼이 훨씬 이전부터 존재했다는 상당한 증거가 있다.

23. Origo, *Merchant of Prato*, p. 179.

24. Vespasiano da Bisticci, *The Vespasiano Memoirs: Lives of the Illustrious Men of the XV Century*, trans. William George and Emily Waters (London: Routledge, 1926), p. 402.

25. "하루는 니콜라오가 집을 나서다가 한 소년이 폴리클레이투스의 손으로 새긴 옥수(玉髓)를 목에 두르고 있는 것을 보았다. 아름다운 작품이었다. 니콜라오는 소년에게 아버지의 이름을 물어보고, 혹시 그가 그 돌을 팔 마음이 있는지를 물어보러 사람을 보냈다. 소년의 아버지는 즉시 동의했는데, 마치 그것이 뭔지 알지도 못하거나 그것을 소중하게 여기지 않는 사람 같았다. 니콜라오는 값으로 5플로린을 보냈는데, 선량한 그 아버지라는 자는 니콜라오가 원래 그 물건의 가치보다 2배 이상을 지불했다고 생각했다." Ibid., p. 399. 최소한 이 경우에는 니콜라오의 지출이 매우 좋은 투자였던 것으로 판명되었다. "교황 에우게니우스 시대의 피렌체에는 총대주교 마에스트로 루이지라는 자가 살았는데, 그 또한 이런 물건들에 관심이 아주 많았다. 그는 니콜라오에게 서신을 보내 그가 그 옥수를 한 번 볼 수 있을지 청했다. 니콜라오는 옥수를 총대주교에게 보냈고, 총대주교는 그 옥수가 아주 마음에 들었다. 총대주교는 옥수를 가지고 싶다면서 부유한 사람은 아니었던 니콜라오에게 금화로 200두카트를 보냈고 니콜라오는 이를 승낙했다. 이 총대주교의 사후에 옥수는 교황 바오로의 손에 넘어갔고 다시 로렌초 데 메디치의 소유가 되었다." ibid., p.

399. 한 개의 고대 카메오가 시간이 흐르며 어떻게 소유주가 바뀌었는지를 밝히는 이 놀라운 자료에 대해서는 다음을 보라. Luca Ciuliani, *Ein Geschenk für den Kaiser: Das Geheimnis des grossen Kameo* (Munich: Beck, 2010).

26. 현실적으로 니콜리의 구상은 그의 재력을 넘어서는 것이었다. 그는 엄청난 빚을 안은 채로 죽었다. 그러나 그 빚은 니콜리의 친구였던 코시모 데 메디치가 탕감해주었는데, 그 대가로 그는 니콜리의 소장품을 처리할 수 있는 권리를 얻었다. 소장도서의 절반은 새로 지은 성 마르코 도서관으로 옮겨졌다. 그곳에서 니콜리의 책들은 미켈로치의 우아한 건축물 안에 보관되었다. 나머지 반은 도시에 있는 훌륭한 라우렌티아나 도서관으로 옮겨져 그 도서관의 핵심 소장도서가 되었다. 비록 공공도서관의 건립에 그가 기여한 것은 사실이지만, 공공도서관이라는 아이디어 자체는 니콜리 혼자만의 것은 아니었다. 공공도서관은 살루타티도 생각했던 것이다. 다음을 참고하라. Berthold L. Ullman and Philip A. Stadter, *The Public Library of Renaissance Florence: Niccolò Niccoli, Cosimo de' Medici, and the Library of San Marco* (Padua: Antenore, 1972), p. 6.

27. Cino Rinuccini, *Invettiva contro a cierti calunniatori di Dante e di messer Francesco Petrarcha and di messer Giovanni Boccacio.* Witt, *In the Footsteps*, p. 270에서 재인용. 다음을 보라. Ronald Witt, "Cino Rinuccini's *Responsiva alla Invetirra di Messer Antonio Lusco*," *Renaissance Quaterly* 23 (1970), pp. 133-49.

28. Bruni, *Dialogus* 1, in Martines, *Social World*, p. 235.

29. Ibid.

30. Martines, *Social World*, p. 241.

31. *Vespasiano Memoirs*, p. 353.

32. Martines, *Social World*, p. 265.

제6장 거짓말 공작소에서

1. 포조가 니콜리에게 1421년 2월 12일에 보낸 다음의 편지를 보라. "나는 아버지와 어머니를 버리고 가지고 있는 모든 것을 팔아서 가난한 사람에게 나눠주도록 명받은 그런 완벽한 사람이 아닙니다. 그것은 아주 오래 전, 극소수의 사람들만이 가지고 있던 힘입니다." Gordan, *Two Renaissanve Book Hunters*, p. 49.

2. William Shepherd, *Life of Poggio Braccioloni* (Liverpool: Longman et al., 1837), p. 185.

3. Gordan, *Two Renaissance Book Hunters*, p. 58.

4. Peter Partner, *The Pope's Men: The Papal Civil Service in the Renaissance* (Oxford: Clarendon Press, 1990), p. 115.

5. Latp da Castiglionchio, *On the Excellence and Dignity of the Roman Court, in Christopher Celenza, Renaissance Humanism and the Papal Curia: Lapo da Castiglionchio the Younger's De Curiae commodis* (Ann Arbor: University of Michigan Press, 1999), p. 111.

6. Ibid., p. 127.

7. Ibid., p. 155.

8. Ibid., p. 205.

9. 다음을 보라. Celenza, *Renaissance Humanism and the Papal Curia*, pp. 25-26.

10. Ibid., p. 177.

11. Poggio, *The Facetiae, or Jocose Tales of Poggio*, 2 vols. (Paris: Isidore Liseux, 1879), Conclusion, p. 231. (참고 문헌들은 이 파리 판본의 권수와 이야기에 매겨진 숫자에 맞추었다.) 『파케티아이』 원고는 포조가 죽기 2년 전인 1457년까지 나오지 않았다. 그러나 포조는 『파케티아이』에 있는 이야기를 훨씬 오래 전부터 필사가와 동료 비서들에게 들려주었다. 다음을 참고하라. Lionello Sozzi, "Le 'Facezie' e la loro fortuna Europea," in *Poggio Bracciolini 1380-1980: Nel VI centenario della nascità* (Florence: Sansoni, 1982), pp. 235-59.

12. Ibid., 1 : 16.

13. Ibid., 1 : 50.

14. Ibid:., 1 : 5, 1 : 45, 1 : 123, 2 : 133.

15. Ibid., 2 : 161.

16. Jesús Martínez de Bujanda, *Index des Livres Interdits*, II cols. (Sherbrooke, Quebec: Centre d'études de la Renaissance; Geneva: Droz; Montreal: Médiaspaul, 1984-2002), 11 (Rome) : 33.

17. Poggio, *Facetiae*, 1 : 23.

18. Ibid., 1 : 113.

19. Ibid., 2 : 187.

20. John Monfasani, *George of Trebizond: A Biography and a Study of His Rhetoric and Logic* (Leiden: Brill, 1976), p. 110.

21. Symonds, *The Revival of Learning* (New York: C. P. Putnam's Sons, 1960), p. 176. "In the fifteenth century scholarship was all-absorbing," p. 177.

22. "Aspira ad virtutem recta, non hac tortuosa ac fallaci via; fac, ut mens conveniat verbis, opera sint ostentationi similia; entiere ut spiritus paupertas vestium paupertatem excedar, tunc fugies simulatoris crimen; tunc tibi et reliquis proderis vera virtute. Sed dum te quantunvis hominem humilem et abiedctum videro Curiam frequentantem, non solum hypocritam, sed pessimum hypocritam iudicabo," (17: p. 97). Poggio Bracciolini, *Opera omnia*, 4 vols. (Turin: Erasmo, 1964-69).

23. Gordan, *Two Renaissance Book Hunters*, pp. 156, 158.

24. Ibid., p. 54.

25. Ibid., p. 75.

26. Ibid., p. 66.

27. Ibid., p. 68.

28. Ibid., pp. 22-24.

29. Ibid., p. 146.

30. Ibid.

31. Ibid., p. 148.

32. Ibid., p. 164.

33. Ibid., p. 166.

34. Ibid., p. 173.

35. Ibid., p. 150.

36. 포조가 요한네스 23세의 비서로 임명된 정확한 날짜는 분명하지 않다. 1411년에 그는 교황의 스크립토르이자 가까운 친구(familias)로 명부에 이름이 올라 있다. 그러나 1412년 6월 1일에 발표한 교황의 교서를 보면, 포조는 비서(Secretarius)로 기록되어 있다(콘스탄 츠 공의회에서 발표된 나중의 교서에도 마찬가지이다). 그리고 포조는 이 기간 동안 자신 을 '교황의 비서 포조(Poggius Secretarius apostolicus)'로 언급하고 있다. 다음을 참고하라. Walser, *Poggius Florentinus: Leben und Werke*, p. 25, n4.

제7장 여우 잡는 함정

1. 교황은 14세기의 대부분 아비뇽에 머물렀다. 교황궁이 로마로 돌아간 것은 1377년의 일로 시에나의 성녀 카테리나의 말에 고무된 프랑스 태생의 교황 그레고리우스 11세에 의해서 단행되었다. 그 다음 해, 그레고리우스 11세가 죽자, 로마의 시민들은 프랑스 출신이 새로 운 교황에 선출되면 문명화된 쾌락이 있고, 치안이 좋은 아비뇽으로 돌아갈 것으로 확신하 고 이를 우려하여 교황 선거회의에 참석하기 위해서 모인 추기경들을 둘러싸고 새 교황을 이탈리아인 중에서 뽑으라고 요구했다. 이에 따라 적법한 절차를 거쳐 나폴리 출신의 바르 톨로메오 프라냐노가 새로운 교황으로 선출되었고 우르바누스 6세라고 칭해졌다. 5개월 뒤, 프랑스 편인 추기경 일파가 그들이 강도떼 같은 대중의 아우성 때문에 어쩔 수 없이 우르바누스 6세를 교황으로 뽑았으니 선거는 무효라고 주장하면서 새로 교황 선거회의를 열고 제네바 출신의 로베르를 교황으로 선출했다. 그는 아비뇽에 자리를 잡고 자신을 클레 멘스 7세라고 칭했다. 그리하여 이제 자신이 교황이라고 주장하는 2명의 경쟁자가 생겼다.

   프랑스인 추기경들이 선택한 제네바 출신의 로베르는 난세에 맞는 강한 인물이었다. 전년도에 그를 유명하게 해준 사건이 있었다. 교황의 특사로서 브르타뉴 병사들로 구성된 중대를 이끈 그는 반란을 일으킨 체세나 시민들에게 성문을 열어주기만 한다면 전원을 사면해주기로 약속했다. 그러나 정작 성문이 열리자, 그는 대학살을 명했다. "전부 죽여라." 그는 누구나 들을 수 있게 소리쳤다. 우르바누스 6세는 용병을 고용하기 위해서 자금을 모았고, 이탈리아 정치 특유의 울렁거릴 정도로 복잡한 동맹을 맺고 배신을 하느라 바빴다. 또한 제 가족의 주머니를 불리고, 자신을 잡으려는 교묘하게 놓인 덫을 피하면서 동시에 그의 적은 잡아서 고문하고 처형했다. 그리고 이 와중에 계속 로마로부터 도망쳤다가 재입 성하기를 반복했다. 우르바누스 6세는 그의 프랑스인 경쟁자를 '교회의 적'이라고 선언했 고, 로베르는 우르바누스 6세를 그리스도의 적이라고 선언했다. 이들 사이에 있었던 일들 의 추악한 세부 사항은 우리가 하려는 이야기와는 직접적으로 관련이 없다. 포조가 이 일에 끼어들게 되었을 무렵에는 제네바 출신의 로베르와 우르바누스 6세 모두 죽고, 교황 자리를 놓고 경쟁하는 똑같이 문제 많은 다른 후보자들로 각각 대체되어 있었기 때문이다.

2. 포조의 우울한 관찰에 대해서는 『운명의 성쇠에 관하여』에 나오는 다음을 보라. "살펴보 라.……도시의 언덕들과 오직 폐허와 풀밭으로 덮인 저 공허한 곳을." Edward Gibbon,

The History of the Decline and Fall of the Roman Empire, 6 vols. (New York: Knopf, 1910), 6 : 617에서 재인용.

3. Ibid., 6 : 302. 기번은 이 문단을 로마에 닥친 대재앙의 개요이자, 자신의 장대한 걸작의 클라이맥스로 사용했다.

4. Eustace J. Kitts, In the Days of the Councils: A Sketch of the Life and Times of Baldassare Cossa (Afterward Pope John the Twenty-Third) (London: Archibald Constable & Co., 1908), p. 152.

5. Ibid., pp. 163-64.

6. Ulrich Richental, Chronik des Konstanzer Konzils 1414-1418 ("Richental's Chronicle of the Council of Constance"), in The Council of Constance: The Unification of the Church, ed. John Hine Mundy and Kennerly M. Woody, trans. Louise Ropes Loomis (New York: Columbia University Press, 1961), pp. 84-119.

7. 일례로 다음을 보라. Remigio Sabbadini, Le Scoperte dei Codivi Latini e Greci ne Secoli XIV e XV (Florence: Sansoni, 1905), 1 : 76-77.

8. "Richental's Chronicle," p. 190.

9. "엄청난 수의 사람들이 강도, 살인, 그 밖의 죄목으로 처형당했다고 말하는 사람들이 있지만 이것은 사실이 아니다. 내가 콘스탄츠 시의 치안판사에게서 알아낸 바에 의하면, 어떤 죄목으로든지 간에 사형에 처해진 사람의 수는 22명을 넘지 않는다고 했다." "Richental's Chronicle," p. 157.

10. Ibid., pp. 91, 100.

11. Gordon Leff, Heresy, Philosophy and Religion in the Medieval West (Aldershot, UK: Ashgate, 2002), p. 122에서 재인용.

12. Kitts, In the Days of the Councils, p. 335.

13. "Richental's Chronicle," p. 114.

14. Ibid., p. 116.

15. 이것은 리헨탈의 설명을 따른 것이다. 동시대 관찰자인 기욤 필라스트르는 그 사건에 대해서 다른 이야기를 들려준다. "교황은 자신의 상황을 깨닫고는 3월 20일 수요일과 3월 21일 목요일 사이의 심야에 강을 건너 도시를 떠났다. 도망치는 교황을 오스트리아 대공 프레데릭이 호위했다." The Council of Constance, p. 222.

16. Fillastre in The Council of Constance, p. 236.

17. E. H. Gillett, The Life and Times of John Huss, 2 vols. (Boston: Gould & Lincoln, 1863), 1 : 508.

18. Kitts, In the Days of the Councils, pp. 199-200.

19. 히에로니무스에 관한 포조의 긴 편지와 브루니가 그 내용을 걱정하는 답장은 다음에서 재인용했다. William Shepherd, The Life of Poggio Bracciolini (Liverpool: Longman et al., 1837), pp. 78-90.

20. "Richental's Chronicle," p. 135. 그러나 "히에로니무스의 최후를 목격한 증인으로서 그의 처형과정을 전부 관찰했다"라고 주장한 포조는 브루니에게 이렇게 썼다. "자기 손이 타는

고통을 견딘 무키우스도 히에로니무스가 몸 전체가 타는 고통을 참아낸 것만큼 잘 참지는 못했습니다. 독미나리즙을 마신 소크라테스도 히에로니무스가 불길에서 보인 태도만큼 즐겁게 독배를 받지는 못했을 것입니다.”(Shepherd, p. 88). 포조가 언급한 무키우스 스카이볼라는 로마의 전설적인 영웅으로 엄청난 극기를 발휘하여 자신의 손을 타오르는 불길 속에 집어넣음으로써 로마의 적인 에트루리아의 포르센나 왕을 감동시켰다고 한다.

21. 이 부분과 이 뒤에 이어지는 인용은 1416년 5월 18일에 니콜리에게 보낸 편지에 나오는 것이다. Gordan, *Two Renaissance Book Hunters*, pp. 26-30.

22. L. D. Reynolds, *Texts and Transmission: A Survey of the Latin Classics* (Oxford: Clarendon Press, 1983), p. 158. 주석은 14세기 로마의 문법학자 도나투스의 것이었다.

23. 포조가 발견했던 키케로의 연설을 기록한 사본은 바티칸 도서관에 소장되어 있음이 확인되었다. [Vatican. lat. 11458 (X)] by A. Campana in 1948. 기록의 내용은 다음과 같다. Has Septum M. Tulii orationes, que antea culpa temporum apud Italos deperdite erant, Poggius Florentinus, perquisitis plurimis Gallie Germanieque summo cum studio ac diligentia bibythecis, cum latenetes comperisset in squalore et sordibus, in lucem solus extulit ac in pristinam dignitatem decoremque restituens Latinis musis dicavit. (p. 91).

24. 이 넝마가 된 원고에 대한 설명을 계속하면서 포조는 퀸틸리아누스의『연설 교육론』이 공화국 시절의 로마를 보존하는 데에 결정적으로 중요했다는 환상에 부풀어 있다. 따라서 그는 “옥에 갇힌” 퀸틸리아누스가 “한때 자신의 영향력과 연설로 모든 사람의 안전을 지켰던 자신이 현재 겪고 있는 불운을 동정하고 그에게 부당한 처벌이 내려지는 것을 방지하기 위해서 나서는 사람이 한 명도 없다는 것을 불명예스럽게” 느낀다고 상상한다. 1425년 12월 15일에 니콜리에게 보내는 편지에 있는 내용이다. Gordan, *Two Renaissance Book Hunters*, p. 105. 이런 말을 통해서 포조가 히에로니무스의 유죄 선고와 처형을 지켜보면서 스스로 양심의 가책을 느꼈다는 것을 짐작할 수 있을 것이다. 좀더 엄밀하게 말하면, 그는 퀸틸리아누스의 책을 구출해냄으로써 실패한 다른 구출에 대한 보상으로 삼았다고 할 수 있다. 즉 포조에게는 수도사의 빗장 걸린 방에서 고대 문헌을 자유롭게 해주는 것이, 그가 실행할 수 없었던 히에로니무스의 석방, 자신의 생각을 또렷이 말했던 비운의 히에로니무스를 석방시키는 것과 같았다.

25. Ibid., Letter IV, p. 194.

26. Ibid., Letter IV, p. 197.

제8장 사물의 길

1. 근대 철학과 자연과학에서 루크레티우스가 한 주요한 역할은 캐서린 윌슨에 의해서 섬세하게 연구된 바 있다. Catherine Wilson, *Epicureanism at the Origins of Modernity* (Oxford: Clarendon Press, 2008). 다음의 자료들도 보라. W. R. Johnson, *Lucretius and the Modern World* (London: Duckworth, 2000); Dane R. Gordon and David B. Suits, *Epicurus: His Continuing Influence and Contemporary Relevance* (Rochester, NY: RIT Cary Graphic Arts Press, 2003); and Stuart Gillespie and Donald Mackenzie, “Lucretius and the Moderns,” in *The Cambridge Companion to Lucretius*, ed. Stuart Gillespie and Philip Hardie

(Cambridge: Cambridge University Press, 2007), pp. 306-24.

2. George Santanaya, *Three Philosophical Poets: Lucretius, Dante, and Goethe* (Cambridge, MA: Harvard University Press, 1947), p. 23.

3. 이 부분에서는 루크레티우스의 현기증 날 정도로 훌륭한 언어 구사능력이 번역에 의해서 불가피하게 빛을 잃고 말았다. 이처럼 무수한 조합으로 묘사함으로써 그는 비슷한 단어들이 서로 연달아 부딪치는 듯이 사용하여 언어유희를 선보인다. "sed quia multa modis multis mutata per omne."

4. *The Logic of Sense*, trans. Mark Lester with Charles Stivale, ed. Constantin V. Boundas (New York: Columbia University Press, 1990). 자일스 드뢰즈는 이 최소한의, 예측 불가능한 원자의 움직임과 근대 물리학의 관계에 대해서 연구했다.

5. "만약 모든 움직임이 일관되게 서로 연결되어 있다면, 만약 새로운 움직임이 바뀔 수 없는 연속과정에 의해서 옛 움직임으로부터 일어나는 것이라면, 만약 정해진 명령을 무효화시키고 인과관계의 무한한 연쇄과정의 존재에서 벗어날 수 있는 움직임을 촉발하는 원자의 갑작스러운 일탈이 없다면 [declinando⋯⋯primordia motus], 지구상의 이 모든 살아 있는 생명체들이 소유하고 있는 자유의지의 근원은 대체 무엇이란 말인가? 나는 묻고 싶다. 대체 무엇이 그렇게 운명에 대항하고자 하는 의지력의 근원이 되어 우리 모두가 쾌락이 이끄는 바대로 나아갈 수 있게 하는 것인가?"(2.251-58)

6. 자신의 의지로 앞으로 나아가고자 하는 것과 가만히 머물러 있고자 하는 것 모두, 모든 것이 엄격하게 결정되어 있지 않을 때에만 가능한 것이다. 즉 미묘하고 예측이 불가능하며 자유로운 물질의 움직임이 있어야만 가능하다. 내적인 필요에 의해서 사고가 파괴되지 않는 것은 "예측할 수 없는 장소와 시간으로의 원자의 극미한 일탈"을 위해서이다. (2.293-94)

7. 이 복잡한 진화의 역사 속에서 신성하다고 할 수 있을 정도로 완벽하거나 최종이라고 부를 수 있는 것은 존재하지 않는다. 번성하고 있는 생명체라고 하더라도 반드시 흠이 있게 마련이며, 그 흠은 그들의 형상이 어떤 장엄하고 훨씬 더 뛰어난 지성의 산물이 아니라 우연의 산물이라는 증거이다. 실제로 루크레티우스는 구체적으로 명료하게 표현한다. 인간의 남자들의 소위 정립선의 원칙에 의해서 생긴 것이라고.

8. 이 구절에 대한 드라이든의 번역을 참고하라.

폭풍우가 몰아치는 해변에 있는 선원과 같이
아이는 세상에 난파되었으니
그는 벌거벗은 채 누워 숨을 내쉴 준비를 하노라.
이 무력한 인간은 모든 것을 필요로 하나
무자비한 지구에 노출된 채
불행한 탄생의 첫 순간부터 그러하노라.

John Dryden, *Complete Poems*, ed. James Kinsley, 4 vols. (Oxford: Clarendon Press, 1958), 1 : 421.

9. "예를 들어, 종종 우아하게 장식된 신전에서 송아지는 연기가 강하게 피어오르는 제단 옆에서 희생제물이 된다. 송아지의 마지막 숨결은 제 가슴에서 흘러내리는 피를 토해낸다.

그러는 동안 새끼를 **빼앗긴** 어미는 새끼의 갈라진 발굽의 흔적을 찾아서 푸른 숲을 헤매고 다닌다. 어미의 눈은 자신이 잃어버린 새끼를 어디에 가면 찾을 수 있을까 하는 희망으로 이곳저곳을 향한다. 이제 어미는 잠시 방황을 멈추고 구슬픈 울음소리로 무성한 수풀을 채운다. 시간이 흐르면서 어미는 외양간으로 돌아가지만, 그녀의 마음은 여전히 제 새끼에 대한 그리움으로 얼어붙어 있다."(2.352-60) 이 문단은 단지 어느 암소가 그 송아지를 알아볼 수 있다는 논점보다 더 많은 것을 이야기한다. 이 문단은 동물 희생자의 시각으로 다시 한번 종교의 파괴성과 폭력성을 드러낸다. 희생제의를 포함한 종교의식은 불필요하며, 또한 잔인한 것으로서 제 새끼를 알아보는 어미의 능력과 그 능력의 너머에 깔려 있는 깊은 사랑을 통해서 그와 같은 종교의식이 지극히 자연스러운 뭔가에 반하는 것임을 보여준다. 동물은 육체를 가진 기계가 아니다. 동물이 제 새끼를 아끼는 것은 단순히 어떤 프로그램에 의해서 미리 설정되어 있기 때문이 아니다. 동물도 감정을 느낀다. 그리고 각각의 생명체가 마치 교체 가능한 것이기라도 한 것처럼 종의 한 구성원으로 다른 구성원을 간단히 대체할 수는 없다.

10. "지구가 강력한 번갯불 아래 사시나무 떨듯이 떨며 연기를 뿜고, 드넓은 하늘을 가로질러 천둥이 우르릉 요란할 때, 누구인들 신에 대한 공포로 움츠러들지 않으며 공포에 웅크리지 않겠는가?"(5 : 1218-21).

11. 한스 블루멘베르크는 자신의 우아한 짧은 책, *Shipwreck with Spectator: Paradigm of a Metaphor for Existence*, trans. Steven Rendall (Cambridge, MA: MIT Press, 1997)에서 이 문단에 관한 지난 몇 세기 동안 이어져온 고찰과 논평의 과정에서 구경꾼은 그저 거리가 먼 곳에서 바라보고 있다는 특권적인 지위를 잃게 되었다고 언급한다. 우리는 이제 그 배 '위'에 있기 때문이다.

12. A. Norman Jeffares, *W. B. Yeats: Man and Poet*, 2nd end. (London: Routledge & Kegan Paul, 1962), p. 267. David Hopkins, "The English Voices of Lucretius from Lucy Hutchinson to John Mason Good," in *The Cambridge Companions to Lucretius*, p. 266에서 재인용. 다음은 이 문단에 대한 드라이든의 번역이다.

> 사랑이 그 최고의 열정에 다다랐을 때
> 그때조차도 이것은 초조하고 헤매는 기쁨이니
> 연인은 알지 못함이라, 이 거친 과잉 속에서
> 손이나 눈이나 그가 먼저 취하려고 하는 것은
> 모두 아프게 감아쥘 뿐이라. 그가 감아쥐고 조이면
> 그의 열정적인 고통과 함께 너무 꼭 눌러
> 입술을 깨무는 입맞춤은 껴안은 연인을 아프게 하고
> 그의 기쁨은 불완전하고 진실하지 못할 뿐이라.(1 : 414)

현대의 독자에게는 "진실하지 못할" 기쁨이라는 말이 이상하게 들릴 것이나, 그것은 라틴어 표현을 살리다 보니 그런 것이다. 라틴어 "sincerus"는 "순수한"이라는 의미를 가질 수 있다. 루크레티우스는 폭풍우처럼 폭력적으로 주고받는 애무가 연인들의 쾌락이 순수하지 못한 사실에서 기인한 것이라고 썼다(quia non est pura voluptas).(4 : 1081)

13. "목마른 사람이 꿈속에서 물을 마시고 싶어하지만 그의 팔다리를 집어삼키는 불길을

가라앉힐 물을 얻는 대신에 꿈속에 등장하는 물의 이미지만 쫓는 헛된 노력 끝에 여전히 갈증을 느끼는 것과 같다. 연인도 베누스의 환상에 속고 있는 것이다. 아무리 사랑하는 이의 몸을 하염없이 바라봐도 자신의 눈을 만족시킬 수 없다. 그들이 원하는 그 벨벳처럼 부드러운 팔다리를 제대로 느끼는 것을 가로막는 장애물을 아무리 치우려고 애쓰며 손을 정신없이 아무렇게나 움직여도 결국 소용없는 것이다."(4 : 1097-1104).

14. 다음은 스미스의 보다 장인처럼 가다듬은 산문 번역이다.

마침내 신체를 바짝 밀착시킨 채로 그들은 젊음의 절정을 즐긴다. 몸은 황홀경을 예감하고 베누스는 여자의 밭에 씨앗을 뿌리는 중이다. 그들은 탐욕스럽게 서로의 몸을 누르며 그들의 입에서 침을 섞고 숨을 깊게 들이쉬며 이빨로 입술을 깨문다. 그러나 모두가 헛되도다. 연인의 몸에서부터 어느 것도 취할 수도 꿰뚫을 수도 없고 또한 서로 하나가 될 수도 없다. 때때로 그들은 정말로 이렇게 하려고 애쓰는 것처럼 보인다. 그들은 베누스가 설치한 족쇄에 묶인 채 황홀경의 힘에 의해서 그들의 신체가 축 늘어지며 흐물흐물해지도록 너무도 열정적으로 애쓴다.

15. 스미스의 산문 번역은 시작 부분을 이렇게 옮긴다.

아이네이스가 이끄는 사람들의 어머니이시며 인간과 신들의 기쁨이신 베누스여, 생명의 힘이여, 그대로 인해서 별들이 미끄러지는 하늘 아래 배들이 운행하는 바다에 활기를 불어넣으시고, 풍요로운 대지에 작물이 열매를 맺나이다. 그대에게 살아 있는 모든 생명체는 잉태와 첫 태양과의 만남을 빚지고 있나이다. 여신이여, 그대가 오시면 바람이 잠잠해지고 구름이 흩어지니 이는 곧 그대를 위해서 생명을 낳는 지구가 향기로운 꽃을 피우고, 그대를 위해서 거침없이 펼쳐진 바다가 미소 짓고, 하늘은 이제 고요하게 눈부신 광채를 쏟아내옵니다.

일단 봄의 문이 활짝 열리고 땅을 비옥하게 하는 파보니우스의 산들바람이 갇혀 있던 곳에서 빠져나와 지상으로 불어오면, 여신이여, 먼저 하늘을 나는 새들이 당신의 강력한 창에 심장을 꿰뚫려 당신의 오심을 알리나이다. 다음으로 온갖 야생 짐승과 소 떼가 풍요로운 초원을 뛰어오르고, 급류를 헤엄치나이다. 이 모두가 분명 그대의 매력에 사로잡혀 그대의 이끄심을 기꺼이 따르고자 함이옵니다. 그러면 그대는 바다와 산, 강물의 급류, 새들이 모여 사는 덤불과 푸른 초원의 모든 생명체의 심장에 유혹적인 사랑을 불어넣으시며 저마다 자기와 같은 것을 더 낳고자 하는 끊을 수 없는 충동을 심으십니다.

제9장 귀환

1. 프란체스코 바르바로에게 보내는 편지에 나온다. Gordan, *Two Renaissance Book Hunters*, Appendix: Letter VIII, p. 213.

2. 루크레티우스의 시의 역사는 여러 세대에 걸쳐서 학자들을 사로잡았고, 훌륭한 독일의 고전학자 카를 라흐만(1793-1851)에 의한 저 유명한 문헌학적 재구성 성과의 주제이기도 했다. 포조에 의해서 만들어졌으나 지금은 사라진 필사본은 문헌학자들 사이에서 포지아누스(Poggianus)라는 이름으로 알려져 있다. 나는 이 복잡한 문헌학적 문제에 대해서 케임브리지 대학교의 D. J. 버터필드에게 대단히 많은 도움을 받았다.

3. Ibid., pp. 38, 46.

4. Ibid., pp. 46, 48.

5. Ibid., p. 74.

6. Ibid., p. 65.

7. Ibid., pp. 89, 92.

8. 이것과 뒤에 있는 인용문의 출처는 다음과 같다. Ibid., pp. 110, 154, 160.

9. 니콜리가 필사한 상당한 수의 고대 문헌 필사본은 현재까지 살아남아서 그의 유언에 따라 세워진 그의 도서관인 산마르코 도서관의 소장품으로 남아 있다. 여기에는 루크레티우스 의 『사물의 본성에 관하여』와 함께 플라우투스, 키케로, 발레리우스 플라쿠스, 켈수스, 아울루스 겔리우스, 테르툴리아누스, 플루타르코스, 크리소스토모스의 작품이 포함되어 있다. 이밖에도 포조가 언급했던 아스코니우스 페디아누스의 사본 등은 현재는 없어졌다. 다음을 보라. B. L. Ullman and Philip A. Stadter, *The Public Library of Renaissance Florence, Niccolò Niccoli, Cosmio de' Medici and the Library of San Marco* (Padua: Antenore, 1972), p. 88.

10. Gordan, *Two Renaissance Book Hunters*, pp. 147, 166–67.

11. 라우로 마르티네스가 지적한 것처럼, 권력과 부는 13세기 동안 낡은 봉건적 귀족세력으 로부터 상인 계층—알비치, 메디치, 루첼라이, 스트로치 등—으로 이동했다. 그러나 비록 더 이상 대부호라고 할 수는 없더라도, 포조의 장인은 상당히 잘 사는 편이었다. "1427년 에 바자의 아버지인 지노는 중정과 작업장이 딸린 대저택 1채와 오두막 2채, 농장 4개, 여기저기 산재한 약간의 토지와 약간의 가축도 가지고 있었다. 그가 가지고 있는 자산은 858플로린이라는 어마어마한 액수의 미지급 대부금과 시장 가치로 환산하면 118플로린에 해당하는 정부 발행 채권 등이 있었다. 이를 합한 총 자본은 2,424플로린에 달했다. 부동산 에 진 빚이 500플로린 있고, 임대료로 지불하는 금액과 최저 생계비만큼을 공제하면, 지노 가 세금을 내야 할 대상 자산은 336플로린으로 줄었다. 말하자면, 포조와 바자의 결혼은 돈 많은 가문과의 연계를 맺기 위해서 (포조 입장에서) 눈을 낮춘 경우라고 보기는 힘들었 다. 그럼에도 불구하고 바자는 결혼하면서 포조에게 600플로린의 지참금을 들고 왔으며, 이는 중간 정도 지명도의 정치력이 있는 가문에서 주는 관습적인 수준 혹은 (다소 가세가 기울고는 있지만) 혈통을 무엇보다 귀한 가치로 여기던 저명한 유서 깊은 가문에서 일반적 으로 준비하는 정도의 수준이었다." Lauro Martines, *The Social World of the Florentine Humanists, 1390-1460,* (Princeton: Princeton University Press, 1963), pp. 211-212.

12. William Shepherd, *Life of Poggio Bracciolini* (Liverpool: Longman et al., 1837), p. 394.

13. Charles Trinkaus, *In Our Image and Likeness: Humanity and Divinity in Italian Humanist Thought,* 2 vols. (Chicato: University of Chicago Press, 1970), 1 : 268.

제10장 일탈

1. Alison Brown, *The Return of Lucretius to Renaissance Florence* (Cambridge, MA: Harvard University Press, 2010), p. 49에서 재인용. 다음을 참고하라. Girolamo Savonarola, *Prediche sopra Amos e Zacaria*, no. 3 (February 19, 1496), ed. Paolo Ghiglieri (Rome: A. Belardetti, 1971), 1:79-81. 다음도 참고하라. Peter Godman, *From Poliziano to Machia-*

velli: *Florentine Humanism in the High Renaissance* (Princeton: Princeton University Press, 1998), p. 140. Jill Kraye, "The Revival of Hellenistic Philosophies," in *The Cambridge Companion to Renaissance Philosophy*, ed. James Hankins (Cambridge: Cambridge University Press, 2007), esp. pp. 102-6.

2. 마키아벨리의 루크레티우스 필사본에 대해서는 다음을 보라. Brown, *Return of Lucretius*, pp. 68-87, and Appendix, pp. 113-22.

3. James Hankins, "Ficino's Theology and the Critique of Lucretius," 근간, 다음의 학술지에 게재될 예정. *Platonic Theology: Ancient, Medieval and Renaissance*. 학회는 피렌체에 있는 빌라 이 타티(Villa I Tatti)와 국립 르네상스 연구소(Istituto Nazionale di Studi sul Rinascimento)에서 2007년 4월 26, 27일에 열렸다.

4. 이 논쟁에 대해서는 다음의 자료를 보라. Salvatore I. Camporeale, "Poggio Bracciolini contro Lorenzo Valla. Le 'Orationes in L. Vallam,'" in *Poggio Bracciolini, 1380-1980* (Florence: Sansoni, 1982), pp. 137-61. 발라(피치노도 포함해서)의 기독교 신앙의 정통성을 둘러싼 문제 전반에 대해서는 다음의 훌륭한 저작을 보라. Christopher S. Celenza, *The Lost Italian Renaissance: Humanists, Historians, and Latin's Legacy* (Baltimore: Johns Hopkins University Press, 2006), pp. 80-114.

5. "Nunc sane video, cur in quodam tuo opusculo, in quo Epicureorum causam quantam datur ruraris, vinum tantopere laudasti……Bacchum compotatoresque adeo profuse laudans, ut epicureolum quendam ebrietatis assertorem te esse profitearis……Quid contra virginitatem insurgis, quod ne gentiles quidem unquam fecerunt. Non verbis oris tui sacrilgi labes, sed igne est expurganda, quem spero te non evasurum." Don Cameron Allen, "The Rehabilitation of Epicurus and His Theory of Peasure in the Early Renaissance," *Studies in Philology* 41 (1944), pp. 1-15에서 재인용.

6. 발라는 루크레티우스를 인용했으나, 그가 이용한 출처는 락탄티우스와 다른 기독교 문헌에서 발견할 수 있는 부분뿐이었다.

7. 실제로 작품 속에서 그 대변자는 가상의 인물이 아니라 동시대의 시인 마페오 베조였다. 베조는 자신이 진짜 에피쿠로스주의자가 아님은 확실히 하지만, 쾌락의 옹호자 역할은 기꺼이 자청한다. 그는 그 이유를 자신이 보기에는 도덕을 최고의 선으로 보는 스토아 학파의 주장이야말로 기독교 정통 교리에 훨씬 더 위험한 위협임을 보여주기 위해서라고 말한다.

8. Lorenzo Valla, *De vero falsoque bono/On Pleasure*, trans. A. Kent Hieatt and Maristella Lorch (New York: Abaris Books, 1977), p. 319. 그러나 이 책에서는 *De vero falsoque bono*보다 더 널리 알려진 제목 *De voluptate*를 사용했다.

문제가 된 발라의 글에는 자신이 에피쿠로스주의자임을 부인하기 위해서 "대화적 부인" 이외에도 얼마간의 다른 전략이 이용되었다. 당시 발라는 자신을 에피쿠로스주의자라고 공격하는 포조의 성난 고발을 물리칠 수 있는 좋은 방어책을 가지고 있었다. 에피쿠로스 사상을 담고 있는 것은 *De voluptate*의 두 번째 권인데, 발라는 첫 번째 책을 세심하게 올바른 기독교 교리를 설파하는 자리로 꾸몄다. 그리고 해설자와 다른 대화자들도 한 목소리로 기독교 교리가 승리한다고 선언하고 있다.

9. Valla, *De voluptate*, pp. 219-21.

10. Ibid., p. 221.

11. Ibid., p. 295.

12. 다음을 참고하라. Greenblatt, "Invisible Bullets: Renaissance Authority and Its Subversion," in *Glyph* 8 (1981), pp. 40-61.

13. Michele Marullo, *Inni Naturali* (Florence: Casa Editrice le Lettere, 1995). 브루노와 에피쿠로스 사상에 대해서는 여러 다른 작품들 중에서 특히 이것을 보라. Hans Blumenberg, *The Legitimacy of the Modern Age* (Cambridge, MA: MIT Pres, 1983; orig. Die Legitimität der Neuzeit, 1966).

14. "L'anima è sol······in un pan bianco caldo un pinocchiato" Brown, *Return of Lucretius*, p. 11.

15. Erasmus, "The Epicurean," in *The Colloquies of Erasmus*, trans. Craig R. Thompson (Chicago: University of Chicago Press, 1965), pp. 538, 542. 에라스무스의 마룰로에 대한 비판에 대해서는 다음을 보라. P. S. Allen, *Opus Epistolarum des. Erasmi Roterodami*, 12 vols. (Oxford: Oxford University Press, 1906-58), 2 : 187; 5 : 519, trans. in Collected Works of Erasmus (Toronto: University of Toronto Press, 1974-), 3 : 225; 10 : 344. *Contemporaries of Erasmus: A Biographical Register of the Renaissance and Reformation*, ed. P. G. Bietenholz and Thomas B. Deutscher (Toronto: University of Toronto Press, 2003), 2 : 398-99.

16. More, *Utopia*, ed. George M. Logan and Robert M. Adams (Cambridge: Cambridge University Press; rev. edn. 2002), p. 68.

17. 모어는 『유토피아』를 통해서 고대의 문헌이 살아남거나 사라지는 것을 결정하는 복잡한 요인(그중에는 우발적인 사고의 역할도 포함된다)을 사용하여 매우 재기와 자의식이 넘치는 유희를 즐겼다. 히슬로데이는 이렇게 언급하다. "네 번째 항해를 떠나려던 찰나, 나는 팔 물건 대신에 꽤 많은 양의 책 꾸러미를 실었다. 그때 나는 얼마 지나지 않아 돌아오느니 절대 돌아오지 말자고 마음을 굳힌 참이었다. 그리하여 대부분의 플라톤 작품, 아리스토텔레스의 작품 약간과 함께 테오프라스토스의 식물학 책이 나와 함께 여행을 하게 되었다. 그러나 매우 안타깝게도 테오프라스토스의 책은 여행 중에 갈가리 찢겼다. 한 영장류 동물이 그 책을 발견하고는 한가롭게 가지고 누워 있다가 아무 이유 없이 재미로 책을 찢고 여러 부분의 책장을 파손했던 것이다." p. 181.

18. 내가 이 글을 쓰고 있을 당시, 미국의 20세에서 35세 사이의 흑인은 9명 중 1명꼴로 투옥된 상태이다. 또한 미국은 지난 세기 동안 그 어느 시대와도 비교할 수 없는 엄청난 부의 격차를 경험하고 있다.

19. Ingrid D. Rowland, *Giordano Bruno: Philosopher/Heretic* (New York: Farrar, Stranus & Giroux, 2008), pp. 17-18, translating *Spaccio de la Bestia Trionfante*, 1, part 3, in *Dialoghi Italiani, ed. Giovanni Gentile* (Florence: Sansoni, 1958), pp. 633-37.

20. Walter L. Wakefield, "Some Unorthodox Popular Ideas of the Thirteenth Century," in *Medievalia et Humanistica*, p. 28.

21. John Edwards, "Religious Faith and Doubt in Late Medieval Spain: Soria circa 1450-1500," in *Past and Present* 120 (1988), p. 8.

22. Giordano Bruno, *The Ash Wedness Supper*, ed. and trans. Edward A. Gosselin and Lawrence S. Lerner (Hamden, CT: Archon Books, 1977), p. 91.

23. 피렌체 출신의 모후 카트린 드 메디시스의 피렌체인 비서였던 야코포 코르비넬리의 말이다. Rowland, *Giordano Bruno*, p. 193에서 재인용.

24. *Ash Wednesday Supper*, p. 87.

25. *De l'Infinito, Universo e Mondi*, Dialogue Quinto, in *Dialoghi Italiani*, pp. 532-33, citing De rerum natura, 2:1067-76.

26. 다음을 보라. J. W. Shirley, ed., *Thomas Harriot: Renaissance Scientist* (Oxford: Clarendon Press, 1974) and Shirley, *Thomas Harriot: A Biography* (Oxford: Clarendon Press, 1983); J. Jacquot, "Thomas Harriot's Reputation for Impiety," *Notes and Records of the Royal Society* 9 (1951-2), pp. 164-87.

27. *Ash Wednesday Supper*, p. 90.

제11장 사후세계

1. 화가 파올로 베로네세가 1573년에 「최후의 만찬」을 주제로 그린 그림에 대한 종교재판소의 조사는 매우 유명한 예외라고 할 수 있다. 그 작품의 강렬한 현실성—활기 넘치는 사람들, 탁자 위의 음식, 몸을 긁고 있는 개와 음식 부스러기를 얻어내려는 개 등—이 신에 대한 불경이나 더 나아가서는 이단이라는 공격까지도 불러일으켰던 것이다. 베로네세는 그림의 제목을 「리비우스 집에서의 축제」로 바꿈으로써 불쾌한 결말을 피했다.

2. 존슨은 제목이 있는 표지에 자신의 이름을 써넣었으며 겨우 세로 11센티미터, 가로 6센티미터의 매우 작은 책이었음에도 불구하고 여백에 많은 표시와 메모를 남겼다. 이는 존슨이 이 책을 매우 주의 깊게 읽었음을 보여주는 증거라고 하겠다. 존슨은 특히 제2권에서 루크레티우스가 신은 필멸의 존재들이 하는 행동에 대해서는 아무런 관심도 없다고 주장하는 부분에 충격을 받았던 것으로 보인다. 그 부분이 등장하는 책 끄트머리에 그는 해당하는 두 줄의 시구를 번역했다.

　　슬픔과 위험으로부터 멀리 떨어진, 저 축복받은 힘을 가진 자들은
　　생생한 좋은 것이 풍족하니, 우리의 것은 아무것도 필요하지 않도다.

해당 라틴어 본문은 이러하다.(2 : 649-50)

　　Nam privata dolore omni, privata periclis,
　　ipsa suis pollens opibus, nil indiga nostri.

루시 허친슨은 같은 부분을 다음과 같이 번역했다.

　　신성은 그 자체로 지니고 있노라
　　영원히 평화로운 고요함을
　　필멸의 인간들의 일에는 관여하지 않으시며
　　위험, 슬픔, 걱정에서 완전히 면해 있으시니
　　그 자체로 풍족하시고, 우리에게서 아무것도 원치 않으시는도다.

3. *The Complete Essays of Montaigne*, trans. Donald M. Frame (Stanford: Stanford University Press, 1957), pp. 846, 240.

4. Ibid., p. 318.

5. Ibid., p. 397.

6. Ibid., p. 310.

7. 뒤따르는 인용문의 출처는 다음과 같다. Ibid., pp. 464, 634, and 664.

8. Ibid., p. 62.

9. Ibid., p. 65.

10. M. A. Screech, *Montaigne's Annotated Copy of Lucretius: A Transcription and Study of the Manuscript, Notes, and Pen-Marks* (Geneva: Droz, 1998).

11. "Ut sunt diuersi atomorum motus non incredibile est sic conuenisse olim atomos aut conuenturas ut alius nascatur montanus." Ibid., p. 11. 나는 스크리치의 번역을 이렇게 바꾼다. "원자의 움직임은 너무나 다양하기 때문에 이렇게 한 번 결합한 원자가 미래에도 다시 그렇게 결합하여 또 한 명의 몽테뉴가 태어날 거라고 해도 믿지 못할 것도 없다."

12. Trevor Dadson, "Las bibliotecas de la nobleza: Dos inventarios y un librero, ano de 1625," in Aurora Egido and José Enrique Laplana, eds., *Mecenazgo y Humanidades en tiempos de Lastanosa. Homenaje a la memoria de Domingo Yuduráin* (Zaragoza: Institución Fernando el Católico, 2008), p. 270. 나는 대드슨 교수의 에스파냐 도서관 소장품에 대한 연구를 통해서 트렌토 공의회 이후의 에스파냐에 루크레티우스가 끼친 영향에 대해서 조금이나마 알 수 있었다.

13. Pietro Redondi, *Galileo Heretic*, trans. Raymond Rosenthal (Princeton: Princeson University Press, 1987; orig. Italian edn. 1983), "Documents," p. 340. "*Exercitatio de formis substantialibus et de qualitatibus physicis*, anonymous."

14. Ibid., p. 132.

15. 갈릴레오의 지동설 주장을 비판하는 레돈디 주장의 핵심—즉 바탕에 깔려 있는 갈릴레오의 원자론을 공격하기 위한 일종의 눈속임이었다는 주장—은 많은 과학사가로부터 비판을 받아왔다. 그러나 교회의 동기가 이 둘 모두가 아니라 이 둘 중 하나라고 한정지어야 할 이유는 없다.

16. "At Lucretius animorum immortalitatem oppugnat, deorum providentiam negat, religiones omneis tollit, summum bonum in voluptate ponit. Sed haec Epicuri, quem sequitur Lucretius, non Lucretii culpa est. Poema quidem ipsum propter sententias a religione nostra alienas, nihilominus poema est. tantumne? Immo vero poema venustum, poema praeclarum, peome omnibus ingenii luminibus distinctum, insignitum, atque illustratum. Hasce autem Epicuri rationes insanas, ac furiosas, ut & illas absurdas de atomorum concursione fortuita, de mundis innumerabilibus, & ceteras, neque difficile nobis est refutare, neque cero necesse est: quippe cum ab ipsa veritatis voce cel tacentibus omnibus facillime refellantur" (Paris, 1563) f. ã3. 나는 이 부분의 번역을 애다 파머의 미출판 논문 "Reading Atomism in the Renaissance"에서 빌려왔다.

17. *Lucy Hutchinson's Translation of Lucretius: "De rerum natura,"* ed. Hugh de Quehen (Ann ARbor: University of Michigan Press, 1996), p. 139.

18. 이와는 대조적으로 허친슨은 존 에벌린의 번역을 되돌아보면서 이렇게 말한다. 난해한 시 중에서 오직 한 권만 번역해서 대중에 내어놓은 "기지가 있는 남성"은 그 번역이 "월계관을 쓴 자신의 초상을 인쇄할 만큼의 가치가 있는 일이라고 생각했다"라고 평했다.

19. *Lucy Hutchinson's Translation*, pp. 24-25.

20. Ibid., p. 23.

21. Ibid., p. 26.

22. Ibid.

23. Ibid., p. 24.

24. Francis Bacon, *Novum Organum*, II, ii.

25. 이와 같은 견해에 관한 가장 강력한 철학적 표현은 프랑스의 사제이자 천문학자이면서 수학자였던 피에르 가상디(1592-1655)의 저작에서 찾아볼 수 있다.

26. Isaac Newton, *Opticks*, Query 32 (London, 1718). Monte Johnson and Catherine Wilson, "Lucretius and the History of Science," in *The Cambridge Companion to Lucretius*, pp. 141-42에서 재인용.

27. 1819년 10월 31일에 윌리엄 쇼트에게 보낸 편지 내용이다. "나는 (부당하게 비난받는) 순수한 에피쿠로스의 신조는 그리스, 로마 시대의 도덕철학 중에 있는 합리적 유산을 모두 아우른다고 생각하네." Charles A. Miller, *Jefferson and Nature: An Interpretation* (Baltimore and London: Johns Hopkins University Press, 1988), p. 24에서 재인용. John Quincy Adams, "Dinner with President Jefferson," from *Memoirs of John Quincy Adams, Comprising Portions of His Diary from 1795 to 1848*, ed. Charles Francis Adams (Philadelphia, 1874). 다음은 그중에서 1807년 11월 3일자의 일기 내용이다. "제퍼슨 씨는 그가 생각하기에는 에피쿠로스 철학이 고대의 어느 철학체계보다도 진리에 가까이 있다고 말한다. 그는 에피쿠로스 철학에 관한 가상디의 작품이 번역되기를 바랐다. 그것이 유일하게 현존하는 정확한 기술이었기 때문이다. 나는 루크레티우스 이야기를 꺼냈다. 그는 그것은 일부일 뿐이라고, 그러니까 자연철학의 일부일 뿐이라고 말했다. 그러면서 도덕철학은 가상디에게서만 발견할 수 있다고 덧붙였다."

28. Miller, *Jefferson and Nature*, p. 24.

참고 문헌

Adams, H. P. *Karl Marx in His Earlier Writings*. London: G. Allen & Unwin, 1940.

John Quincy Adams, "Dinner with President Jefferson", *Memoirs of John Quincy Adams, Comprising Portions of his Diary from 1795 to 1848*, ed. Charles Francis Adams. Philadephia: J. B. Lippincott, 1874-77, pp. 60-61.

Alberti, Leon Battista. *The Family in Renaissance Florence*, trans. Renée Neu Watkins. Columbia, SC: University of South Carolina Press, 1969, pp. 92-245.

――――. *Dinner Pieces*, trans. David Marsh. Binghamton, NY: Medieval and Renaissance Texts and Studies in Conjunction with the Renaissance Society of America, 1987.

――――. *Intercenales*, ed. Franco Bacchilli and Luca D'Ascia. Bologna: Pendragon, 2003.

Albury, W. R. "Halley's Ode on the Principia of Newton and the Epicurean Revival in England," *Journal of the History of Ideas* 39 (1978), pp. 24-43.

Allen, Don Cameron. "The Rehabilitation of Epicurus and His Theory of Pleasure in the Early Renaissance," *Studies in Philology* 41 (1944), pp. 1-15.

Anon. "The Land of Cokaygne," in Angela M. Lucas, ed., *Anglo-Irish Poems of the Middle Ages: The Kildare Poems*. Dublin: Columbia Press, 1995.

Aquilecchia, Giovanni. "In Facie Prudentis Relucet Sapientia: Appunti Sulla Letteratura Metoposcopica tra Cinque e Seicento." *Giovan Battista della Porta nell'Europa del Suo Tempo*. Naples: Guida, 1990, pp. 199-228.

The Atomists: Leucippus and Democritus: Fragments, trans. and ed. C. C. W. Taylor. Toronto: University of Toronto Press, 1999.

Avrin, Leila. *Scribes, Script and Books: The Book Arts from Antiquity to the Renaissance*. Chicago and London: American Library Association and the British Library, 1991.

Bacci, P. *Cenni Biografici e Religiosità di Poggio Bracciolini*. Florence: Enrico Ariani e l'Arte della Stampa, 1963.

Bailey, Cyril. *The Greek Atomists and Epicurus: A Study*. Oxford: Clarendon Press, 1928.

Baker, Eric. *Atomism and the Sublime: On the Reception of Epicurus and Lucretius in the Aesthetics of Edmund Burke, Kant, and Schiller*. Baltimore: Johns Hopkins University Press, 2001.

Baldini, Umberto. *Primavera: The Restoration of Botticelli's Masterpiece*, trans. Mary Fitton. New York: H. N. Abrams, 1986.

Barba, Eugenio. "A Chosen Diaspora in the Guts of the Monster," *Tulane Drama Review* 46 (2002), pp. 147-53.

Barbour, Reid. *English Epicures and Stoics: Ancient Legacies in Early Stuart Culture*. Amherst, MA: University of Massachusetts Press, 1998.

Baron, Hans. *The Crisis of the Early Italian Renaissance: Civic Humanism and Republican Liberty in the Age of Classicism and Tyranny*. Princeton: Princeton University Press, 1955.

Bartsch, Shadi, and Thomas Bartscherer, eds. *Erotikon: Essays on Eros, Ancient and Modern*. Chicago: University of Chicago Press, 2005.

Beddie, James Stuart. Libraries in the Twelfth Century: Their Catalogues and Contents. Cambridge, MA: Houghton Mifflin, 1929.

———. "The Ancient Classics in the Medieval Libraries," *Speculum* 5 (1930), pp. 1–20.

Beer, Sir Gavin de. *Charles Darwin: Evolution by Natural Selection*. New York: Doubleday, 1964.

Benedict, St. *The Rule of Benedict*, trans. Monks of Glenstal Abbey. Dublin: Four Courts Press, 1994.

Bernard of Cluny. "De Notitia Signorum," in l'abbé Marquard Herrgott, ed., *Vetus Disciplina Monastica, Seu Collectio Auctorum Ordinis S. Benedicti*. Paris: C. Osmont, 1726, pp. 169–73.

Bernhard, Marianne. *Stifts-und Klosterbibliotheken*. Munich: Keyser, 1983.

Bernstein, John. *Shaftesbury, Rousseau, and Kant*. Rutherford, NJ: Fairleigh Dickinson University Press, 1980.

Berry, Jessica. "The Pyrrhonian Revival in Montaigne and Nietzsche," *Journal of the History of Ideas* 65 (2005), pp. 497–514.

Bertelli, Sergio. "Noterelle Machiavelliane," *Rivista Storica Italiana* 73 (1961), pp. 544–57.

Billanovich, Guido. "Veterum Vestigia Vatum: Nei Carmi dei Preumanisti Padovani," in Giuseppe Billanovich et al., eds., *Italia Medioevale e Umanistica*. Padua: Antenore, 1958.

Biow, Douglas. *Doctors, Ambassadors, Secretaries: Humanism and Professions in Renaissance Italy*. Chicago: University of Chicago Press, 2002.

Bischhoff, Bernhard. *Manuscripts and Libraries in the Age of Charlemagne*, trans. Michael M. Gorman. Cambridge: Cambridge University Press, 1994.

Bishop, Paul, ed. *Nietzsche and Antiquity: His Reaction and Response to the Classical Tradition*. Rochester, NY: Camden House, 2004.

Black, Robert. "The Renaissance and Humanism: Definitions and Origins," in Jonathan Woolfson, ed., *Palgrave Advances in Renaissance Historiography*. Houndmills, Basingstoke, UK, and New York: Palgrave Macmillan, 2005, pp. 97–117.

Blades, William. *The Enemies of Books*. London: Elliot Stock, 1896

Blondel, Eric. *Nietzsche: The Body and Culture*, trans. Seán Hand. Stanford: Stanford University Press, 1991.

Boitani, Piero, and Anna Torti, eds. *Intellectuals and Writers in Fourteenth-Century Europe*. The J. A. W. Bennett Memorial Lectures, Perugia, 1984. Tübingen: Günter Narr, 1986.

Bolgar, R. R., ed. *Classical Influences on European Culture, A.D. 1500–1700*. Cambridge: Cambridge University Press, 1976.

Bollack, Mayotte. *Le Jardin Romain: Epicurisme et Poésie à Rome*, ed. Annick Monet. Villeneuve d'Asq: Presses de l'Université Charles-de-Gaulle-Lille 3, 2003.

Benoît de Port-Valais, Saint. *Colophons de Manuscrits Occidentaux des Origines au XVIe Siècle/Benedictins du Bouveret*. Fribourg: Editions Universitaires, 1965.

Boyd, Clarence Eugene. *Public Libraries and Literary Culture in Ancient Rome*. Chicago: University of Chicago Press, 1915.

Bracciolini, Poggio. *The Facetiae, or Jocose Tales of Poggio*. Paris: Isidore Liseux, 1879.

———. "Epistolae—Liber Primus" in *Opera Omnia*, ed. Thomas de Tonelli. Turin: Bottega d'Erasmo, 1964.

———. *Two Renaissance Book Hunters: The Letters of Poggius Bracciolini to Nicolaus de Nicolis*, trans. Phyllis Walter Goodhart Gordan. New York: Columbia University Press, 1974.

———. *Lettere*, ed. Helene Harth. Florence: Leo S. Olschki, 1984.

———. *Un Vieux Doît-Il Se Marier?* trans. Véronique Bruez. Paris: Les Belles Lettres, 1998.

———. *La Vera Nobilità*. Rome: Salerno Editrice, 1999.

Brady, Thomas, Heiko A. Oberman, and James D. Tracy, eds. *Handbook of European History, 1400–1600: Late Middle Ages, Renaissance and Reformation*. Leiden: E. J. Brill, 1995.

Brant, Frithiof. *Thomas Hobbes' Mechanical Conception of Nature*, trans. Vaughan Maxwell and Anne I. Fansboll. Copenhagen: Levin & Munksgaard, 1928.

Bredekamp, Horst. *Botticelli: Primavera. Florenz als Garten der Venus*. Frankfurt am Main: Fischer Taschenbuch, 1988.

———. "Gazing Hands and Blind Spots: Galileo as Draftsman," in Jürgen Renn, ed., *Galileo in Context*. Cambridge: Cambridge University Press, 2001, pp. 153–92.

Bredvold, Louis, "Dryden, Hobbes, and the Royal Society," *Modern Philology* 25 (1928), pp. 417–38.

Brien, Kevin M. *Marx, Reason, and the Art of Freedom*. Philadelphia: Temple University Press, 1987.

Brody, Selma B. "Physics in Middlemarch: Gas Molecules and Ethereal Atoms," *Modern Philology* 85 (1987), pp. 42–53.

Brown, Alison. "Lucretius and the Epicureans in the Social and Political Context of Renaissance Florence," *I Tatti Studies: Essays in the Renaissance* 9 (2001), pp. 11–62.

———. *The Return of Lucretius to Renaissance Florence*. Cambridge, MA: Harvard University Press, 2010.

Brown, Peter. *Power and Persuasion in Late Antiquity: Towards a Christian Empire*. Madison: University of Wisconsin Press, 1992.

———. *The Rise of Western Christendom: Triumph and Diversity, A.D. 200–1000*. Oxford: Blackwell, 1996.

Bruckner, Gene A. *Renaissance Florence*. Berkeley: University of California Press, 1969, 1983.

Bull, Malcolm. *The Mirror of the Gods*. Oxford: Oxford University Press, 2005.

Bullough, D. A. *Carolingian Renewal: Sources and Heritage*. Manchester and New York:

Manchester University Press, 1991.

Burns, Tony, and Ian Fraser, eds. *The Hegel-Marx Connection*. Basingstoke, UK: Macmillan Press, 2000.

Calvi, Gerolamo. *I Manoscritti di Leonardo da Vinci dal Punto di Vista Cronologico, Storico e Biografico*. Bologna: N. Zanichelli, 1925.

Campbell, Gordon. "Zoogony and Evolution in Plato's Timaeus, the Presocratics, Lucretius, and Darwin," in M. R. Wright, ed., *Reason and Necessity: Essays on Plato's Timaeus*. London: Duckworth, 2000.

———. *Lucretius on Creation and Evolution: A Commentary on De Rerum Natura, Book Five, Lines 772-1104*. Oxford: Oxford University Press, 2003.

Campbell, Keith. "Materialism," in Paul Edwards, ed., *The Encyclopedia of Philosophy*. New York: Macmillan Company and The Free Press, 1967, pp. 179-88.

Campbell, Stephen J. "Giorgione's Tempest, Studiolo Culture, and the Renaissance Lucretius," *Renaissance Quarterly* 56 (2003), pp. 299-332.

———. *The Cabinet of Eros: Renaissance Mythological Painting and the Studiolo of Isabella d'Este*. New Haven: Yale University Press, 2004.

Camporeale, Salvatore I. "Poggio Bracciolini Versus Lorenzo Valla: *The Orationes in Laurentium Vallam*," in Joseph Marino and Melinda W. Schlitt, eds. *Perspectives on Early Modern and Modern Intellectual History: Essays in Honor of Nancy S. Struever*. Rochester, NY: University of Rochester Press, 2000, pp. 27-48.

Canfora, Luciano. *The Vanished Library*, trans. Martin Ryle. Berkeley: University of California Press, 1990.

Cariou, Marie. *L'Atomisme; Trois Essais: Gassendi, Leibniz, Bergson et Lucrèce*. Paris: Aubier Montaigne, 1978.

Casini, Paolo. "Newton: The Classical Scholia," *History of Science* 22 (1984), pp. 1-58.

Casson, Lionel, *Libraries in the Ancient World*. New Haven: Yale University Press, 2002.

Castelli, Patrizia, ed. *Un Toscano del '400: Poggio Bracciolini, 1380-1459*. Terranuova Bracciolini: Amministrazione Comunale, 1980.

Castiglioni, Arturo. "Gerolamo Fracastoro e la Dottrina del Contagium Vivum," *Gesnerus* 8 (1951), pp. 52-65.

Celenza, C. S. "Lorenzo Valla and the Traditions and Transmissions of Philosophy," *Journal of the History of Ideas* 66 (2005), pp. 24.

Chamberlin, E. R. *The World of the Italian Renaissance*. London: George & Unwin, 1982.

Chambers, D. S. "Spas in the Italian Renaissance," in Mario A. Di Cesare, ed., *Reconsidering the Renaissance: Papers from the Twenty-first Annual Conference*. Binghamton, NY: Medieval and Renaissance Texts and Studies, 1992, pp. 3-27.

Chang, Kenneth. "In Explaining Life's Complexity Darwinists and Doubters Clash," *The New York Times*, August 2, 2005.

Cheney, Liana. *Quattrocento Neoplatonism and Medici Humanism in Botticelli's Mythological*

Paintings. Lanham, MD, and London: University Press of America, 1985.

Chiffoleau, Jacques. *La Comptabilité de l'Au-Delà: Les Hommes, la Mort et la Religion dans la Région d'Avignon à la Fin du Moyen Age* (vers 1320–vers 1480). Rome: Ecole Française de Rome, 1980.

Christie-Murray, David. *A History of Heresy*. London: New English Library, 1976.

Cicero. *The Speeches of Cicero*, trans. Louis E. Lord. Cambridge, MA: Harvard University Press, 1937.

———. *Tusculan Disputations*, trans. and ed. J. E. King. Cambridge, MA: Harvard University Press, 1960.

———. *De Natura Deorum; Academica*, trans. and ed. H. Rackham. Cambridge, MA: Harvard University Press, 1967.

———. *Cicero's Letters to His Friends*, trans. D. R. Shackleton Bailey. Harmondsworth, UK, and New York: Penguin Books, 1978.

Clanchy, M. T. *From Memory to Written Record: England, 1066–1307*. Cambridge, MA: Harvard University Press, 1979.

Clark, A. C. "The Literary Discoveries of Poggio," *Classical Review* 13 (1899), pp. 119–30.

Clark, Ronald William. *The Survival of Charles Darwin: A Biography of a Man and an Idea*. London: Weidenfeld & Nicolson, 1985.

Clay, Diskin. *Lucretius and Epicurus*. Ithaca, NY: Cornell University Press, 1983.

Cohen, Bernard. "Quantum in se Est: Newton's Concept of Inertia in Relation to Descartes and Lucretius," *Notes and Records of the Royal Society of London*, 19 (1964), pp. 131–55.

Cohen, Elizabeth S., and Thomas V. Cohen. *Daily Life in Renaissance Italy*. Westport, CT: Greenwood Press, 2001.

Cohn, Samuel, Jr., and Steven A. Epstein, eds. *Portraits of Medieval and Renaissance Living: Essays in Memory of David Herlihy*. Ann Arbor: University of Michigan Press, 1996.

Coleman, Francis. *The Harmony of Reason: A Study in Kant's Aesthetics*. Pittsburgh: University of Pittsburgh Press, 1974.

Connell, William J. "Gasparo and the Ladies: Coming of Age in Castiglione's Book of the Courtier," *Quaderni d'Italianistica* 23 (2002), pp. 5–23.

———, ed. *Society and Individual in Renaissance Florence*. Berkeley and London: University of California Press, 2002.

———, and Andrea Zorzi, eds. *Florentine Tuscany: Structures and Practices of Power*. Cambridge: Cambridge University Press, 2000.

Contreni, John J. *Carolingian Learning, Masters and Manuscripts*. Aldershot, UK: Variorum, 1992.

Cranz, F. Edward. "The *Studia Humanitatis* and *Litterae* in Cicero and Leonardo Bruni," in Marino and Schlitt, eds., *Perspectives on Early Modern and Modern Intellectual History: Essays in Honor of Nancy S. Struever*. Rochester, NY: University of Rochester Press, 2001, pp. 3–26.

Crick, Julia, and Alexandra Walsham, eds. *The Uses of Script and Print, 1300–1700*. Cambridge: Cambridge University Press, 2004.

Cropper, Elizabeth. "Ancients and Moderns: Alessandro Tassoni, Francesco Scannelli, and the Experience of Modern Art," in Marino and Schlitt, eds., *Perspectives on Early Modern and Modern Intellectual History: Essays in Honor of Nancy S. Struever*, pp. 303–24.

Dampier, Sir William. *A History of Science and Its Relations with Philosophy and Religion*. Cambridge: Cambridge University Press, 1932.

Darwin, Erasmus. *The Letters of Erasmus Darwin*, ed. Desmond King-Hele. Cambridge: Cambridge University Press, 1981.

Daston, Lorrain, and Fernando Vidal, eds. *The Moral Authority of Nature*. Chicago: University of Chicago Press, 2004.

De Lacy, Phillip, "Distant Views: The Imagery of Lucretius," *The Classical Journal* 60 (1964), pp. 49–55.

De Quehen, H. "Luretius and Swift's Tale of a Tub," *University of Toronto Quarterly* 63 (1993), pp. 287–307.

Dean, Cornelia, "Science of the Soul? 'I Think, Therefore I Am' Is Losing Force," *The New York Times*, June 26, 2007, p. D8.

Deimling, Barbara, "The High Ideal of Love," *Sandro Botticelli: 1444/45–1510*. Cologne: B. Taschen, 1993, pp. 38–55.

Deleuze, Gilles. *Logic du Sens*. Paris: Minuit, 1969.

———. *The Logic of Sense*. trans. Mark Lester with Charles Stivale. New York: Columbia University Press, 1990.

Delumeau, Jean. *Sin and Fear: The Emergence of a Western Guilt Culture, 13th–18th Centuries*, trans. Eric Nicholson. New York: St. Martin's Press, 1990.

Dempsey, Charles. "Mercurius Ver: The Sources of Botticelli's Primavera," *Journal of the Warburg and Courtauld Institutes* 31 (1968), pp. 251–73.

———. "Botticelli's Three Graces," *Journal of the Warburg and Courtauld Institutes* 34 (1971), pp. 326–30.

———. *The Portrayal of Love: Botticelli's Primavera and Humanist Culture at the Time of Lorenzo the Magnificent*. Princeton: Princeton University Press, 1992.

Depreux, Philippe. "Büchersuche und Büchertausch im Zeitalter der Karolin-Gischen Renaissance am Veispiel des Briefwechsels des Lupus von Ferrières," *Archiv für Kulturgeschichte* 76 (1994).

Diano, Carlo. *Forma ed Evento: Principi per una Interpretazione del Mondo Greco*. Venice: Saggi Marsilio, 1993.

Didi-Huberman, Georges. "The Matter-Image: Dust, Garbage, Dirt, and Sculpture in the Sixteenth Century," *Common Knowledge* 6(1997), pp. 79–96.

Diogenes. *The Epicurean Inscription [of Diogenes of Oinoanda]*, ed. and trans. Martin Ferguson Smith. Naples: Bibliopolis, 1992.

Dionigi, Ivano, "Lucrezio," *Orazio: Enciclopedia Oraziana*. Rome: Istituto della Enciclopedia Italiana, 1996–98, pp. 15–22.

––––––. *Lucrezio: Le Parole e le Cose*. Bologna: Pàtron Editore, 1988.

Diringer, David. *The Book Before Printing: Ancient, Medieval and Oriental*. New York: Dover Books, 1982.

Dottori, Riccardo, ed. "The Dialogue: Yearbook of Philosophical Hermeneutics," *The Legitimacy of Truth: Proceedings of the III Meeting*. Rome: Lit Verlag, 2001.

Downing, Eric. "Lucretius at the Camera: Ancient Atomism and Early Photographic Theory in Walter Benjamin's *Berliner Chronik*," *The Germanic Review* 81 (2006), pp. 21–36.

Draper, Hal. *The Marx-Engels Glossary*. New York: Schocken Books, 1986.

Drogin, Marc. *Biblioclasm: The Mythical Origins, Magic Powers, and Perishability of the Written Word*. Savage, MD: Rowman & Littlefield, 1989.

Dryden, John. *Sylvae: or, the Second Part of Poetical Miscellanies*. London: Jacob Tonson, 1685.

Dunant, Sarah. *Birth of Venus*. New York: Random House, 2003.

Duncan, Stewart. "Hobbes's Materialism in the Early 1640s," *British Journal for the History of Philosophy* 13 (2005), pp. 437–48.

Dupont, Florence. *Daily Life in Ancient Rome*, trans. Christopher Woodall. Oxford and Cambridge, MA: Blackwell, 1993.

Dyson, Julia T. "Dido the Epicurean," *Classical Antiquity* 15 (1996), pp. 203–21.

Dzielska, Maria. *Hypatia of Alexandria*, trans. F. Lyra. Cambridge, MA: Harvard University Press, 1995.

Early Responses to Hobbes, ed. Gaj Rogers. London: Routledge, 1996.

Edward, John. "Religious Faith and Doubt in Late Medieval Spain: Soria circa 1450–1500," *Past and Present* 120 (1988), pp. 3–25.

Englert, Walter G. *Epicurus on the Swerve and Voluntary Action*. Atlanta, GA: Scholars Press, 1987.

Epicurus. *The Epicurus Reader*, trans. and ed. Brad Inwood and L. P. Gerson. Indianapolis: Hackett, 1994.

Erwin, Douglas H. "Darwin Still Rules, But Some Biologists Dream of a Paradigm Shift," *The New York Times*, June 26, 2007, p. D2.

Faggen, Robert. *Robert Frost and the Challenge of Darwin*. Ann Arbor: University of Michigan Press, 1997.

Fara, Patricia. *Newton: The Making of a Genius*. New York: Columbia University Press, 2002.

––––––, and David Money, "Isaac Newton and Augustan Anglo-Latin Poetry," *Studies in History and Philosophy of Science* 35 (2004), pp. 549–71.

Fenves, Peter. *A Peculiar Fate: Metaphysics and World-History in Kant*. Ithaca, NY: Cornell University Press, 1991.

––––––. *Late Kant: Towards Another Law of the Earth*. New York: Routledge, 2003.

Ferrari, Mirella. "In Papia Conveniant ad Dungalum," *Italia Medioevale e Umanistica* 15 (1972), pp. 1–52.

Ferruolo, Arnolfo B. "Botticelli's Mythologies, Ficino's De Amore, Poliziano's Stanza per la Giostra: Their Circle of Love," *The Art Bulletin [College Art Association of America]* 37 (1955), pp. 17–25.

Ficino, Marsilio. *Platonic Theology*, ed. James Hankins with William Bowen; trans. Michael J. B. allen and John Warden. Cambridge, MA, and London: Harvard University Press, 2004.

Finch, Chauncey E. "Machiavelli's Copy of Lucretius," *The Classical Journal* 56 (1960), pp. 29–32.

Findlen, Paula. "Possessing the Past: The Material World of the Italian Renaissance," *American Historical Review* 103 (1998), pp. 83–114.

Fleischmann, Wolfgang Bernard. "The Debt of the Enlightenment to Lucretius," *Studies on Voltaire and the Eighteenth Century* 29 (1963), pp. 631–43.

———. *Lucretius and English Literature, 1680–1740*. Paris: A. G. Nizet, 1964.

Flores, Enrico. *Le Scoperte di Poggio e il Testo di Lucrezio*. Naples: Liguori, 1980.

Floridi, Luciano. *Sextus Empiricus: The Transmission and Recovery of Pyrrhonism*. New York: Oxford University Press, 2002.

Foster, John Bellamy. *Marx's Ecology: Materialism and Nature*. New York: Monthly Review Press, 2000.

Fraisse, Simone. *L'Influence de Lucrèce en France au Seizième Siècle*. Paris: Librarie A. G. Nizet, 1962.

Frede, Michael, and Gisela Striker, eds. *Rationality in Greek Thought*. Oxford: Clarendon Press, 1996.

Fubini, Riccardo. "Varietà: Un'Orazione di Poggio Bracciolini sui Vizi del Clero Scritta al Tempo del Concilio di Costanza, " *Giornale Storico della Letteratura Italiana* 142 (1965), pp. 24–33.

———. *L'Umanesimo Italiano e I Suoi Storici*. Milan: Franco Angeli Storia, 2001.

———. *Humanism and Secularization: From Petrarch to Valla*, trans. Martha King. Durham, NC, and London: Duke University Press, 2003.

Fusil, C. A. "Lucréce et les Philosophes du XVIIIe Siècle," *Revue d'Histoire Littéraire de la France* 35 (1928).

———. "Lucréce et les Littérateurs, Poètes et Aritistes du XVIIIe Siècle," *Revue d'Histoire Littéraire de la France* 37 (1930).

Gabotto, Ferdinando. "L'Epicureismo di Marsilio Ficino," *Rivista di Filosofia Scientifica* 10 (1891), pp. 428–42.

Gallagher, Mary. "Dryden's Translation of Lucretius," *Huntington Library Quarterly* 7 (1968), pp. 19–29.

Gallo, Italo. *Studi di Papirologia Ercolanese*. Naples: M. D'Auria, 2002.

Garaudy, Roger. *Marxism in the Twentieth Century*. New York: Charles Scribner's Sons, 1970.

Garin, Eugenio. *Ritratti di Umanisti*. Florence: Sansoni, 1967.

———. *La Cultura Filosofica del Rinascimento Italiano*. Florence: Sansoni, 1979.

Garrard, Mary D. "Leonardo da Vinci: Female Portraits, Female Nature," in Norma Broude and Mary Garrard, eds., *The Expanding Discourse: Feminism and Art History*. New York: Harper-Collins, 1992, pp. 59–85.

Garzelli, Annarosa. *Miniatura Fiorentina del Rinascimento, 1440–1525*. Florence: Giunta Regionale Toscana: La Nuova Italia, 1985.

Ghiselin, Michael T. "Two Darwins: History versus Criticism," *Journal of the History of Biology* 9 (1976), pp. 121–32.

Gibbon, Edward. *The History of the Decline and Fall of the Roman Empire*, 6 vols. New York: Knopf, 1910.

Gigante, Marcello. "Ambrogio Traversari Interprete diDiogene Laerzio," in Gian Carlo Garfagnini, ed., *Ambrogio Traversari nel VI Centenario della Nascità*. Florence: Leo S. Olschki, 1988, pp. 367–459.

———. *Philodemus in Italy: The Books from Herculaneum*, trans. Dirk Obbink. Ann Arbor: University of Michigan Press, 1995.

Gildenhard, Ingo. "Confronting the Beast—From Virgil's Cacus to the Dragons of Cornelis van Haarlem," *Proceedings of the Virgil Society* 25 (2004), pp. 27–48.

Gillett, E. H. *The Life and Times of John Huss*. Boston: Gould & Lincoln, 1863.

Gleason, Maud. *Making Men: Sophists and Self-Presentation in Ancient Rome*. Princeton: Princeton University Press, 1995.

Goetschel, Willi. *Constituting Critique: Kant's Writing as Critical Praxis*, trans. Eric Schwab. Durham, NC: Duke University Press, 1994.

Goldberg, Jonathan. *The Seeds of Things: Theorizing Sexuality and Materiality in Renaissance Representations*. New York: Fordham University Press, 2009.

Goldsmith, M. M. *Hobbes' Science of Politics*. New York: Columbia University Press, 1966.

Golner, Johannes. *Bayerische Klosterbibliotheken*. Freilassing: Pannonia-Verlag, 1983.

Gombrich, Ernst H. "Botticelli's Mythologies: A Study in the Neoplatonic Symbolism of His Circle," *Journal of the Warburg and Courtauld Institutes* 8 (1945), pp. 7–60.

Gordon, Dane R., and David B. Suits, eds. *Epicurus: His Continuing Influence and Contemporary Relevance*. Rochester, NY: RIT Cary Graphic Arts Press, 2003.

Gordon, Pamela. "Phaeacian Dido: Lost Pleasures of an Epicurean Intertext," *Classical Antiquity* 17 (1998), pp. 188–211.

Grafton, Anthony. *Forgers and Critics: Creativity and Duplicity in Western Scholarship*. Princeton: Princeton University Press, 1990.

———. *Commerce with the Classics: Ancient Books and Renaissance Readers*. Ann Arbor: University of Michigan Press, 1997.

———, and Ann Blair, eds., *The Transmission of Culture in Early Modern Europe*. Philadelphia: University of Pennsylvania Press, 1990.

————, and Lisa Jardine. *From Humanism to the Humanities: Education and the Liberal Arts in Fifteenth- and Sixteenth-Century Europe*. Cambridge, MA: Harvard University Press, 1986.

Grant, Edward. "Bernhard Pabst: Atomtheorien des Lateinischen Mittelalters," *Isis* 87 (1996), pp. 345–46.

Greenblatt, Stephen. *Learning to Curse: Essays in Early Modern Culture*. New York and London: Routledge Classics, 2007.

Greenburg, Sidney Thomas. *The Infinite in Giordano Bruno*. New York: Octagon Books, 1978.

Greene, Thomas M. "Ceremonial Closure in Shakespeare's Plays," in Marino and Schlitt, eds., *Perspectives on Early Modern and Modern Intellectual History: Essays in Honor of Nancy S. Struever*. Rochester, NY: University of Rochester Press, 2000, pp. 208–19.

Greetham, David C. *Textual Scholarship: An Introduction*. New York: Garland, 1994.

————. *Textual Transgressions: Essays Toward the Construction of a Bibliography*. New York and London: Garland, 1998.

Gregory, Joshua. *A Short History of Atomism: From Democritus to Bohr*. London: A. C. Black, 1931.

Gregory I, Pope. *Dialogues*. Washington, DC: Catholic University of America Press, 1959.

————. *The Letters of Gregory the Great*, trans. John R. C. Martin. Toronto: Pontifical Institute of Medieval Studies, 2004.

Grieco, Allen J., Michael Rocke, and Fiorella Gioffredi Superbi, eds. *The Italian Renaissance in the Twentieth Century*. Florence: Leo S. Olschki, 1999.

Gruber, Howard E. *Darwin on Man: A Psychological Study of Scientific Creativity*. Chicago: University of Chicago Press, 1981, pp. 46–73.

Gruen, Erich S. *The Hellenistic World and the Coming of Rome*. Berkeley: University of California Press, 1984.

Guehenno, Jean. *Jean Jacques Rousseau*, trans. John Weightman and Doreen Weightman. London: Routledge & Kegan Paul, 1966.

Haas, Christopher. *Alexandria in Late Antiquity: Topography and Social Conflict*. Baltimore: Johns Hopkins University Press, 1997.

Hadot, Pierre. *What Is Ancient Philosophy?* trans. Michael Chase. Cambridge, MA: Harvard University Press, 2002.

Hadzsits, George D. *Lucretius and His Influence*. New York: Longmans, Green & Co., 1935.

Haines-Eitzen, Kim. *Guardians of Letters: Literacy, Power, and the Transmitters of Early Christian Literature*. Oxford: Oxford University Press, 2000.

Hale, John R., ed. *A Concise Encyclopaedia of the Italian Renaissance*. London: Thames & Hudson, 1981.

————. *The Civilization of Europe in the Renaissance*. London: HarperCollins, 1993.

Hall, Rupert. *Isaac Newton, Adventurer in Thought*. Oxford: Blackwell, 1992.

Hamman, A.-G. *L'Epopée du Livre: La Transmission des Textes Anciens, du Scribe a l'Imprimérie*. Paris: Libr. Académique Perrin, 1985.

Hankins, James. *Plato in the Italian Renaissance*. Leiden: E. J. Brill, 1990.

———. "Renaissance Philosophy Between God and the Devil," in Grieco et al., eds., *Italian Renaissance in the Twentieth Century*, pp. 269–93.

———. "Renaissance Humanism and Historiography Today," in Jonathan Woolfson, ed., *Palgrave Advances in Renaissance Historiography*. New York: Palgrave Macmillan, 2005, pp. 73–96.

———. "Religion and the Modernity of Renaissance Humanism," in Angelo Mazzocco, ed., *Interpretations of Renaissance Humanism*. Leiden: E. J. Brill, 2006, pp. 137–54.

———, and Ada Palmer. *The Recovery of Ancient Philosophy in the Renaissance: A Brief Guide*. Florence: Leo S. Olschki, 2008.

Hardie, Philip R. "Lucretius and the Aeneid," *Virgil's Aeneid: Cosmos and Imperium*. New York: Oxford University Press, 1986, pp. 157–240.

———. *Ovid's Poetics of Illusion*. Cambridge: Cambridge University Press, 2002.

Harris, Jonathan Gil. "Atomic Shakespeare," *Shakespeare Studies* 30 (2002), pp. 47–51.

Harris, William V. *Restraining Rage: The Ideology of Anger Control in Classical Antiquity*. Cambridge, MA: Harvard University Press, 2001.

Harrison, Charles T. *Bacon, Hobbes, Boyle, and the Ancient Atomists*. Cambridge, MA: Harvard University Press, 1933.

———. "The Ancient Atomists and English Literature of the Seventeenth Century," *Harvard Studies in Classical Philology* 45 (1934), pp. 1–79.

Harrison, Edward. "Newton and the Infinite Universe," *Physics Today* 39 (1986), pp. 24–32.

Hay, Denys. *The Italian Renaissance in Its Historical Background*. Cambridge: Cambridge University Press.

Heller, Agnes. *Renaissance Man*, trans. Richard E. Allen. London: Routledge & Kegan Paul, 1978 (orig. Hungarian 1967).

Herbert, Gary B. *The Unity of Scientific and Moral Wisdom*. Vancouver: University of British Columbia Press, 1989.

Himmelfarb, Gertrude. *Darwin and the Darwinian Revolution*. New York: W. W. Norton & Company, 1968.

Hine, William. "Inertia and Scientific Law in Sixteenth-Century Commentaries on Lucretius," *Renaissance Quarterly* 48 (1995), pp. 728–41.

Hinnant, Charles. *Thomas Hobbes*. Boston: Twayne Publishers, 1977.

Hirsch, David A. Hedrich. "Donne's Atomies and Anatomies: Deconstructed Bodies and the Resurrection of Atomic Theory," *Studies in English Literature*, 1500–1900 31 (1991), pp. 69–94.

Hobbes, Thomas. *Leviathan*. Cambridge: Cambridge University Press, 1991.

———. *The Elements of Law Natural and Politic: Human Nature, De Corpore Politico, Three Lives*. Oxford: Oxford University Press, 1994.

Hoffmann, Banesh. *Albert Einstein, Creator and Rebel*. New York: Viking Press, 1972.

374

Holzherr, George. *The Rule of Benedict: A Guide to Christian Living, with Commentary by George Holzherr, Abbot of Einsiedeln*. Dublin: Four Courts Press, 1994.

Horne, Herbert. *Alessandro Filipepi, Commonly Called Sandro Botticelli, Painter of Florence*. Princeton: Princeton University Press, 1980.

Hubbard, Elbert. *Journeys to Homes of Eminent Artists*. East Aurora, NY: Roycrafters, 1901.

Humanism and Liberty: Writings on Freedom from Fifteenth-Century Florence, trans. and ed. Renee Neu Watkins. Columbia, SC: University of South Carolina Press, 1978.

Hutcheon, Pat Duffy. *The Road to Reason: Landmarks in the Evolution of Humanist Thought*. Ottawa: Canadian Humanist Publications, 2001.

Hutchinson, Lucy. *Lucy Hutchinson's Translation of Lucretius: De rerum natura*, ed. Hugh de Quehen. Ann Arbor: University of Michigan Press, 1996.

Hyde, William de Witt. *From Epicurus to Christ: A Study in the Principles of Personality*. New York: Macmillan, 1908.

Impey, Chris. "Reacting to the Size and the Shape of the Universe," *Mercury* 30 (2001).

Isidore of Seville. *The Etymologies of Isidore of Seville*, ed. Stephen A. Barney et al. Cambridge: Cambridge University Press, 2006.

Jacquot, J. "Thomas Harriot's Reputation for Impiety," *Notes and Records of the Royal Society* 9 (1951–52), pp. 164–87.

Jayne, Sears. *John Colet and Marsilio Ficino*. Oxford: Oxford University Press, 1963.

Jefferson, Thomas. *Papers*. Princeton: Princeton University Press, 1950.

———. *Writings*. New York: Viking Press, 1984.

Jerome, St. *Select Letters of St. Jerome*, trans. F. A. Wright. London: William Heinemann, 1933.

———. *The Letters of St. Jerome*, trans. Charles Christopher Mierolo. Westminster, MD: Newman Press, 1963.

John, Bishop of Nikiu. *The Chronicle*, trans. R. H. Charles. London: Williams & Norgate, 1916.

John of Salisbury. *Entheticus, Maior and Minor*, ed. Jan van Laarhoven. Leiden: E. J. Brill, 1987.

Johnson, Elmer D. *History of Libraries in the Western World*. Metuchen, NJ: Scarecrow Press, 1970.

Johnson, W. R. *Lucretius and the Modern World*. London: Duckworth, 2000.

Jones, Howard. *The Epicurean Tradition*. London: Routledge, 1989.

Jordan, Constance. *Pulci's Morgante: Poetry and History in Fifteenth-Century Florence*. Washington, DC: Folger Shakespeare Library, 1986.

Joy, Lynn S. "Epicureanism in Renaissance Moral and Natural Philosophy," *Journal of the History of Ideas* 53 (1992), pp. 573–83.

Judd, John. *The Coming of Evolution: The Story of a Great Revolution in Science*. Cambridge: Cambridge University Press, 1910.

Kaczynski, Bernice M. *Greek in the Carolingian Age: The St. Gall Manuscripts*. Cambridge,

MA: Medieval Academy of America, 1988.

Kain, Philip J. *Marx' Method, Epistemology and Humanism.* Dordrecht: D. Reidel, 1986.

Kamenka, Eugene. *The Ethical Foundations of Marxism.* London: Routledge & Kegan Paul, 1972.

Kantorowicz, Ernst H. "The Sovereignty of the Artist: A Note on Legal Maxims and Renaissance Theories of Art," in Millard Meiss, ed., *Essays in Honor of Erwin Panofsky.* New York: New York University Press, 1961, pp. 267–79.

Kargon, Robert Hugh. *Atomism in England from Hariot to Newton.* Oxford: Clarendon Press, 1966.

Kaster, Robert A. *Guardians of Language: The Grammarian and Society in Late Antiquity.* Berkeley: University of California Press, 1988.

Kemp, Martin. *Leonardo da Vinci,* the Marvelous Works of Nature and Man. Cambridge, MA: Harvard University Press, 1981.

———. *Leonardo.* Oxford: Oxford University Press, 2004.

Kemple, Thomas. *Reading Marx Writing: Melodrama, the Market, and the "Grundrisse."* Stanford: Stanford University Press, 1995.

Kenney, E. J. *Lucretius.* Oxford: Clarendon Press, 1977.

Kidwell, Carol. *Marullus: Soldier Poet of the Renaissance.* London: Duckworth, 1989.

Kitts, Eustace J. *In the Days of the Councils: A Sketch of the Life and Times of Baldassare Cossa* (Afterward Pope John the Twenty-Third). London: Archibald Constable & Co., 1908.

———. *Pope John the Twenty-Third and Master John Hus of Bohemia.* London: Constable & Co., 1910.

Kivisto, Sari. *Creating Anti-Eloquence: Epistolae Obscurorum Virorum and the Humanist Polemics on Style.* Helsinki: Finnish Society of Sciences and Letters, 2002.

Kohl, Benjamin G. *Renaissance Humanism, 1300–1550: A Bibliography of Materials in English.* New York and London: Garland, 1985.

Kors, Alan Charles. "Theology and Atheism in Early Modern France," in Grafton and Blair, eds., *Transmission of Culture in Early Modern Europe,* pp. 238–75.

Korsch, Karl. *Karl Marx.* New York: John Wiley & Sons, 1938.

Koyré, Alexandre. *From the Closed World to the Infinite Universe.* Baltimore: Johns Hopkins Press, 1957.

Krause, Ernst. *Erasmus Darwin,* trans. W. S. Dallas. London: John Murray, 1879.

Krautheimer, Richard. *Rome: Profile of a City, 312–1308.* Princeton: Princeton University Press, 1980.

Kristeller, Paul Oskar. *Renaissance Thought: The Classic, Scholastic, and Humanist Strains.* New York: Harper, 1961.

———. *Renaissance Concepts of Man and Other Essays.* New York: Harper, 1972.

———. *Renaissance Thought and the Arts: Collected Essays.* Princeton: Princeton University Press, 1965, 1980.

————, and Philip P. Wiener, eds. *Renaissance Essays*. New York: Harper, 1968.

Kuehn, Manfred. *Kant: A Biography*. New York: Cambridge University Press, 2001.

Lachs, John. "The Difference God Makes," *Midwest Studies in Philosophy* 28 (2004), pp. 183-94.

Lactantius. "A Treatise on the Anger of God, Addressed to Donatus," in Rev. Alexander Roberts and James Donaldson, eds.; William Fletcher, trans., *The Works of Lactantius*. Vol. II. Edinburgh: T. & T. Clark, 1871, pp. 1-48.

Lange, Frederick Albert. *The History of Materialism: and Criticism of Its Present Importance*, trans. Ernest Chester Thomas, intro. Bertrand Russell, London: K. Paul, Trench, Trubner; New York: Harcourt, Brace, 1925.

Leff, Gordon. *Heresy, Philosophy and Religion in the Medieval West*. Aldershot, UK, and Burlington, VT: Ashgate, 2002.

Le Goff, Jacques. *The Medieval Imagination*, trans. Arthur Goldhammer. Chicago: University of Chicago Press, 1985.

Leonardo da Vinci, *The Notebooks*. New York: New American Library, 1960.

Leonardo da Vinci, *The Literary Works of Leonardo*, ed. Jean Paul Richter. Berkeley: University of California Press, 1977.

Leto, Pomponio. *Lucrezio*, ed. Giuseppe Solaro. Palermo: Sellerio, 1993.

Levine, Norman. *The Tragic Deception: Marx Contra Engels*. Oxford: Clio Books, 1975.

Lezra, Jacques. *Unspeakable Subjects: The Genealogy of the Event in Early Modern Europe*. Stanford: Stanford University Press, 1997.

Lightbrown, R. W. *Botticelli: Life and Work*. New York: Abbeville Press, 1989.

Löffler, Dr. Klemans. *Deutsche Klosterbibliotheken*. Cologne: J. P. Bachman, 1918.

Long, A. A. *Hellenistic Philosophy: Stoics, Epicureans, Sceptics*, 2nd edn. Berkeley: University of California Press, 1987.

————, and D. N. Sedley, *The Hellenistic Philosophers*, 2 vols. Cambridge: Cambridge University Press, 1987.

Longo, Susanna Gambino, Lucrèce et Epicure à la Renaissance Italienne. Paris: Honoré Champion, 2004.

Lucretius. *On the Nature of Things*, trans. W. H. D. Rouse, rev. Martin F. Smith. Cambridge, MA: Harvard University Press, 1924, rev. 1975.

————. *De Rerum Natura*, ed. Cyril Bailey. 3 vols. London: Oxford University Press, 1963.

————. *The Nature of Things*, trans. Frank O. Copley. New York: W. W. Norton & Company, 1977.

————. *On the Nature of Things*, trans. Anthony M. Esolen. Baltimore: Johns Hopkins University Press, 1995.

————. *On the Nature of the Universe*, trans. Ronald Melville. Oxford: Oxford University Press, 1997.

————. *On the Nature of Things*, trans. Martin Ferguson Smith. Oxford: Sphere Books, 1969;

rev. trans. Indianapolis: Hackett, 2001.

———. *The Nature of Things*, trans. A. E. Stallings. London: Penguin, 2007.

———. *De Rerum Natura*, trans. David R. Slavitt. Berkeley: University of California Press, 2008.

Lund, Vonne, Raymond Anthony, and Helema Rocklingsberg. "The Ethical Contract as a Tool in Organic Animal Husbandry," *Journal of Agricultural and Environmental Ethics* 17 (2004), pp. 23–49.

Luper-Foy, Steven. "Annihilation," *Philosophical Quarterly* 37 (1987), pp. 233–52.

Macleod, Roy, ed. *The Library of Alexandria: Centre of Learning in the Ancient World*. London: I. B. Tauris, 2004.

MacPhail, Eric. "Montaigne's New Epicureanism," *Montaigne Studies* 12 (2000), pp. 91–103.

Madigan, Arthur. "Commentary on Politis," *Boston Area Colloquium in Ancient Philosophy* 18 (2002).

Maglo, Koffi. "Newton's Gravitational Theory by Huygens, Varignon, and Maupertuis: How Normal Science May Be Revolutionary," *Perspectives on Science*, 11 (2003), pp. 135–69.

Mah, Harold. *The End of Philosophy, the Origin of "Ideology."* Berkeley: University of California Press, 1987.

Maiorino, Giancarlo. *Leonardo da Vinci: The Daedalian Mythmaker*. University Park, PA: Pennsylvania State University Press, 1992.

Malcolm, Noel. *Aspects of Hobbes*. New York: Oxford University Press, 2002.

Marino, Joseph, and Melinda W. Schlitt, eds. *Perspectives on Early Modern and Modern Intellectual History: Essays in Honor of Nancy S. Struever*. Rochester, NY: University of Rochester Press, 2000.

Markus, R. A. *The End of Ancient Christianity*. Cambridge and New York: Cambridge University Press, 1990.

Marlowe, Christopher. *Christopher Marlowe: The Complete Poems and Translations*, ed. Stephen Orgel. Harmondsworth, UK, and Baltimore: Penguin Books, 1971.

Marsh, David. *The Quattrocento Dialogue*. Cambridge, MA, and London: Harvard University Press, 1980.

Martin, Alain, and Oliver Primavesi. *L'Empédocle de Strasbourg*. Berlin and New York: Walter de Gruyter; Bibliothèque Nationale et Universitaire de Strasbourg, 1999.

Martin, John Jeffries. *Myths of Renaissance Individualism*. Houndmills, Basingstoke, UK: Palgrave, 2004.

Martindale, Charles. *Latin Poetry and the Judgement of Taste*. Oxford: Oxford University Press, 2005.

Martines, Lauro. *The Social World of the Florentine Humanists, 1390–1460*. Princeton: Princeton University Press, 1963.

———. *Scourge and Fire: Savonarola and Renaissance Florence*. London: Jonathan Cape, 2006.

Marullo, Michele. *Inni Naturali*, trans. Doratella Coppini. Florence: Casa Editrice le Lettere,

1995.

Marx, Karl, and Frederick Engels. *Collected Works*, trans. Richard Dixon. New York: International Publishers, 1975.

————. *On Literature and Art*. Moscow: Progress Publishers, 1976.

Masters, Roger. *The Political Philosophy of Rousseau*. Princeton: Princeton University Press, 1968.

————. "Gradualism and Discontinuous Change," in Albert Somit and Steven Peterson, eds., *The Dynamics of Evolution*. Ithaca, NY: Cornell University Press, 1992.

Mayo, Thomas Franklin. *Epicurus in England (1650-1725)*. Dallas: Southwest Press, 1934.

McCarthy, George. *Marx and the Ancients: Classical Ethics, Social Justice, and Nineteenth-Century Political Economy*. Savage MD: Rowman & Ligglefield, 1990.

McDowell, Gary, and Sharon Noble, eds. *Reason and Republicanism: Thomas Jefferson's Legacy of Liberty*. Lanham, MD: Rowman & Littlefield, 1997.

McGuire, J. E., and P. M. Rattansi. "Newton and the Pipes of Pan," *Notes and Records of the Royal Society of London* 21 (1966), pp. 108-43.

McKitterick, Rosamond. "Manuscripts and Scriptoria in the Reign of Charles the Bald, 840-877," *Giovanni Scoto nel Suo Tempo*. Spoleto: Centro Italiano di Studi sull'Alto Medioevo, 1989, pp. 201-37.

————. "Le Role Cultural des Monastères dans les Royaumes Carolingiens du VIIIe au Xe Siècle," *Revue Benedictine* 103 (1993), pp. 117-30.

————. *Books, Scribes and Learning in the Frankish Kingdoms, 6th-9th Centuries*. Aldershot, UK: Variorum, 1994.

————, ed. *Carolingian Culture: Emulation and Innovation*. Cambridge: Cambridge University Press, 1994.

McKnight, Stephen A. *The Modern Age and the Recovery of Ancient Wisdom: A Reconsideration of Historical Consciousness, 1450-1650*. Columbia, MO: University of Missouri Press, 1991.

McLellan, David. *The Thought of Karl Marx*. New York: Harper & Row, 1971.

McNeil, Maureen. *Under the Banner of Science: Erasmus Darwin and His Age*. Manchester: Manchester University Press, 1987.

Meikle, Scott. *Essentialism in the Thought of Karl Marx*. London: Duckworth, 1985.

Melzer, Arthur M. *The Natural Goodness of Man: On the System of Rousseau's Thought*. Chicago: University of Chicago Press, 1990.

Merryweather, F. Somner. *Bibliomania in the Middle Ages*. London: Woodstock Press, 1933.

Michel, Paul-Henri. *The Cosmology of Giordano Bruno*, trans. R. E. W. Maddison. Paris: Hermann; Ithaca, NY: Cornell University Press, 1973.

Miller, Charles A. *Jefferson and Nature: An Interpretation*. Baltimore: Johns Hopkins University Press, 1988.

Moffitt, John F. "The Evidentia of Curling Waters and Whirling Winds: Leonardo's *Ekphraseis* of the Latin Weathermen," *Leonardo Studies* 4 (1991), pp. 11-33.

Molho, Anthony et al. "Genealogy and Marriage Alliance: Memories of Power in Late Medieval Florence," in Cohen and Epstein, eds., *Portraits of Medieval and Renaissance Living*, pp. 39–70.

Morel, Jean. "Recherches sur les Sources du Discours sur l'Inégalité," *Annales* 5 (1909), pp. 163–64.

Mortara, Elena. "The Light of Common Day: Romantic Poetry and the Everydayness of Human Existence," in Riccardo Dottori, ed., *The Legitimacy of Truth*. Rome: Lit Verlag, 2001.

Müller, Conradus. "De Conicum Lucretii Italicorum Origine," *Museum Helveticum: Revue Suisse pour l'Etude de l'Antiquité Classique* 30 (1973), pp. 166–78.

Mundy, John Hine, and Kennerly M. Woody, eds.; Louise Ropes Loomis, trans. *The Council of Constance: The Unification of the Church*. New York and London: Columbia University Press, 1961.

Murphy, Caroline P. *The Pope's Daughter*. London: Faber & Faber, 2004.

Murray, Alexander. "Piety and Impiety in Thirteenth-Century Italy," in C. J. Cuming and Derek Baker, eds., *Popular Belief and Practice*, Studies in Church History 8. London: Syndics of the Cambridge University Press, 1972, pp. 83–106.

———. "Confession as a Historical Source in the Thirteenth Century," in R. H. C. Davis and J. M. Wallace-Hadrill, eds., *The Writing of History in the Middle Ages: Essays Presented to Richard William Southern*. Oxford: Clarendon Press, 1981, pp. 275–322.

———. "The Epicureans," in Piero Boitani and Anna Torti, eds., *Intellectuals and Writers in Fourteenth-Century Europe*. Tübingen: Günter Narr, 1986, pp. 138–63.

Nelson, Eric. *The Greek Tradition in Republican Thought*. Cambridge: Cambridge University Press, 2004.

Neugebauer, O. *The Exact Sciences in Antiquity*. Princeton: Princeton University Press, 1952.

Newton, Isaac. *Correspondence of Isaac Newton*, H. W. Turnbull et al., eds., 7 vols. Cambridge: Cambridge University Press, 1959–1984.

Nicholls, Mark. "Percy, Henry," *Oxford Dictionary of National Biography*, 2004–07.

Nichols, James. *Epicurean Political Philosophy: The De Rerum Natura of Lucretius*. Ithaca, NY: Cornell University Press, 1976.

Nussbaum, Martha. *The Therapy of Desire: Theory and Practice in Hellenistic Ethics*. Princeton: Princeton University Press, 2009, pp. 140–91.

Oberman, Heiko. *The Dawn of the Reformation*. Grand Rapids, MI: William Eerdmans Publishing Co., 1986.

Olsen, B. Munk. *L'Etude des Auteurs Classiques Latins aux XIe et XIIe Siècles*. Paris: Editions du Centre National de la Recherche Scientifique, 1985.

O'Malley, Charles, and J. B. Saunders. *Leonardo da Vinci on the Human Body: The Anatomical, Physiological, and Embryological Drawings of Leonardo da Vinci*. New York: Greenwich House, 1982.

O'Malley, John W., Thomas M. Izbicki, and Gerald Christianson, eds. *Humanity and Divinity* in *Renaissance and Reformation: Essays in Honor of Charles Trinkaus*. Leiden: E. J. Brill, 1993.

Ordine, Nuccio. *Bruno and the Philosophy of the Ass*, trans. Henryk Baraánski in collab. with Arielle Saiber. New Haven, CT: Yale University Press, 1996.

Origen. *Origen Against Celsus*, trans. Rev. Frederick Crombie, in *Ante-Nicene Christian Library: Translations of the Writings of the Fathers Down to A.D. 325*, ed. Rev. Alexander Roberts and James Donaldson, vol. 23. Edinburgh: T. & T. Clark, 1872.

Osborn, Henry Fairfield. *From the Greeks to Darwin: The Development of the Evolution Idea Through Twenty-Four Centuries*. New York: Charles Scribner's Sons, 1929.

Osler, Margaret. *Divine Will and the Mechanical Philosophy: Gassendi and Descartes on Contingency and Necessity in the Created World*. Cambridge: Cambridge University Press, 1994.
————, ed. *Atoms, Pneuma, and Tranquility: Epicurean and Stoic Themes in European Thought*. Cambridge: Cambridge University Press, 1991.

Osler, Sir William. "Illustrations of the Book-Worm," *Bodleian Quarterly Record*, 1 (1917), pp. 355–57.

Otte, James K. "Bernhard Pabst, *Atomtheorien des Lateinischen Mittelalters*," *Speculum* 71 (1996), pp. 747–49.

Overbye, Dennis. "Human DNA, the Ultimate Spot for Secret Messages (Are Some There Now?)," *The New York Times*, June 26, 2007, p. D4.

Overhoff, Jürgen. *Hobbes's Theory of the Will: Ideological Reasons and Historical Circumstances*. Lanham, MD: Rowman &Littlefield, 2000.

Pabst, Bernhard. *Atomtheorien des Lateinischen Mittelalters*. Darmstadt: Wissenschaftliche Buchgesellschaft, 1994.

Palladas. *Palladas: Poems*, trans. Tony Harrison. London: Anvil Press Poetry, 1975.

Panofsky, Erwin. *Renaissance and Renascences in Western Art*, 2 vols. Stockholm: Almqvist & Wiksell, 1960.

Parkes, M. B. *Scribes, Scripts and Readers: Studies in the Communication, Presentation and Dissemination of Medieval Texts*. London: Hambledon Press, 1991.

Parsons, Edward Alexander. *The Alexandrian Library, Glory of the Hellenic World: Its Rise, Antiquities, and Destructions*. New York: American Elsevier Publishing Co., 1952.

Partner, Peter. *Renaissance Rome, 1500–1559: A Portrait of a Society*. Berkeley: University of California Press, 1976.
————. *The Pope's Men: The Papal Civil Service in the Renaissance*. Oxford: Clarendon Press, 1990.

Paterson, Antoinette Mann. *The Infinite Worlds of Giordano Bruno*. Springfield, IL: Thomas, 1970.

Patschovsky, Alexander. *Quellen zur Böhmischen Inquisition im 14. Jahrhundert*. Weimar: Hermann Bohlaus Nachfolger, 1979.

Paulsen, Friedrich. *Immanuel Kant; His Life and Doctrine*, trans. J. E. Creighton and Albert

Lefevre. New York: Frederick Ungar, 1963.

Payne, Robert. *Marx*. New York: Simon & Schuster, 1968.

Peter of Mldonovice. *John Hus at the Council of Constance*, trans. Matthew Spinka. New York: Columbia University Press, 1965.

Petrucci, Armando. *Writers and Readers in Medieval Italy: Studies in the History of Written Culture*, trans. Charles M. Kadding. New Heaven and London: Yale University Press, 1995.

Pfeiffer, Rudolf. *History of Classical Scholarship from the Beginnings to the End of the Hellenistic Age*. Oxford: Clarendon Press, 1968.

Philippe, J. "Lucrèce dans la Théologie Chrétienne du IIIe au XIIIe Siècle et Spécialement dans les Ecoles Carolingiennes," *Revue de l'Histoire des Religions* 33 (1896) pp. 125‒62.

Philodemus. *On Choices and Avoidances*, trans. Giovanni Indelli and Voula Tsouna-McKirahan. Naples: Bibliopolis, 1995.

———[Filodemo]. *Mémoire Epicurée*. Naples: Bibliopolis, 1997.

———. *Acts of Love: Ancient Greek Poetry from Aphrodite's Garden*, trans. George Economou. New York: Modern Library, 2006.

———. *On Rhetoric: Books 1 and 2*, trans. Clive Chandler. New York: Routledge, 2006.

Poggio Bracciolini 1380‒1980: Nel VI Centenario della Nascità. Florence: Sansoni, 1982.

Politis, Vasilis. "Aristotle on Aporia and Searching in Metaphysics," *Boston Area Colloquium in Ancient Philosophy* 18 (2002), pp. 145‒74.

Porter, James. *Nietzsche and the Philology of the Future*. Stanford: Stanford University Press, 2000.

Primavesi, Oliver. "Empedocles: Physical and Mythical Divinity," in Patricia Curd and Daniel W. Graham, eds., *The Oxford Handbook of Presocratic Philosophy*. New York: Oxford University Press, 2008, pp. 250‒83.

Prosperi, Adriano. *Tribunali della Coscienza: Inquisitori, Confessori, Missionari*. Turin: Giulio Einaudi, 1996.

Putnam, George Haven. *Books and Their Makers During the Middle Ages*. New York: G. P. Putnam's Sons, 1898.

Puyo, Jean. *Jan Hus: Un Drame au Coeur de l'Eglise*. Paris: Desclée de Brouwer, 1998.

Rattansi, Piyo. "Newton and the Wisdom of the Ancients," in John ed., *Let Newton Be!* Oxford: Oxford University Press, 1988.

Redshaw, Adrienne M. "Voltaire and Lucretius," *Studies on Voltaire and the Eighteenth Century* 189 (1980), pp. 19‒43.

Reti, Ladislao, *The Library of Leonardo da Vinci*. Los Angeles: Zeitlin & Ver-Brugge, 1972.

Reynolds, L. D. *Texts and Transmission: A Survey of the Latin Classics*. Oxford: Clarendon Press, 1983.

———, and N. G. Wilson. *Scribes and Scholars: A Guide to the Transmission of Greek and Latin Literature*. London: Oxford University Press, 1968.

Reynolds, Susan. "Social Mentalities and the Case of Medieval Scepticism," *Transactions of* the *Royal Historical Society* 1 (1990), pp. 21-41.

Rich, Suanna. "De Undarum Natura: Lucretius and Woolf in *The Waves*," *Journal of Modern Literature* 23 (2000), pp. 249-57.

Richard, Carl. *The Founders and the Classics: Greece, Rome, and the American Enlightenment*. Cambridge, MA: Harvard University Press, 1994.

Riche, Pierre. *Education and Culture in the Barbarian West Sixth Through Eighth Centuries*, trans. John J. Cotren. Columbia, SC: University of South Carolina Press, 1976.

Richental, Ulrich von. *Chronik des Konstanzer Konzils 1414-1418*. Constance: F. Bahn, 1984.

Richter, J. P. *The Notebooks of Leonardo da Vinci*. New York: Dover Books, 1970.

Richter, Simon. *Laocoon's Body and the Aesthetics of Pain: Winckelmann, Lessing, Herder, Moritz, Goethe*. Detroit: Wayne State University Press, 1992.

Roche, J. J. "Thomas Harriot," *Oxford Dictionary of National Biography* (2004), p. 6.

Rochot, Bernard. *Les Travaux de Gassendi: Sur Epicure et sur l'Atomisme 1619-1658*. Paris: Librairie Philosophique J. Vrin, 1944.

Rosenbaum, Stephen. "How to Be Dead and Not Care," *American Philosophical Quarterly* 23 (1986).

———. "Epicurus and Annihilation," *Philosophical Quarterly* 39 (1989), pp. 81-90.

———. "The Symmetry Argument: Lucretius Against the Fear of Death," *Philosophy and Phenomenological Research* 50 (1989), pp. 353-73.

———. "Epicurus on Pleasure and the Complete Life," *The Monist*, 73 (1990), pp. 21-39.

Röstler, Wolfang, "Hermann Diels und Albert Einstein: Die Lukrez Ausgabe von 1923/24," *Hermann Diels (1848-1922) et la Science de l'Antiqué*. Geneva: Entretiens sur l'Antiqué Classique, 1998.

Rowland, Ingrid D. *Giordano Bruno: Philosopher/Heretic*. New York: Farrar, Straus & Giroux, 2008.

Ruggiero, Guido, ed. *A Companion to the Worlds of the Renaissance*. Oxford: Blackwell, 2002.

Ryan, Lawrence V. "Review of On Pleasure by Lorenzo Valla," *Renaissance Quarterly* 34 (1981), pp. 91-93.

Sabbadini, Remigio. *Le Scoperte dei Codici Latini e Greci ne' Secoli XIV e XV*. Florence: Sansoni, 1905.

Saiber, Arielle, and Stefano Ugo Baldassarri, eds. *Images of Quattrocento Florence: Selected Writings in Literature, History, and Art*. New Haven: Yale University Press, 2000.

Santayana, George. *Three Philosophical Poets: Lucretius, Dante, and Goethe*. Cambridge, MA: Harvard University Press, 1947.

Schmidt, Albert-Marie. *La Poésie Scientifique en France au Seizième Siècle*. Paris: Albin Michel, 1939.

Schofield, Malcolm, and Gisela Striker, eds. *The Norms of Nature: Studies in Hellenistic Ethics*. Paris: Maison des Sciences de l'Homme, 1986.

Schottenloher, Karl. *Books and the Western World: A Cultural History*, trans. William D. Boyd and Irmgard H. Wolfe. Jefferson, NC: McFarland & Co., 1989.

Sedley, David. *Lucretius and the Transformation of Greek Wisdom.* Cambridge: Cambridge University Press, 1998.

Segal, C. *Lucretius on Death and Anxiety: Poetry and Philosophy in De Rerum Natura.* Princeton: Princeton University Press, 1990.

Seznec, Jean. *The Survival of the Pagan Gods: The Mythological Tradition and Its Place in Renaissance Humanism and Art,* trans. Barbara F. Sessions. New York: Harper & Row, 1953.

Shapin, Steven, and Simon Schaffer. *Leviathan and the Air-Pump: Hobbes, Boyle, and the Experimental Life.* Princeton: Princeton University Press, 1985.

Shea, William. "Filled with Wonder: Kant's Cosmological Essay, the Universal Natural History and Theory of the Heavens," in Robert Butts, ed., *Kant's Philosophy of Physical Science.* Boston: Kluwer Academic Publishers, 1986.

Shell, Susan. *The Embodiment of Reason: Kant on Spirit, Generation, and Community.* Chicago: University of Chicago Press, 1996.

Shepherd, Wm. *Life of Poggio Bracciolini.* Liverpool: Longman et al., 1837.

Shirley, J. W. *Thomas Harriot: A Biography.* Oxford: Clarendon Press, 1983.

———, ed. *Thomas Harriot: Renaissance Scientist.* Oxford: Clarendon Press, 1974.

Sider, David. *The Library of the Villa dei Papiri at Herculaneum.* Los Angeles: J. Paul Getty Museum, 2005.

———, ed. and trans. *The Epigrams of Philodemos.* New York: Oxford University Press, 1997.

Sikes, E. E. *Lucretius, Poet and Philosopher.* New York: Russell & Russell, 1936.

Simonetta, Marcello. *Rinascimento Segreto: Il mondo del Segretario da Petrarca a Machiavelli.* Milan: Franco Angeli, 2004.

Simons, Patricia. "A Profile Portrait of a Renaissance Woman in the National Gallery of Victoria," *Art Bulletin of Victoria* [Australia] 28 (1987), pp. 34–52.

———. "Women in Frames: The Gaze, the Eye, the Profile in Renaissance Portraiture," *History Workshop Journal* 25 (1988), pp. 4–30.

Singer, Dorothea. *Giordano Bruno: His Life and Thought.* New York: H. Schuman, 1950.

Smahel, Frantisek, ed. *Häresie und Vorzeitige Reformation im Spätmittelalter.* Munich: R. Oldenbourg, 1998.

Smith, Christine, and Joseph F. O'Connor. "What Do Athens and Jerusalem Have to Do with Rome? Giannozzo Manetti on the Library of Nicholas V," in Marino and Schlitt, eds., *Perspectives on Early Modern and Modern Intellectual History: Essays in Honor of Nancy S. Struever.* Rochester, NY: University of Rochester Press, 2000, pp. 88–115.

Smith, Cyril. *Karl Marx and the Future of the Human.* Lanham, MD: Lexington Books, 2005.

Smith, John Holland. *The Great Schism, 1378.* London: Hamish Hamilton, 1970.

Smith, Julia M. H. *Europe After Rome: A New Cultural History, 500–1000.* Oxford: Oxford University Press, 2005.

Smuts, R. Malcolm, ed. *The Stuart Court and Europe: Essays in Politics and Political Culture.*

Cambridge: Cambridge University Press, 1996.

Snow-Smith, Joanne. *The Primavera of Sandro Botticelli: A Neoplatonic Interpretation.* New York: Peter Lang, 1993.

Snyder, Jane McIntosh. "Lucretius and the Status of Woman," *The Classical Bulletin* 53 (1976), pp. 17-19.

———. *Puns and Poetry in Lucretius' De Rerum Natura.* Amsterdam: B. R. Gruner, 1980.

Snyder, Jon R. *Writing the Scene of Speaking: Theories of Dialogue in the Late Italian Renaissance.* Stanford: Stanford University Press, 1989.

Spencer, T. J. B. "Lucretius and the Scientific Poem in English," in D. R. Dudley, ed., *Lucretius.* London: Routledge & Kegan Paul, 1965, pp. 131-64.

Spinka, Matthew. *John Hus and the Czech Reform.* Hamden, CT: Archon Books, 1966.

———. *John Hus: A Biography.* Princeton: Princeton University Press, 1968.

Stanley, John L. *Mainlining Marx.* New Brunswick, NJ: Transaction Publishers, 2002.

Stevenson, J. ed. *A New Eusebius: Documents Illustrating the History of the Church to AD 337.* London: SPCK, 1987.

Stinger, Charles L. *Humanism and the Church Fathers: Ambrogio Traversari (1386-1439) and Christian Antiquity in the Italian Renaissance.* Albany: State University of New York Press, 1977.

———. *The Renaissance in Rome.* Bloomington: Indiana University Press, 1998.

Stites, Raymond. "Sources of Inspiration in the Science and Art of Leonardo da Vinci," *American Scientist* 56 (1968), pp. 222-43.

Strauss. Leo. *Natural Right and History.* Chicago: University of Chicago Press, 1953.

Struever, Nancy S. "Historical Priorities," *Journal of the History of Ideas* 66 (2005), p. 16.

Stump, Phillip H. *The Reforms of the Council of Constance (1414-1418).* Leiden: E. J. Brill, 1994.

Surtz, Edward L. "Epicurus in Utopia," *ELH: A Journal of English Literary History* 16 (1949), pp. 89-103.

———. *The Praise of Pleasure: Philosophy, Education, and Communism in More's Utopia.* Cambridge, MA: Harvard University Press, 1957.

Symonds, John Addington. *The Renaissance in Italy.* London: Smith, Elder & Co., 1875-86.

———. *Renaissance in Italy.* Vol. 3: The Fine Arts. London: Smith, Elder & Co., 1898.

Tafuri, Manfredo. *Interpreting the Renaissance: Princes, Cities, Architects,* trans. Daniel Sherer. New Haven: Yale University Press, 2006.

Teodoro, Francesco di, and Luciano Barbi, "Leonardo da Vinci: Del Riparo a' Terremoti," *Physis: Rivista Internazionale di Storia della Scienza* 25 (1983), pp. 5-39.

Tertullian. *The Writings of Quintus Sept. Flor. Tertullianus,* 3 vols. Edinburgh: T. & T. Clark, 1869-70.

———. *Concerning the Resurrection of the Flesh.* London: SPCK, 1922.

———. *Ante-Nicene Fathers,* ed. A. Roberts and J. Donaldson, vol. 4. Grand Rapids, MI: Wm.

B. Eerdmans Publishing Co., 1951.

———. *Tertullian's Treatise on the Incarnation*. London: SPCK, 1956.

———. *Disciplinary, Moral and Ascetical Works*, trans. Rudolph Arbesmann, Sister Emily Joseph Daly, and Edwin A. Quain, New York: Fathers of the Church, 1959.

———. *Treatises on Penance*, trans. William P. Le Saint. Westminster, MD: Newman Press, 1959.

———. *Christian and Pagan in the Roman Empire: The Witness of Tertullian*, Robert D. Sider, ed. Washington, DC: Catholic University of America, 2001.

Tertulliano. *Contro gli Eretici*. Rome: Città Nuova, 2002.

Thatcher, David S. *Nietzsche in England 1890–1914*. Toronto: University of Toronto Press, 1970.

Thompson, James Westfall. *The Medieval Library*. Chicago: University of Chicago Press, 1939.

———. *Ancient Libraries*. Berkeley: University of California Press, 1940.

Tielsch, Elfriede Walesca. "The Secret Influence of the Ancient Atomistic Ideas and the Reaction of the Modern Scientist under Ideological Pressure," *History of European Ideas* 2 (1981), pp. 339–48.

Toynbee, Jocelyn, and John Ward Perkins. *The Shrine of St. Peter and the Vatican Excavations*. New York: Pantheon Books, 1957, pp. 109–17.

Trinkaus, Charles. *In Our Image and Likeness*. Chicago: University of Chicago Press, 1970.

———. "Machiavelli and the Humanist Anthropological Tradition," in Marino and Schlitt, eds., *Perspectives on Early Modern and Modern Intellectual History*. Rochester, NY: University of Rochester Press, 2000, pp. 66-87.

Tuma, Kathryn A. "Cézanne and Lucretius at the Rod Rock," *Representations* 78 (2002), pp. 56–85.

Turberville, S. *Medieval Heresy and the Inquisition*. London and Hamden, CT: Archon Books, 1964.

Turner, Frank M. "Lucretius Among the Victorians," *Victorian Studies* 16 (1973), pp. 329–48.

Turner, Paul. "Shelly and Lucretius," *Review of English Studies* 10 (1959), pp. 269–82.

Tyndall, John. "The Belfast Address," *Fragments of Science: A Series of Detached Essays, Addresses and Reviews*. New York: D. Appleton & Co., 1880, pp. 472–523.

Ullman, B. L. *Studies in the Italian Renaissance*. Rome: Dizioni di Storia e Letteratura, 1955.

Vail, Amy, ed. "Albert Einstein's Introduction to Diels' Translation of Lucretius," *The Classical World* 82 (1989), pp. 435–36.

Valla, Lorenzo. *De vero falsoque bono*, trans. and ed., Maristella de Panizza Lorch. Bari: Adriatica, 1970.

———. *On Pleasure*, trans. A. Kent Hieatt and Maristella Lorch. New York: Abaris Books, 1977, pp. 48–325.

Vasari, Giorgio. *Lives of the Most Eminent Painters, Sculptors, and Architects*. London: Philip Lee Warner, 1912.

——. *The Lives of the Artists*, trans. Julia Conaway Bondanella and Peter Bondanella. Oxford: Oxford University Press, 1988.

Vespasiano. *The Vespasiano Memoirs: Lives of Illustrious Men of the XVth Century*, trans. William George and Emily Waters. New York: Harper & Row, 1963.

Virgil. *Virgil's Georgics*, trans. John Dryden. London: Euphorion Books, 1949.

Wade, Nicholas. "Humans Have Spread Globally, and Evolved Locally," *The New York Times*, June 26, 2007, p. D3.

Wakefield, Walter L. "Some Unorthodox Popular Ideas of the Thirteenth Century," *Medievalia et Humanistica* 4 (1973), pp. 25-35.

Walser, Ernst. *Poggius Florentinus: Leben und Werke*. Hildesheim: Georg Olms, 1974.

Warburg, Aby. *Sandro Botticellis Geburt der Venus und Frühling: Eine Untersuchung über die Vorstellungen von der Antike in der Italienischen Frührenaissance*. Hambrug & Leipzig: Verlag von Leopold Voss, 1893.

——. *The Renewal of Pagan Antiquity: Contributions to the Cultural History of the European Renaissance*, trans. David Britt. Los Angeles: Getty Research Institute for the History of Art and the Humanities, 1999, pp. 88-156.

Ward, Henshaw. *Charles Darwin: The Man and His Warfare*. Indianapolis: Bobbs-Merrill, 1927.

Webb, Clement. *Kant's Philosophy of Religion*. Oxford: Clarendon Press, 1926.

Weiss, Harry B., and Ralph H. Carruthers. *Insect Enemies of Books*. New York: New York Public Library, 1937.

Weiss, Roberto. *Medieval and Humanist Greek*. Padua: Antenore, 1977.

Wenley, R. M. *Kant and His Philosophical Revolution*. Edinburgh: T. & T. Clark, 1910.

——. *The Spread of Italian Humanism*. London: Hutchinson University Library, 1964.

——. *The Renaissance Discovery of Classical Antiquity*. Oxford: Blackwell, 1969.

West, David. *The Imagery and Poetry of Lucretius*. Norman: University of Oklahoma Press, 1969.

Westfall, Richard. "The Foundations of Newton's Philosophy of Nature," *British Journal for the History of Science*, 1 (1962), pp. 171-82.

White, Michael. *Leonardo, the First Scientist*. New York: St. Martin's Press, 2000.

Whyte, Lancelot. *Essay on Atomism: From Democritus to 1960*. Middletown, CT: Wesleyan University Press, 1961.

Wilde, Lawrence. *Ethical Marxism and Its Radical Critics*. Houndmills, Basingstoke, UK: Macmillan Press, 1998.

Wilford, John Noble. "The Human Family Tree Has Become a Bush with Many Branches," *The New York Times*, June 26, 2007, pp. D3, D10.

Wind, Edgar. *Pagan Mysteries in the Renaissance*. Harmondsworth, UK: Penguin Books, 1967.

Witt, Ronald G. "The Humanist Movement," in Thomas A. Brady, Jr., Heiko A. Oberman, and James D. Tracy, eds., *Handbook of European History 1400-1600: Late Middle Ages, Renaissance and Reformation*. Leiden and New York: E. J. Brill, 1995, pp. 93-125.

————. *"In the Footsteps of the Ancients": The Origins of Humanism from Lovato to Bruni, Studies in Medieval and Reformation Thought*, ed. Heiko A. Oberman, vol. 74. Leiden: E. J. Brill, 2000.

Woolf, Greg, and Alan K. Bowman, eds. *Literacy and Power in the Ancient World*. Cambridge: Cambridge University Press, 1994.

Yarbrough, Jean. *American Virtues: Thomas Jefferson on the Character of a Free People*. Lawrence: University Press of Kanas, 1998.

Yashiro, Yukio. *Sandro Botticelli and the Florentine Renaissance*. Boston: Hale, Cushman, & Flint, 1929.

Yates, Frances A. *Giordano Bruno and the Hermetic Tradition*. Chicago: University of Chicago Press, 1964.

Yatromanolakis, Dimitrios, and Panagiotis Roilos. *Towards a Ritual Poetics*. Athens: Foundation of the Hellenic World, 2003.

Yoon, Carol Kaesuk. "From a Few Genes, Life's Myriad Shapes," *The New York Times*, June 26, 2007, pp. D1, D4–D5.

Zimmer, Carl. "Fast-Reproducing Microbes Provide a Window on Natural Selection," *The New York Times*, June 26, 2007, pp. D6–D7.

Zorzi, Andrea, and William J. Connell, eds. *Lo Stato Territoriale Fiorentino (Secoli XIV–XV): Ricerche, Linguaggi, Confronti*. Pisa: Pacini, 2001.

Zwijnenberg, Robert. *The Writings and Drawings of Leonardo da Vinci: Order and Chaos in Early Modern Thought*, trans. Caroline A. van Eck. New York: Cambridge University Press, 1999.

역자 후기 및 역자의 저자 인터뷰

저와 이 책의 인연은 2012년 봄, 아직은 매섭게 추운 보스턴 시내를 걷다가 들어선 서점에서 시작되었습니다. 꽁꽁 언 손을 녹여가며 평소에 관심 있는 분야의 책들이 꽂혀 있는 서가를 별 생각 없이 훑어보던 중, 제 시선을 유독 잡아끈 책이 있었습니다. 바로 *The Swerve: How the World Became Modern*, 지금 제가 번역해서 세상에 내놓게 된 이 책이었습니다. 그때 제 시선을 끈 것은 기묘한 그림이 그려진 눈에 띄는 표지 같은 것이 아니었습니다. 그리스풍 조각상과 보티첼리의 그림으로 꾸민 책표지는 보기 좋기는 했지만 그렇게 눈길을 잡아끌지는 않았습니다. 제가 주목한 것은 책표지에 보란 듯이 붙어 있는 '전미국도서상'이라는 선전 문구였습니다(당시에는 이 책이 퓰리처 상도 수상했다는 사실은 알지 못했습니다). 고백하건대, 그 선전 문구가 제가 서가에 있던 수많은 책 중에서 이 책을 집어들었던 이유의 전부였던 것이 사실입니다.

그러나 예일 대학교 협동조합 상점에서 떨이로 내놓은 책 더미 사이에서 『사물의 본성에 관하여』를 처음 꺼내들었던 저자 그린블랫처럼, 저 역시 무심코 집어든 이 책의 매력에서 결국 헤어나지 못했습니다. 선 자리에서 단숨에 서문을 다 읽고는 그대로 계산대로 향했고, 어쩌다 보니 이렇게 이 책을 한국 독자들에게 소개하는 자리에까지 오게 되었습니다.

서양사나 철학을 전공하지 않은 제가 이처럼 훌륭한 책의 번역을 맡게 된 것은 큰 영광인 동시에 또한 큰 부담이기도 했습니다. 특히, 책에 대한 애정이 오히려 책의 내용을 제멋대로 수정하는 결과를 가져와 본지(本志)를 왜곡하는 일이 생긴다는 본문의 내용은 번역을 하는 내내 제게 무서운 경고문으로 작용했습니다. 또 한편으로는 빼어난 번역이 아닌 평범한 번역으로도 예술작품의 강력한 힘을 경험하는 것이 가능하다는 문구를 되새기며 위안을 삼기도 했습니다. 책이 가지고 있는 본래의 힘과 아름다움을 가능한 한 그대로 모두 전달해드리고 싶었지만, 저의 미숙함으로 인해서 안타깝게도 그 뜻이 왜곡되거나 광채가 희미해진 경우도 있을 것입니다.

그런 의미에서 경험이 일천한 역자를 데리고 수많은 실수를 바로잡으며 여기까지 끌고 와주신 까치글방의 편집자에게 깊이 감사드리지 않을 수 없습니다. 또한 문구의 해석에 관한 세세한 부분에서 큰 도움을 주신 텍사스 주립대학교의 앤서니 앤더슨 님, 책에 대해서 같이 토론하며 내용에 대한 이해를 높일 수 있게끔 도와주시고 사실관계 조사에도 협력해주신 역시 텍사스 주립대학교의 정해원 님에게도 깊은 감사의 말씀을 올립니다.

그리고 저자인 그린블랫과 온라인으로 주고받은 짤막한 인터뷰를 덧붙이는 것으로 후기를 마무리하겠습니다.

역자 : 직설적인 질문 하나로 인터뷰를 시작할까 합니다. 이 책의 본문은 단순하지만 강력한 다음과 같은 문장으로 끝납니다. "나는 에피쿠로스주의자입니다." 이 문장은 물론 저자인 선생님이 직접 기술한 말이 아니라 토머스 제퍼슨의 말을 인용한 것입니다만, 선생님이 이를 직접적으로 의도하셨든 아니든 간에 이 문장은 선생님의 개인적인 고백처럼 들립니다. 선생님은 에피쿠로스주의자이십니까?

그린블랫 : 그렇습니다. 바로 그런 자기 고백의 의미로 그 문장을 책의 마지막에 넣은 것이고요. 다만, 저는 책에 묘사된 에피쿠로스인의 모습보다는 다소 한정된 의미의 에피쿠로스인이라고 할 수 있겠지요. 저는 좋은 음식과 포도주를 즐깁니다만 성적으로 관능적인 쾌락을 맛보는 데에는 대단히 관심이 있는 편은 아니라서요(그리고 이런 '성적 방종'이 오늘날 '에피쿠로스'라는 말을 규정하는 주요한 뜻이기도 하지요). 어쨌거나 저는 이번 삶이 제가 알게 될 유일한 삶이라고 믿고, 쾌락을 증진하고 고통은 줄이고자 최선을 다합니다. 저 자신을 위해서나 다른 모두를 위해서나 말이지요.

역자 : 역시 그랬군요. 그렇다면 선생님께서 어떻게 에피쿠로스주의자가 되셨는지 궁금합니다. 책에서 선생님은 테르툴리아누스의 다음과 같은 말을 인용하셨지요? "기독교인은 태어나는 것이 아니라 만들어지는 것이다!" 오늘날 에피쿠로스 사상이 그렇게 인기를 끌거나 대중적으로 흔히 접할 수 있는 사상이 아니라는 점을 고려하면, 혹은 제대로 이해되고 있는 사상이 아니라는 점을 고려하면, 제 생각에는 선생님도 에피쿠로스주의자로 태어난 것이 아니라 만들어지신 것일 것 같은데요.

그린블랫 : 글쎄요. 저는 오늘날의 삶에서 에피쿠로스 사상은 사실상 우리가 선택하기 전에 이미 깔려 있는 일종의 기본 설정 같은 것이라고 생각하는데요. 물론 그렇지 않다고 부정하거나 그래서는 안 된다고 거부하는 것이야 얼마든지 가능하겠습니다만 말입니다. 많은 사람이 저마다 지난 수세기에 걸쳐서 파생되어온 세상에 대한 거대한 형이상학적 설명들을 자기의 신념으로 받아들이고 있습니다. 실제로 몇몇은 이런 신념의 추구를 위해서 기꺼이 죽고 또 죽임을 당하고도 있고요. 그러나 인간 이성이 물질계에 관해서 지금껏 발견해 온 모든 증거들은 압도적으로 그런 형이상학적 설명들이 착각에 불과하다는 사실을 보여줍니다. 저로 말할 것 같으면, 몽테뉴, 스피노자, 흄, 다윈, 프로이트, 마르크스, 아인슈타인으로 이어지는 유물론자들의 관점으로 만들어진 세계의 젖줄에서 자랐다고 할 수 있겠습니다.

역자 : 현대의 세속화된 사회에서 종교는 이제 더 이상 성역이 아닙니다. 이런 세속화된 사회에서는 더 이상 특정 종교를 믿지 않는다는 이유로 탄압받을 것을 두려워하지 않지요. 또한 우리는 공개적으로 부패한 종교 지도자나 종교 조직을 비판하기도 합니다. 그러나 셰익스피어의 유명한 대사처럼 "생각은 자유"인 이런 상대주의적이고 다원주의적인 사회에서는 오히려 어떤 생각이 틀렸다고 말하는 것은 더욱 어려워진 것도 사실입니다. 우리는 대수롭지 않게 기독교가 여러 잘못을 저질러왔고 지금도 저지르고 있다고 말할 수 있겠지만, 기독교가 잘못되었다고 말하는 것은 이것과는 완전히 다른 문제일 것입니다. 책을 통해서 선생님께서 왜 기독교가 잘못되었다고

생각하시는지 충분히 설명해주셨으므로 그 이유에 대해서는 이 자리에서는 여쭙지 않겠습니다만, 그 대신에 조금은 우습게 느껴질 수도 있는 다른 질문을 드리려고 합니다. 비단 기독교만이 아니라 모든 종교는 (도덕적으로) 옳아야 하는 것인가요? 많은 진실로 신심이 깊은 종교인들은 신이 정의롭기 때문에 신을 믿는 것이 아니라 신이기 때문에 믿습니다. 그리고 한 가지 더, 선생님께서는 종교는 (과학적으로) 옳아야 한다고 생각하십니까? 현대의 독실한 기독교 신자라고 자처하는 사람 중에는 화체설(化體說)을 있는 그대로 믿지 않는 사람도 있는데요.

그린블랫: 저는 제가 제 책에서 그렇게 장엄하게 기독교가 (혹은 다른 어떤 종교든지 간에) 잘못되었다고 감히 단언한 적이 없다고 생각하는데요. 제가 대체 누구라고 그런 발언을 감히 할 수 있겠습니까? 단지 저는 우주와 모든 생명체의 삶에 대한 한 가지 다른 사유 방식의 출현을 탐구해보았을 뿐입니다. 그리고 이 에피쿠로스 철학은 책에도 쓴 것처럼 종교 의식의 형태와 완벽하게 어울릴 수 있습니다. 결국, 루크레티우스 역시 자신의 시를 기도문으로 시작하고 있으니까요. 마찬가지의 감정으로 우리 가족 역시 즐겁게 기꺼운 마음으로 전통적인 종교 의식에 참여하곤 합니다.

역자: 솔직히 저는 선생님께서 전통적인 종교 의식에 참여하신다는 말을 듣고 조금 놀랐습니다. (실례가 되지 않는다면, 선생님께서 참여하시는 종교 의식이 어떤 것인지 여쭤봐도 될까요?) 그리고 저는 책을 읽은 뒤에도 에피쿠로스 사상(혹은 에피쿠로스 사상의 배경을 제공하는 원자론)이 정말로 어떤 종교와도 어울릴 수 있는 성질의 것인지, 특히 기독교와 영합할 수 있는 것인지 잘 이해가 가지 않습니다. 어쩌면 제가 편견에 사로잡혀 있거나 제가 가지고 있는 종교 개념이 너무 좁아서일 수도 있겠지만, 저로서는 어떤 종교의 교리에서 무엇을 믿을 것이고 무엇은 믿지 않을지를 결정할 수 있다면 그 종교를 믿고 있다고 말할 수 없다고 생각되는데요. 부활이 현대 생물학과 의학에 반한다는 이유로 이를 부정하면서 자신을 기독교인이라고 말할 수는 없으니까요. 잘 아시다시피, 종교는 과학이 아닙니다. 그

러나 종교는 과거에 과학으로 설명할 수 없었던 많은 과학적 질문들에 대해 대답하려고 노력했었고, 그 대답은 도덕적 문제에 대한 대답과 함께 종교의 교리를 구성하고 있습니다. 우리가 현재 알고 있는 과학적 지식과 양립할 수 있는 한에서만 종교를 믿는다면, 과연 정말 그것을 종교를 믿는다고 할 수 있을까요?

그린블랫 : 왜 루크레티우스가 자신의 위대한 에피쿠로스풍의 시를 베누스 여신에 대한 찬가로 시작했는지에 대한 질문으로 돌아가보도록 하지요. 그 찬가에서 그는 무아지경의 상태로 베누스 여신이 가져오는 사랑의 힘과 축복을 찬양합니다. 그 찬가를 바치며 루크레티우스가 베누스 여신이 그의 찬가를 '들을' 것이라거나 그에게 보상을 줄 것이라고 기대했을까요? 물론 아니지요. 그의 철학과 시에 담긴 모든 내용은 그 가능성을 부인합니다. 그러나 그는 자신이 속한 문화의 전통과, 살아 있음과 생명체의 생식력을 기념하며 즐거움을 표현하는 유서 깊은 종교적 방식을 수용했습니다. 이 수용은 특정한 신학적 명제를 고수하는 것과는 완전히 별개의 것입니다. 말씀하신 것처럼, 일부 종교—기독교와 이슬람교 모두 좋은 예가 되겠지요—의 경우에 최소한 특정한 역사적 기간 동안은 그런 신학적 명제들이 곧 신앙의 의미라고 강력히 고집했던 것이 사실입니다. 그렇지만 결코 모든 종교가 다 그런 것은 아닙니다. 제가 개인적으로 하고 있는 종교의식은 이 논의와 관련해서 별로 언급할 만한 관련성이 없습니다. 다만 중요한 것은 루크레티우스가 쓴 베누스 찬가를 통해서 드러나는 것이 무엇이냐 하는 것이지요. 또는 『햄릿』의 대사를 비틀어서 이렇게 말할 수 있지요. "하늘과 땅 사이에는 우리의 신학으로는 짐작할 수 없는 별의별 일들이 많지, 호라티오!"

역자 : 많은 종교 의식에는 자연의 아름다움에 대한 경탄과 삶에 대한 감사의 내용이 포함되어 있습니다. 에피쿠로스의 주장대로 신들이 이런 인간들의 반응에 신경 쓰지 않는다고 하더라도 이런 종교 의식을 한다고 해서 해가 될 것은 없는 것이 사실입니다. 그러나 많은 경우, 종교는 신자에게 행운을 가져다주기를 바라는 일종의 미신적 희망과 관련이 있습니다. 종교

에 이처럼 기복적(祈福的) 성질이 없다면, 제 생각에는 종교와 철학을 구분하는 것은 상당히 힘들 것 같습니다. 선생님께서는 이에 대해서 어떻게 생각하시는지요? 이 질문은 어떤 면에서는 앞서 드린 질문과 겹치기도 합니다만, 만약 종교에서 이른바 미신이라고 할 만한 일체의 것들이 다 제거되고 종교가 순수하게 도덕 원칙이 된다면 그것을 종교라고 부를 수 있을까요?

그린블랫: 에피쿠로스가 도덕적 원칙이 종교적 믿음으로부터 나온다고 생각했을지는 의심스럽습니다. (키에르케고르만큼이나 아니겠지요.) 그러나 그는 신에게 기도하는 것이, 그러니까 어떤 시험에서의 성공이나 번개로부터의 보호를 구하며 신에게 기도하는 것은 터무니없다고 생각했습니다. 그러므로 질문이 암시하고 있는 것처럼, 그는 모든 종교에 나타나는 이런 종류의 미신적 환상에 빠져드는 경향성은 종교가 가진 중요한 그리고 어쩌면 제거할 수 없는 결점의 하나라고 믿었습니다.

역자: 저는 마지막 질문으로는 단순히 재미를 위해 다소 우스꽝스러운 질문을 드리고자 합니다. 만약 기독교가 서구의 영적 세계를 정복하지 않았더라면, 그래서 에피쿠로스 사상이 심각한 타격을 받지 않고 어떻게든 살아남는 데에 성공했더라면, 현대의 세계는 지금과 어떻게 달라졌을까요? 만약 서구 문화가 가이우스 코타의 집에서 열렸던 것과 같은 개방적, 지적 대화를 내내 할 수 있었다면 말입니다.

그린블랫: 일단, 이 질문은 결코 우스꽝스럽지 않습니다. 그렇지만 역사적 사실과 반하는 가정을 하는 경우가 항상 그렇듯이, 이 질문에 대한 답은 잘 모르겠습니다. 저는 다른 모든 주요 세계 종교들의 역사와 마찬가지로 기독교의 긴 역사 속에도 잔인하고 추한 순간들이 있었다고 생각합니다. 그러나 또한 그에 대한 엄청난 보상이 되는 성취들도 있었지요. 제게 주신 질문을 이렇게 뒤집어서 생각해봐도 좋을 것 같습니다. 만약 에피쿠로스 사상이 승리를 거두고 기독교가 사라지고 말았다면, 세상이 지금처럼 장엄한 시와 예술, 음악으로 가득 찼을까요?

인명 색인